陕西师范大学人文社会科学高等研究院资助出版（项目编号2018GY006）

"中国文学人类学原创书系"编委会

主　编
叶舒宪

副主编
李永平

编　委
冯晓立　刘东风　徐新建
彭兆荣　程金城

陕西师范大学人文社会科学高等研究院资助出版（项目编号2018GY006）

中国文学人类学原创书系
叶舒宪　主编

汉字与美学

萧兵　著

陕西师范大学出版总社

图书代号：SK20N0723

图书在版编目（CIP）数据

汉字与美学 / 萧兵著 . —西安：陕西师范大学出版总社有限公司，2019.12

（中国文学人类学原创书系 / 叶舒宪主编）

ISBN 978-7-5695-0440-8

Ⅰ.①汉⋯ Ⅱ.①萧⋯ Ⅲ.①汉字－美学－研究 Ⅳ.①H12

中国版本图书馆 CIP 数据核字（2019）第 250174 号

汉字与美学

HANZI YU MEIXUE

萧 兵 著

责任编辑	庄婧卿　梁　菲
责任校对	刘存龙
装帧设计	锦　册
出版发行	陕西师范大学出版总社
	（西安市长安南路199号　邮编710062）
网　　址	http://www.snupg.com
印　　刷	西安牵井印务有限公司
开　　本	720mm×1020mm　1/16
印　　张	30.5
字　　数	514千
版　　次	2019年12月第1版
印　　次	2019年12月第1次印刷
书　　号	ISBN 978-7-5695-0440-8
定　　价	138.00元

读者购书、书店添货或发现印刷装订问题，影响阅读，请与营销部联系、调换。

电话：（029）85307864　　传真：（029）85303879

总 序

2018年，正值中国改革开放40周年纪念之际，陕西师范大学出版总社推出"中国文学人类学原创书系"，对改革开放的时代大潮在人文学界催生的这个新兴学科，给出一个较全面的回顾与总结，以便继往开来，积极拓展人文学科的教学与研究新局面，可谓恰逢其时。

50后这代人的青春岁月，激荡在汹涌澎湃的"文革"浪潮之中。"文革"后的改革开放，相当于天赐给这一代知识人第二次青春。1977年恢复高考，我们在1978年春天步入大学校园，那种只争朝夕、如饥似渴的求学景象，至今仍历历在目。改革开放带来"科学的春天"，也第一次带来人文科学方面的世界景观。正如改革的基本方向是向发达国家学习市场经济模式一样，人文学者们也投入全副精力，虚心学习借鉴国际上先进的理论与研究方法。"神话-原型批评"就是当时的新方法论讨论热潮中，最早进入我们视野的一个理论流派。1986年我编成译文集《神话-原型批评》时，先将长序刊发在《陕西师范大学学报》上，文中介绍原型理论的宗师弗莱的观点时讲道：

> 物理学和天文学形成于文艺复兴时期，化学形成于18世纪，生物学形成于19世纪，而社会科学则形成于20世纪。系统的文

学批评学知识到了今天才得以发展。……正像自然科学体系的建立有赖于把握自然界本身的规律。一部文学作品，它所体现的规律性因素不是作家个人天才创造发明的，而是在文学的历史发展中，在文化传统中所形成的，这种规律性的因素就是原型。

从文学史的考察中可以看到，文学作为一个有机整体，植根于原始文化，最初的文学模式必然要追溯到远古的宗教仪式、神话和民间传说中去。"这样说来，探求原型实际上就是一种文学上的人类学"。

当时无论如何也不曾想到，这样一段话，居然能够准确地预示这一批学人后来几十年学术探索的方向。"文学人类学"这个名称，也就由此在汉语学术界里发端。10年之后的1996年，在长春召开的中国比较文学学会第五届学术年会上，中国文学人类学研究会宣告成立（首任会长为萧兵先生），如今简称"文学人类学研究会"。从研究文学的神话原型，到探索华夏文明的思想、信仰和想象的原型，这一派学者如今正式提出的大小传统理论和文化文本符号编码理论，可以说早已全面超越了当年所借鉴学习的原型批评理论，走出文学本位的限制，走向融通文史哲、宗教、艺术、心理学的广阔领域。

从1986到2018，整整32年过去了，我们也经历了自己人生从而立到花甲的过程。如今我们要解读的是5000多年前的先于华夏文明国家的"文化文本"，阐发的是河南灵宝西坡仰韶文化大墓的神话学内涵。这是当年完全没有预料到的。是问题意识，先把我们引入文化人类学的宽广领域，再度引入中国考古学的全新知识世界，这样的跨越幅度，的确是当初摸索文学人类学研究范式时所始料未及的。

从原型批评倡导的文学有机整体论，拓展到文化符号的有机整体论、史前与文明贯通的文化文本论，这就是我们努力探索近40年的基本方向。自从西周青铜器上出现"中国"这个词语，至今不过3000年时间。2018年2月4日，我第二次给国家图书馆"文津讲坛"开设讲座，题目是"九千年玉文化传承"。今日的学者能够在9000年延续不断的文化大背景中研究"中国"和"中国文学"，这就是从先于文字的文化大传统，重新审视文字书写小传统的一套完整思路。相信这样一种前无古人的理论思路和研究范式，是本土学者对西方原型批评方法的全面超越和深化，这将会引向未来的知识更新格局。

本丛书要展示这40年的探索历程，以萧兵先生为首的这一批兴趣广泛的学人是如何一路走来，并逐渐成长壮大的。本丛书将给这个新兴学科留下它及时的也最有说服力的存照。希望后来者能够继往开来，特别注重不断发展和完善中国版的文化理论和文学理论，包括作为文史研究当代新方法论的三重证据法和四重证据法。

是为丛书总序。

叶舒宪

2018年2月7日于北京太阳宫

代引言
文字人类学向美学拓展

法国诗人、《恶之花》的作者波德莱尔说：我们这个世界是由象形文字组成的。揣摩其意，就是世界充满形象性的符号，等待我们去感知和把握。符号（sign），如果只是"象征"（symble，有象征、符码两层意思）的话，那就是人类所创造的。恩斯特·卡西尔说：人是符号的动物——符号就是人类的文化或文化的载体。但波德莱尔的意思似乎是，这世界的山山水水、日月星辰、动植生物，千品万汇，无非都是"象形文字"，都是艺术、诗歌、科学或文化的对象，都要求人类去再认识和再创造。

狭义的"象形文字"，几乎都死光了（据说，只有中国纳西族的象形文字还存活于现实）。然而，华夏汉人的文字（简称"汉字"），虽然已不是古典意义上的"象形"，却保存着象形文字的精髓或灵魂。古人所说的"六书"，第二是"象形"，"象形者，画成其物，随体诘诎，'日'、'月'是也"[①]。但这"象形"，即令是古老的甲骨文、金文，也已不是简化的"文字画"，而是依据表情达意的书面符号的要求，尽可能"几何线条化"，"随体诘诎"而成"文字"。许多象形文字，非专家已很难看出它"画"的是何事何物，少量

---

① 许慎：《说文解字·叙》。本节所引，俱出此。

的连专家也难于辨识。但也正因此引人入胜，诱使人去思索、探险，探赜索隐，析疑赏奇，觉得大有研究的价值。

"六书"第一是"指事"，例如"上""下"，一看就知道，它以"一"为基准，卜（或丨）在上即"上"，在下即"下"。"视而可识，察而可见"。形态性还很强，能够借"形"而识其能指，或指的何事。

三是"形声"，"以事为名，取譬相成"。许慎所举之例，是"江""河"，它们都是"水"形，由偏旁"水"来表示，"工"或"可"则表示读音（取其近似）。这是文字发展上的一大进步，不仅利用了"形"，表示其意；还像"注音符号"似的标上其音（或音之归属）。这多少有点像分类，"取譬相成"，带"水"旁的总与水相关，"以事为名"，连孩子都能猜个大差不离；而"声"的部分，让懂点文字学常识的人大致知道它的声纽韵部。有时它还声而兼义。这样，专家们就能据以分析、推断它的古音和本义。普通人（包括幼童）学习起来也相对容易。这是睿智之举。有的专家认为，现存汉字"形声"居多，总的可称"音形文字"，表示其向"标音"发展，"形"将就木，我们不敢苟同。至少，"形"还会存活很长时期，在研究上，其寿命简直无穷。

四是"会意"。"会意者，比类合谊，以见指㧑。"简单说，可以由"形"知"义"。许君举出的是"武"和"信"。古人解释，"止戈为武"，停止兵刀流血之争，才是真正的"武"。有点儿像《孙子》说的"不战而善胜"。郭沫若写过"止戈为武"之歌，引申为"用战争消灭战争"（几百年前，有个美国诗人说，"炸药万岁，杀死战争"）。这是很了不起的思想。可这并不是"武"字的本义，古人称之为"望文生义"，文字学家是不屑为之的。"武"的本义可能是：在新得的土地里插上一支"戈"，"再踩上一只脚（止／趾），叫它永世不得翻身"，表示永久占领，亦即"立戈为武"，完全是暴力话语。可见析形"会意"并不容易，弄不好变成猜谜（射覆），把自己搞成个"测字先生"。还有个"信"字。许慎的意思是人言重信，言从"信"出。可孔夫子说，"言必信，行必果"，脱离"大义"便是"小节"，像个古代侠士。老子更说：信言不美，美言不信。可见人言并非全信。《老子》说，"物中有象"，"象中有精"，"精中有信"（第二一章），精是原子，信就是亚原子，用"信"命名的理由，至今都没有弄清楚。会意，仅靠心领神会，或者"比类合谊"，很难得出科学结论。

至于第五的"转注"，"建类一首，同意相受"，非常难懂，在文字学家间引起的争论也大。由所举例"考/老"来看，义近音似，都是老人曲背长须的样子，没有离开"形"，又音声相关；"同意相受"，转相注解，却纳不进其他造字的路数。特为建立"转注"的另类。这太专门，只能略作交代。

第六是"假借"。"假借者，本无其字，依声托事。"有些事象，很难或没有"形体"可做意义的依托，只能假借同音的字来表示。例如："令"，本来是一个人跪坐在帷帐之下策划某件事情（有人附会以"运筹帷幄之中，决胜千里之外"）；被假借为"命运""命令"这样很难"意表"之事的符号。"令"还有佳善之意。像"令名""令尊""令郎"的"令"，"本无其事"，只好假借同音，"依声托事"。假借最容易把人搞糊涂。所谓通假，到处都是陷阱。考证古代文字的形声义，必得临渊履薄。这样，"假借"，在文字学的操作层面上是既方便又危险的事情。许多古史专家，动不动就说此字与彼字"一音之转"，滥用"同音必同义"的规则。我们有时也不免。

比如，"醜"字太繁复，或假"丑"言之，"丑之言醜"，是有点儿道理的；如今简化字也以"丑"代"醜"。"丑"的本义是用"爪"（手）抓住一样东西，"羞"字就是"丑/羊"会意，用"手"抓住一根羊腿在啃，表示"珍羞（馐）美味"。羞（羞赧）是假借。"醜"字偏旁的"酉"，跟"丑"本没有什么关系，虽然同音，却非"通假"。有人说，啃羊腿的样子很难看，所以用来表示"丑"，可"羞"，这是牵强附会，文字学家最反对这种"牵拉"。至于"醜"字，本是象形，或兼声（酉，声；鬼，形）。但"酉"字是尖底瓶，本身为象形；加上水旁，成了"酒"，是形声。"鬼"，本来不是"人死为鬼"的意思；原指猿猴类动物（如"禺"），又代表西北部（可能以猿猴为图腾的）"鬼方"，他们喜欢喝酒，他们的巫酋（priest king）跪坐在大酒坛旁边用吸管吮酒，构成了"醜"字，象形。但是，周人坚信，殷人和鬼方都"因酒亡国"，要本族子孙戒酒，还留下周书《酒诰》；"醜"字活生生地被他们搞成"会意"：酒鬼，变成"醜恶"的意思。这下子，我们大抵知道，汉语中作为美学概念的"醜"（ugly）是怎么来的。它几乎把"六书"都关涉了。这也是我们《汉字与美学》这本书写法的示例。它们离不开人类学。

从上文看来，"六书"都离不开字形，却又不是纯粹的象形。这是汉字的一大特征。保存一些"形"的成分，兼顾"音"，却要把表达的意思都涵化进去，点了出来。有人想称它为"形音文字"，是很聪明的。我们更想叫它作"象意文字"。既有"象"又有"意"，一个字构成一个"意象"，这该多好〔比形象（image）还进了一层，但西文没法表达，都是 image〕。艺术的主要特征，美学的主要对象，都是"形象"。"象中有意，意不离象"的"意象"是中国美学特有术语，结合着汉字的"意象"略加触涉，也许更容易明白。"象意文字"这个命名似乎忽略汉字进化的一大关键——形声化；好在汉字的"音"往往跟"意"有牵连，却又不是太粘滞，也只是"音象"，点到为止。汉字是"象意"而又多少"表音"的符号，新名"音形文字"之外，可别称"象意文字"，既非"拼音文字"，更与纯粹的"象形文字"不同。这在审美人类学上也很有意思。

中国人不轻"形"而又重"意"。武术有形意拳。中医的"望闻问切"是形意兼顾。绘画，与"工笔"相对的有"写意"。"写意"，既要"形似"，更得"神似"。中国戏曲的一大特征，就是以"程式化"来处理"形体动作"，却更加要求形至意到，形神兼似：大体上也是"写意"，不能用话剧的"写真"要求它。

我们称之为"形音"兼"象意文字"。吴其昌先生则说它是"一种独立于语言之外的意符文字"（《罗音室碎语》），立意大体相同。他与许寿裳合著的《中国文字学概要》也着重分析"象形"。

饶宗颐先生说得彻底："中国的文字不走言语化的道路。……（拼音文字）完全记音，汉字只是部分记音（形声）。因此，中国的文字不受言语控制，反而控制言语。"[①] 这样，我们就不能不分析汉字的"意象"与形声的现实依据，分析它怎样通过"控制言语"影响其审美与艺术观念。

"意象"的汉字对美学和艺术的一大贡献是书法。这是中国特有的"工艺美术"，既实用，还"审美"。西方也有中世纪修道士闲极无聊创作的"花体字"（现在还能在大书章节的第一个字母上看到）。歌德知道他的《浮士德》会传世，所以把手稿写得格外精美。但这绝不能成为艺术分支。从甲金籀篆的古朴，到王羲之的飘逸秀丽，再到毛泽东挥斥方遒的壮美，书法艺术能够体现时代精神与个性。电脑时代，连中文系毕业生写字都像狗爬。可是，书法艺术却分外繁荣。这真奇怪。可惜，我们暂时顾不到这重要方面。

这要引证饶先生和施议对交谈中的一段话就可以大体明白。"汉字构成，

[①] 施议对编纂：《文学与神明：饶宗颐访谈录》，生活·读书·新知三联书店 2011 年版，第 42 页。

以形声为主。形符与声符配合；以形见义，依声定训。前者保存汉字图像性的美感，后者与语言维持相当联系。每一个字的字体构成，很早就形成颠扑不破的法则（引案：如六书）。从而，形成文字上'形文'与'声文'结合的文章体例。因此，其象形性不受淘汰，文字图形的用途得以充分发挥（引案：例如通过形意、形声的分析窥知远古或上古的生活状况与思想观念），以至与艺术和文学结合，使文字、文学、艺术（书法）三者构成一种连锁关系。"① 这确是中国文化的一大特征。

列维－斯特劳斯在《神话学：生食与熟食》里称书法为"二级绘画"。他暗示，书法只能在"表意文字"（idéogiamme）系统中才能存在。它有丰富的"形"的元素。它还带有较大的"自然性"。它本身不追求多么充实具体的"意义"，而像音乐那样重在"表现"艺术家的情绪、素养与性格。"仅凭人们创造这种系统的事实，这种状况就昭示了某些自然事实。例如，书画符号，尤其中国书法的符号显示了独立于它们打算传达的理智意义的美学性质，而书法艺术正是利用了这些性质。"② 它不直接描写具体物象，不想"像"什么。就连传说的"蝌蚪文"，战国的鸟篆，都不刻意去模仿青蛙的儿女，或什么鸟儿。它们只是利用变化多端、精巧安排的线条去反映艺术家的"个性"，直到时代精神。既已"抽象"，又以形象意，随形寓声，所以书法能成为"抽象性形象"的独特艺术。

也许由于我们缺乏古音韵的高深修养，更难从原始汉语、原始汉藏语，乃至人类"原语言"的角度与史实来讨论中国上古与远古的审美观念，而又对"字形学"的析义功能有所偏爱，所以把力量集中于此。当然汉字的形、音、义之分分合合，也不能脱离人类语词的"概念"与"音声"普遍内在的结构性矛盾。

索绪尔《普通语言学教程》说："我们把概念（意）和音响形象（音）的结合叫做符号。"③ 简陋地表解：

---

① 施议对编纂：《文学与神明：饶宗颐访谈录》，生活·读书·新知三联书店 2011 年版，第 57—58 页。
② ［法］克洛德·列维－斯特劳斯：《神话学：生食和熟食》，周昌忠译，中国人民大学出版社 2007 年版，第 33 页。
③ ［瑞士］费尔南迪·德·索绪尔：《普通语言学教程》，高名凯译，商务印书馆 1980 年版，第 102 页。

符号概念（concept）————所指（signifie）：义
音响形象（image acoustiqut）——能指（signifiant）：音

"概念"与"音响形象"之间的关系几乎是任意和强迫的，拉郎配似的。"羊人为美"，"羊"为什么叫yáng，或sheep，没有多少理由好讲，就像beauty，汉语却说"美"那样，是约定俗成的。有人说，羊之所以是yáng，是因为"羌"人善养羊，"羊人为美"这个意象是羌人创造的，被华夏汉人借用。这很有道理。可"羌"为什么读qiāng呢？因为羌人善养羊。不能不搞成"同义反复"。汉字的某些读音，除了形声字的有形有声之外，也有"声而兼义"或"以声表义"的，极少数字还能够"由声见义"或"由意辨声"。有一派语言学家，例如《说文》作者许慎、《释名》作者刘熙非常喜欢"声训"，有的不免牵强附会，现代专家多主张谨慎对待。

有些字或词的音响形象，跟"概念"和所表示的事物或事物的要素是有些关系的。例如羊的叫声mie，用象声词"咩"近似地记录，而楚王族姓"芈"（mǐ），跟"羊鸣声"粘连，暗示他们可能曾以羊为图腾。这个字要是分析起来，十分有趣。中国好几个民族用mi、me、men称"人"，跟英语men相似，元曲称"我每"，即"我们"；还有好几个民族用mi、me、mei、min、mu、mo、ma称呼母亲，写作"妳/姆/每/敏/母/么/妈"，不但跟英语mami、mother相似，而且进入了"妈妈/mama"这一人类原语词；或说，它还跟"美/媚"等读音有关。待证，实例太少。当年，赫尔德（Herder）们用"象声说"来言说语言起源；中国古人也有喜欢用"声训"的，如"鸭之言呷""猫之言喵"等等。可是英语为什么称它们为dark或cat呢？没多少理由好讲。这多是群众性与历史性地约定俗成的。所以索绪尔强调："符号本质上是社会的。"①

但字的"读音"在语言史、比较语言学或文字人类学的研究上还是很有意思的。汉字"形声"有时"音而兼义"；中国人汉译外来语喜欢"音义两译"，例如用"辟邪"（狮形神兽）对译Pathia（帕西亚，指波斯安息王朝），等等。又如"喵/猫"能用来命名船"锚"，西文也类同，因为"锚"像"猫爪"抓住水底。由音及义，就少数字（词）而言，还是大有可为的。

这些都能帮助建构字源学、词源学乃至历史语言学主导的文字人类学。

---

① ［瑞士］费尔南迪·德·索绪尔：《普通语言学教程》，高名凯译，商务印书馆1980年版，第50页。

我们想在某些汉字与美学基本概念的关系上做些试验，而且试图将其与审美人类学、文学人类学联系起来。这个办法，现代语言学用得太少，美学家更是浅尝辄止。不知道我们的尝试能取得多少成绩。

古音韵学更是中国小学或朴学的领头学科，曾取得睥睨世界的骄人成绩。国人爱说，清代考据学发达是因为文人害怕触忌，思想性的著述容易贾祸，只好躲进故纸堆，钻牛角尖。这说出了重要事实，但还有学术史发展的内部规律。古音韵学是由明代的陈第《毛诗古音考》开始的，它抛弃了宋儒的"叶韵"学说，指出不该用今音去"改读"古音而去"凑韵"，而是古音与今音不同，应该去发现和恢复古音。这样才有明末清初顾炎武《音学五书》里建构上古音的著作，以及后来一系列杰出撰述。它们使用了几乎完全是现代的科学方法，如分析、归纳、演绎、推理等等。像钱大昕《十驾斋养新录》用了370多个实例，证明古无"轻唇"（双唇音）只有"重唇"（唇齿音），还前无古人地用了历史比较法，用梵语"佛陀"（Bhudha）等的汉译证明古读"弗"如"不"，读"无"为"莫"（摩）。这些颠扑不破的多重证据和成果经受住了电脑的检验。中国学者似乎受到无形的现代科学训练，不自觉地用来研究中国历史和语言，其基础正是他们取得划时代成就的考据学和语言学（含音韵学、训诂学和文字形体学）。清季民初输入西洋教育，中国的大学没用几年就办得有模有样，让外国人惊羡不已。原因之一，就是有清代朴学做根柢。甚至近四十年来中国学术包括自然科学基础理论等的伟大复兴和繁荣，都跟这一段"静悄悄的革命"有关系。自然科学的飞跃，是跟人文社会科学的昌盛分不开的，史有明证。世界史的几次大变革，都是由人文社会科学领头。

所以，对"意象文字"的研究，决不能忽视其"音"，不但要由"形"知"意"，可能有时也要从"音"求"义"，形音义兼顾，点线面俱到。

除了少量"音响形象"可以挖掘出原因之外，经由汉字的语源学、文字人类学或美学的研究，还主要靠字形。像"醜"为什么能够标识"丑"（ugly），"美"为什么可以表示"美丽"（beauty），直到"真/善""伪/恶"，等等，都可以依据形体分析，讲出一大堆理由，写出几十万言的书来。拼音文字却不行。它们也许可以用二十六个字母，组合出上亿的词来。稍微学一点规则，还能知道它读什么音；结合口语，便能猜出大致的意思来。西方人洋洋得意：我们的文字多么进步，多么了不起。言下之意，汉字是多么落后，多么笨拙。可他们不得不承认：拼音文字不能引譬连类，由形知意，从而整理出某一概念（或观念)、某一思想的历史沿革与根源来。汉字却包含三元素：

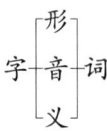

一个字往往就是一个词,跟词同是语言的最小意义单位。历史上汉语单音词居多,就由这一特点(字≈词)来决定,不像拼音文字,字(音响符号)、词(意义单位)严格区别。只有二十六个字母,还能讲出形体的历史(实物)的依据来(周有光写有《字母的故事》,某外国人也写出《ABC的故事》,现在都买不到了)。像拉丁字母 A 来自希腊字母(草写体)α(Alpha),也许还有苏美尔－巴比伦楔形文字的远源,表示的是牛头,当然很好玩。可惜只有二十六个。除了这个 A 可以当词使用以外,就不像汉语字可兼词,大部分都能由形/音发现义,及其来源。

这也是中国学者得天独厚之处。我们可以通过对甲骨文、金文、籀篆、古隶的分析,发现文化构成或各门学科,各种观念、范畴的来源及演变。例如我们想重点讨论的"真/善/美"与"伪/恶/丑"的形音义之本来面目,深信会提供一些启发或参考,对美学、美学史的研究开拓一个较新的领域或视界。假如动用电子计算机,成绩会更大(有趣的是,中外学者用电脑研究古文字,结果跟清人很接近)。

日本学者笠原仲二的《古代中国人的美意识》[①],曾就此做了开创性的研究,取得很大成绩。可是也有些缺憾,例如太相信《说文解字》,没有追溯到更古老、更可靠的甲骨文、金文,很少吸收中外科学家相关成果;精力与讨论重点有些分散,以致有些概念、范畴与汉字形音义的关系没有深入开掘,常常一笔带过,让人觉得浮光掠影,浅尝辄止。他对中国绘画史比较熟悉,对绘画与审美范畴的研讨是其书的可贵部分,可是对文物考古包括简帛文牍等注意很少。他的一些分析对象或结论是伦理学而不是美学的,牵涉过多。笠原先生曾结合审美意识探讨中国古代的自然观,写有专著。这是很巧妙的想法,我们当然希望他能从更高的哲学视角分析中国人从文字中所表达出的"美"意识与基本美学概念。

我们希望在前人辛勤劳作的基础上做得更加集中和深入一些,试图把文

---

① [日]笠原仲二:《古代中国人的美意识》,魏常海译,北京大学出版社 1987 年版。

学人类学拓张到审美人类学上去,最好还能建构出文字人类学这一新的分支来。

这并不是说汉字毫无缺点。至少它缺乏前述拼音文字的许多优点。西方人常说:这比汉字还难认。异文化的成年人学习汉字确实困难。但是,小孩子,甚至外国儿童,学汉字却极容易。5—7岁,或者3—5岁的孩子,智力正常,不费多大工夫,便能认得一千字左右,会看简单的儿童读物或书刊了。儿童教育专家说,孩子更善于学习"直观"对象,"象意文字"的"形"要素突出,很容易过目不忘。笔者的孩子,4岁时要认字,给他买了一大堆拼字积木,为他讲解、拼组、练习,象形、指事、会意、形声,绘声绘影,他只是笑着,心不在焉,白费功夫;可只要告诉他"这是什么字",几次就记住了。没多久,发现他拿《电视报》看,找动画片——害怕他没完没了,立即停止"识字教育"。他却自学成才,很快就学会看《电视报》,顺带学会看钟点。须知,他的智力平平。原来不需要多少"理据",更不必讲解什么"六书",只要让他在"上下文"中辨识"象意文字"即可,即便出错,也多能"自动"改正。可以说,孩子学汉字,基本无困难。绝大多数孩子都能顺利通过义务教育,可证。

20世纪50年代,"文字改革"运动展开。其中心是拼音化、拉丁化。《中国语文》等刊物连载论文,罗列汉字的种种缺点,诸如不易学习和传播,难于打字与输入机器,妨害了科学技术的发展……文化界名人,如鲁迅、吴玉章、郭沫若等,都力主逐步而又迅速地拉丁化,直到废除汉字。只有一位伟人——毛泽东主席——敏感地意识到,汉字不能轻废,主张新文字要采取"民族形式"。这成为一大难题。好容易达成"妥协",先推行简化字,制定并试行与世界接轨的"拼音方案",取得巨大的成绩,得到上上下下的拥护。汉字被保护下来,与拉丁化拼音符号并行不悖。

直到电子计算机开始流行,汉字输入却取得意料不到的优势:多种巧妙的设计,使它的输入输出在速度与质量上丝毫不亚于拼音文字;而花费数十年之力的"拼音符号",也有了新的功用。从小就掌握的硬功夫,让中国儿童很快就学会使用电脑和手机。

看来,在历史上起过重大作用的汉字,虽然没有涅槃,却像凤凰一样开始了新的飞翔。它是不会轻易退席的。恐怕要长时期实行"双轨制",改革将继续,方块字与拼音符号会相得益彰。

中国是个幅员辽阔、地形复杂、人口众多的国家,多民族,多社群,多方言。古代交通不便,交际不多,交流不畅。加上长期实行一家一户,手工业与农耕相结合的自然经济，十里不同风，百里不同俗。在偏远地区，出家门十余里就像到了"外国"，极难对话与交流。那靠什么统一政令，凝聚民众，建构传统呢？汉字。尤其是秦代"书同文"以来，主要就靠这"象意"的汉字来交流信息。因为形、音分离，缺点成了优长，不同方音的各地方、各族属、各阶层的人士，能够依靠汉字交际（城乡识字或粗通文字者起了重要的中介作用）。何炳棣《东方的摇篮》提出，中华民族及其文明绵延、持久而不断绝的三大原因：一是黄土农业，二是继嗣制度，三就是汉字（他有提要性短文《中国文明持久性探源》，由故友程德琪译出，发表在《活页文史丛刊》上，有兴趣者可查看笔者的《中庸的文化省察》）。

一个伟大的生命是不会轻易消逝的。

这本书试图利用汉字的特征与优长，从字源上探讨古代中国"美"与"审美"的一些重要概念的关涉和早期的演变。"美""丑"等字的由来，当然不同于美与审美的起源（我们另有一部大书《艺术的起源与发生》略涉此一难题），更不等于"美/丑"的内容或性质。但由于本书带有学科普及的性质，便有意结合主题介绍一些美学常识；要想完全回避这些艰深复杂的理论问题，专讲这些字汇的形音义，也是非常困难的。

这本书原题《真善美与伪恶丑——文字人类学的试探》，跟几位出版家闲聊时，他们都说：不好不好。这像教孩子们"五讲四美"。于是改了又改，最后接受陕西师范大学出版总社的高明建议，改成《汉字与美学》，并对内容做了一些补充与修改，重点不变，内容却不完满，所以写了引言略作辩解。销路和批评、反应将为我们笨拙的努力做结论。

（部分内容原载于徐新建主编的《文学人类学研究》创刊号，社会科学文献出版社2018年版，修改后以代替"引言"）

目录

第一章 从"羊人为美"到"羊大则美"

第一节 "羊人为美"与"羊大则美"之争 …………………… 001
第二节 美是形象 …………………………………………… 023
第三节 羌,姜:美丽之人 …………………………………… 042
第四节 羊形神:尊贵与美丽互为因果 …………………… 074

第二章 美、美体的多样性

第一节 从丰殖女神看时代审美观 ………………………… 122
第二节 "两种生产"的结晶 ………………………………… 137
第三节 躯体之美及其争执 ………………………………… 147
第四节 美/媚/魅 …………………………………………… 182

第三章 美学上的真与伪

第一节 真的来由与质性 …………………………………… 211
第二节 艺术作为真 ………………………………………… 228
第三节 再论艺术之真 ……………………………………… 243

第四节　艺：人为性与自由性 ·················· 264
　　第五节　"为"本是人的杰作 ·················· 293
　　第六节　"人为"之"伪"及其转化 ·············· 304

第四章　善与美食佳味

　　第一节　膳/养/羞来自美味之羊 ················ 310
　　第二节　味觉美学？ ························ 325
　　第三节　美、善互动：美的功利基础与超功利属性 ···· 341
　　第四节　与"善"相关的"牧" ················ 358
　　第五节　"善"的又一存在：义 ················ 369

第五章　"恶"，"丑"，由正到反的对转

　　第一节　不恶之"恶" ······················· 381
　　第二节　"美"的畸变 ······················· 391
　　第三节　醜与酒、酉 ························ 401
　　第四节　美与丑的对立、互渗与转化 ·············· 423

第一章 从"羊人为美"到"羊大则美"

第一节 "羊人为美"与"羊大则美"之争

"美"是冠戴着羊角、羊头或羊骸的正面而立的人。由于一些学者把宋人的望文生义"羊大则美"当作"美"字的原义,使其本来面目模糊,且歧义丛生。首先要恢复《说文》"大,人也"的古训,且结合甲金文,才能得到正解。

装饰成羊形或者"羊人",并且以之为美,这在神话、民俗上是屡见不鲜的事情。

一、"羊大则美"之说从何而来?

甲骨文有"美"字,多用作专名。见于孙海波《甲骨文编》(444·0513)——

𦫳(《甲》686;人名)　𦫳(《甲》1269)　𦫳(《甲》3918)　𦫳(《乙》3415反)

𦫳(《乙》5327;地名;"在美")　𦫳(《殷》1·29-2)　𦫳(《殷》1·102)

𦫳(《前》5·18·5)　𦫳(《前》7·28·2)　𦫳(《后》2·14·9)

𦫳(《林》1·14·1)　𦫳(《林》2·13·9)　𦫳(《戬》37·8)　𦫳(《粹》282)

𦫳(《撫续》141)　𦫳(《撫续》16)　𦫳(《明达》351)　𦫳(《明芷》684)

𦫳(《京津》4105)　𦫳(《存》下·457)　𦫳(《存》1364)　𦫳(《京都》981)

美,多数显示一位正面而立的"人"(大)头上冠戴着代表羊的对角或多角,是一个象形兼会意的字:羊人为美。

殷墟卜辞多用为人名或地名。或说与"羌/姜"有关。

不管有多少争论,"美",跟"羌/姜"同样,首先由"羊"为标识。它由"羊"与"大"(人)两部分构成。

汉代的许慎在《说文解字》卷四羊部说:"美,甘也。"主要从满足食欲与味觉上探讨"美"字的"原义"。这提供了一个重要立足点,但不能由其误导到后世的衍生义上去。在甲骨文没有发现、金石文字的释读还很幼稚的时候,《说文》较为近古,保存了许多精义;但甲金文被发现或再发现以后,就不能迷信《说文》。尽管它还是最重要、最珍贵的"入门书",例如它说"善"即"膳"就近确。但它往往误解或遮蔽原义,例如与我们的主题相关的,说"为"是"母猴/猕猴","真"是"仙人",能完全相信吗?

"美"从羊从大,自宋代徐铉"羊大则美"之注而后,《说文》注家多依此委曲以成说。这是因为许慎在"从羊从大"之下没有像"羌"条那样明确一下,"大,人也",误解由此而生。

图1-1 "羊面饕餮"铜鼎

(商代)

"羊面",尤其有"羊角"的饕餮纹,占兽面纹样总数的多数。可见商周对这西北方输入的家畜之偏好。显然,这跟当时以羊肉"主给膳"有关,而膳就是善,就是美(上古往往美善不分)。或说,宝鼎上镂有"羊面饕餮",除了利用其辟邪功能之外,羊角还能验毒、祛恶,保证鼎中美食不致腐败,可供参考。但必须明确,它的"猛兽化",是与其辟除敌害或邪祟的主要功能相一致的;别的,多属可能的衍生功用。

清代段玉裁《说文解字注》云"羊大则肥美",王筠《说文句读》亦谓"羊大则肥美,许意盖主'羞'字从羊而言"。这都是《说文》和徐氏的双重误导而引起的误读,是迷信或迁就"原著"的结果。再加上徐铉是宋初人,素负盛名;清代《说文》四大家(段玉裁、朱骏声、王筠、桂馥)又几乎异口同声赞同徐铉"羊大则美"的说法,这几乎成了定论。

日本人高田忠周《古籀篇》用《说文》"美/甘"之解,云其原指肉味甘美。引《易》"甘节"虞翻注:"坎为美。"《管子·五行篇》:"然后天地之美生。"注谓"甘露、醴泉之类"。渐由"食味之美"转为"佳善"之称。

近人高鸿缙也采徐铉"羊大则美"之注,说:"字意为味美,羊大则味美,故从羊大会意"①。

其实,许慎连"羊大则美"都没有说过,他只说:"美,甘也。从羊,从大。羊在六畜主给膳也。美与膳同意。"

徐铉依据许氏说的羊肉味道甘美,跟"善/膳"是同类字,自己推论说:"羊大则美。故从大。"②他这一误导不打紧,竟造成一千多年的误读,连"大"的本义都搞乱了。

关于"美"字的构成与来源,20世纪80年代之前,美学界讨论较少。大多引证《说文解字》"美,甘也",以"羊大则美"说之。③

此据臆说发挥,早已陈旧。80年代初,新说渐出,但争议也迭起。

中国文字往往字而兼词,多数构成语言学与文字学的最小意义单位,可以由其推知造字时期人类的观念和思想。"六书"里的大宗,多与"象形"有关,形态暗示观念,透露思想。

中国的"象形"已从"肖形"或"文字画"解放出来,但无论指事、会意,还是形声(或音而兼义),都还保存经过提炼、升华,或简单化、程式化、几

---

① 高鸿缙:《中国字例》,艺文出版社1972年版,第70页。以下简称《字例》。本书引用甲骨、金文以及有代表性的文字资料与论著,为节篇幅,多采用学术界熟知的简称。查阅或检索,可参看孙海波《甲骨文编》及容庚《金文编》(二书有科学出版社版本),叶玉森《殷墟书契前编集释》(大东书局,1934年石印本),周法高《金文诂林》、李孝定《甲骨文字集释》(二书均有大陆影印本),以及上海教育出版社的《古文字诂林》。
② 据《四部丛刊》影印本,日本岩崎氏藏宋刊本。
③ 参见马采:《从几个文字看我国古代人的审美观点》,载《羊城晚报》1961年12月14日;李稼蓬:《美与羊——一个值得商榷的问题》,载《江淮学刊》1962年第2期。

何纹化的形态,可供后人凭吊、欣赏、研究或复原。这是中国文化研究者几乎独占的优势。解析文字,虽然还不是各种观念形态、文化品种的发生学、起源学研究,但对"成文"前后文化的构稽,却大有好处。

语言,或其许多词汇,都保存着恩格斯说的"活化石"。目前保存得如此完好的体系性的中国"象形"或"象意"的文字,是相当可靠而稳定的"社会的化石"①,是历史的脚印。

麦克斯·缪勒引用特伦奇的话说:

> 语言是已成化石的诗。……许多单词本身就是一首浓缩的诗,它贮藏着丰富的诗人思想以及由此产生的形象。②

在中国,由于汉语字词一体化趋向,特别是作为"化石"的象形-象意文字,在古音韵学的配合下,能够很得力地从中探掘出上古的思想,以及文化的"原型意象"(archetype image)。在这里,字源学与词源学的研究是基本一致的。跨学科研究旗下的"新考据学",借着诠释学的破译功能,是能够为"新现代"的美学与思想史发现或建构出许多崭新的观念和思路的。

《英雄与英雄崇拜》的作者卡莱尔说:"从每个词中都可看到一个人,一位诗人,最冷静的词也曾是闪闪发光的新的隐喻,其根源是大可怀疑的"。③尤其是旧的词源学或字源学,例如《说文解字》和《尔雅》等本属典范的著作,由于新的地下材料的发现与新的理论与方法的进展,不能不"过时",许多结论"大可怀疑";但"大可怀疑"往往导致"大有发现",假如我们愿意在尊重古典著作的前提下集体努力和坚持探索的话。

现在让我们从"美"字的原义讲起。

刘晓路、董晓萍评述"美"字构成四说云:

> 许慎曾解释说,羊大为美……他以大羊之美,比喻大善之美。(引案:此非许慎原意,"羊大则美"是宋人的推测)

---

① "社会的化石"一说,参见[德]恩格斯:《家庭、私有制和国家的起源》,见中共中央马克思恩格斯列宁斯大林著作编译局编:《马克思恩格斯选集》(第四卷),人民出版社1972年版,第27页。
② 转引自[英]麦克斯·缪勒:《比较神话学》,金泽译,上海文艺出版社1989年版,第81页。
③ 转引自[英]麦克斯·缪勒:《比较神话学》,金泽译,上海文艺出版社1989年版,第81页。

民间的第二种看法，是羊人为美，美字表示一个人头戴羊角或羊头在执掌图腾仪式。（引案：此系拙说）

第三种看法，是献祭为美，羊是牺牲的象征，人供奉牺牲，就等于承担了社会责任；所谓羊大，指（献祭者）当付出的牺牲极大，乃至连自己都要毁灭的时候，美字也就出现了。（引案：此系望文生义）

第四种看法，是舞人为美，说美是头上戴着动物羽毛之类装饰物的舞者之形。（引案：此与第二种本质相通）①

第一种已成陈迹。第二、四种仍有争议，但理论基础略同。第三种较为少见。"羊大"，或以小牢为祭，是对神（包括祖先）的贿赂，是以羊为牺牲。作为牺牲，形象顿时"高大"，生哀死荣，享受优待。但有时是为了"替罪"、救赎，有时仅是为神提供美食，除了买羊之外，人类并不需多大付出，有时祭后还要"分胙"，食肉寝皮，分享其美味、温暖和殊荣。只有基督教才视耶稣为羔羊，承担人类罪恶，而将其置于十字架上。这跟中国历史与观念相去甚远。由这种本属虚无缥缈的"自我牺牲"去探索美（或美善）的由来，是大可怀疑的。

笠原仲二是最重视由字源的分析来推绎中国古代的"美意识"的学者，可惜他往往拘泥于不准确的旧注，特别是《说文》，对甲金文和当代文字学成果注意得不够。他对"美"的解释仍然是依从徐注，试图从中发现由"感觉"到"观念"的演变（这个说法很有意义，对"羊人为美"也同样可以而且应该这么做；但他把属于"意识"或"道德"的概念也当作"美"来推断，离开了"美学"）。

（1）视觉的："对于羊的肥胖强壮的感受"。同样，我们也可以说是对"饰羊的人"的庄严、美丽、神秘的视觉感受。

（2）味觉的："对于羊肉肥厚多油的官能性的感受"，美，甘也。这，对于"羊人为美"却是间接的，对于"善"较为直接。

（3）触觉的："期待羊毛羊皮作为防寒必需品，从而产生一种舒适感"②。戴着"羊角"（或羊头），披着"羊皮"，同样是一种"服饰"，同样能引起

---

① 参见刘晓路：《楚和美：一个断了线索的文化史疑案》，见彭德主编：《楚艺术研究》，湖北美术出版社1991年版，第54—65页。董晓萍：《新时期20年民间审美理论研究》，载《民族艺术》1998年第3期，第95页。

② [日]笠原仲二：《古代中国人的美意识》，魏常海译，北京大学出版社1987年版，第3页。

一种全身心性"触觉的快感",并且逐渐传达到思维,提升为"美感"。

(4)嗅觉的:羊的腥膻当然让娇小姐如临大敌,但牧羊人却甘之如饴。煮出的羊肉如果失去它特有的腥膻,实在没有多大意思(丰沛人吃羊肉就要求既辣又膻,参后)。

(5)听觉的:羊的鸣声在牧羊人听来比女歌手的娇声动听得多。"芈"(羊鸣)甚至成为远源西部的楚王族之姓,而且读音如"敏"若"母",跟许多西部、南部称"人"、称"王"的专名音通,甚至于有人说"羊鸣"声可能成为"图腾"。①

任何审美活动的基础都是感官(尤其视、听二觉)活动,都是对象与"感受"的直接交流。当然在其深层(也无论是"羊大"抑或"羊人"),都可能像笠原说的那样,"从经济的角度,预想那种羊具有高度的经济价值即交换价值,从而产生一种喜悦感。这些感受归根到底来源于生活的吉祥,包含着心理的爱好、喜悦、愉快等等,可以叫作幸福感吧!"②

西方学者不满足于旧说。他们看到,中国古代青铜器有大量以羊面为母型的饕餮纹,觉得羊在中国文化中一定占有特殊的地位。

有人提出,中国人坚信"(羚)羊角"可以检验出食物中的毒素或者保证秽恶不会入侵,盛放美食的宝鼎刻着"羊面饕餮"便能够使肥美的羊肉等不会馊腐变质,捍卫着贵族们的健康;当然,最重要的作用还是镇恶辟邪(丁山氏也有类似看法,请参见《中国上古图饰的文化判读——建构饕餮的多面相》等)。

这些都是从"食"的角度或"美"的实用性功能看羊,颇有意义;但多从"美/甘"之训引导而来,不是其"字源"的本相。

二、"大"本是"人"

"美"字从羊没有疑问。问题的关键在"美"字所从之"大"的原义的把握。

李孝定《甲骨文字集释》综合诸说,指出:"契文大亦象人形,以为大、小之义者假借也。"《说文》说"大象人形"是对的,所谓天大、地大,人亦大,却是任情推演,连"假借"都说不上(参后)。以"羊人"之大为肥大之大,这显然是本末倒置。字形与字义不仅是或不能是依据其在文献上出现的先

---

① 参见《楚辞文化》和本书各节的讨论。
② [日]笠原仲二:《古代中国人的美意识》,魏常海译,北京大学出版社1987年版,第3页。

后来决定的（这带有很大偶然性），而是应该根据其结构及规则（如"六书"等）来判断的。

甲金文之"大"如：

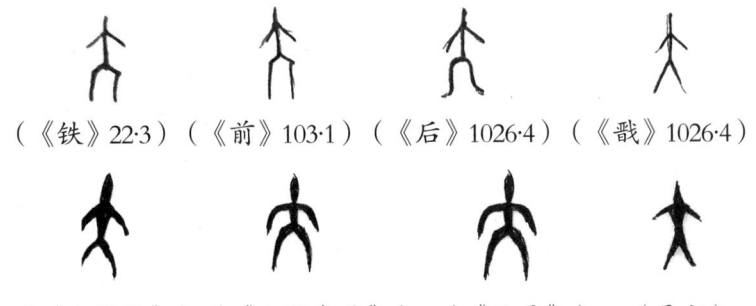

（《铁》22·3）（《前》103·1）（《后》1026·4）（《戬》1026·4）

（《大保鼎》）（《大祝禽鼎》）（《盂鼎》）（鼎文）

这些都是"人"形。金文之"大"，人形更显。

如容庚《金文编》所说："（大）象人正立之形。"

诸家略无异辞。林义光《文源》说："'人'象侧立，'大'象正立。"均是人形，已是共识。高田忠周《古籀篇》说："'大'即象人体完（整）正视形也；即人，象侧视形。"他认为最初的"大"，系"大人、大丈夫之谓也"，却不大准确。

高鸿缙说，甲金文"大"俱象正面人形，"甲文犹见两膝，应是人之初文"；后来借用大小之"大"，久而频繁，"而为借意所专，乃专造侧面人"，即"人"字乃表示"万物之灵"。① 后一推测还有待证实。但释"大"依然正确。

关于"大"与"人"的区别，裘锡圭说，"大"主要指成年人（我们至今还说"小孩/大人"）："古汉字用成年男子的图形表示，因为成年人比孩子'大'（也有人认为'大'字以张开双臂以人形表示'大'的意思，这也是一种曲折的表意方法）。"② 其说较新，可供参考。他主要意思在于"大"之大小义从何而来，但这样讲可能带来某种误解。他先肯定"大"的"人"形义是有预见的。

---

① 高鸿缙：《中国字例》，艺文出版社1972年版，第86页。
② 裘锡圭：《文字学概要》，商务印书馆1988年版，第5页。

图1-2 "大"就是"人"

（左：籀文与篆文的"大"，是正面而立的人；右：牧民与他的羔羊）

"美"字由"羊"与"大"构成，象形兼会意。首先要承认"大，人也"（《说文》），"大"是正面而立的"人"，否则一切无从谈起。"美"字表示冠戴羊骸、羊头或羊角的"人"。"六书"属象形，后人借以"会意"。

我们觉得，"美/甘"之训，"羊大则美"之解，美与肥硕甘旨的联系，都是相当古老的，却不是其本义或初义。

坚持"羊大则美"旧注的学者主要拘泥于《说文》，不大注意甲金文及其研究收获（我们跟叶舒宪先生在"美"的本义上产生巨大分歧，原因也在此）。

我们提出"羊人为美"新说的短文①，以为"大"为人形，是不证自明的事情。不仅甲金文之"大"，呈现为正面立人形。《说文》在卷十大部说："大象人形。"羌字下也说："大，人也"。所以没有加以交代和论证，是个疏忽。

至于"羊"与"大"或"人"的关系，黄杨说：

> "美"中之"大"原本就是"大"，而非康殷所谓的"人"，更非萧兵所谓的先"人"后"大"。"美"是会意字，而非康殷所谓的"象形字"，更非萧兵所谓的"象形字"加"会意字"。古文"天"

---

① 参见萧兵：《从"羊人为美"到"羊大则美"——为美学讨论提供一些古文字学资料》，载《北方论丛》1980年第2期。

源于"大"、"大"源于"人"。①

我们怎么也弄不明白,既然"大源于人",为什么还"更非萧兵所谓的先'人'后'大'"?大多数明白中国古代文字体例或结构规则的专家,都承认,甲金籀篆"大"是"正面立人","人"是其侧面观,原来用法有别(解说则有异辞)。把"大"当作巨大、伟大讲,是后起的引申义。误导起于前举《说文》卷十大部:"大,天大地大人亦大。故大象人形,古文大也。"这是因为他不能摆脱后世"人/大"分途,大指"巨大"的习惯,又无法抹杀"大象人形"的事实,只好将其玄理化,曲为之说。

主要对"羊人为美"进行批评、商榷、讨论的如:

林君桓说,"羊人为美"基于"大"是"人"这一假设,但它同时有"巨大"的意思,"用尚未证实的问题作大前提"②,只能是丐辞判断——其实"大"的初义无论甲金抑或《说文》都是正面而立的"人"(问题只是"大"在"美"字意构中是"人"还是"巨")。他似乎想调和两种说法,却不承认其一"前"一"后":"一个表示美最早产生于劳动的过程的'羊人为美',一个表示产生于劳动的对象与结果的'羊大则美',它们由于劳动的过程与结果的'羊大则美',它们由于劳动的过程与结果是互为对象、互相联系的矛盾统一,所产生的美是不分先后的,因此,'羊人为美'与'羊大则美'是不分先后的。"

我们的字源学分析表明,"羊人为美"是原生义,"羊大则美"是衍生义,二者跟"劳动"本身都没有直接联系。

赵曦说,在上古的一些岩画里,例如广西花山(或左江)岩画,云南沧源岩画,四川珙县麻塘坝猪圈门岩画,近似汉字"大"或"天"的人形,正面而立者,"不是在做任何一种农事,或狩猎之事",它们都是在举行某种宗教仪式,"此时是代表天的";所以,"大"与"天"的写法基本一样("天",特大其首。"指事"为"颠"或头上之天空)。当然,不能说所有的"大"都是仪式人或代表天,更不能绝对化,却值得注意。"羌巫'释比'手击羊皮鼓,带领牵羊的助手走到神林高处,而其余全体寨民都留在神林中较下面的地点。

---

① 黄杨:《羊文化与善、义、美的原始内涵》,载《南通师范学院学报》(哲学社会科学版)2002年第3期,第103页。
② 林君桓:《"羊大则美"与"羊人为美"孰先孰后》,载《福建论坛》(文史哲版)1984年第3期,第37、38页。

'释比'之行是象征上天了。此时念的经典中说,已经到了天门,进了天宫(木多维古),在举着羊皮鼓高声念唱的迷狂境地中,代表天给参加'国若'仪式的人封赠吉利话(引案:颇似善言)。"①

如果理解为"大"常表示一个参与或指挥仪式的人,这个参照是很有意思的。

图 1-3 好色的公羊(神)

(左上:《萨提儿之家》,格拉大,版画,1520年;右上:《萨提儿偷窥睡熟的维纳斯》,意大利,柯列乔,油画,现藏巴黎罗浮宫;左下:潘[Pan]神追逐奔跑的仙女绪任克斯,意大利,布雷西亚,1554年;右下:农神芬[Fanns])

好色如命而又面目可憎的"公羊"之神,从酒神狄俄尼索斯(Dionyseus)到巴库斯(Bacoues),从谷精或农稼丰收之神萨提儿(Satyr)到潘、芬,都羊性十足,而且经常到处猎艳。他们的祭典与狂欢节,充满了色欲的氛围,金吾不禁,举国若狂,穿插着毫无节制的狂食滥饮与性活动,丑态百出。然而,须知,上古民众认为,唯其如此,才能保证土地丰饶,庄稼茂盛,人丁兴旺。大似中国的"傩蜡之风"。

---

① 赵曦:《羌族的泽－俄鲁劈原型与中国的美新考》,载《阿坝师专学报》1990年第12期。

三、"羊(形)人"：人是展演的动物

争论是："羊人为美"，抑或"羊大则美"在前，是"羊大"还是"羊人"为"美"字本义（象形兼会意）的前提，是承认或不承认"大"字原是"正面立人"的形样。如果连这一点都不承认，讨论就极难进行。然而，即令承认"大"是人形，还有个是否存在"羊首人身"或"羊角人首"的形象的问题。现实中没有这样的人（极个别畸形或变异，头上生出角状突起，那也不过是不及一寸的骨质肿瘤而已；西方装饰异俗，有人在头上"安角"，也只是为了炫奇）。

然而"半羊半人"的神话形象却是存在的。宙斯或"宙斯-阿蒙-拉"（Zeus-Amon-Ra），曾经化形为羊，或披着羊皮，戴着羊角或羊头、羊骸，如其神像所见。古代埃及更有几位羊头神。但最典型的还是古代希腊兼着谷神（或酒神）的萨提儿，他长着绵羊毛似的大鬈发，山羊胡子和羊耳朵，人身而有羊毛，特别是一条腿或两条腿是山羊的毛足与尖蹄。它有时跟酒神狄俄尼索斯（古罗马称巴库斯）混淆或竟叠合，跟潘神或芬神的形象与事迹更是难解难分。

这是一种"半羊人"的神话形象，是"羊人为美"的证明。"羊人为美"本是民俗现象，离开神话学很难说清楚。

萨提儿还是极丑的半人半羊的"妖怪"，但是，他的牧笛声音十分优美，山林小女神们听得神魂颠倒，如醉如痴，竟至于"上当受骗"，成就了一件件"美丑结合"的风流韵事，让艺术家浮想联翩，灵感泉涌。在形象"再现"上更是美/丑的戏剧性对照，还暗示在创美或审美的活动中，美/丑可能相互融合，或竟相互转化。在一些杰作中，酒神或公羊神显得狂放而又天性勃发，具有一种喜剧的美或趣味。

这里要不辞繁复地介绍，远古居民曾经"扮演动物"，作为狩猎的一种重要手段（例如便于接近猎物，参见"伪"节），进而"扮演图腾（动物）"，由实用层面上升到意识层面和制度层面。

因为这种"扮演"已不仅为了猎食，甚至也不仅是"原初的表演"，而且是一种"仪式"（通俗地说，是巫术仪式或宗教仪式）。这里先把我们要讨论的几个"关键词（字）"与仪式的关系简述一下。

"仪"就是"義"（"义"的繁体），由"羊"与"武器"（我）构成。最可能是杀羊仪式。"羊"在这个原初符号或意象里，也许是牺牲，仍然地位显赫。

"义",道德化、伦理化以后是"善"的重要内容(善、義又都以"羊"为字根或字素)。

在仪式中,扮演(图腾)动物或再现这种"扮演",这已经是戏剧-表演艺术的滥觞。

这是一种"伪"。"伪恶丑"的"伪",本义是人捕象或人驯象——再现这种行为或竟再现这种仪式,就不再是实际行动,而是一种"表演"。这就是所谓人为,即原无贬义之"伪"——形象不是实体而是符号,符号就是"伪",就是"人为"——"人是符号的动物"(恩斯特·卡西尔)。人也是"展演"的动物。

驯化并且扮演动物(不论其扮演野羊还是别的动物),不但直接联系着艺术及原始宗教的产生,而且关联着美意象、美观念的形成;关系着人怎样创造与使用"符号"而成为自由能动的动物。

史树青的看法接近于省吾,但也有些像"羊人为美"。他指出,《说文》的说法易滋误解,后人才附会以"羊大则美"。"'大'象人正立形,根据民族学资料,原始猎人出猎,头部多化装成羊头形,甚至身披羊皮,作羊鸣叫声,以招引野兽,而射杀之。"这就是我们说的"化装跳舞"的实用层面或现实基础,"展演"的背景或实际功能。"人们以此英雄为美。故美字并非羊大之意。"①"羊人"之饰,最初起于扮演羊形,以便接近警觉极高之野羊而猎捕、射杀之,这可能性极大。它逐渐演化为仪式性的动物化装跳舞,包括模拟巫术性的狩猎跳舞。其扮演者多为巫师或巫酋(后来称 priest king,祭司王),但是否因其善猎而被尊为英雄、大人或美人,还要求更多的论证。"展演者为王",这也是原初的艺术或者准艺术活动中常见的事。

杜金鹏等对"美"字所从之"大"有"晚近化"的解释:"大"代表雄大和权能。他们的说法可能由《说文》"己之威仪"曰"义"生发,但不否认"美"为冠饰羊角之人。"甲骨文'美'字作人头上戴大羊角形,以显示其美、大之义。因为,羊有大角而美,大代表力量和威仪,故以大为雄美,这是美学中一项重要原则。"

杜氏认为,"美,甘也。"绝非本义。"美字本义是:人希望能借助于

---

① 史树青:《辛未年 大吉羊》,载《中国文物报》1991年2月10日。

羊的大角，发挥自己征服自然的能力，战胜一切敌手而得到美善嘉好。"① 这仍有些掺以己意，但以"义"（仪）释"美"，究竟比"像/养/样"之解合理得多，接近真相得多。

图 1-4　鹿皮里的射手

（近代欧洲绘画）

猎人躲在鹿皮（架）底下，张弓待发，胆小谨慎的鹿们却懵然不知（注意鹿皮下露出人的身体、手足和弓箭）。这是最古老的"表演"艺术，也是最原始的"伪"。如果披上羚羊之类的皮的话，那就是"羊人为美"了。

四、"美"是"羊人"冠戴"羊饰"

古文字学家也有论述"美"为人而饰为羊形者。

商承祚《殷墟文字类编》引金文"美角"说，甲金略同，其上"象角岐散之形"。人而有角，自然是扮演动物。

李孝定《甲骨文字集释》注意到甲骨文"羊大二字相连"甚紧，因"疑象人饰羊首之形，与羌同意"，这已接近"羊人为美"之解。但他又犹夷其说，说卜辞有"子美"者，其上弯曲特甚，"不从羊"（其实正是大角绵羊之外弯角），"似象人首，插羽为饰，故有美义"，又向王献唐等"饰羽"之说倾斜，也许是想调和"饰羽"和"饰角"二说。

把连着头颅的整张羊皮披在头上而不仅仅是冠戴羊角（这有些像身披熊皮的印第安酋长），这是完全彻底的"羊人为美"，我们引用过《北史·高车

---

① 杜金鹏、杨菊华编著：《中国史前遗宝》，上海文化出版社2000年版，第47—48页。

传》:"(高车)妇人以皮裹羊骸戴之首上。"这也是典型的"羊人为美",即"冠羊"为美。考古学家总是谨慎小心,以为冠戴羊角之说(说出于省吾)比较平实近理,羊角是羊的突出标志,可以代表羊,"冠角"在民族志上更为多见;殊不知,在人类学上,披着带角或有头的整张羊皮,乃至把整只风干的"羊骸"蒙在头部和身上,都不是稀奇的事。

五、"美"是人冠戴"羊"饰

于省吾先生曾以羌、茍、敬、美等字主要像头上戴"羊角"或"羊角帽"[①];甲文有如"冕"之字,作𦥑,也是"象人戴羊角形之帽。古代狩猎,往往戴羊角帽并披其皮毛,以接近野兽而射击之"[②]。

图1-5 羊角猛兽噬人,或作为"头套式面具"

(青铜车器柱头饰,正侧面观,商代,现藏伦敦大英博物馆)

戴着羊角,颇似"羊面饕餮"或者羊形头套式面具,跟人头融为一体,却有长尾,或是"羊虎混形"猛兽,却肯定不纯是一种"猛羊"。或说它张开大嘴,"吞人未咽",也有道理。

这就把"实用性"的动物装扮跟"羊人为美"巧妙地焊接了起来。这也是"展演"的一大特征:不但达成实用之目的,而且生产出"副产品"——形象或形象性符号,亦即雏型的艺术(表演艺术兼造型艺术)。

这就启示我们,"羊人"基本上是人戴羊形、羊头或羊(面具)、羊角(或羊角帽),"羊人为美",创制和改良"汉文字"的华夏(夏、商、周三代),与羌人有极密切的交往,见其所扮饰表演,乃取之创为"美"之意象或象形(或象形兼会意)之文字。"展演"不仅指表演艺术,还兼及造型艺术,及实用艺

---

① 参见于省吾:《释羌、茍、敬、美》,载《吉林大学社会科学学报》1963年第1期。
② 于省吾:《甲骨文字释林》,中华书局1979年版,第16页。

术。而扮饰为羊,最可能是一种仪式性的乐舞(羌人确有可能以羊为祖灵,但是否"图腾"尚有争论,所以我们暂搁下"图腾跳舞"之说)。

李泽厚、刘纲纪《中国美学史》(第1卷)列举释"美"三说之后说:"今人萧兵以为'美'的原来含义是冠戴羊形或羊头(羊角)装饰的大人,最初是'羊人为美',后来演变为'羊大则美'。"① 他们引述了《从"羊人为美"到"羊大则美"》的一些论证,说:"美由羊人到羊大,由巫术歌舞到感官满足,这个词汇为后世美学范畴(诉诸感性又不止于感性)奠定了字源学的基础。"② 李泽厚在《关于中国美学史的几个问题》里又介绍了"羊人为美"之说:"我认为所谓羊人,乃是一种图腾舞蹈,就是人戴着羊头在那里跳舞。这是原始社会最早的一种原始的巫术礼仪,它的表现形式就是原始歌舞。"③ 他的《谈美》也说:"这说明'美'与原始的巫术礼仪活动有关,具有某种社会性含义在内。"④ 美学史家已开始重视古文字学材料,由此可见一斑。

朱光潜先生在《谈美》一文里说:"艺术和美也最先见于食色。汉文'美'字就起于羊羹的味道,中外文都把'趣味'(案:taste)来指'审美力'。"⑤ 这基本是由"美/甘"之训立论。

王维堤说,这是根据《说文》讹变的字体立论,"美"和"羊"没有关系(这又走了另一个极端),"美"字本像人"头插雉尾羽毛一类饰物,正在手舞足蹈"⑥,大体上是王献唐"饰羽"的路子。顾越指认,"美"字虽有"舞人"的形样,但有些上部确是羊角之形,跟"羔"字等一致(敦煌遗书"美"也从火不从大),那么只有把"舞人"和"冠羊"调谐起来,并且思考,"什么机缘产生了'美'的概念,是物质生活得到起码满足之后的歌、舞、乐享受,还是略高于果腹的'甘'的物质享受"⑦,也许有助于问题的解决。

朱光潜先生读了《从"羊人为美"到"羊大则美"》等文,并且跟我们

---

① 转引自萧兵:《〈楚辞〉审美观琐记——〈楚辞文化〉的一节》,载《美学》1983年第3期。
② 李泽厚、刘纲纪:《中国美学史》(第1卷),中国社会科学出版社1984年版,第80—81页;又参见李泽厚:《华夏美学》,安徽文艺出版社1994年版。
③ 《李泽厚哲学美学文选》,湖南人民出版社1985年版,第419—420页。
④ 《李泽厚哲学美学文选》,湖南人民出版社1985年版,第457页。
⑤ 朱光潜:《谈美书简》,上海文艺出版社1980年版,第25页。
⑥ 王维堤:《"美"和"羊"没有关系》,载《书林》1981年第5期。
⑦ 顾越:《怎样看待美和羊的关系》,载《大学生》1982年第1期,第8页。

通信和晤谈之后,想法有了一些改变,并且对晚辈勉励备至。张隆溪回忆说:"他对于奖掖后进可谓不遗余力。"朱先生好几次提起要注意几篇讲"美"字来源的人类学文章①;几次来信都表示,"羊羹"甘美,舞人饰羽之说都有所据,"羊人"饰"羊"的说法,也有道理,不宜断然否认(可惜来信没有全部保存)。

于民除了有《文·美·乐》等相关文字发表之外,较赞成甲骨文之"美"字,"似有两足,头生两角和正面站立之物,有的甚至有点像头饰羊角的人,或半人半兽的综合性动物在欢快跳跃的样子"②。我们曾有多次通信和交流。

其他大致上采用"羊人为美"之说的论著或文章有:

——朱立人:《舞蹈与舞蹈美学》,见齐一、马奇等编著:《美学专题选讲汇编》,中央广播电视大学出版社1983年版,第277页;

——周钧韬:《羊人为美——从功利观到审美观》,见《美与生活》,黑龙江人民出版社1988年版,第17—25页;

——赵沛霖:《先秦时代"美"义的演变》,见《美的研究与欣赏》(第2辑),重庆出版社1983年版,第34页;

——萧君和:《美的奥妙探寻》,贵州人民出版社1988年版,第82—83页。

综述且给予肯定的文章,如:

——古风:《中国古代原初审美观念新探》,载《学术月刊》2008年第5期。

还有一些文章,涉及"美"字的来源与构造,重视"羊人为美",可供参照:

——黄杨:《"美"字本义新探——说羊道美》,载《文史哲》1995年第4期;

——王政:《美的本义:羊生殖崇拜》,载《文史哲》1996年第1期;

——李家蓬:《美与羊——一个值得商榷的问题》,载《江淮学刊》1962年第2期。

更有一些论著未指名引用、批评,而大致采纳这种说法的。例如:

《哲学大辞典·美学卷》"羊人为美"条说:"'美'字初文作羑,此字象征戴物(羽毛之类)而舞的形象,此说已成定论。"③

刘宗迪说,"美"有舞象,"其中的舞者正作'大'字之形";又说,"大、

---

① 参见张隆溪:《探求美而完善的精神——怀念朱光潜先生》,载《读书》1986年第6期,第71页。

② 于民:《春秋前审美观念的发展》,中华书局1984年版,第117页。

③ 《哲学大辞典·美学卷》,上海人民出版社1991年版。

神和舞之间这种三位一体的关系，也存在于其他语言中，如满语称巫师为'萨满'（Saman），此词又谓狂舞（者）、天神和大神等意义"①。

刘晓路则在"羊人为美"之说基础上提出，披荆斩棘的"楚"，下面部分是"足"表示"进入"而代表了"人"，"林人为楚"相当于"羊人为美"②，诸如下列字汇，都是如此构成，突出其族团文化特征，且炫示其美善（其说特征）：

楚（林人） 夷（弓人） 樊（棘人） 樊（棫人）

六、有四角的羊吗？

王献唐先生不否认"美"下为"人"，却倡为"饰羽"之说，"以毛羽饰加于女首为每，加于男首则为美"③。这就不一定。"每"，《说文》篆文从屮，可能表示以草叶树枝或花朵饰首，不一定是饰"羽"。脱离了字干"羊"而说美，仅仅顾及头上似羽，是顾小失大。

他又说，卜辞"美"或从"竿"，实是望文生义；说小篆从"羊"为讹变，"契金固不尔"，其实古文字表现的都是羊角。"未见羊生四角，上下排列如此状也。"这也是一些学者批评"冠戴羊角"之说的理由。且不说神话思维每以"增饰"（肢体）为"前进的夸张"，文字多见"繁变"之例；羊生四角、六角，不但是畸形（中央电视台播放过"六角羊"的形象），而且是一种基因突变的群体征状，勿以"少见"而"多怪"也。世界之大无奇不有，恰恰有地方发现或者豢养着一群"四角羊"，证明《山海经》里的怪羊长着四只角并不纯是"有趣的幻想"。

上面所举，多是有经验的文字学家、考古学家有关"羊人"之说，不论是"饰角""饰羊"或"饰羽"，从不说"羊大则美"。他们懂得造字规则。可是他们也许忽视，天下事，说"有"容易说"无"难。

《逸周书·王会篇》高夷（东北方夷人族团）晋献"獩羊"，这种奇兽"羊而四角"，是史书有据也。

---

① 刘宗迪：《鼓之舞之以尽神——论神和神话的起源》，载《民间文学论坛》1996年第4期，第4页。
② 参见刘晓路：《楚和美：一个断了线索的文化史疑案》，载《文艺研究》1988年第1期；彭德主编：《楚艺术研究》，湖北美术出版社1991年版，第57页。
③ 参见王献唐：《释每美》，载《中国文字》（第35册），第2页。

《山海经·北山经》太行之山,有兽如灵(羚)羊"而四角,马尾而有距",叫作"䮝",善"还","其名自訆"。

《山海经·西山经》:"昆仑之丘,是实惟帝之下都。……有兽焉,其状如羊而四角,名曰土蝼。是食人。"这种"四角羊"是实有的高原动物。英格兰中部,海拔300米左右的柯茨窝尔丘陵地上,有一个专饲珍异家养禽兽的"家畜公园",至今还活着一群四角绵羊,如同甲骨文的"美"字所从的"羊"或有四角。

图1-6

图1-7 四角羊

(左:现生种四角羊,英格兰高地家畜公园"四角羊"写真;右:清人绘《山海经》插图)

《山海经》所见四角或多角动物,许多是"数量增加"式的夸饰,但也有具现实基础者。甲骨文所见"羊"或"美"字,头部有生四角或六角者。或说这是个别的畸变。但现在英格兰高地家畜公园确实还养着一群"四角羊"。学术上说"没有"比说"有"困难得多。不要轻易用"生活常识",如羊无"四角"之类来漠视"美"字构造之现实依据。

《后汉书·南蛮传·西南夷》说汶山郡有"五角羊",当亦云贵高原上保存下来的一种多角羊(参见《山海经的文化寻踪》考释部分·珍异篇)。中国古籍多说,麒麟是一种"独角"的鹿,现代学者每说,天下没有独角的哺乳动物(除了独角犀之外)。可是,近年英国发现基因突变,在前额正中长着独角的鹿。我们的《龙凤龟麟:中国四大灵物探研》揭载它的照片,绝非伪造。

七、"美"是饰羽吗?

康殷也持"饰羽"之说:"(美)象头上戴羽毛装饰物如雉尾之类的舞

人之形。"饰羽有"美观"意，所以"美"训"美丽"①。"舞人说"靠谱，但饰角也可跳舞且美观。这仍然是脱离字形或字干而逞臆的解释。

刘国清发挥王、康之说，承认"'人''大'两字，都是人的形体"，因头上饰羽而美，"显然'美'字的造形是我们的祖先描摹当时氏族成员用羽毛装饰在头上美化自己的情况，或许就是……（庆典）跳起了欢乐舞蹈的情况"②。他说，"每"也是女人头、髻戴着羽毛，"成了甲骨文里美字的另一种表现形式"。重羊的人，如古羌人，以羊角或羊头为饰，是多么现成、多么合理的事啊。学者们为什么要舍近求远呢？他们承认"羊"下之"大"是"人"，当不可易。也不是羌人等不可能以羽为饰，而是说"美"字所见，更明白的是"大"（人）头上戴着羊角、羊头或"羊骸"、羊形，当然也可能在这"基本形态"上增羽为饰，但事实上却是拟羊为主，无须他求。

张明华讲到饰羽人神形象时说："'美'"字上面的笔划不应该完全是具象的两双枝角，它们往往是具象物繁复形态的浓缩与简化，因此，'美'字上半部也应该是美丽、整齐、弯弧、富有弹性的羽冠的简化、笔划化、文字化。"③也基本上采用"饰羽"之说。羊的双角或四角，也略带"弹性"，同样美丽、整齐、弯弧，而且与"大"上之"羊"相应，何必舍"现成"而求"殊远"呢？

比较独特的是裘锡圭说，"美"可能是一种"乐器"。④

1981年8月21日，他来信说："关于'美'字，我是从卜辞文例推断其意义的。其实把'美'解释为乐曲，似乎也无不可。卜辞或言'奏商'，颇疑'商'当读为'章'，即'大章'之乐。"可能，"美"字在卜辞里除作地名外，还有其他用法。

前此（1980年9月3日），他有一封回信说："把美字解释为一个人戴着羊头，是很合理的。"在"美"字构成的探讨中，"羊人为美"至少可备一说。

陈炜湛说：

> （美）字的下半部分是正立的人形，也就是"大"；字的上半部分有点像羊，但不是羊，而是人头顶上戴的一种有四只羊角的装饰品。

---

① 康殷释辑：《文字源流浅说》，荣宝斋影印本1979年版，第131页。
② 刘国清：《"美"字考略》，载《学术月刊》1981年第10期，第80页。
③ 张明华：《良渚文化神躜符》，载《龙语：文物艺术》1993年第20期，第34页。
④ 参见裘锡圭：《甲骨文中几种乐器名称》，载《中华文史论丛》1980年第2辑，第76页。

由此看来，早期的美字也是一个象形字，本是一个人戴着两双羊角而正立的形象。①

只要承认"美"是人戴羊角，就大体不差（不一定是两双角，一只羊可以有四只角）。

朱狄略采此说，并且提升到"图腾"机制之上来论述："[美]即头戴图腾标志的人的形象。……图腾形象的'美'字之所以要以人字为基础，因为作为部落的祖先，神话中的英雄，'图腾崇拜的对象常常是一个会巫术的人，一个长者，一种力量，一种智慧和一种神秘知识的拥有者'②。"其中所引用埃利希·诺伊曼的话里的"图腾"已被抽掉"质的规定性"（例如氏族的"非人类祖先"），而沦为马纳（mana）之类泛灵力符码。这样的"人"当然"既非个体亦非群体，而是一种神化了的实体，一种美和善的精神象征"③。

高建平批评说，甲金文都是阶级社会的产物，"不可能与图腾崇拜和魔法巫术并存"④。文字，尤其是所谓象形文字以及（中国特色的"形声－象意文字"），近取诸身，远譬于物，所反映的自然－人文事象要比它的"创作"和"使用"时期古老得多。文字的萌芽远在奴隶制的夏代之前。新石器晚期已经发现不少类似文字的"记号"。汉字绝不是突然间出现的，不然我们就无法使用"象形取意，引譬连类"的古文字，窥测史前社会的真实。民俗或信仰具有大惰力，可能延续极长时间。批评我们的人多引用恩格斯的话："这种语源学上的把戏是唯心主义哲学的最后一着。"语源学跟字源学研究是不大一样的。任何方法的滥用，跟误用一样，都是很危险的。我们当然要引为警惕。恩格斯从不反对使用"活化石"，例如社会的痕迹构造、"活化石"，或所谓文化"遗痕"（Survivals）来回溯上古史或史前的"真相"。高建平还批评王献唐等的"羽饰说"，说他们不该把"美"字上部的饰物限定为"羽毛"，而"美取象于装饰起来的人"，"人体和人的服饰的漂亮是'美'字较早的意义"⑤，这是一种"泛化"，脱离原初思维的具体性特征。比如，一

---

① 陈炜湛：《古文字趣谈》，花城出版社1985年版，第7页。
② 转引自 Erich Neumann, *The Origins and History of Consciousness*, Princeton University Press, 1973, p. 147。
③ 朱狄：《原始文化研究》，生活·读书·新知三联书店1988年版，第188页。
④ 高建平：《"美"字探源》，载《天津师大学报》1988年第1期，第40页。
⑤ 高建平：《"美"字探源》，载《天津师大学报》1988年第1期，第42页。

些搞艺术起源学或发生学的人都知道，必须探询：为什么以这一种"装饰"为美丽而不是别的呢？

图 1-8　大角野山羊

（左：鄂尔多斯式青铜杆头饰，现藏于美国芝加哥博物馆；中：特大角的珍异野山羊；右：大角野山羊，阿尔卑斯山）

物极必反。野山羊有大角者非常美丽，却因为头部负担过重几近灭绝，或者不能不"退化"它的角。阿尔卑斯山的野山羊，角比它的祖先小。可见，"中适"为善，"中和"为美，过犹不及。然而初民往往喜爱它的大而且坚利，加以利用为工器，用为头部装饰，是很自然的事（姑且不说动物崇拜、图腾崇拜，尽管那也是很普通的事）。

吴琦幸批评"羊人为美"，但他自己说，"'美'字从羊从人，这与羌的构造简直是同一字"，也讲了羌藏先民以羊为图腾，"奉羊为灵物，可以沟通天神与人际的消息；凡有大事，莫不向羊求神问卦"[①]，补充了我们的不足。他主要从审美理论上批评我们说：

> 这样就假定了原古造字时代的人们……观赏图腾舞竟像现代人欣赏艺术作品一样，认为是精神生活中最美的享受，并且还作出了概念上的审美判断，相据图腾舞的实况，制作了一个象形（？）字来表达"美"的感觉。[②]

我们并没有这样说。审美是很复杂的情感与思维过程，"内容"和"种

---

① 吴琦幸：《说"美"——古代文艺学范畴探论二》，载《华东师范大学学报》（哲学社会科学版）1988 年第 1 期，第 15 页。

② 吴琦幸：《说"美"——古代文艺学范畴探论二》，载《华东师范大学学报》（哲学社会科学版）1988 年第 1 期，第 15 页。

类"都颇多样,我们没有把它说得有多么轻松。审鉴悲剧就包含着痛感、悲伤、崇高感、恐怖感等等。仪式及其参与和"观赏",当然可能"蕴含着一个部族对生存的渴望,对死亡的恐惧,有着严重的宗教意义";然而,即令是人类初始时期的审美,也并非像他所说的那样排斥快乐,我们从来没有主张"人们不是由于感官愉快而产生了美感"①。任何审美活动都离不开感官,包括感官的愉快,如游戏般的喜乐。哪怕是"观赏"庄严的仪式,痛苦的"悲剧",恐怖的表演,荒诞的场面,神秘的乐舞,经过复杂的筛滤和冶铸(或者像亚里士多德说的"净化"或"宣泄"),也可能转化或升华为"审美的愉悦"。当然我们的旧作有不少疏漏、误谬或过头的地方,需要不断清理和纠正。

又比如说,赵国华基本上赞同"羊"与"人"(例如巫师或酋长)构成"美",但他说"这就出现了偏差",因为"羊在远古曾作为女性的象征"②。我们并没有说"羊人"或"美"专属于男性(王献唐先生确实有类似的"偏见"),仪式主持者可以是女性。但也绝不限于女性。"羌/姜/美"在意构上是可通的。③

《论先秦儒家的美乐境界》一文提到"羊人为美"之说,认为:"按照这种诠释,'美'其实是指人自身在某些具有感性内涵的文化活动所生成的特定存在状态。"④我们觉得人类群团确有"共有情感"主导下的"文化活动",从而形成其"特定存在形态";但这些都是跟他们具体特定的生产与生活方式,信仰与风习,以及审美和艺术观念分不开的,只有深入考察后者(例如形成"羊人为美"到"羊大则美"的原因与过程)才能准确理解前者。原初审美活动,确实并不排斥个人性,不排除创美、审美个人的性格、爱好、才华、经历、情思的"渗透"或特殊的作用力;但也不能否认创美、审美心理深层的"共有情感""群体表象"或所谓集体无意识之重要,这些,有时甚至是主导性的力量。这二者是对立统一的(我们当初的一篇短文无法及此,下文也只能稍加触涉)。

---

① 吴琦幸:《说"美"——古代文艺学范畴探论二》,载《华东师范大学学报》(哲学社会科学版)1988年第1期,第15页。
② 赵国华:《生殖崇拜文化论》,中国社会科学出版社1990年版,第252页。
③ 参见古风:《羊女为美——对美的另一种解读》,见朱志荣主编:《中国美学研究》(第1辑),上海三联书店2003年版。
④ 刘清平:《论先秦儒家的美乐境界》,载《广西师范大学学报》(哲学社会科学版)2007年第5期。

第二节　美是形象

讨论美，要有一个共同的出发点：它是一种可听闻的具体感性的形象。抽象的、心灵的或道德的概念，不属于美学。"形象"除了是"具体"的之外，"形式"上有一定"规则"（包括畸变），"内容"则属"真善"，而其效果是"感人"的。在此前提下，可以而且应该考虑形象，尤其是艺术形象所具有的"典型性"。

一、美学是未完成的科学

美学的讨论，最好有个前提，或者说，大家都要承认美学或艺术学上的"美"必须首先是"形象"，可视可听，亦即直观可感的"形象"（image）。这看起来简单，但一接触实际，事情就复杂。比如，"五讲四美"中的"心灵美"，就不是美学对象。一般人很难接受这种"故作高深"的说法，有些专家也不愿意严加区别，连篇累牍地议论灵魂之美、思想之美或者"符号美""信息美"，而不是将其作为"形象"之基础或背景，不承认其纯属伦理学问题，科学问题。托尔斯泰在这一点上头脑就很清醒："所谓精神的美和道德的美，意思无非就是指善。"[①] 这不是美学或艺术上所指的美。"形象"虽然不一定就是"美"，但"美"必须是形象，或首先是形象。

许多读者质疑：美学正式建立已达二百年，中国美学界对于"美"的研究和讨论也有数十年，可连什么是"美"都没有一个相对统一的意见，这还算什么"科学"？这样的"科学"有什么用，还有没有存在的必要？

是的。几乎没有一门科学的核心对象是如此难于定义，难于诠释，难于一致；也几乎没有一门科学，核心概念的定义或界说是如此繁复，如此众多，如此分歧。

但这正是美学的重要特征。历史上多少美学家、艺术家或哲学家、思想家为"美"绞尽了脑汁，提出无虑百计的定义或界说；然而不是不完满就是不准确，一千次被人驳倒，又一千次被建构出来。前仆后继，义无反顾。但这是正常的，有意义的。大多数的定义或界说都向核心问题或问题核心逼近，却又不能穷尽它。如果"穷尽"了，"统一"了，"平衡"了，那还要美学干什么——

---

① ［俄］列夫·托尔斯泰：《艺术论》，丰陈宝译，人民文学出版社1958年版，第64页。

进而,还要艺术干什么?大家都存着完全一致的审美观,众人皆知美之为美,"美"就不存在了。

"美",只有在一大堆不美或称不上美的事物比照或衬托下才能显得出来。

正因为美是独特、艰难,甚至是稀有的,所以人人都想知道什么是"美",才有一门美学讨论什么是美这一难题。如果大家都知道什么是美,还需要美学家喋喋不休、争执不已吗?

这就是《老子》(第二章)所说的,"天下皆知美之为美,斯恶已",斯不美矣,斯无美学矣!易言之,古往今来哲人、学者、专家的种种探索都在不同层面、不同程度上向"美"的核心秘密进发、靠拢,都有助对"美"的理解和认识。目前的工作,不但要把重点放在审美创美的"主体性"、接受美学体系建立、美感或审美心理结构的探索之上,而且要加强对"美"的理论性探讨。二者不可偏废,且能互为犄角,互为声援。

歌德说过:"美其实是一种本原现象,它本身固然从来不出现,但它反映在创造精神的无数不同的表现中,都是可以目睹的,它和自然一样丰富多彩。"① 这已经接触到美的本质和内容不可穷尽的思想:如果把自然和人的创造都包涵进去,"美"确实丰富得跟自然本身那样。

图 1-9　羊尊

(商代,日本藤田美术馆藏)

这种羊,尾较小,但角部扭曲内旋,极似盘羊(小尾绵羊是先秦时期最重要的羊种)。造型精美,背上有立体的夔与神鸟,越发显得傲诡迷离。这样就使平凡变得神秘,庸常化为神奇。或说,"羊形尊"暗示着"羊酒"的甘美,并且由于羊的辟邪功能而不致败坏。

---

① 《歌德谈话录》,朱光潜译,人民文学出版社 1987 年版,第 132 页。

二、美是自由的形象

从以上的介绍可以看出，作为美学或美的科学的核心对象的"美"首先必须是具体感性的"形象"。

不管古典作家怎样表述，"美是理念（或理想）的具体显现"，"美是超越功利或'目的'的形象本身"，或者，"美是普遍的有限而又和谐的表象"，甚至，"美是有意味的形式"，"美是理想的自由显现"，"美是作用于情感的以形象为载体的信息"等云云，他们大都不反对：

——美是一种外在的表象；
——美是充实着真善的"形式"（文学性的表达是"美是真善的光辉"）；
——美是具形具声，即具体和感性的事物或其属性；
——美主要是视听二官的对象。

这里，最重要，也为绝大部分美学家所承认的是：美是一种形象。

什么性质、什么内涵的"形象"呢，争议就大了；争议不大的是美的"形象"或"形象性"特质。

这样，大家也就默认，美（形象）不是什么：

——"美"不是理想、理念（Idea）或"思想"本身；
——"美"不是规律、规则或概念；
——"美"可以抽象，但"抽象"不是美。

希腊神话里本意在表现"自恋症"的纳吉索斯爱上了自己映在溪水上的"影子"（他的"自我镜像辨识"能力丧失，不知道那是自己），日久憔悴而死，变成了水仙花（参见奥维德《变形记》）。那镜像就是映象，虚像而不是实体，简单说就是形象。阿尔贝蒂《绘画三书》因而说，纳吉索斯是"绘画的发明者"。

还有一点要简单说明。我们通常所说的"形象"，主要是指"艺术形象"，而美学上的形象却不仅是"艺术形象"，还包括社会生活和自然界里的某些形象。为了避免混淆，只好称"美学形象"为广义形象，"艺术形象"为狭义形象。

艺术形象是现实事物经过艺术家思想感情的折光体现在艺术品里的审美映象。美学上的形象却包含社会、自然界和艺术作品里一切能够引起人们的审美愉悦和激动的，在不同层面上体现人的自由能动性的"合律性"或"合则性"的镜像。

简单说，美是自由的形象。

自由或自由能动性是人的本质。美，包括自然美，作为人的一种（审鉴或欣赏性的）对象，实际上在不同层面上体现着人自由能动的本质，所以能引起人在精神和情感上的谐振、共鸣或愉悦、激动（它的理论前提仍然是作为人的对象的自然是人化的自然、文化的自然，亦即人的本质对象化的自然）。

"自由能动性"是人有异于其他动物的本质。美是人与自然对立统一关系的产物（美虽然不即是"关系"，却是人天关系的自由性、积极性、辩证性产物）。

美作为"自然-人"的一种属性（当然绝不仅仅是物理属性），首先必须是能够（在不同层面和不同程度上）实现或体现人的本质或理想的形象。套用车尔尼雪夫斯基的话来说，凡是能够体现人的自由能动本质，使人"想"起人的自由能动理想与精神的形象，就是美（这有些像"同义反复"，但为说清问题，只能随它）。

艺术的本质是自由，美的本质也是自由。创造和审鉴美都是一种自由，是通过"小自由"走向"大自由"的自由。

这样，我们就可以用描述的办法看一看"美"作为"形象"具有什么样的特征。描述不能代替抽象，但在初级的思考里能够刻画出对象的轮廓或形貌，我们不妨视之为初步的界说。

三、具体性

"形象"首先必须有"形"、有"象"，必须以感性的或可感触的直观形式出现；无论是实体（现实事物）或其映象（艺术），它都必须是具体个别的，或者说必须是具体事物（或其映象）之"显现"。

"形象"这个词在中国古代文献里也首先表示具形性或形体性。《荀子·非相篇》的"形相"指的是人的体貌。《书·说命篇》"得诸傅岩"，伪孔传所云傅之"形象"也指的外形、外貌。《后汉书·蔡茂传》："大殿者，宫府之形象也。"指的也是外在之显现。《墨子·小取篇》有"形貌"。《汉书·苏武传》："法其形貌。"《历代名画记》："尽其形态。"跟杜甫《寄董卿嘉荣十韵》所谓云台画形象一样，都主要指人物或事物之外貌。

按照美学研究对象来分类，"形象"主要有实体性的和映象性的两种：后者即"艺术形象"，前者指艺术之外现实（社会、自然）事物的形象。

《周易》的《系辞》已涉及这种划分。"在天成象，在地成形，变化见矣。"这是现实形象（主要是自然形象）。然而"易者，象也；象也者，像也"，就说的是现实事物的摹写、映照。清代章学诚《文史通义·内篇·易教》说《易》"有天地自然之象，有人心营构之象"，就粗略地概括了美学上的两种形象。至于《易·系辞传》说："圣人有以见天下之赜，而拟诸形容，象其物宜，故谓之象。"这已经是"艺术形象"之嚆矢了。章学诚说得好："人心营构之象，亦出天地自然之象也。"有的"象"还是一种譬喻（古人云，类乎比兴），一种象征，一种意象。正如钱锺书先生在《管锥编》中所说："是'象'也者，大似维果（Vico，即维柯）所谓以想象体示概念。盖与诗歌之托物寓言，理有相通。"但是，《系辞传》有云"观象于天"，这"象"仍然有自然物象的成分。

"象也者，像也。"立象以尽意，观物以取象。这"象"是一种显现，一种"放射"。《孟子·尽心篇》"充实之谓美"，仅仅是内含，尽管"充实"却仍然不是"美"，不是"象"；只有"充实而有光辉"的"大"，得到显现，才是"美"，才是"形象"。张载所谓"充内形外之谓美"，当自此衍出，却比较确当。

柏拉图对话里的苏格拉底不信任感官，认为它们太粗糙、太迟钝、太不可靠。他宁愿信赖思考或理性。"我们研究的至高无上的对象'真'，'善'，'美'，'数字'，'健康'，总之，任何科学所研究的'实在'，总是感官都不觉察的东西，我们越少依靠任何官能——即我们在科学中越少用'感觉'代替'思维'——我们就越能领悟我们实际正在研究的对象。"[①] 是的，"感性"必须提升到"理性"，才能认知。然而，无论是"思想"还是"理性"，都太软弱、太空洞了，它离不开肉体（或者说，必须由肉体来支持）。头脑就是一堆血肉。"健康"更主要依靠身体。"善"或"美"最初都来源于视听乃至味觉。小孩认识事物从吃开始，什么东西都往嘴里塞，用舌头试试——后进群团也往往如此。埃及文字手举到嘴里就示意"思想"。"（胎儿）感觉活动的大脑中枢开始动作常常在智力活动的中枢之前；恰恰是前者给后者带来材料并点起火焰。"[②]

---

① ［英］A.E.泰勒：《柏拉图——生平及其著作》，谢随知、苗力田、徐鹏译，山东人民出版社1990年版，第260页。
② ［法］拉法格：《思想起源论》，王子野译，生活·读书·新知三联书店1963年版，第41页。

四、形式性（或合则性）

"形象"具有二重性：内容性和形式性。形象当然具形，有形，"形象"而称"形"，当然包括了形状、形体、形容、形貌、形相、形态等形式因素或形式概念。西文的 image 或译意象，或译影像，或译想象，或译形象。但"形象"一语却也被认为具有形制（form）、形状（shape）、形体（appearance）、形貌（statue）、肖像（portrait）等因素或兼义。感性、直观、具体本来就是物质存在的形式，而一切的物质也都不能超形式而存在，正如形式不能超物质而被感知一样（因为"美"的形则性争议颇大，所以要多交代几句）。

美既然是形象，就不可能无"形式"（或如抽象的思维那样"超形式"）。而且大多数的美学家、艺术家都希望"形象"达到内容与形式的调谐，或对立的统一。像笛卡儿，早就表示："美不在某一特殊部分的闪烁，而在所有部分总起来看，彼此之间有一种恰到好处的调和适中。"

美是一种理想的状态。席勒更希求："美的最高理想要在实在与形式的尽量完美的结合与平衡里才可找到。"理想总是追寻极致，而人们接触的现实和艺术的"美"不可能完美无缺，"恰到好处"。许多"形象"或"美"往往并不尽如人意，有时"内容"与"形式"还处在冲突之中，或处在不平衡状态。所以既要提出"理想"，也要接受"现实"，还不免提炼出若干"规则"来，让艺术家有所参照，让鉴赏者有所依凭。这当然包括"变形"，特别是所谓"畸变之美"，这是不能用一般规则来规范或限定的。

美学上的"形象"并不是物质存在的一般形式，而是一种特殊存在形式。它必须是活跃生动的，"美的"〔beautiful，是一种审美判断，跟作为物质的形象属性的美（beauty）有所不同；有的美学家说这种特殊形式必须是"有意味"的，意亦近此〕。这在逻辑上近于"循环论证"（美是美的形象，美的形象就是美），但在讨论和应用时却有点儿好处。美的形式既活跃生动，丰富多彩，又是一种"有序"的组合，一种合规律的显现。人们从悠久的"能动"与实践中捉摸、感知和总结出一些美的形式规则，例如对称、平衡、对照、映衬、和谐、完整、变化统一等等，它们本来客观地存在于或体现于美的物象之中，是我们判断某一物象是美还是丑的重要标准。黑格尔《美学》就重视它们的分析。

这种形象的形式性或表象性的有序表现，就是"合律性"或"合则性"，在浅层次上塑造、契合着千百万年来人类的审美理想。所以有人称之为美的"合适性"或"宜人性"（有人说这就是广义的"和谐"，体现着形象的丰富性、多样性、差别性；有人又说它就是自然和人类的"成功"体现，或"理想"不同层次的自由显现；有人又称它为"有意味的形式"）。这些说法都有其真理性的一面，但都不够准确，或容易引起混乱。因为这不过说的是"形象"的形式特性的一面，暂时不要去涉及它与人、与审美活动的关系（"宜人性""合适性""有意味的"都不仅与形式有关；有些种类的美如"怪诞""悲壮"等也不怎么"宜人"）；不如简单地称之为"合律性"或"合则性"明白。它是"美"作为物象或表象的客观性的一种表现，一种"证明"。歌德说："美就是最完全地观照合规律的有生气的东西。"

美是形象，形象是具形而有序的表象，那么能不能把美直截了当地归结为"形式"呢？不行的。形象还有"内容性"的一面，是有蕴含的表象；审美，在感受表象的同时，也就或暗或明地体味到它的意蕴。形象是内容和形式的对立统一体。如上，"充实之谓美，充实而有光辉之谓大"（孟轲），"充内形外之谓美"（张载），内容和形式是不可分割的；在抽象分析的时候当然可以区别，在实际被审鉴的时候，却是作为一个整体：表象被感受，意蕴也就被接受（当然，感受、接受的程度因人而异，感受与接受之间的关系虽然统一，但也有矛盾的情形）。

柏拉图《斐莱布篇》里，苏格拉底曾论及美的"形式性"或者说"形则"要素：

> 我说的美的形式不是大多数人所理解的美的活动和图画，而是直线和圆以及用木匠的尺、规矩来产生的平面形和立体形。①

大多数事物的美是相对的。几何形体却是稳定的。它们的"本质永远是美的，它们所承载的美是它们特有的，与搔痒所产生的快乐（案：指'快感'）完全不一样。有些颜色也具有这种性质"。柏拉图并不认为美在形式；形式美稳固而又有自身的规定性，但必在美的"理念"（Idea）统摄之下才能成为美的形象（似乎还没有达到他说的"美本身"，详后）。苏格拉底说："柔和清晰的声音可以产生一系列纯粹的音调，它们的美不是相对于其它事物而言的，

---

① ［古希腊］柏拉图：《柏拉图全集》（第3卷），王晓朝译，人民出版社2003年版，第239页。

而是它们自身的，它们所产生的快乐也是它们自身固有的。"① 他更强调的是，真正的美感，包括由"形式美"激起的美感，带着某种"神圣性"，而且"不一定要和痛苦混合在一起"②。

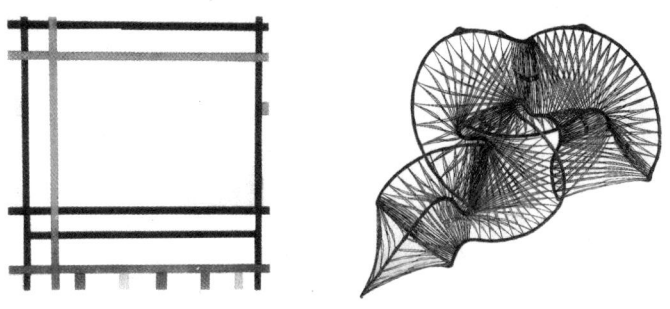

图 1-10　图案与线条之美

（左：《纽约》，油画，1941—1942，荷兰，蒙德里安；右：螺旋之美，采自澳大利亚墨尔本维多利亚美术馆展品）

我们习惯了艺术的具象性或肖形性，实在很难"容忍"那种无端的抽象。你标着《无题》，或《作品 000 号》，我们觉得"言之无物"，掉头不顾；你标着《母亲的眼泪》，我们（特别是普通中国人）就要追问"母亲"在哪里，什么是"眼泪"，乃至"眼泪为何而流"。我们不喜欢"不知所云"。如果告诉他，这只是美丽的"图案"（或线条），我们就会接受，并且去领略它的美。

"形则性"符合人的基本需要之一：审美需要。马斯洛说：

秩序的需要，对称性的需要，闭合性（closure）的需要，行动完美的需要，规律性的需要，以及结构的需要，可以统统归因于认知的需要，意动的需要或者审美的需要，甚至可归于神经过敏的需要。③

因为"秩序""合适""（合）比例"等在一定程度是符合心理、生理运动节奏和需求的。

"秩序"就是初级的美，使人安宁，舒适，整洁。亚里士多德就说："美

---

① ［古希腊］柏拉图：《柏拉图全集》（第 3 卷），王晓朝译，人民出版社 2003 年版，第 239 页。
② ［古希腊］柏拉图：《柏拉图文艺对话集》，朱光潜译，人民文学出版社 1963 年版，第 299 页。
③ ［美］A.H.马斯洛：《动机与人格》，许金声、程朝翔译，华夏出版社 1987 年版，第 59 页。

的主要形式是'秩序、匀称与明确'。"

夏夫兹博里说:"凡是美的都是和谐的和比例合度的,凡是和谐的和比例合度就是真的,凡是既美而又真的也就在结果上是愉快的与和善的。"严格说,不免"片面""畸美"或者滑稽、怪诞,就并不"和谐",抽象派艺术常常故意"比例不合度"。真、善更与美的中适性关系不"密合"。但中世纪以来,往往有这种观念:中适才是真善美。圣·托马斯就说:"美与善是不可分割的,因为二者都以形式为基础;因此,人们通常把善的东西也称赞为美的。"

这里,"形式"就略指"中适""合度""有节"或"谐调"这些"合形则性"。

圣·托马斯说:"鲜明的比例组成美的或好看的事物。"更早些,公元前363年左右,希腊画家帕姆菲尔说:"谁不懂数学,谁就不能在绘画上达到完美的境界。"

这大致指"比例""均衡"等,以及点线面等"形则"在绘画中的运用,但从"数学"到"艺术",中间还有一段复杂的路要走。那又根据什么指令走?

据说,毕达哥拉斯到腓尼基、埃及、迦勒底旅游归来,于公元前520年提出一些规则,其中最重要的是:适应性。

这也是苏格拉底对他的学生亚里士狄普斯和画家帕拉西说过的话:适应是与美相关的第一的和基本的自然规律。①

但这实在太抽象、太模糊了。

据威廉·荷加斯介绍,荷兰人拉别尔特·泰恩卡泰的《关于理想美》(1723年)就此提出两点说明:(1)适应,即和谐的规则性;(2)(作品)各部分的无限多样性。②

我们初步的理解是:所有形则(包括数学规定)要在整个作品中造成"和谐",亦即"适应"其整体与各部分的艺术要求;而又不能妨碍作品的多样性与变化性(亦即后来提出的多样统一律)。

荷加斯就想考察"形成物体表象的线条的多样性"③,包括所谓形则。

> 人对自然的"适应"(应对、因应与努力)关系生存与进化。

美学上的"适应"是其弱形式,包含着适合、中和、谐应等等。

---

① [英]威廉·荷加斯:《美的分析》,杨成寅译,人民美术出版社1984年版,第8页。
② [英]威廉·荷加斯:《美的分析》,杨成寅译,人民美术出版社1984年版,第10页。
③ [英]威廉·荷加斯:《美的分析》,杨成寅译,人民美术出版社1984年版,第19页。

荷加斯对这些"规则"的简要列举：适应、多样、统一、单纯、复杂和尺寸——所有这一切都参加美的创造，互相补充，有时互相制约。① 这里最重要的就是"适应"整体需要的"多样统一"（"多样"包涵"变化"）。

鲍桑葵指出，荷加斯的"形式（美）理论"是有很大贡献的。"形式美"相对独立，必须研究。当然有限度，必须暂且排除"暗示性的描写的效果"。不然会像荷加斯那样在"人体美"等的形则方面遭遇极大困难。"美的形体并不能由孤立起来全都具有最高度的几何美的形式来构成。"② 荷加斯还引用米开朗基罗的一句警言当作自己立论的根据之一："曲线也常是令人厌恶的丑的原因，正像常是吸引力的原因一样"。③

一切都由"语境"来决定。形式服务内容，部分服从整体，就像荷加斯所说，螺旋形圆柱很美，但如果来支撑威严或沉重的屋顶，那就很可能"使人厌恶"。因为它脆弱或者危险。这也是希腊哲人"适应律"的证明。

如前，"适应"是一种"合适"。歌德指出："我们固然不能说，凡是合理的都是美的，但凡是美的确实都是合理的，至少是应该合理的。""合适"就是"合理"的一个小小要求。

黑格尔《美学》花费很大篇幅，讨论"抽象形式的外在美与感性材料的抽象统一的外在美"。他同样举出"整齐一律，平衡对称，符合规律与和谐"（它们涵化"多样—变化统一"）。他说，"它（或它们）按照它的这种定性和统一，去调整外在的复杂的事物"，但它不是孤立，更不是决定性的，它"并不是本身固有的内在性和起生气灌注的形象作用"，而只是"外在的定性和从外因来的统一"④，不要将它机械套用或绝对化。

美的"形则"，限一般技术规则不同的是它所特具的灵活性或变化性——如前所说，"美"之形象首先就是自由的形象。自由意味着能动性与变动不拘性，因为它同时是历史范畴。"自由是认识了必然"，是必然性与偶然性、规律性与自由性的对立统一。

---

① ［英］威廉·荷加斯：《美的分析》，杨成寅译，人民美术出版社1984年版，第22页。
② ［英］鲍桑葵：《美学史》，张今译，商务印书馆1985年版，第271页。
③ ［英］威廉·荷加斯：《美的分析》，杨成寅译，人民美术出版社1984年版，第4页。
④ 参见黑格尔：《美学》（第1卷），朱光潜译，商务印书馆1979年版，"B.抽象形式的外在美与感性材料的抽象统一的外在美"。

图 1-11 "形式"被当作目的

(左:俄国,康定斯基的作品;右:《充满活力的至上主义》,油画,俄国,马列维奇,1916)

形式具有相对的独立性与审美功能,但是一些抽象主义或形式主义艺术家把形式当作目的。康定斯基认为"内在因素",例如"情感"(其实是"直觉""潜意识")产生并且决定抽象的点、线、色块等的意义,并且反过来影响人们的"精神"。以马列维奇为代表的"至上主义",进一步认为各种形的组合,成为空间的概念。他们对各种形体做"纯感觉"的提炼,亦即高度简化的显现,才是艺术的本意。它开启了20世纪60年代的极简主义的艺术与装饰思潮。

为了论证一种并不表现或再现现实的,不描写任何具体客观对象的"抽象艺术"的合法性,康定斯基致力于研究与创作"形式美",包括各种线条与图形之美。而且,他十分强调"内在因素,即感情,它必须存在……内在因素决定艺术作品的形式"①。但他所说的"感情",跟通常理解的"思想感情"完全不同,它不但倾向于"直觉"、下意识或潜意识,还主要指思维-心理形式方面。它的抽象构成的线条或形体,主要必须符合他所归纳或规定的心理需要或状态。例如,"点——是静止。线——产生于运动,表示内在活动的紧张。这二要素——其交错与并列,创造语言难以表达的独特的'语言'。……只有纯粹的形态,才能充分表现充满生命力的内容"②。据称,"感情:内在要素"

---

① [俄]瓦·康定斯基:《论艺术的精神》,查立译,中国社会科学出版社1987年版,第12页。
② [俄]瓦·康定斯基:《论艺术的精神》,查立译,中国社会科学出版社1987年版,第175页。

创造了纯粹的"形式","形式"又返回来打动与升华人的"精神"。

五、真善性

如上,美学上的"形象"必须是具体的,无论是实在性的"物象"还是摹写性的"映象",都必须作为具体个别的"镜像"而显现出来。这也是"美"的第一位的特质。形象可以"抽象",但抽象本身并非形象,不涉美丑。

"真"指客观存在,客观事物的规律及其反映:真理。它是哲学和科学(社会科学、自然科学)对象。客观存在是美的现实基础,但还不是美。规律也是客观存在的,又是看不到、听不见、摸不到的,寓于物而又超于物,既不是"物"也不是"象",所以不是美。

"善"是人类学、社会学、伦理学范畴,它本质上是一种"功利",凡是有利于人类及其群体的进化与发展的,就是"善"(进化,是生物学概念;发展,是社会学概念),即人类的根本利益,否则,就是"恶"。简单说,"善"就是"合目的",这目的就是人的"利益",生物进化、社会及其发展的"利益"。如托尔斯泰《艺术论》所说:"'善'是我们生活中永久的、最高的目的。"[①] "善"既是体现在天人关系和社会关系里的某种事物或其属性,也指一种价值或价值标准、价值判断(善的)。善,作为一种属性或价值被抽象,当然不能构成形象,不能看作"美";人的思想、情感、观念、意志等主观世界的东西,当它们没有"外化"并且与某种物质形式(例如语言文字等等)相融合的时候,它仍然是一种"抽象"而不是"形象",仍然只有"善/恶"、"真/伪"之分,而没有"美/丑"之别。"心灵美"之类仍然只是宣传语言、生活语言而不是美学概念。这丝毫没有贬低"心灵美"之类宣传语言、生活语言的意义和作用的意思。美学是一门科学,每门科学都有自己的对象、术语、概念,自己的特性、限制、规定,没有必要跟生活语言,跟其他学科的术语去争高低、辨善恶,只是有些时候不得不去"别内外""定宽严"而已。何况宣传性语言(例如"五讲四美"),在社会生活里,往往比枯燥抽象的科学概念起的作用要生动得多,直接得多。

再则,"善"本身可能是具体事物、具体现象,然而它又缺乏"美"所特具的"形制"(form)或所谓合则性,所以仍然不是"美"(如果它也

[①] [俄]列夫·托尔斯泰:《艺术论》,丰陈宝译,人民文学出版社1958年版,第63页。

具有类似美的"形制",那人们就能够称之为"美"而不再认为它仅仅是道德性之"善"了)。

孔子曰:"质胜文则野,文胜质则史。"内容与形式必须达成对立的统一,"文质彬彬,然后君子"(《论语·雍也》),才能实现美。

甚至,仅仅说"美是自由的形象",也还不能解决什么是"美"的具体问题。它仍然太抽象,抽象得难于把"美学形象"由一般真善的"现象"里划分出来或界定下来。真善本来就是人类自由能动本质的一种具体表述。

美是与真善对立统一的形象;

美是自由的形象;

美是人类自由理想的具体显现。

这几个说法本质上是相通的。

过去,我们倒承认美,或"美""善"是人类性和文化性范畴,是人/天关系的产物。是的,自然界,何尝有所谓"真""伪"呢?自然是存在,自然规律也是(客观)存在;存在就是真实,自然也是真实,自然规律还是真实(就好像"一切存在的都是合理的,一切合理的都是存在的");自然及其规律都无所谓真伪,更无所谓善恶。所谓假象或伪学,只是被歪曲或未认识的"真实";真理只是向(不可穷尽的)自然真实不断逼近的"人类认识"。

"真",包括人对客观事象的性质、规律或主要特征的认知,有点像作为"规律"反映的"真理"。如托尔斯泰说的,"'真'是事物的表达跟它的实质的符合",即中国古人说的"名实相副"。

真善美、伪恶丑,都是人与自然的互动关系的产物,它涵化、统摄着人类的价值判断(真的,善的,美的;伪的,恶的,丑的)。在实际进行审美评价,尤其是对人或社会这种大自然中的有"心灵"的存在进行审美评价时,很难把这三者截然分开。泰戈尔说得很机智:"你可以从外表的美来评论一朵花或一只蝴蝶,但你不能这样来评论一个人。"

"真""善"都不是"美"。但是,"善"有其具体性的一面,它往往跟物象联系在一起,甚至就是物象,也带着一定的"准形象性"。例如现实里的好人、益物,人们通常也称之为"善",它们是否同时也就是"美"呢?这就要具体对待,具体分析,并且从分析里推导出一般规律来。美是形象,必须具体可感;但是"形象"并不就是"美",具体可感的物象更不都能构成"美",而可能是"丑"。并不是所有的定理都可以化成逆定理,何况"美是形象"还只是个初步的界说,还不是定理。我们不得不进一步追问什么样的"形象"才是"美"。

粗疏地说,形象是有内容、有意蕴而又合规律、合形式的"优化"表象。它以感性直观的形式出现,但这是一种充溢着"进步性"或"真善性"内容的形式,绝不是抽象、空虚、纯粹的形式。美作为形式或表象被感受,绝不等于"美是形式"或"美只是形式"。审美经验也告诉我们,感受的虽是表象,同时被接受的还有内容。那么,什么是形象的内容?

形象的内容就主要指的是"真""善"。人们喜欢说"形象是真、善、美的对立统一"。这里的美偏于形式(这样说仍不等于"美在形式""美是形式"),真、善即形象之内容。李泽厚多次说过,美是与真、善统一的形象,或"美是真理的形象",这些话从这角度看都很不错,虽然还不是严格的定义。问题在什么是形象之真、善,以及这种真、善的内容与"合律的形式"有什么样的关系。"真"首先是事物的客观存在性,这是"美"(包括"自然美")的物质基础,也是"美"的客观性的内容之一(尤其是自然美的客观性的主要基础,即其"自然性"或"物质性")。自然是"真",人或社会存在于自然、依赖于自然,所以也依赖着这种"真"(自然的、物理的"真")。人类社会也是一种客观存在,所以也是一种"真";人或社会与自然的关系(天人关系),也是客观的或客观存在的事实,所以又是一种"真"。这两种存在(自然和社会)的本质、本质联系,即其规律,或其反映(真理),是一种高级的、抽象的"真"。艺术(或艺术美)就要尽可能地用(美的)形象来能动地把握和反映这两种"真"(存在的"真"和规律的"真",即所谓现实及其"本质")。所以说,"真"是一切美的客观基础。正如德国赫尔德所说:"真是一切美的基础,任何美都应该导致真和善。"

英国诗人济慈在《希腊古瓮颂》歌唱道:"'美即是真,真即是美',这就包括你们所知道和该知道的一切。"(查良铮译)这里的"真"也是广义的,不但有自然和人生的真实存在及其真谛,人类所追求的真理,而且还包括道德的真淳,艺术对人生的忠实。但这只是诗的语言,诗的理想,"美"究竟不是"真"。雪莱说:"在感觉中有乐,在情操中有德,在艺术中有美,在推理中有真,在同类的交往中有爱。"就多少看出了美与真、与善(德)的区别。

自然美不但是一种独立的审美对象,而且还是一种真实的存在,这是自然美的客观物质基础以及"自然美"作为一种自然形态的"真"的表现。"自然美"独立和可贵之处之一就在于,它首先是一种自然,一种"真"。人类的审美要求和趣味是多方面的，多种多样的。人们不满足于艺术和社会美，还要求欣赏自然美，就因为它是一种真实，一种精巧、合律而又实在的物象，引起人们的惊奇，赞叹，从而领略自然的伟大和神奇。风景画、山水诗、摄影和园林艺术、假山、模型等虽然可能惟妙惟肖、精美绝伦，而且带着更多的人味、意境、社会性、合律性，但是在"真"和"实在性"这一点上绝不能与自然美相比。

然而，最重要的，自然美（自然形象）里的"真"，是通过它的"善"为中介来显示它的力量和作用的。虽然"真"是一种可以超人类、超历史、超经验的存在——自然就是"自然而然"，在人类诞生以前亿万年就已"永恒"地存在。在人类诞生之前，自然只有"美"的"潜在性"而无"自然美"可言。"自然美"也属于历史范畴，是人类学的对象，是人与自然关系的产物。它的基础是自然界对人的积极功利作用，是被逐渐掌握的"真"，是被不断认识的"必然"，是被陆续利用的"善"。要掌握自然的"善"（功利）就必须认识自然的"真"；认识自然的"真"，就能掌握自然的"善"，从而实现从必然王国向自由王国的飞跃。这两者是相辅相成、互为因果的。而要实现这种认识掌握和飞跃，主要靠人类的能动性活动，靠实践，靠斗争。

所谓自然的"善"包含两个内容：一个是自然物对人的好处（善的自然物或自然物之善），一个是人类对自然的要求和斗争（能动活动或实践），"这就是说，世界不会满足人，人决心以自己的行动来改变世界"。这两者都构成美的直接现实性或客观基础。它们也叠合着自然的"真"以及人对自然的"真"的能动认识与掌握。所以，自然的真、善、美是客观地联系着并且对立地统一着的。"真"是自然的本质，"善"是自然与人的中介，"美"是二者水乳交融的自由显现或形象表现。当然，这里可能包含着人类中心主义或人类利己主义，但这要历史对待，姑略。

"善"作为自然与人的中介，往往以所谓功利或功用的形式表现出自然界与人类的积极平衡。自然界本无所谓的善恶，它的利害是对人而言的。"善"跟"美"一样也是历史范畴，是人类学对象。人类与自然关系（平衡或不平衡）对立统一的发展构成对自然美欣赏、审鉴的前提。凡是有利于人类群体的生存与发展的就是"善"，自然界如此，社会力量更是如此（当然这仅就"一般"而言，特殊情况尚多，参后）。

社会事物最重要的"真"是社会发展规律，有利于或有助于社会发展、因而也符合人类的根本利益的就是"善",作为"真""善"体现的"美",从根本上说也不能违背社会的发展进程或社会发展规律的实现。人类的能动活动与实践斗争的根本目的,也在于促进或加速社会的发展,所以是"社会美"的前提。

托尔斯泰《艺术论》揭示,真、善、美不可能是"三位一体",美与真、善是有矛盾的。"我们越是醉心于'美',我们就和'善'离得越远",例如审美要求激情,善却提倡"克制","'美'是我们一切热情的基础",善却是节制自我的道德或精神。"真"要求"名副其实","真相"是不管其善不善、美不美,都要揭发出来的(否则就是伪或虚伪)。所以,"'真'本身既不是'善',也不是'美',甚至跟'善'与'美'不相符合"①。这是事实。它们之间是通过正—反—合的辩证过程走向某种"和谐"的。我们只说,美是与真、善对立统一的形象,决不否认三者必不可免的"冲突"。

六、感人性

形象作为审鉴、欣赏的对象自然会引起鉴赏者的愉悦或激动。这种愉悦或激动构成"美感"的核心,其强形式可称为"审美冲动",弱形式可称为"审美感受"。例如人们看到一种优美或可爱的事物或物象,像露珠在花瓣上滚动,婴儿梦里的微笑,战士在武器上插一朵野菊,小熊在"契斯金"的松林里嬉戏……不由得会产生一种欢喜,一种爱怜,一种迷恋,这种心情基本上便是一种审美的愉悦(有人称之为"秀美感"或"爱怜感");看到雄壮伟大的事物或物象,例如一定距离的火山爆发,惊涛骇浪,狂风暴雨,千舟争发,万炮齐鸣,贝多芬的音乐,施耐庵的《水浒》,达维特或苏里柯夫的历史画,不由得会产生一种精神的兴奋、钦敬或激动(这便是所谓尊崇感);看到人类的苦难、英雄的牺牲、悲剧的结局等等,又会产生一种同情、敬畏或悲痛(有人称之为"悲壮感"),这种由"壮美"引起的激动,一般归总为"崇高感"。而看到滑稽可笑的物象或喜剧时,又要产生一种半欢喜半讥嘲的"滑稽感"。这些都属于审美的愉悦和激动(也有把"尊崇感"的"对列者"称为"爱怜感"的,"滑稽感"太狭隘)。

形象就应该具有诱发这种愉悦或激动的"感人性"。这实在更像所谓循

---

① [俄] 列夫·托尔斯泰:《艺术论》,丰陈宝译,人民文学出版社1958年版,第64页。

环论证（美造成美感，美感就是对美的感受），但是正如设定"形象的合律性"一样，揭出这一点在理论和实践上都有一定意义。美学家指出，审美经验、审美感情或美感的分析有助于揭示美的本质或特性。审美的愉悦或激动是以感性形式出现，而又是在理性的暗地制约下的高级精神活动（本质上也是一种"形象思维"），不但不等于生理上的刺激、兴奋或冲动，甚至也不仅是心理的"波动"。美感跟快感有联系，但绝不能等同于快感，因为后者基本上是生理反应。

七、典型性

蔡仪先生《新美学》提出美的"典型性"问题，却往往被简单地、肤浅地或歪曲地解释（或否定、抛弃），但是不等于它就不存在或不能讨论。"美是典型"的说法，往往被论者用抽样反质的办法否定掉，抛弃掉："典型的"驴粪蛋、"典型的"鼻涕、"典型的"癞头疮或烂尸首，难道也是"美"的？事情并不这么简单。美或形象是相对独立的整体，它的本质特征是紧相联系，不可分割的。形象的具体性、合则性、真善性、感人性、典型性这五大特征有机地结合在物象里，成为一体，互相依存，互为补充，血肉相连，水乳交融，五大并举，缺一不办。任何一条被抽掉，都构不成形象，构不成美。

据我们所知，蔡先生提出"美是典型"的命题，一个重要原因是，"典型"在艺术与艺术学中是如此重要，不可能跟"美"或"美学"毫无干连。在美学研究中，重视"典型"理论及其意义与构成的分析与探讨，肯定有助于美学的建构和"美"的理解。

而如果具备了上述四个特征，形象的"典型性"就有极大的理论价值和实际作用。例如某一形象具体、活跃，充分地表现着它的"合律性"，充溢着它的"真善性"，并且处在最佳瞬间、最佳状态里，最大限度地激起人们愉悦、赞赏、关注或激动，那么它就具有典型性，因而最有可能成为"美"（或比较高级的"美"），最有可能成为艺术体现的对象（艺术作品往往杂取那些最具典型性的物象加以融化、改造、集中、组织，以完成从"母型"到"艺术典型"的飞跃；完善的艺术典型形象是最高级形态的"美"，但艺术典型是从较具典型性的母型生长出来的，所以美学不但要研究艺术里的典型化，还要研究社会生活和自然界形象或母型的典型性，或其被表现的可能性、优异性、客观条件）。所以，所谓形象的典型性，主要就是它"合律"的程度，真实性、佳善性"对立统一"及其体现的程度，生动、具体、活跃的程度（包括"典型状态""典型瞬间""典型情境""典型关系"等等）。它是形象或美的一个重要条件、重要尺度、重要定则、重要特征，也是可以由审美创美实践和经验来验证的一个重要事实。美或形象往往具有一定程度的典型性（有人称之为代表性、优越性、完满性或理想性，似乎都不够确切），这不等于说"美就是典型"或"美只是典型"，更不等于说"一切的典型都是美"（这里说的"典型"跟"形象"一样都是广义的，包括社会生活和自然界的物象，不只是"艺术典型"）。"典型性"当然也包括某种完满、充分、自由或理想的性状（包括形态、瞬间、程度等等），但是这也不等于说"美就是规律（或理想）的显现"，或"美就是自由的显现"，等等。因为美首先是形象，相对独立完整自足而又与真善对立的形象，是具体性、合则性、真善性、感人性、典型性"五性"俱全，有机联系，辩证统一的形象。

八、几点交代

再把上面的意思简括为如下几条，以供参考。

——"美"本质地既有确定性、统一性，又有多义性、多重性（当然都体现在、限制在美学范围之内），可以而且应该对它进行多层面的分析和界定。

——美是可以目睹耳闻的形象，具体、感性的形象。既是"形象"，就是事物的表象或映象，就不是事物本身或事物的本质（真），也不等于事物的一般价值（善）。形象，就是形式性的。美的形式不一定就是美，美却一定具有美的形式。

——"真""善"是美的内容（或基础、背景），"美"本身却偏于"形式"，也就是说作为"美"的"形象"是形式性的（真、善、美统一也就是内容与形式的统一）；但美并不就是形式，美是本身就富集着、黏附着真善内容的形象，与真善对立统一的形象——所谓美是有意味的形式便是它的通俗表达。

——"美的"主要指作为形象的"美"所具有的多种多样、多彩多变的"形式性"；"美的"决定"美"的结构形态，影响"美"的价值、功能、水准或层次；"美"却是富集着"内容"的形象，偏于"形式"却不单是"形式"，"美"决定"美的"（形式）之性质、归属、价值和意义。

——美既是"形象"，就首先是具体、个别、相对独立而完整的事物的表象或映象（"形象"是美学和艺术学的基本"意义"单位，不可再分割，作为形式范畴之"美的"却可以再分解），"美"是跟具体个别的审美对象联系在一起的。

——但作为美学基本范畴的"美"又不仅是审美对象或其总和,它还是所有审美对象特性之概括与集中。"美的"仅仅是对审美对象、审美特征、审美价值的某些方面之评价或界定(这种评价或界定往往主要是形式性的),"美"却具有普遍性、涵盖性、概括性,是所有"美的"事物一切审美价值属性和特征(从内容到形式)的"乘积",有人称为"美本身"。

——所以,"美"又是一切"美的"事物的价值属性和集聚,"美的"则是对这种价值的评价或判断。

——"美"既是客体(客观事物)的价值属性,所以是客观的;"美的"作为"美"的形式属性也是客观的,但作为价值判断又是主观的,是主观与客观的对立统一。

——"美"虽然是客体所客观具有的价值属性,但这种属性只有在客体(例如自然界)与主体(人)发生关系,即成为人的对象的时候,才从"潜在性"过渡到"可能性"与"现实性"。

——所以"美"又是主客体对立统一关系的产物,是人类性现象,是历史范畴。

——所谓自然美,便是自然成为人的对象之后所"实现"的价值属性,或者说是被对象化、关系化了的自然的一种价值属性。自然美带着人性、社会性、历史性,但并非全都给人化、社会化、历史化,否则独立自主的自然美将被消融于社会美。

——这种价值属性是客体(包括自然)的表象(进入艺术便为"映象"),带有相当的客观性;但作为对象化的客体的属性或价值,作为天人/物我关系的产物,又是离不开主体的。

——特别是为人类(主体)的能动活动、实践活动和劳动所"介入"或所"加工"的对象(客体),便已成为所谓人化的自然(即被人的能动本质对象化的自然),更是离不开"关系",离不开"主体",而带有相当的"主体性"(这在《山水与美学》里收入的笔者的《自然美的两种形态》中有简单的说明)。

——而如果考虑到审美活动中,"美"是作为主客体对立统一关系的产物,那么,"美"或"美的"形象便是一种多层面的、逐步展开和渐次完成的动态结构。

——在这种"动态结构"中一部分自然美的物理属性与审美价值属性(包

括"美的"形式属性)相一致,其"社会性"或"历史性"不明显、不贼备(但也不是绝对阙如);而有一部分"自然美"(例如名胜古迹)便积淀着较多、较明确的历史、文化内容,带着较明显的社会性,那就更加是主客体关系的产物。

——这种发生于主客体关系并进入审美活动的"美",作为形象或动态结构,必然被"主体"(历史的、社会的、文化的"人")投射、倾注入历史的、社会的、文化的内容或因素,从而成为主客观对立统一的产物。

——换句话说,这种具有相当历史性的"社会美"或具有相当社会性的"自然美"("艺术美"不必说),只有在进入主客体、主客观关系,亦即进入审美活动之时,它作为"形象"才生成,才完备,因此不能不承认,这种动态结构的"美"是主客体、主客观对立统一的产物,是离不开人和人的审美感知的。

——所以,这种"美"很难绝对撇开审美主体(人),撇开审美个人、美感来把握和考察。

——这并不是否认"美"的客观性,否认"美"和"美感"、"美"和"美的"之区别(如果"美"就是美感、就是"美的",那还要这许多概念干什么),而是说在一般情况下不能完全脱离审美主体、审美感知、审美映象来把握美、讨论美。

——而"美感"性质和特征的认知,审美活动奥秘的发现,审美主体能动性质或地位的肯定,都有助于"美"和"美的"性质与结构之分析与确定,有助于"审美""创美"(艺术)活动起源问题之探讨与澄清。

——所以,在一定情况下,不妨由界定美感性质、分析"美的"诸要素出发去认识美,论述美。

第三节 羌,姜:美丽之人

"羌/姜"本质上是一个字。羌,牧羊人也;是"羊"加上"人",亦即"美"之"羊人"。"姜",不过改为从"女",所谓美女/姜(或说其属母系氏族;羌人,主干为今日羌族之先民)。她们与周人有规律地对婚,出现过许多杰出的女性,例如生下周人始祖后稷的姜嫄,太王之妻、政治家太姜,文王之母、创造"胎教美学"的大任,以及姜子牙之女、武王之妻邑姜。

她们的文化远达西域帕米尔高原,因为跟白种的塞人以及华夏汉人通婚、混血,取得杂种优势,成为有名的达坂城的姑娘式的"西方美人"。

一、羌，姜：羊人，或者牛人？

《说文》卷四羊部："羌，西戎，牧羊人也。从人，从羊；羊亦声。"下文还有对"蛮""狄""貉"等的介绍。

这个字多见殷墟甲骨卜辞，往往被当作俘虏或奴隶屠杀，用作祭祀的牺牲。他们与殷人颇多交往，也多征战。

这个字的构造极为简单，就是头戴"羊角"的"人"；说是"羊／人"二字构成并无不可。

但它不像"美"字那样更明白地画出一个正面而立的人，头上戴着羊形、羊头或羊角，还有个形成传统的美（美丽）的训释。

"羌"跟"姜"的关系更加密切：不仅读音近似，而且形构大体一致。《说文》卷十二女部："姜，神农居姜水，以为姓。从女，羊声。"它是实质的"美"字，由女冠"羊"构成。

有人说，这是在标志姜或羌人还处在母系氏族阶段，不无道理，却难免望文生义。

孙机说："甲骨文中的美字所表现的大约是戴有头饰的盛装之人物，《国语·鲁语》注说：'美谓服盛也。'其说与此字的初义相合。"[①]他也把牧羊业发达的羌人及其活动的西北地区跟"美"联系起来。

> 羌人不仅是牧羊人（见《说文》等），而且是美人。君若不信，可试看姜字，此字在甲骨文中和羌字的写法一样，只不过将下面的人字换成女字而已。[②]

他似乎还暗示："祥"之与"羊"相联系，也出自羌人的古老观念。现在古羌语尚未恢复。不知道古羌语"羊／羌／祥"读什么音。但是，华夏汉人既曾用汉语称呼他民族，有时候也参照其民族的自称。例如苗族称自己为"勉"，汉人称之为"苗"，相去不远。甚至用它命名稻谷之苗（苗人很早开始农耕，用"田"或"苗"称呼之，颇为惬当；此二字已见于甲骨文，音义略同今日）。然则"羊／羌／祥"的读音，古汉语与古羌语可能差不了多少。

---

① 孙机：《羊·祥·美》，载《中国文物报》1991年2月20日。
② 孙机：《羊·祥·美》，载《中国文物报》1991年2月20日。

图 1-12　羊是一道风景线

（左上：内蒙古草原上白云朵般的群羊；右上：澳大利亚"巨羊"商店；左下：藏族妇女在剪羊毛，这是致富的"软黄金"；下中：蒙古族人用烤全羊祭祀成吉思汗，羊在六畜中"主给膳"；右下："姑娘抢羊"游戏，新疆）

"羊"在一些地区，几乎广涉衣、食、住（羊毛帐篷与被褥）、行（旅游），是以牧业为主的边疆的生命线兼风景线。

可以从与羊相关的"祥"或吉祥考察羊的美善性。

饶宗颐先生说："羌人刻画'羊'的象形，即表示吉祥。羊即是祥，有的还刻四个羊头符号，应如后来所谓'三阳开泰'（案：《四羊尊》应亦与此相关）。"[①] 他也似乎暗示，这具有内在联系的"羊／羌／祥"出自古羌语。

他还有个重要意见："陶符往往代表某一特定涵义，其作用有点像护身符，有趋吉避凶的意味。"[②] 这跟"羊面饕餮"有一定相似点。同理，古人也会在牛羊等牲畜身上涂以红色，或趋吉避凶的符号。《山海经·西山经》灌水有"流赭"，郭注，"赤土"，"以涂牛马无病"。郭注说："今人亦以朱涂牛角，云以辟恶。"那么，摩亨佐·达罗文明等，用"卍"等符号画在牛羊耳朵等处，就不仅仅是技术层面上的"计数"，很可能也有趋吉避凶作用。直到元代初年，

---

① 施议对编纂：《文学与神明：饶宗颐访谈录》，生活·读书·新知三联书店2011年版，第52页。
② 施议对编纂：《文学与神明：饶宗颐访谈录》，生活·读书·新知三联书店2011年版，第52页。

宣使刘公到了博尔腾戈壁，害怕天黑，鬼魅为祟，"我辈当涂血马首以厌之"。原来用红色在牲畜身上画吉祥符号（包括有关羊的符号），目的在避邪。

图1-13　美角盘羊

（左：鹰嘴盘角羊，斯基泰人王者纹身，发现于阿尔泰地区巴泽雷克大墓，约当中国春秋战国时期；中：以盘角羊为造型依据的古埃及赫努姆神，他用陶土造人，并且主管决定丰歉的尼罗河水的泛滥；右：几种盘角羊）

盘角羊由于角形特别，美丽，生出许多神异。除了被中国古人选为"饕餮"母型用为辟邪以外，欧洲人认为它能载人升天，或者是雷电之神的动物意象。"白羊星座"（Aries）就是由做了善事的盘角大绵羊变成的。

二、有没有"牛人为美"？

为什么不是"牛人为美"，而是"羊人为美"？

对于"羌"及其历史文化或自然环境而言，"羊"比"牛"更重要也更多，"羊"的各种构成，在经济生活中更加突出。

因为羌人等最初活动在多山或高寒地带，牛很少，或者竟没有牛。

"牛"或被为视为圣物，多用于祭祀，称为"牺牛"或"祭牛"，这也就是中原-华夏古人的"大牢"之祭（羊祭称"小牢"，甲骨文写作"宰"）。牺牛与普通民众生活距离太远。"羊人为美"，作为社会美和艺术美之意象，常见于"牧羊人"之羌的习俗、仪式和艺术之中，被华夏汉人再现为美，带着偶然性。

罗素《西方哲学史》说，因为农民们太穷，不可能有牛。而山羊是"丰收的象征"，是偶然中带着些"必然"。

羌人普通人家主要养羊。"羌，牧羊人也。"（《说文》）有可能以"羊"

为祖灵或图腾。"羌"就是"羊人"的合成；进一步以其为美善的意象，就是"羊人为美"（等下我们就可看到并非没有以牛或"牛/人"合成为美的"牛人"，他们，如古藏人，举行宗教性歌舞就曾身披牛皮或"牛形"，冠戴牛头或牛角）。

图1-14　羌寨风光

（左上：标志性的碉楼；左下：雪山下如画的羌寨；右上：羌族歌舞；右下：岷江上的铁索桥。辜东方、周小林等摄）

古羌多美女、贤媛，她们与周人有规律地通婚，交流文化，融入并且提高了华夏汉人的文化。其中一支滞留山区，又受到挤压，向西南转进，演化为羌族，保留着鲜明而独特的文化，成为中华多民族文化重要的一员。

如上所说，他们，尤其是他们的巫师或巫酋，可能在某种仪式上，冠戴羊骸、羊角、羊头或羊面具（特别是"头套式"面具），或更以"牛"，从此可能"了解神灵是怎样通过不同动物来显灵的"。如果确实是戴着羊面具的话，这些"面具代表女神的圣兽，当人戴上它们时，就表示动物的力量与人的力量的结合"①。陕西神木大保当汉画里发现"牛头西王母"（详后），就可能戴

---

① ［美］马丽加·金芭塔丝：《活着的女神》，叶舒宪等译，广西师范大学出版社2008年版，第10页。

着"牛头面具"。

古埃及人不但以羊,更以牛为"善"、为"祥",或竟为"美";有"羊人为美",也有"牛人为美"的种种展示。

古埃及人以牛体为天穹。有名的《天牛图》上,巨牛的腹部像夜空缀满星星(星神);太阳船上坐的是"冠日"的太阳神,"空气"之神苏(Shu)托着牛腹(天空)。对于我们,有趣的是,天牛"两角之间或胸部前方,绘有'heh'字样,意为'百万'或'赫赫-神祇';面颊近侧的文字,可作'美'解——似为天牛之标志(纯属揣测)"①。可见牛在特定语境中,也可能成为"美"之形象;如果出现"牛人为美"的话,也不是什么怪事。怪牛"米诺斯"(Minoes)就是"半人半牛",只是克里特-希腊人视其为"恶丑"。但最初的"牛神"的膜拜者,则是把它当作怪诞与恐怖的象征,是所谓"可怕的崇高",就像费尔巴哈《宗教的本质》说的那样,人们常常崇拜猛兽或恶神,"恐惧产生宗教",这不过其一端罢了。

"牛人为美",实不罕见。② 羌人的传说始祖"炎帝"(后来与神农氏叠合)就有"牛头人身"的传闻。西王母在汉代已是艳绝人寰、仪态万方的生命女神,可是陕西神木大保当汉代墓葬画像石里,西王母却长了一颗牛头③(与她对

图1-15 "牛人为美"

(左:印第安《牧牛舞》,雕塑;右:"牛头"西王母,陕西神木大保当M18墓门楣画像石,汉代)

古羌人除了可能以羊为图腾外,也曾崇拜牛。他们的传说始祖,与神农氏叠合的炎帝就曾化形为牛。作为"西方美人"的代表,美冠人神的西王母,可能就是羌人的"圣女"。她曾远嫁西域,与"塞人"通婚[塞克人(Sacae)属古欧人种,可粗疏地归为"东斯基泰人"],事见《穆天子传》等。她在西北的一个造像竟为"牛头"。

---

① [美]塞·诺·克雷默:《世界古代神话》,魏庆征译,华夏出版社1989年版,第7页。
② 可惜没有"牛"上"大(人)"下的字。
③ 参见陕西省考古研究所、榆林市文物管理委员会办公室编著:《神木大保当——汉代城址与墓葬考古报告》,科学出版社2001年版,第67页,图八九。

列的东王公长着鸟或鸡头)。她最可能以古代"圣女"远嫁西域塞人。

叶舒宪认为,这是"再生信仰"催发的,牛头形似"子宫"(案:比较牵强),象征西王母掌控"再生"与"生育"权力①。作为西部美神的西王母,曾经兼任月神(参见《楚辞与神话》第439页)。古人"祭日于东,祭月于西",西王母的"前身"西母、西皇,都曾被认为是月神。"代俗以东西阴阳所出入,宗(祭)其神,谓之王父母。"(《史记·赵世家》索隐引谯周)依照"日东月西"的古代宇宙格局布置,东王公是后起的"卑化"的太阳神,西王母则以日月大神的高格位担任月亮或"落月"女神。"被坚执锐略西极,昆仑月窟东巉岩。"(杜甫《魏将军歌》)西极"月窟"暗指羌人之国。

弯弯的牛角象征新月,这是哈婷《月亮神话——女性的神话》详细介绍过的世界神话通例;而东王公之鸟首则与太阳紧相联系,三足乌或金乌为众所周知(如果说是鸡头的话,金鸡报晓,象征朝日)。画像石上,西王母一边正有"月"(月中有蟾蜍),东王公一边恰有"日"(日中有三足乌)。

西王母为月神,正可以补充叶舒宪"西王母为再生女神"的设想。"夜光何德,死则又育?"(《楚辞·天问》)古人以月的晦朔为她的死生。所以说月亮信生信死,信死信生。哈婷也承认:"母牛则常常代表着女神的母性和养育本质,牛角很自然地就表现了'弯角月'。"②这里兼为月神的西王母形象,就构成"牛女为美",如同"姜"构成"羊女为美"。

三、"羌/姜"一体

甲骨文有"姜"字,与"羌"字从"人",意同,只是从"女"。在殷墟卜辞中,可能是羌人女俘或女奴的形象(当然不等于说"姜"字都表示女奴)。

(《簠·杂》)　(《续》5·13·5)

图1-16

李孝定说:"上从羊,下从一人面缚之形。非从女,似非姜字,疑羌之异构。"

---

① 参见叶舒宪:《牛头西王母形象解说》,载《民族艺术》2008年第3期。
② [美]M.艾瑟·哈婷:《月亮神话——女性的神话》,蒙子、龙天、芝子译,上海文艺出版社1992年版,第53页。

其实,"羌""姜"二字形音义都是趋同的,说"姜"是"羌"的异体,也并不错。

可对照金文。

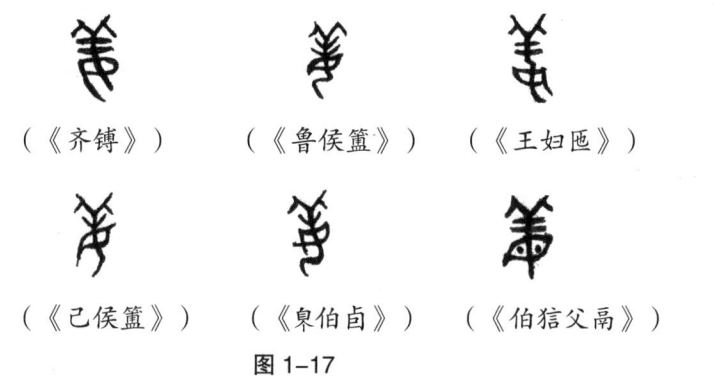

图 1-17

"羌"是部落集团的名称;作为群团,古代是"羌人",其一支后来成为"羌族"。

"姜"是氏姓,先是"氏",后是"姓"。

羌、姜基本为一。马叙伦说,"姜"字《说文》从女,金文有从"母"者,母亦从女得声(参见《说文解字·六书疏证》)。

马叙伦坚信羌、姜一字。《说文》等所说,神农居姜水以为姓。四岳之先,太岳之后,炎帝之姓。那么,姜水又由什么得名呢?

马氏说,发明种植的神农之祖先,"盖亦事畜牧,而以畜羊为业者也。故其族徽以羊。……金文仅作一羊形,或作羌字者,盖皆牧羊之族徽,实即姜姓也"①

李玄伯(李宗侗)《中国古代社会新研》等著作,以为神农氏以羊为图腾,因以为姓。"姜水"即因神农氏所居而得名。这是"地域之图腾化",这至少在逻辑上说得通(但另一些文献说,神农氏曾化形为"牛")。神农氏后来与"炎帝"叠合,炎帝本是羌人传说始祖,因为羌人与周人有规律地通婚,混血,融汇,培育华夏汉人,我们至今还自称"炎黄子孙"。刘节《中国古代宗族移殖史论》也以"姜"为牧羊族之"族徽"。

羌人肯定"牧羊",还可能"游牧",所以东到安阳附近,西至帕米尔高原(如香宝宝墓地)都有他们踪迹。他们很早懂得农耕,也许游牧结合着"游农",

---

① 马叙伦:《读金器刻词》,中华书局影印本1962年版,第154页。

为中华农牧文化做出特殊的贡献。

过去，我们曾以为"羌"是牧羊人，从女或从母的"姜"表示她们是信仰羊图腾的母系氏族。这有可能，但仅就文字说，不免机械。而且，如前所说，羌人也崇拜牛，"牛人为美"的意象也可能存在于古羌文化，神农氏，即炎帝就曾化形为牛。今日羌藏一系民族还保有"牛人为美"的仪式歌舞，但同样不能仅以此证明他们崇拜牛图腾。这些都要求多重证据。

四、羊与生命转换仪式

羌为"羊人"，段注说从羊、儿（儿，孺子也），应是"羊人"。

鲁南滕州南部有"儿国"，据说是古羌或姜姓（东迁的）一支。或说指"羺羊"，或说即"羊儿"（据称，过去羌族妇女临产都要到羊圈里去生孩子）。幼儿是"不完全的人"，他们生命的"转换仪式"往往跟羊的生活形态联系在一起。"小男孩无论扎冲天的独角辫，还是扎束在头顶两侧的羊角辫，都要留囟毛，并在后脑勺处留出一绺头发……使之长成山羊胡子的样子。"小孩八周岁，择农历八月初八，由"舅父权"掌有者送一只大山羊来，孩子骑上羊背，削去"羊胡子"，由舅父抱其下羊，让他牵羊离去（"羊胡子"头发用红纸包好，由舅父保存）。① 岷江上游羌族，孩子长到6岁，就可以参加"羊－白石"大祭或"国若"（还天愿）盛典，吃羊肉灌血肠，"由释比（巫师），或全寨最老的人给他头上系上羊毛编成的发绳，始成为部落成员"②。

胡鉴民说，羌族不但以颈绕羊毛线模拟羊，在"冠礼"（成年仪式）中，让成丁者向"杉杆始祖像"下跪，祭祀羊神，端公（巫师）"替一活羊围羊毛线"，此羊不准杀食。"羊与人有同样的资格，得到这样的赠品，这显然是表示羊与人的相等，视图腾动物与人同为图腾祖先的子孙。"③ 藏族苯教巫师也有权缠饰"羊毛线"，羌藏的民间宗教颇有相通之处。

他们的丧礼，有"验尸"（autopsia）之俗，"但不直接割验死者的尸体，

---

① 高潮：《鲁南人剪羊胡子与羌姜儿图腾复仇》，载《淮阴师专学报》1992年第1期，第73页。
② 赵曦：《羌族的泽－俄鲁劈原型与中国美之新考》，载《阿坝师专学报》1990年第12期。
③ 胡鉴民：《羌族之信仰与习为》，载《边疆研究论丛》1941年；参见和志武、钱安靖、蔡家麒主编：《中国原始宗教资料丛编·纳西族卷 羌族卷 独龙族卷 傈僳族卷 怒族卷》，上海人民出版社1993年版，第482页。

而以羊替代之（引案：有些地方是以解剖猴子替代）"。这意味着"人与羊原来相等，故凡表现于人体的现象，当然亦表现于羊体"。而且，"这只被解剖的羊子是为死者引路的，称为引路羊子"，即"图腾引导兽"，大概表示"来自兽界返诸兽界"之意（但是跟所谓"回归图腾"，即死仍变羊有所不同）。"这只羊子的肉亲人不准吃，这一点也有图腾的涵义。"①

五、羊，多面象征体

岷江上游河谷羌族确实认为，神羊是天人之间的沟通者（有些像殷人以凤为天帝使者）。他们的"天界"观念还不十分成熟，但已有"还天愿"仪式（羌语"国若"）：在"神林"中杀死五至七只羊，送上"天门"，使其成为"圣羊"。在羌语中，"羊"与"神"的读音近似，都是"泽"（thie，声调不同），"可以推论，抽象的'神'的读音是从具体的'羊'的读音发展而来，因而羊在羌族眼中是作为神灵之物"②。吃羊，可以由其取得新的生命力或灵性，跟崇羊的鲁南人以羊为美食相类。值得注意的还有，羊神往往用羊角或羊头代表。

据胡鉴民报告，羌人有牛神，更有羊神，以羊神为"六畜神"之代表；无羊神者，祀"牛王菩萨"。

钱安靖也介绍说，羊神本为羌族重要的神，"后转化为汉式的牛马二王和六畜神"③。

四川省汶川县龙溪乡羌族，祭神不用羔，而用"三到六岁的成熟山羊，它通常是白色的。但是在不少地方，也有深褐色或黑色的"；讲究的是"纯"，如华夏汉族之牲"牷"，"它必须是一种颜色，且须不带任何残缺，即它的耳、角、蹄、腿须绝对没有残缺"。④牺牛最好是红黄色，称为"骍牛"，羊牲最好纯白或纯黑。牺牲（无论大牢、小牢）都要洁纯肥美，并非送去"就死"者就是丑恶凶顽。古埃及人也要求牺牲的毛色纯美，以杂色为差次、不敬。

---

① 胡鉴民：《羌族之信仰与习为》，载《边疆研究论丛》1941年；参见和志武、钱安靖、蔡家麒主编：《中国原始宗教资料丛编·纳西族卷 羌族卷 独龙族卷 傈僳族卷 怒族卷》，上海人民出版社1993年版，第482页。
② 赵曦：《羌族的泽－俄鲁劈原型与中国美之新考》，油印本，1989年，第3页。
③ 钱安靖：《羌族宗教习俗调查资料》，见四川省编辑组编：《羌族社会历史调查》，四川省社会科学院出版社1986年版。
④ ［美］格莱汉：《羌族习俗》，钱谦译，载《宗教学研究》1988年第1期。

羊、羊肉，不但因为"主给膳"，也由于是重要祭品（华夏汉人叫作"小牢"）或牺牲，而成为"善"的信仰背景，以及这种信仰的物质生活基础。"羊人为美"，在特定条件下，并不完全排斥"羊大则美"。

掌畜牧的羊神，可以与掌山林土地的"白石"神融为一体，其"神体"为"以泥石砌成（的）圆锥塔形，中间镶一块白石"。每年正月初五，有点像华夏汉族的"告朔饩羊"，"农民赶着羊，以香、酒敬羊神，求神保佑羊子兴旺"①。羊神掌管畜牧业与食物的"丰饶"。

此如上述欧洲，"常用山羊代表谷精"②；例如古希腊人以为"山羊是丰收的象征"，山羊腿、戴着羊角的牧神潘也司掌丰饶与蕃育③。

六、"西方美人"之歌

《诗经》里有更多的"美人"。

> 云谁之思？西方美人。
>
> 彼美人兮，西方之人兮！（《邶风·简兮》）

这是经过后人加工的"蝎子"群团舞蹈，恋爱舞兼军事舞的《万舞》伴唱歌词，比《邶风》本身古老得多。或说，它赞颂的是一个男性的武士兼猎手（或牧人），是真正的部落"美人"或"大人"。"有力如虎，执辔如组"，表演万舞的武士是俣俣的硕人，跟《郑风·大叔于田》和《叔于田》"袒裼暴虎""洵美且武"的猎人差不多，他所歌颂的"美人"自然更应该高大、壮硕、有力、孔武。

根据《山海经的文化寻踪》的研究，这里的"西方美人"，主要指跟周人有对婚传统的羌人（如上所说，连"西王母"都有可能是远嫁西域塞种的羌人"圣女"）。羌人在先秦时期已进入今新疆或中亚地区，帕米尔高原香宝宝墓地已发现羌人有种群意义的遗骨。这一带正是东西方人种文化"混血"交流要冲，有"人种博物馆"之称。由于远缘交配取得"杂种优势"，所以这里的人多半高大而健美，所谓"达坂城的姑娘"真漂亮者也。这里的常住人种主

---

① 西南民族学院研究室编：《羌（尔玛）族情况》，1954年内部打印；参见和志武、钱安靖、蔡家麒主编：《中国原始宗教资料丛编·纳西族卷 羌族卷 独龙族卷 傈僳族卷 怒族卷》，上海人民出版社1993年版，第552页。

② [英]詹·乔·弗雷泽：《金枝》（下），徐育新、汪培基、张泽石译，中国民间文艺出版社1987年版，第673页。

③ [英]罗素：《西方哲学史》（上册），何兆武、李约瑟译，商务印书馆1963年版，第36页。

要是白皮肤的塞种,即西方文献里的"塞伽"(sacae,或 sake)。粗疏地说,就是后人所谓的"东斯基泰人"(East Scythians)。他们的"美人"高大丰满、白皙健壮,跟中国先祖黄帝、后稷在传说中都有牵连的罗布泊"素女"(白姑娘),就最可能属塞种(或说与印度/西藏的"雪山神女"叠合)。她们常与羌人,乃至华夏汉人交往、混血,从而获得优异健美的后代。所以《穆天子传》说帕米尔边缘,"赤乌"之地"多美人"。《山海经》所谓"大比(妣)赤阴"的"赤国妻氏"等也是一种"西方美人"。美丽的西王母就是其典型代表。传说里她们常跟黄帝族、周族,乃至商族通婚。后稷的母亲姜嫄就是羌族"圣处女"或"大母神"。此后周"王"所娶几乎都是羌女,亦即"美女"。就像"达坂城的姑娘"。"羊人为美"之"美"的意象由羌人创造,绝非偶然(商先妣简狄称"狄",称"有娀氏"即"戎氏",更意味深长)。

图 1-18 "罗布人"

(新疆"罗布泊",宋士敬摄)

硕果仅存的新疆盐泽(罗布泊)居民,分明是古欧人种塞人(塞伽)与古羌人、华夏等混血遗留下来的"原住民"。他们的体质与文化还没有得到深入的研究。

王献唐《炎黄氏族文化考》说,"古言女子之美,字音多出炎族氏名"。"姜"本指羊族女性,后人用为古羌大姓。俗云"美女-姜",无意中点出"羊人为美"。而羌人多美女,美女之称也来自羌语。"初以某氏女美,称女以氏,后凡言美,即以某女为准,言如某氏女之美。久而所称之氏(案:如姜氏),遂为女美通称,别加女旁,沿成专词。炎族(姜姓)女多美貌,因氏为美,故凡美貌之字，多从炎族氏名演出。"① 除"美""姜""羌"等字汇外，王氏举出："姜"系之"姝"等。

> 姝者，好也。《说文》训"好"。《诗·静女》传："美色也。"《集韵》《韵会》：女子之美者曰"姝"。……《楚策》："间姝子奢。"《荀子》《韩诗外传》作"嫭"，嫭亦姝也。同音通用。②

所举尚多，文繁不具录。

图1-19　赤乌：美人之地

（维吾尔族的服饰歌舞）

　　天山脚下，塔里木河流域，吐鲁番盆地，直到喀什、帕米尔高原，是古欧洲人、羌人、突厥人与华夏汉人频繁友好往来与混血的"古代人种博物馆"，由于远缘杂交优势，合理的果蔬奶肉搭配的伙食，勤劳纯朴的生活，这里的"多民族"都特别美丽健康，无怪乎"达坂城姑娘"为中外所传颂。

　　只是《邶风·简兮》里"美人"性别较难确定，但是指称西方的"羌人"概率较高。

---

① 王献唐：《炎黄氏族文化考》，齐鲁书社1985年版，第124页。
② 王献唐：《炎黄氏族文化考》，齐鲁书社1985年版，第124页。

"头饰羊角"的姜女移居内地,《诗经》作者还歌颂她们美丽而华贵[①]。

彼美孟姜,洵美且都。(《郑风·有女同车》)

彼其食鱼,必河之鲂;

岂其取妻,必齐之姜。(《陈风·衡门》)

正是:吃鱼要吃黄河鲂,娶妻要娶姜姑娘。"你若要想嫁人,不要嫁给别人,一定要你嫁给我!"歌者被混血姑娘的"媚美"弄昏了头,才这样愚蠢地向几乎每一个"达坂城"姑娘示好,或者向"西方美人"求婚,"岂其取妻,必齐之姜"!"那里的姑娘辫子长,两个眼睛真漂亮!"

我们只要对周羌两个"对婚族"的"美人观"稍加考察,就能明白"两种生产"和社会生活对"人体美"标准、观念形成的重要作用。前文已交代,西部多美人,绝不限在新疆;羌、周活跃的甘青陕高原、河西走廊,都盛产美人,绝不仅仅是"绥德的婆姨,米脂的汉"。前引《邶风·简兮》的"西方美人"就散布在"西部",包括赤乌、鄢韩等地都"多美人"。

傅斯年称姬(周)、姜(羌)二姓为"两合氏族"(moities)[②]。《史记·周本纪》说,周人始祖后稷(弃),其母有邰氏女,曰"姜嫄"。是周人"母家"(或对婚族),为"姜"(羌)。姜嫄就是羌人的"大美人"而兼"美神/母神",是羌人妇女的优异代表。"岂其取妻?必齐之姜。"当时贵族娶妇,"妇容"是重要标准。这个传统,自姜嫄始,坚持很久。

七、优秀的古羌妇女

芮逸夫具体解说周姜"各行外婚而互为婚姻"的"两合(或对婚)氏族"关系说:"姬姜二姓,世为姻戚。"先公或传说时代之外(见后),自武王以下,周王多娶齐姜之女(齐为姜后,大家都知道姜太公封于齐)。

武王之后邑姜,宣王之后齐女,桓王之后纪女,定王、灵王之后也都是齐女。

春秋时代,姬周同姓之国(鲁、晋、卫、郑、蔡、曹、滕、吴、虢、虞、燕等)的夫人,独多姜氏;姜姓之国(齐、吕、许、申、纪等)

[①] 参见孙机:《羊·祥·美》,载《中国文物报》1991年2月20日。
[②] 参见傅斯年:《夷夏东西说》,见《庆祝蔡元培先生六十五岁论文集》(下册),商务印书馆1933年版;傅斯年:《民族与古代中国史》,河北教育出版社2002年版。

的夫人，亦多姬氏。①

刘起釪也说："从母系氏族时期起，直至周代之亡，姬姜两族始终是互为婚姻之族。"②

刘启益甚至从两周金文中发现，由周文王开始，西周十二王，计十一代，每隔一代，就有一位姜姓的王后。③这太有规律了。正如许倬云所说，作为周姜联盟的强大纽带，"这个模式不是偶然的，只有对偶集团的关系可以解释"④。

俞伟超也接受了这种看法："西周金文还表明其时的周天子是隔代以姜姓之妇为后的。姜姓当即羌戎集团的一支。周人和这支姜姓部落既世为姻娅，当有牢固的联盟关系。"⑤

为什么呢？

"隔代对婚"，这当然是历史与传统使然，却并不是盲目和偶然的拉郎配。周人是极富生命力和创造力、朝气蓬勃、奋发进取的群团，"郁郁乎文哉，吾从周"，经营了多少代，才得以代殷而入主中原。婚姻大事，岂能儿戏。当然要优选善良、健壮、端庄而又贤淑的"美女"为偶，以期得到优秀的后代。诸君以为，这又是"胡编乱造"。请看记载。

古公亶父（或以为即是"太王"），是周人由"传说"进入"历史"的转折时代，太王贡献巨大，影响广被，甚至远达"葱岭"之麓（即《穆天子传》"舂山"，《山海经》边春之山，今帕米尔高原地区，请参见《山海经的文化寻踪》）。他娶的是"姜太太"（太姜）。《诗·大雅·緜》说："爰及姜女，聿来胥宇。"说的就是这位美丽的太姜。有如《史记·周本纪》正义引《列女传》所说："太姜有色而贞顺……太公（古公）谋事必于太姜，迁徙必与。"她甚至参与密勿，干预朝政，有如商王武丁的妇好。简直是"三千宠爱在一身"！

---

① 芮逸夫：《伯叔姨舅姑考》，载《"中央研究院"历史语言研究所集刊》第14本，1949年，第203页。
② 刘起釪：《古史续辨》，中国社会科学出版社1991年版，第168页。
③ 参见刘启益：《西周金文中所见的周王后妃》，载《考古与文物》1980年第4期，第89页。
④ 许倬云：《西周史》（增订本），生活·读书·新知三联书店1994年版，第52页。
⑤ 俞伟超：《早期中国的四大联盟集团》，载《中国历史博物馆馆刊》1989年第13、14期；俞伟超：《古史的考古学探索》，文物出版社2002年版，第134页。

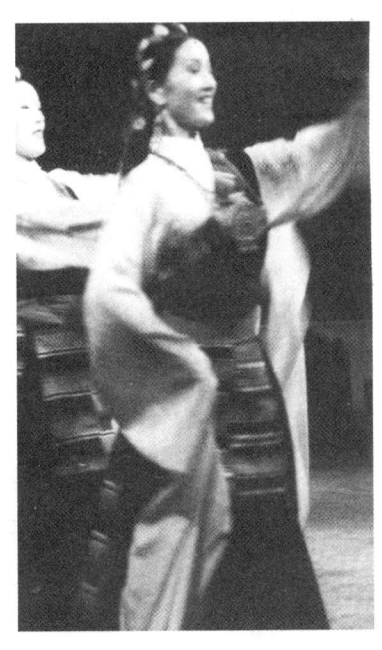

图 1-20　身高体壮，歌甜舞美

（左：藏族歌舞；中上：羌族歌舞；右上：四川省舟曲县博峪乡"香巴拉"藏族妇女盛饰；右下：羌族皮鼓舞。周小林等摄）

羌藏文化、血缘都紧密相连。她们的妇女至今身材高大，身姿壮美，歌声嘹亮，舞姿奔放。《诗经》里的"西方美人"，主要指与周人通婚、混血、融合，获得杂交优势的羌人淑女。她们创造"胎教"，贤淑智慧，与周人一道培育出优秀的子女，融入华夏汉人文化，水乳交融，一般很难区分。只有遗存在西南的一支，让我们窥知其优良独特的文化。

古公亶父与太姜的后代季历，娶的是"太任"，更是不寻常，她是周文王（姬昌）的母亲，胎教的发明人。《列女传》说太任得孕后，就"目不视恶色，耳不听淫声，口不出敖（傲）言，能以胎教"。贾谊《新书·胎教篇》则说："周妃后妊成王于身，立而不跛，坐而不差，笑而不喧，独处不倨，虽怒不骂，胎教之谓也。"传闻异辞，却也可见姬姜"先期美育"已形成传统。这跟古印度、古希腊实行胎教，孕妇必须耳聆美音，目视伟像完全一致，其目的在于培育健美、智商高的"接班人"[1]——那他们的母亲还会丑陋、瘦弱、凶悍、怪癖吗？

---

[1] 萧兵：《胎教和美育》，载《美育》1984年第6期。

《诗·大雅·思齐》集中地歌颂几位伟大的姜系母亲说：

思齐大任，文王之母。

思媚周姜，京室之妇。

大姒嗣徽音，则百斯男！

大（太）任就是创造并实行胎教，生下文王的季历"王之后"。"齐"有"嘉"意，"媚"即美，"徽"为佳音。她们都是大美人！

"大任"的族别有些异说，但属姜系，大抵不差。这里无法进行历史考据（有兴趣者可参见《山海经的文化寻踪》《老子的文化解读》）。任氏与殷商有"亲"，所以《诗·大雅·大明》说："挚仲氏任，自彼殷商，来嫁于周，曰嫔于京。"但任氏却可推源于姜。《左传》乐正后夔娶有仍氏女，仍、任一声之转，是顾颉刚等人论证过的。有些学者仍旧认为，"有仍"与"任"都出于古氐羌系统。

王昆吾说，她们是"母系标志的族团，乃源于氐羌，和夔、夏、商、周等民族都有通婚关系"①。

当时的贵族，包括商、周，一点都不愚蠢，喜欢娶贤德慧智的美丽媳妇儿，比后来的选后选妃严肃认真得多（不娶美艳而无德者，也不要有德而丑陋者）。殷王所娶有娀"佚"女，周王所娶"思齐大任""思媚周姜"（思是发语词，无义），在当时都是"美善"之词，绝非空言泛指。

周文王娶亲更是热闹非凡。《诗·大雅·大明》大肆铺张这次婚礼。"缵女维莘，长子维行。"他去亲迎这位有莘姜女。

文王嘉止，大邦有子；

大邦有子，伣天之妹。

有莘为姜族"方国"。姜（羌）人此时势力强大，不仅在黄土高原与周结为强大联盟，势力还直达帕米尔高原。"西域"羌人遗迹众多，哈密焉不拉克墓地，帕米尔高原之麓塔什库尔干香宝宝（香巴拜）墓地，好几个地方都出土羌人遗物与文物，就可见其行踪之辽远。有莘何属呢？《左传》庄三十二年"有神降于莘"，清代顾栋高《春秋大事记》说虢之莘，地在"陕州硖石镇西十五里"，正是羌人势力范围。《史记·周本纪》正义据《世本》称莘为姒姓，

---

① 王小盾：《汉藏语猴祖神话的谱系》，载《中国社会科学》1997年第6期；王昆吾：《中国早期艺术与宗教》，东方出版中心1998年版，第206页。

姒亦戎人（羌戎）之姓。所以《诗·思齐》呼文王莘女为"大姒"。

莘地也出美女，因其本"姜"。《史记·周本纪》（又《六韬》）说，为了救出文王，周大夫献奇兽及"有莘氏美女"给殷纣王，企图用糖衣炮弹打垮他。无怪乎《大明》诗称文王新妇是"俔天之妹"，"妹"之言"媚"（所谓"美眉"），就是《大雅·思齐》"思媚周姜"的"媚"，美也。"俔"，不知何意，其音"磬"若"倩"，倩者美也，说不定跟广东话的"靓"同是"亮丽"之名（此字从"青"，古音应读如"倩/婧/青"，不知为何，如今大家都读"亮"，义犹"光鲜"；"妹"有小女、小姐意，如同"魅"之从"未"，"俔天之妹"犹言"美丽之天女"）。

文王之子武王，娶的仍是姜小姐。《左传》昭元年："昔武王邑姜，方震（娠）太叔……"杜注："邑姜，武王后，齐太公之女。"（又可参见《诗·大明》孔疏）姜尚是武王的老丈人，是周人的"总参谋长"，后来职如"冢宰"，开"国丈干政"之先河，被称为"师尚父"（俗谓"姜太公"），在当时却是强化了周姜联盟。更可注意的是，姜家姑娘生孩子不但质量高，个个都是奋发有为的"王侯将相"，而且数量多。"大姒嗣徽音，则百斯男！"百言其众。"文王百子"传说，即自此起。那时候地广人稀，耕稼征战都急需男丁。所以百般歌颂善于蕃育的硕人，美女。当时的计划生育，优生优教，主要就是扩大与提高"再生产"，以便用血缘延扩和强化自身的政治经济力量。

卫姜也跟邑姜或"彼美孟姜"同样是姜姓的美姑娘。《卫风·硕人》可以当作"美女姜"的典型个案来处理（参见专节）。

必须提醒，展延生命的途径，绝不仅仅是扩大后裔，还要求个体生命的健康与绵延。周文王、武王、姜尚（太公）与周公旦，都有异常长寿的传说。这不仅因为他们生活质朴、健全（据说周文王以一邦之酋还亲身参与体力劳动，"秉鞭作牧"，哪怕是韬晦之策，也有利于提高个人与群团的体质，参见《楚辞新探》），还因为他们倡导"混血"、选偶与胎教，所以寿命特长。中国人寿命最长的地区，实在天山—塔里木盆地—帕米尔高原一线，除了高寒、干燥、清洁等自然因素之外，膳食合理（果蔬奶品居多，羊牛肉蛋白质高于猪肉，脂肪低于猪肉），杂交优势，是极为重要的原因。现在，欧亚混血最明显的"罗布人"，极像高加索山区原住民，他们的寿命超长，百岁老人多见。

图 1-21　"杂交优势"取得健康、长寿

（新疆罗布泊地区，尉犁县东南喀尔曲尕的百岁老人，林伟生等摄）

高寒与干燥，俭朴与勤劳，加上奶食与素淡，这一地区的居民健康、长寿，多百岁老人。这跟杂交优势、遗传基因良好是分不开的。

八、"羊/羌"与美装饰

《说文》卷四羊部的"羌"，说是"西戎"牧羊人，当然正确；从羊、儿，专家多说应从羊、人，看起来不错。也有版本作"从羊、人"（如宋刊本）。《风俗通义》说，羌者西戎，"主牧羊"，"从羊、人"。可是鲁南有"儿"国，或说即此"羊、儿"之对应，而且"儿"仍是"孺子"之义（参下引赵曦说）。我们觉得，二者并无根本区别。

羌从羊人者，于省吾说："因为羌族有戴羊角帽的习俗，造字者遂取以为象。"[①]

马长寿说，今四川西北部羌民无戴羊角之习，唯"端公（羌民巫师）所戴的羊皮帽有两角，亦由羊皮做成，这是否象征羊角就不清楚了"。一般说，巫师总是较多保存群团旧俗，装饰本身就多具巫术背景，他不能违反传统，否则其术不灵，失去部众之信任。何况羌族至今"以两羊角象征羊神，供于壁上"[②]。

[①] 于省吾：《释羌、苟、敬、美》，载《吉林大学社会科学学报》1963年第1期。
[②] 马长寿：《氐与羌》，上海人民出版社1984年版，第16页。

加拿大人明义士（James M.Menzis）说："（羌）象人饰羊首之形。古人于舞时，首着羊首面具而舞。今蒙古西藏人于祭祀时，仍有是风，盖古俗至今之仅存者。"① 讲的就是羌藏舞仪，准傩戏或"喇嘛打鬼"，头戴牛头、羊头面具而舞者。

孙海波则说，"羌"像戴饰羊角："盖西方之人喜以羊角饰首。故字从羊，象形。"②

从此可以推知，"美""姜"诸字，大略以羊头、羊角、羊形装饰头部。这些都可以证实前文"羊人为美"的说法。

王献唐《炎黄氏族文化考》说，"羌"字为衣羊皮而戴角。"在蒙覆全皮之初期，剥制羊皮，并其角首而亦剥之，以（带）羊首之皮，蒙人之首，兼以作帽。首上之二角，翘然分立，平时饰为美观，战时用以触人。"③ 他认为，"大"是黄（帝）族象形，"人"为炎人象形。人即夷（此说不确，"美"即从"大"）。又说："黄族首上皆插毛羽，不（似炎姜）以羊角为饰也。"④ 此亦不尽然。但"以（带）羊首之皮，蒙人之首，兼以作帽"，岂不正是"羊人为美"？

图 1-22　三羊首铜罍

（商代，江苏南京江宁出土）

这像是《四羊尊》的简缩版。羊首肩饰之仍有"羊面饕餮"。羊、酒俱为殷人所好。对于羌人，殷人或"怀柔"，或利用，但主要是征伐，"用羌"（屠杀羌人俘虏）祭祀甚为常见。但也有通好与交流的记录。

---

① ［美］明义士：《柏根氏旧藏甲骨刻辞考释》，齐鲁大学国学研究所1931年版，第4页。
② 孙海波：《甲骨文录考释》，见《河南通志·文物志》，河南博物院1938年版，第22页。
③ 王献唐：《炎黄氏族文化考》，齐鲁书社1985年版，第226页。
④ 王献唐：《炎黄氏族文化考》，齐鲁书社1985年版，第226页。

图 1-23　羊角的凶猛与美丽

（左：圣公羊，埃及石刻，阿蒙－拉化身；右：大角羊雕像，古伊朗，公元前 2 世纪）

羊角不但是御敌和辟邪的利器，而且是"美"的标识。构成"美"的"羊人"可能冠戴羊角（有时达到四角、六角之多）。盘羊、大角羊、羚羊等多因角的尖利或"曲线"而显出壮美或秀美。若干羊的艺术造型，也不惜突出或夸张其角。古人或冠戴羊角以示勇猛。

九、羊，生力与性的象征

赵国华引用汉代焦延寿《易林·坎·革》：

东行亡羊，失其牂牸；

少妇无夫，独守空庐。

他以为这是"以公羊（羝）和母羊（牂）比喻男女配偶"，由此断定"羊在远古曾作为女性的象征"。① 商《父己簋》铭☗，他以为"美"字。"上部以羊角代'羊'，下部的'人'为全形，上肢摊开，两腿外撇，腆着圆圆的肚腹，宛如女子怀孕之状。这仿佛表示，似怀胎之羊的孕妇为'美'。"② 这是孤证，但他似乎没有说，一切的"美"字都是在赞美孕妇或女性（尽管《诗·椒聊》等确实在歌颂妇女妊娠之美）。他不同意"冠羊"为图腾装饰（我们对旧说也做了修正），但无非想强调古代审美"不能脱离生殖崇拜，并以

---

① 赵国华：《生殖崇拜文化论》，中国社会科学出版社 1990 年版，第 252 页。
② 赵国华：《生殖崇拜文化论》，中国社会科学出版社 1990 年版，第 252 页。

追求功利为目的",且与女性分不开。他和我们一样引证了《魏书·高车传》"妇人以皮裹羊骸,戴之首上,萦屈发鬟而缀之,有似轩冕",间接承认了"羊人为美"。

发情的公羊是相当可怕的。"当巨角野羊处在高度性兴奋状态时,这只贪淫的家伙就会毫无仁慈地追逐母羊——直到母羊被绝望地追到悬崖上去。"①

它的"象征讲述"就是长着羊毛、羊角、羊腿的牧神潘或谷精萨提儿,追逐美丽的小仙女,偷窥爱神睡态,以及在沙特恩(Saturn)节日狂欢里,跟女祭司、女信徒嬉闹。据说这样才能使人丁兴旺,谷物丰收。

在阿里斯多芬的喜剧《鸟》里,预言家声称:"首先要向潘多拉神献上白毛公羊。"

潘多拉是最美丽也最可怕的处女神,她给人类带来快乐,更带来灾难。她本来也是属阴的土地女神,而公羊则是阳性的淫欲的象征。预言家的话被"评注"为:

把公羊献给潘多拉——大地的化身,因为是她赐予了生命所需的一切。②

图1-24　公羊神的"胡作非为"

(潘神或萨提儿侵犯水仙,油画,法国,普桑,约1637年)

西方人以为公羊性淫。具有羊化身的谷精萨提儿、丰饶神潘、酒神狄俄尼索斯,都以羊为化身或做随从,他们或长着羊角、羊腿,狂热追逐美女,在狂欢祭典中跟女祭司、女信徒们胡闹。表面看,只是他的肆意所为。实是当是古老风俗的曲折反映,而以"两种生产"的发生发展为背景。

---

① [美]尤金·伯恩斯:《野生动物的性生活》,韩家权、南兆旭译,漓江出版社1991年版,第101页。

② [英]简·艾伦·赫丽生:《希腊宗教研究导论》,谢世坚译,广西师范大学出版社2006年版,第259页。

出于对配种、打斗等的观察，古代和民间都熟知许多公兽的生殖力和性欲都极强。牡羊也不例外，现在有些地区干脆叫作"骚羊"，相当《说文》的羝还用以谑称喜欢追逐女人的男性；有点像欧洲人说的"老山羊"（略指好色而又狡狯的中老年人），人间的萨提儿或潘。

在鲁南民间，公羊是好淫多殖的代名词或象征物。对于男孩子，一般人爱直接用公羊的方言名称谓之，如：羯子、䍱羯子、䍱壸、孩羔子、羊蛋儿等。①

"羊蛋"（睾丸），跟牛鞭一样，被许多人当作荷尔蒙含量很高的春药。羊肉也能"壮阳补阴"，是冬令优良补品（"进补"一半以上的动机是保持旺盛的性能力）。

与古羌藏文化关系密切的党项羌崇拜羊（头）神。

据甘州方志载，甘州城南的忠武王庙乃是西夏所祀之神，为西夏土王，而且"祷无不应"。这尊神是羊首人面，戴羊头冠，状皆羊身。这尊甘州西夏神，有人认为就是西夏《文海》中所载的"守羊神"，即"羊中守护神也"。②

图 1-25 月神戴安娜与雄鹿、公羊

（法国，古戎或皮隆的大理石雕，现藏于巴黎卢浮宫美术馆）

姣美而又强悍的月神阿尔忒弥斯（罗马称戴安娜）兼着猎神，她以"处女"之身躲避着男性，还射杀误入她"禁地"的猎人，把他变成鹿。可她却极度眷爱雄鹿或者公羊（注意她身畔躲着一只羊）。

---

① 高潮：《鲁南人剪羊胡子与羌姜儿图腾复仇》，载《淮阴师专学报》1992年第1期，第73页。
② 格勒：《论藏族文化的起源、形成与周围民族的关系》，中山大学出版社1988年版，第402页。

这位"羊头神"在某种程度上更能证明"羊人为美"作为神话民俗意象的存在。

如上，藏族的准傩舞喇嘛打鬼里，舞者或戴着鹿角，或戴着羊头、牛面，那更明白地是"羊人为美"或"牛人为美"的意象。这我们多次介绍，此处要强调，这种神突出的是羊的阳刚力量，或者说，以羊的阳刚来显示"天行健"与进攻的精神。

王献唐《炎黄氏族文化考》论"姜姓"炎帝系统蚩尤之衣饰，或以"全羊（衣）"蒙身，盖大美之"羊人"。

> 蚩尤为游牧田猎时代，所牧为羊为牛，故以羊名地，以羊得胜，以羊为图腾。……御寒之具，只以羊牛皮革鞟身上为衣，其制亦非如今日皮衣，乃全括其皮，首尾完具，以皮鞟之首，蒙头披之如今斗篷。①

这不能不更进一步证实了"羊人为美"。

羊或羊神的形象，在西方的民俗神话里，有时还是以叛逆者与捣乱者的"反面力量"出现的，或象征性欲，或代表贪婪，总是与正统格格不入的边缘化角色，例如撒旦往往表现出"羊性"或暴露出某些"羊形"。中国某些地区的蚩尤神或以羊形出现，却更多地透露反抗或战斗的精神，而敢与"正统"相对立，相抗争。

十、羊，"羊鸣声"成为图腾

羌人自称"芈"（mǐ，上古音明纽脂部）。

> 芈，本系羌人自称。②

> 现今四川西北的羌人，羌语自称为"尔玛"或"尔芈"。③

"尔玛""尔芈"的词干是后者："芈"或者"玛"。又：

【四川羌族自称】

"尔芈"（ε-mi）

日芈／日绵／日玛

---

① 王献唐：《炎黄氏族文化考》，齐鲁书社1985年版，第109页。
② 参见一之：《楚人源于羌族考》，载《青海民族学院学报》1981年第1期。
③ 胡昭曦：《论汉晋的氐羌和隋唐以后的羌族》，载《历史研究》1963年第2期，第154页。

《中国原始宗教资料丛编·羌族卷》则记作：尔玛（r-mee）

马长寿指出，"日"（或尔）是词头辅音，做冠词用，无特殊意义。简言之，羌的自称是"芈""绵"或"玛"。①而"芈"恰恰是"羊鸣"（声），虽然mi也可指"人"或"母"。民族学家暗示，这是一种图腾机制。

> 羌族自称"尔咩"，与羊叫声相近。传说羌人与戈基人战斗时，以颈部悬羊毛线为标志。……至今羌民在行冠礼和送晦气仪式中，颈上也要系羊毛绳，以示与羊同体。②

羌人自称为mǐ若mǐe，据说来自羊鸣。这在汉籍文献上也是有根据的。《说文》卷四羊部："芈，羊鸣也。从羊，像声气上出。与牟同意。"现在写作"咩"或"哔"。"芈"也是楚姓。由于电视剧《芈月传》的热播，这个字逐渐为众所熟知。

李玄伯说，此字初义为羊，"芈象羊形，而音则取其自呼之声"③。徐松石也说，其即"羊"之古写，"与羌字同属一类"④。它的头部有角，甚为明显，与"羊"一致，双角似乎变成了四只角；或者是双角的繁化，暗示其"曲折"。

某种神圣动物的鸣声，就能够当成祖灵（旧称图腾）"圣迹"，甚或就是祖灵（图腾）本身。胡鉴民介绍说，羌人崇拜多神（包括"羊神"），不仅崇拜"实体"或具象物，就连"嘘气""体垢"等，都能够代表神。⑤有的动物神，是借助其鸣声来为其族裔授孕的。摩尔根《古代社会》说，印第安人有一支是以蛙的鸣声为图腾的。

崇拜羊的群团把羊的鸣声看得相当神秘。彝族、纳西族创世神话称，图腾用声音或气息来创造宇宙。藏族称，是创造大神的呼气解破了宇宙卵。

岷江上游羌族举行"羊－白石"（泽－俄鲁劈）大祭时，仪式达到高潮，

---

① 马长寿：《氐与羌》，上海人民出版社1984年版，第14页。
② 和志武、钱安靖、蔡家麒主编：《中国原始宗教资料丛编·纳西族卷 羌族卷 独龙族卷 傈僳族卷 怒族卷》，上海人民出版社1993年版，第450页。
③ 李玄伯：《中国古代社会新研》，开明书店1948年版，第98页。
④ 徐松石：《粤江流域人民史》，世界书局1963年版，第220页。
⑤ 参见胡鉴民：《羌族之信仰与习为》，载《边疆研究论丛》1941年；和志武、钱安靖、蔡家麒主编：《中国原始宗教资料丛编·纳西族卷 羌族卷 独龙族卷 傈僳族卷 怒族卷》，上海人民出版社1993年版，第452、482页。

羌巫"释比击羊皮鼓狂舞，羊由于释比等人的一系列作用下叫出声来"，人们便认为"神灵应了"，便也随着"释比"大声唤叫。有时，"释比要用火烧羊的额顶，并用青稞籽塞进羊耳内，羊此时叫唤出声，叫得越响越好，释比也要跳，叫，众人欢叫，表示神人呼应，在意念上交合了"。①

张岩对所谓图腾祭祀中的"摹声"，即"仪式性叫喊"有很好的分析：

> 这种仪式性叫喊的原发场合，是在（图腾）神圣祭典中最富于宗教性激情的时刻。由于这个原因，一些原始群体的首领有意识地将这种叫喊方式固定化，并且将这种特定的叫喊方式制度化地使用于仪式之外的战争等群体活动的场合……②

这种转移或应用当然绝不限于战争。"芈"就是典型案例。韦尔南说，希腊奥林匹斯诸神祭仪中不仅有血的歆飨，肉的奉献，味的升腾，烟的缭绕，而且有巫师领引下的喊声，"在呼喊中生命离开牺牲奔向彼世，到诸神那里去"③。

我们之所以不厌其烦地介绍"芈/母/民"的读音，除了在历史语言学、比较语言学上颇饶兴味外，还因为这是与"美/羊人"相连带的文化语音丛，也由于它跟图腾机制，尤其是图腾名称，乃至社会制度有复杂的历史联系。

羌人以羊或羊的鸣声为"图腾"，其说略据胡鉴民，他较早把羌人的羊崇拜跟羌人的"自名"（尔芈）、羊的鸣声（芈）联系起来，说这是与"图腾"一体化的证明。值得注意的是，不仅颈系羊毛线之俗，就连羌人自定的族称也是与"葛人"（戈基人）大战取胜以后才产生的：在古老信仰基础之上来了个"自觉"或者提升。

> 羌人承认这次战争是羌族复兴的关头，至今羌人举行重要仪式时，必讲述这段历史（案：有名的"羌戈大战"），端公于祭神还愿时，也诵读这一段历史，羌语称为"比古柳"（bi-gu-ngew）。在没有战胜葛人以前，羌人自称"智改伯"（dze-gai-be），译义为"人民"；

---

① 赵曦：《羌族的泽－俄鲁劈原型与中国美之新考》，油印本，1989年，第6、10页。
② 张岩：《〈山海经〉与中华民族的起源》，载《文艺研究》1994年第2期，第100页。
③ ［法］让－皮埃尔·韦尔南：《古希腊的神话与宗教》，杜小真译，生活·读书·新知三联书店2001年版，第55页。

打倒葛人以后，始称"尔米"（r-mee）。①

"牧羊人"之"羌"以"尔米"自称（尔为发语词，无义），最确切的汉字记音是羊鸣声之"芈"。"颈上悬羊毛线是摹拟羊的形状，这是由图腾主义中的同体化的原则产出的行动。'羊人'战胜劲敌之后，益念图腾之恩，更求与图腾之同体化，进而摹拟图腾动物的鸣声，以'r-mee'自称，羌人改变族名的原因，想来大概如此。"②

论者谓：人类最可靠的共用"原语词"，mama，是婴儿索乳之声。现在知道，连所谓"芈/哞"也是为了索乳。"哞""咩"或"芈"，尤其为羊羔唤母之声。清代檀萃《滇海虞衡志》说，太和古城（指今大理）称为"苴咩城"，"苴者，幼也；咩者，幼羊呼母之声也"。乳房跟母亲同构，有些方言皆以"妈妈"称之——现在知道，连牛羊都以"咩"呼唤母亲！某些地区方言呼母如"敏"若"芈"，也许与此有关。彝族谚语说："人间母亲大，粮食荞麦大，牧畜绵羊大。"颇有意味。

"妈/妳/母"又泛化为"人"——人，最重要、最本原的就是母亲。

应该注意，藏族称"人"亦为 mi^{12}。《后汉书·西南夷列传》录《白狼歌》记为"冒"（汉语上古音"母"亦近 mau）。《白狼歌》为"白狼羌"作品（语言接近藏缅语族彝语支）。

十一、楚姓"芈"与羌藏称"人"之"芈"

"芈"在文化史上更突出的位置，是它本为楚王族之"姓"。

"芈"（mi）以"羊鸣"之声成为楚姓，它惹人注目的信息表达是：

——楚人可能跟羌人同样曾以"羊"为图腾；

——神羊的"神圣话语"的表达，使这种声音本身神秘化；

——它又恰巧跟羌语或古楚语对"母"（嬭/囡）的称呼一致（我们还没有确切证据说他们借用羊的神圣鸣声称呼母亲或部众）；

---

① 胡鉴民：《羌族之信仰与习为》，载《边疆研究论丛》1941年；参见和志武、钱安靖、蔡家麒主编：《中国原始宗教资料丛编·纳西族卷 羌族卷 独龙族卷 傈僳族卷 怒族卷》，上海人民出版社1993年版，第432页。

② 胡鉴民：《羌族之信仰与习为》，载《边疆研究论丛》1941年；参见和志武、钱安靖、蔡家麒主编：《中国原始宗教资料丛编·纳西族卷 羌族卷 独龙族卷 傈僳族卷 怒族卷》，上海人民出版社1993年版，第432页。

——这也许跟图腾（歌舞）仪式上对神圣动物鸣声的摹拟相关。

更进一步的说法是，与"芈"相通的"咩""哞"等本是牛羊等"索乳"之声，跟婴儿索乳相似，而且同样是"母/妈/你"等人类最基本的"原语词"的来源（下文可见，"芈"与"母"等音通义同）。这一点非常重要，但所涉甚广，此处只能略作交代。

如上所说，"芈/mi/弥"还关涉着"母/妈"这个更重要的"原语词"。

母：妈：妣／妳：嬷

某：膜：禚／每：敏（闵）

mi, mie, mei, məi，读音跟"敏（闵）／每／母"十分接近，我们在《楚辞新探》里讨论《天问》"舜闵在家，父何以鱓（鳏）"时，曾力证"闵（敏）"就是"母"；而如上，mi 又是许多民族（包括西北民族）称呼"母"或"人"的重要语词。它似乎也可用来指称"图腾"。图腾，最简陋地说，就是"非人类"之（父）母亲。这里就此再补充一二。

例如，林河介绍说，"百越"的"今湖南的侗族仍称羊为芈"；而"楚、越二族都是芈姓，芈是羊的叫声。楚为祝融之后，也有可能是羊图腾。《汉书》记载有零陵蛮羊氏"[1]。姜亮夫也说："史载楚姓芈，此以羊为图腾也，即是'西羌牧羊人'之姜姓，是西方一大族。"[2] 我们也觉得，从楚姓"芈"而王又多以"熊"为名等看来，楚王族远祖确有可能来自西北，所以有楚文化"西源东流，南下北承"之构想。而屈原在《天问》里称母为"闵"若"敏"也绝非无由。

马长寿引五世达赖喇嘛著《史荟珍筵》，其中说古老藏语称人为 mi，"至赤松德赞时下令改音，称人为'muə'"，与羌人自称仍近。他又说，它们都"颇似汉语中'民'的音义"。[3]

据马学良等研究，保存在《后汉书》里，用羌语记录的《白狼歌》，与今日藏缅语族彝语支各语言关系密切[4]；也有人说，与古藏语、西夏语最为接近，其语言可认为是布朗语、羌语、彝语、纳西语前身。

普米族自称为"米"人（phze^{55} mi^{55}，义曰"白人"）。

---

[1] 林河：《一幅消失了的原始神话图卷》，载《民间文学论坛》1986 年第 4 期，第 81 页。
[2] 姜亮夫：《楚辞学论文集》，上海古籍出版社 1984 年版，第 117 页。
[3] 马长寿：《氐与羌》，上海人民出版社 1984 年版，第 14 页。
[4] 参见马学良、戴庆厦：《〈白狼歌〉研究》，载《民族语文》1982 年第 5 期。

西夏党项羌也自称为"弥"。

今天云南的普米族,宁蒗泸沽湖一带的自称"拍米",永胜丽江兰坪一带的自称"平米"或"批米"。"米"即西夏党项(羌)的"弥",其义为"人"。批、拍、普都是一音之转,其义为"白"。①

这个把"人"叫作"mi"的原语词牵涉太多,关系繁复,只能略作介绍。

"弥",析音或者分解为"弥麟"。元代汪大渊《岛夷志略》说其称民为"弥麟",苏继庼校释云,今菲律宾吕宋岛等他加禄(Tagalog)语仍以弥麟称"群众"②。

《临海水土异物志》说,闽语称"人"为"弥麟",即夷州通称"人"的"民人"。③张崇根引《诸罗县志》《台海使槎录》等说,青年人未嫁娶时另居"猫邻",或以此指"已成丁的青年"④,此即"弥麟"音转,盖未成丁者不能称"人"也。此可证台湾高山人与福建之亲缘关系。其大酋或称"大弥勒",即"大人"也。

或如上说,"弥麟"合音为"民",为"弥"(芈)。

或说,这是"复音词","弥"是人(民),"麟"也是"人",现在宁波话、上海话依然称"人"若"麟"[nin,福州话叫作nun(r)]。这个词,要延伸解读,如包拟古《原始汉语与汉藏语》所说,来自梵语,或与梵语称"人"之词相关。

【人/麟】

　　[梵语]nr/nar(人类,男人)→

　　[沪甬语]nin(注意印欧语词根ner):人

　　[闽语]nun(r)(亦称"弥麟",复音):人(闽南语"人"音近"郎")

连"闽"字本身也与"弥/民"声近。"民"字也是由"芈/弥"化出。

可见除了"麟(nin)"可单独称"人"之外,"弥/芈/民"原来都用来称"人"。

现在仍可由一些民族"自称"或称"人"的词透露出来。

---

① 王孝廉:《岭云关雪——民族神话学论集》,学苑出版社2002年版,第329页。
② 汪大渊著,苏继庼校释:《岛夷志略校释》,中华书局1981年版,第19页。
③ 张崇根:《临海水土异物志辑校》,农业出版社1981年版,第1页。
④ 张崇根:《临海水土异物志辑校》,农业出版社1981年版,第3页。

【民】

　　［瑶-勉语］mraan（人）

　　［龙胜方音］mjen^2（人）；mjen（民族自称）

　　［蒙山方音］mwan^2（人）；biau^2，mwan^2（民族自称）

　　古汉语称人为"民"（min/mian/man），英语不是也称"人"（或男人）为 man，为 men 吗？（中古汉音有"们"，如元曲"我每"今语"人们"，犹是表多数之 man）这就牵涉古汉藏语与古印欧语的关系，或"人类原语词"或共同语的大问题了（徐中舒先生及其弟子周及徐等已注意及此）。

　　这个词关涉至多，例如南方民族自称之"勉／苗／茫／蛮"都以 M 发声，且以此称"人"（或其"君"，或其"民"）。

　　周及徐举出的例子有：

【民/蛮】

　　民 *min/*mun（庶民）：古弗里斯兰语 mann，monn（人；古英语：侍从，男仆）

　　蛮 *mrann（人）：（同上）

　　人 *nin（人类，人，案：如"麟"）：梵语 nr/nar（人类，男人），印欧语根 *ner-[①]

　　他说，《说文》"民，众萌也"，"'民'是上古汉语对人总称，常用于指称较低等级的人。英语中，man 除了一般称谓外，就有'臣民''仆人'的意义"。盖犹"弥麟"可指"民人"也。所以，必须注意东南、西南兄弟民族指称"民""人"的语词。

　　蛮，除了称南方人外，苗瑶人自称音也近"蛮"（或"勉"），其分支如：

【蛮/勉】

　　龙胜 mjen^2（人）：mjen（民族自称）

　　蒙山 mwan^2（人）：bjau^2，mwan^2（民族自称）

"它们同时与印欧语的 man 对应。"[②]

[①] 周及徐：《汉语和印欧语史前关系的证据之二：文化词汇的对应》，见《历史语言学论文集》，巴蜀书社 2003 年版，第 169 页。

[②] 周及徐：《汉语和印欧语史前关系的证据之二：文化词汇的对应》，见《历史语言学论文集》，巴蜀书社 2003 年版，第 169 页。

十二、"芈"对"美"字读音的影响

芈,"羊鸣",羌人族称,荆楚王族之"姓"(姓者,女生也——或以此推论母系计算族裔的习惯之存在)……都关系着"芈",这个事实对"美"意象、"美"构形,乃至"美"的音称,都有决定性影响。刘晓路由"羊人为美"推出"林人为楚"——"楚"也是"美"的意象①,说法颇新,可惜忽视了它的读音。

对于本书主题,由 mi-mie 引出的"美"的古音,比较重要。

马叙伦曾分析"美"的字音说:

> [美]字盖从大,芊声。芊音微纽,故美音无鄙切。《周礼》美恶字皆作媺。本书(《说文》):媄,色好也。是媄为美之转注异体,媄转注为媺。从女,散声。亦可证美从芊(案通芈)得声也。
> 芊、芋形近,或讹为羊,或羊古音本如芊(芈),故美从之得声。
> 当入大部,盖媄之初文,从大犹从女也。②

此说较纡曲。但这里有一组文化字群,应加比照(案:《郭店楚简》美亦作媺)。

```
              美  每
      芊      媄  母(闵)/妈
              媺  敏/弥/妳
   芈(羊鸣)
              媚  魅  妹
```

可以看出,"芈"(羊鸣)对"美"字的读音可能有影响。

马叙伦说,"美"不能望文生义为"羊大则美",其字从大,从芈若哞,后者是"羊鸣声",曾用为楚姓。③这样才能说得通"美/媺"语音关系。他似乎想从"羊鸣声"追寻"美"的得音,看来是较为有理(其说"芊"讹为"羊"且得"羊"音,则较牵强)。确定一个字的古音不太困难,但要寻求这个读音的来源、理由则困难得多。如上所说,字或词的音响形象是偶然或任意、约定俗成的,寻找其缘由、依据,有时毫无可能,更无必要。但如果材料充足,证据赅备,也不是绝无可能或没有必要。马氏等的说法,可提供一些线索。此说

---

① 参见刘晓路:《楚和美:一个断了线索的文化史疑案》,载《美术研究》1988年第1期;又参见彭德主编:《楚艺术研究》,湖北美术出版社1991年版,第57页。
② 马叙伦:《说文解字六书疏证》(第7卷),科学出版社1958年版,第419页。
③ 马叙伦:《说文解字六书疏证》(第7卷),科学出版社1958年版,第119页。

注意了"美"字群的语音联系,可惜"美"原从"芊"不从"羊"声,羊古音读若羊鸣之"哔"云云,并无证据。"美",即令是从"芊",也还是羊鸣,与"羊"关系密切(只不过在羊角之间划出直杠,以为出声之"指事"罢了,参见下文对羊鸣声与"美",羊之"味"与"美"关系的再分析);而且不能由此抹杀"美"与"羊人"扮饰在形态上的对应关系。

这里最为奇特的是,藏语不仅称"人"为 mi,跟羌语称"人"或自称为 mi 一致,而且藏语、古藏语的"美"的读音跟古汉语也有些相似。

【美】

[藏语]mrjij:/mji:

[古藏语]*mruy(包拟古的构拟)

它们的声母一样,韵母也有相近处。至于"美"字的——

[原始汉语]*smruy:/sui³(包拟古的构拟)①

音读复杂,诸家构拟有所不同,且有争议;再加上"原始汉藏语"的"美"音构拟,虽可证其"同源",却更繁复,非专家的我们,就不敢多事牵涉了。

前举《郭店楚简》"美"作"媺"。与许多先秦古籍相合。案:《六书故》说,"媺"字从女从散,后者是"少"的意思(大约从"微"推论),"一曰少女也"。字亦作"媄",《说文》卷八女部,"色美也"。媺即媚。《小尔雅广诂》引《孔丛子》:"媚,美也。"《晏子春秋·内篇·谏》说,有楚巫名媺,字通媚,通美。卜辞有"妾媚"。

媚之言美,因为眉目能够传情,不但出于"声训",而且音义兼顾。现在还把所谓的"美女"叫作"美眉",又谐声"妹妹"(我们有专章讨论美的一种形态,"媚与魅")。

蔡师勇说:"媄、媺、媚等字均从美声,它们的意思也就相近。这些字都带女旁,大约不是偶然的。美字起源于指示人,尤其是健壮高大的少女的形象的揣测,似乎有一定根据。"② 这是有些道理的。但上古"字例"中,偏旁

---

① 参见[美]包拟古:《原始汉语与汉藏语》,潘悟云、冯蒸译,商务印书馆1995年版,第83页。
② 蔡师勇:《试为"美"字进一解》,见吉林省文联文艺理论研究室编:《文艺论稿》(第六辑),1982年,第109—110页。

发生最晚,美、微、眉等最初并无女旁,这样,"美的观念发源于对女性,尤其是健壮高大的少女的重视",就失去了部分文字学依托。汉语的"美"字最初并不直接与性别相关。王献唐说,"美"专用于男性,"每"专用于女性,没有根据。

然而训为美丽之"嫩""媚"等,确实在特定的语境中与女性,例如女巫,牵连较大(参见下文专节)。假如我们把从"女"的"姜"由"羌"分化而出,初指姜姓的妇女,并暗示其"美",与"美"类文化字群多与女性联系起来,也许会提供一些启发(如更进一步,纳西族象形文字"女阴"读音近"美"若"脒",可为此补正,事繁姑略)。

也许,认为自己的族称,是跟"羊鸣"(哗)相关的"芈",此称不仅可以推扩到人或人类,而且具有一种特别的"美善"尊崇的意味,其根柢是民族自信心与自豪感。"族称"的形成往往有一定历史根源,读音亦然。不像一般"音响形象"多属偶然。而且,用自己的族称来称呼"宇宙的精华,万物之灵长"的"人"(民/men),这也是民族学常见的事情[例如,"Eskimo"(爱斯基摩人,今称因纽特人)为"吃生肉者","Bushman"(布须曼人)是"灌木丛中人",都是西方殖民者为他们取的族称;他们的自称,都是"人",以区别于其他动物]。而使用这个称呼来描摹那些可喜可爱的事物,称它为(与族称"芈"近音的)"美",也可能是曾经发生过的有趣的语言事实。

何况,"芈/敏"也暗涉作为"人"最亲近、最可爱、最尊敬的"母"(弥/每/敏)的称呼,以母亲为最高的"美善"——要知道"妈妈"(或姆妈、妈咪)是人类几乎唯一可靠的"共同词"或"原语词",在孩子或初民潜意识中曾是最美妙的称呼,而这又是一件多么意味深长的事啊。

第四节 羊形神:尊贵与美丽互为因果

由于在经济与文化史上有独特的贡献,"羊"在东西方的"神谱"上都占据重要地位:从创世的"宇宙羊"到祖先或生殖源的图腾神,以至太阳神,雷神;而且,光辉美大,影响远披。有的羊或羊神还能展现出凶猛相,能够像羊面饕餮那样借以辟邪,或者炫示吉祥与富足。古希腊的悲剧、喜剧,起初都是歌舞表演性的"山羊之歌"或"羊人剧"。中国则略有不同。

一、羊的引进与驯养

羊不是华夏的"原生动物"。山羊（capra hircus），作为人类最早的驯养动物（或说最早是驯化犬），它来源于从印度河谷迤西直到近东的（几乎唯一的）野山羊，称为胃石（bezoar），或帕桑（pasang），或山羊（capra hircus aegagrus）。它们最早的驯化区，一般说，总紧挨西亚两河平原和地中海东岸人类最早"文化中心"①。中国，典型的仰韶文化遗址却没有发现羊的遗骸。②

图 1-26 古老的"羊画"

（法国尼奥洞"野山羊"壁画，欧洲冰河时期，旧石器晚期）

羊与以羊为主题的造型艺术非常古老。旧石器时期就有羊的描绘，其品种与体征都精确地表现出来。从中也可窥见远古的审美观念：突出它的角。也许这就是来自印度河谷与两河流域的"胃石"或"帕桑／山羊"。它们的身躯还不十分轻捷，进入高原地带以后才逐渐灵动起来。

或说，近东（西亚）地区驯化羊、牛较早，"除了野生的谷物外，在扎格罗斯、安纳托利亚的山前地带及其邻近地区，还有最重要的人类饲养牲畜——山羊、

---

① 参见［美］埃里奇·伊萨克：《驯化地理学》，葛以德译，商务印书馆1987年版，第103、105页。
② 参见中国社会科学院考古研究所编著：《新中国的考古发现和研究》，文物出版社1984年版，第二章"中国新石器时代的家畜"。

绵羊、牛、猪的祖先"①。

"羊"是从外部引进的"美物",殆可肯定;以后才逐渐通过中亚高原传到中国来。

图 1-27　高贵的羊

(左:科学家与世界第一只克隆羊多利;右:献给女王的厚礼,苏格兰白公羊)

英国人靠羊毛贸易成为世界最早的强国之一。他们很喜欢羊。优雅的苏格兰白绵羊已是珍稀动物,是苏格兰人献给伊丽莎白女王的重礼,皇家警卫都得恭恭敬敬地侍候它。

由于羊的繁殖力较大,生命力又强,所以是克隆的首选,世界上第一只克隆羊多利在英国诞生,名噪一时,身价十倍。

驯化绵羊(ovis aries),生物史家一般认为主要跟亚洲西部相联系。柴尔德说:"绵羊和山羊,都能在干燥的——虽不是绝对沙漠的——环境之下繁荣滋长,而且两者都能安居于丘陵地带和山地。"②欧亚诸山,包括喜马拉雅山两侧,都有野山羊的踪迹。因为羊不但善于爬山,还能从岩石缝里把零星青草啃个干净。

中国首先并且大量发现驯化羊遗骸的地方,绝大部分是西部的马家窑文化、齐家文化等遗址,可见羊是羌族人民等由西方引进的;但也不排除个别地区自行驯养。"养"的字根就是"羊"。《说文》卷五食部:"养,供养也。从食,羊声。"古文作持鞭赶羊,如"牧"之执杖放牛。任乃强认为,"羌族驯养野

---

① [苏]列·谢·瓦西里耶夫:《中国文明的起源问题》,郝镇华、张书生、杨德明等译,文物出版社 1989 年版,第 120 页。

② [英]柴尔德:《远古文化史》,周进楷译,群联出版社 1954 年版,第 69 页。

羊是最早的",并且将其改良为绵羊;古代汉文字所见的就是"盘羊、大眼的西藏绵羊",早为中原引养;小头无角的绵羊,才是后来由西北方引进的。[①]

孙机说,中国先秦豢养的主要是小尾绵羊。

商代的《四羊尊》《双羊尊》,以及全形的《羊尊》,它们的特征性的角都特别美,"羊"字有意突出它。羊角向下弯曲,且尖端向内,"和甘、青及中亚等地所产角尖朝外的盘羊不同。内旋的羊角自地面上视,正作内旋之状,文献中称旋风为'羊角'"[②]者以此。古人是很会抓住动物特征的,审美观念与形象创造的才能也埋伏在这里。汉通西域后才传进康居脂肪尾之大尾羊,"尾上旁广,重十斤"(唐代段成式《酉阳杂俎》)。羺毛细软,肉质优良,"其混血种形成了我国现代的寒羊。河北望都1号东汉墓壁画中榜题'羊酒'处所绘之羊,尾部较肥,尾尖上翘,应属大尾羊。它和商代'羊尊'所代表的品种不同"[③]。汉代正多以这种"羊酒"做祭品(见《续汉书·礼仪志》等)。古人称"羊羔美酒",就来源于这种肥羊与米酒的配搭,其性暖,又是冬季进补佳品,其俗延续至今。

现在介绍羌藏地区最重要的几种羊。其中可能有土生土长,自行驯养成功者。

图 1-28 藏羚羊

(pantholops hodgsoni,摄影与速写,左为《阴山岩画》图 26 部分)

羚羊角可以入药,解毒祛病,也被当作辟邪精品。中国龙的角,不少就采自羚羊,与鹿角并重。角是造字与审美的首选。藏羚羊活泼机灵优雅,是难得的野外观赏动物,现在面临因大肆偷猎而消亡的危险。近来情况有所好转。它对形成以"羊"和"羊人为美"的观念有很大作用。

[①] 参见任乃强:《羌族源流探索》,重庆出版社1984年版,第20页。
[②] 孙机:《羊·祥·美》,载《中国文物报》1991年2月20日。
[③] 孙机:《羊·祥·美》,载《中国文物报》1991年2月20日。

【藏羊（黄羊）】

　　［藏语］gLaa-Ba

　　［羌语］那哇（la-ba）

　　［中部藏语］rgo-Ba（或家养山羊），go-a

　　［英语］Ragao，Goa

【野生山羊（或羚羊）】

　　［古藏语］rGo

　　［羌语］果（go）

　　（学名 gazella przewalskyi）

【驯化山羊】

　　［藏语］rGo-Ba

　　［羌语］热（Ra），或果哇（rGo-Ba）

【藏羚】

　　［藏语］rGo

　　（学名 pantholops hodgsoni）

它们对内地各种羊的品种改良也有很大作用。

任乃强说："藏羊是羌族驯养成功最早的家畜（引案：他以为氐属于羌）。它是远古栖息于高原草地的一种'盘羊'，其双角是旋卷盘曲的。……羌族又是最早把这种古代野羊改良成为绵羊的民族。"[①]

英语的 Goa 或 Ragao（黄羊）即来自藏语 rgo-Ba，或 go-a。

驯养羊要比牛容易一些，好处也多，而且直接：

　　——"羊大则美"，羊肉可以吃；

　　——羊奶可以喝；

　　——羊毛可以编织为衣御寒。

羊的适应能力很强，食性粗放，所谓"吃的是草，挤的是奶"。驯化的绵羊比较娇气，但是山羊却容易饲养，生长的周期又短。羊的数量太多了，当然损害植被，因为它连山石间的草根都能啃光，数量适中则不致破坏生态平衡。

---

① 任乃强：《羌族源流探索》，重庆出版社 1984 年版，第 19—20 页。

图1-29 攀岩能手北山羊

(大图：任戎摄；小图：北山羊，线图，中为《阴山岩画》图588部分)

北山羊（capra thex）以其善于攀跃高山，使人疑为"圣羊"后裔。它那尖利的美角，也让鬼怪生畏。但这种角太大、太重，影响行动，所以有退化的趋势。羊角很美，但是太"夸张"，便对功用与审美都有影响。

盘角青羊，学名pseudois nahura，是一种介于绵羊和山羊之间的羊。

据说，罽宾（约当今克什米尔，Kesmir）有一种青羊，"尾如翠色"。谢弗说，这肯定是身材高大的婆罗勒岩羊，从巴基斯坦穿过昆仑山来到中国，能在海拔超过一千英尺的地区活动。"这种羊的暗青毛色，在高山地区裸露岩石的背景下，成了一种保护色。"① 克什米尔山羊的毛质地优良，它的绒相当名贵，价越黄金，这就是女士们最喜爱的开士米。它为人类服饰之美做出了贡献。

---

① ［美］谢弗：《唐代的外来文明》，吴玉贵译，中国社会科学出版社1995年版，第161页。

图 1-30 古代埃及的"羊"形神

（左上：盘角羊，中国画；左下：圣公羊，太阳神阿蒙的一个化身，前 493—前 337，埃及雕刻；右上：赫努姆神的正面观；右下：赫努姆神，高鼻羚羊的头部，还戴着纸草花和太阳轮，上埃及庙宇浅浮雕。）

古代埃及的一些重要神祇，化身为羊，或有羊头，有时还冠戴着太阳轮，表明他们兼为太阳神。赫努姆神还用陶土造人，并主管尼罗河的涨落。他们多以外形，尤其角形殊异的盘角羊或（高鼻）羚羊等为模特。这种美羊的角相当独特。它的美角为其当上羊形神提供了"可能"。

二、创造世界的"宇宙羊"

在一些神话里，羊居然能够创造世界。

据意大利藏学家图齐（Tuci）等介绍，天产生地，绵羊扒地，才产生出曼荼罗（"坛庙"，指 Mandala，即世界）。它是人类的食物来源，还是交换一切的手段。① 内贝斯基则介绍说，是神羊的鸣声催化了宇宙卵（cosmic egg）。②

---

① 参见［意］图齐：《西藏的苯教》，金文昌译，见《国外藏学研究译文集》（第四辑），西藏人民出版社 1988 年版，第 175 页。
② 参见［奥］勒内·德·内贝斯基·沃杰科维茨：《西藏的神灵和鬼怪》，谢继胜译，西藏人民出版社 1993 年版，第 372 页。

特别是西藏人要举行"羊毛卜",据说羊毛必须出自它肩上的地方。

藏族的羊鸣创世神话极像印度婆罗门教的一则创世神话:"宇宙羊"出自金胎,或"宇宙卵"。因为"异文"很多,择其略近者比照如下。据《往世梵书》:

> 最初,此世界惟有水,水以外无他物。……就翻腾起浪,力思做出些什么来。后来,果然产出了一个金蛋,蛋于是成一羊……一年内,羊又成一人,就是 prajapati,从他的口,创造了众神。①

《摩奴法典》则说:

> 他(案:自存神 Ātman)在思想中既已决定使万物从自体流出,于是首先创造出水来,在水内放入一粒种子。
>
> 此种子变作一个光辉如金的鸡卵,象万道光芒的太阳一样耀眼,最高无上的神本身托万有之祖梵天的形相生于其中。②

"宇宙羊"与大梵天(Brahma)都由太阳似的"宇宙卵"中化出,那么它们是对位或相当的。易言之,具有太阳神格、四个面孔的大梵天可以化形为羊(太阳神羊)。如所周知,古代的大天神,像希腊的宙斯(Zeus),古代埃及的太阳神阿蒙-拉,都曾经化形为羊。

图1-31 苏美尔大神与牡山羊

按照神话学定律,神祇的动物随从、警卫、坐骑或宠物,往往就是他的化身。

---

① 茅盾:《神话研究》,百花文艺出版社1981年版,"神话杂论"第38页。
② [法]迭朗善译:《摩奴法典》,马香雪转译,商务印书馆1982年版,第8页。

图 1-32　阿蒙神庙的"圣羊"行列

（古代埃及雕刻，底比斯地区）

阿蒙－拉是太阳神，他的化身之一是牡羊，就好像古代希腊的太阳神兼雷神的宙斯也曾化形为"双角弯弯的公羊"一样。如此一来，圣公羊可以充当雷神乃至太阳神。宙斯－阿蒙－拉，也就成了一体化的"山羊之神"。可见羊在古代世界中地位之高。

图 1-33　盘角羊

（左上：金冠带饰纹样，内蒙古阿鲁柴登出土；左中：铜羊，内蒙古瓦尔吐沟出土；左下：青铜辕饰，内蒙古玉隆太出土；右：山野的盘角羊）

北亚和西北亚、中亚的许多草原风格的盘羊造型，多夸饰其螺旋角或内卷角，它确实既美且善。奇特往往造成神秘感。上古的民众会不会因为这种羊角的"神奇"而产生崇敬的情感呢？或者反过来，因为它的地位尊贵而颂扬它和它的角的美善呢？

图 1-34 太阳的儿孙：古埃及法老

（左上：太阳神"阿蒙"，与法老图坦卡蒙合二而一，手上拿着"羊面具"；右上：祭拜太阳神神牛阿庇斯，彩绘石碑，前664—前382年；下：法老阿赫那顿木雕像，公元前14世纪）

古埃及法老自认为太阳的儿孙，其造像或与太阳神融合。太阳神化身，或为甲虫，或为牛，或为羊。阿蒙神就化形为羊，或戴着"羊头"、羊面具，与"羊人为美"相似。十八王朝时，阿蒙霍普特四世推行对太阳神阿顿（Aton）的崇拜，阿赫那顿更将其推为"唯一神"。

三、太阳圣羊和金羊毛

公元前600年左右，崛起的"阿穆恩"（即阿蒙，Amon），"作为底比斯的大神，在前此的千百年间已被视为诸神之王阿蒙-拉（Amon-Ra）"①。除了他化形为弯角公羊之外，还有头部为"波状角公羊"的尊神，有时头上还冠戴"日轮"。

    赫努姆   赫舍夫   哈萨菲斯

著名的吐舌"贝斯"神化身之一，也是羊。圣公羊被称为"迪耶德特之主的灵魂"（Ba Neb Djedet），民间简称"巴那德"（Banaded），希腊语

---

① ［美］塞·诺·克雷默：《世界古代神话》，魏庆征译，华夏出版社1989年版，第53页。

译为"曼德里斯";太阳兼土地与冥界之神奥西里斯（Osiris）的灵魂就寄寓其中。①希罗多德说，奥西里斯相当于希腊酒神狄俄尼索斯，后者也曾化形为羊为牛。"孟迭司人（即曼德里斯）尊崇一切山羊，对牡山羊比对牝山羊更加尊崇，特别是尊崇山羊的牧人。"②他们曾为圣山羊之死举行大规模的"哀悼"。

图 1-35 冠戴太阳的圣公羊

（左：撒哈拉沙漠远古岩画，阿特拉斯山脉，"饲养公牛时期"；右上：冠戴日轮与纸草花的赫努姆神，浅浮雕，上埃及庙宇；右下：冠日公羊与祈祷者，北非费赞地区）

在北非费赞地区常见这种冠戴"日轮"、颈有项圈的"圣公绵羊"图形，学者列于"饲养公牛时期"。古代埃及的太阳神阿蒙-拉都化身公羊，他们的圣公羊造像也有冠戴"日轮"者，不知二者关系如何。羊神因为冠"日"更显得光辉美大。

太阳神阿蒙化身的卷角公羊也用来祭祀阿蒙。③

这个事实可以用来解释古代仪礼中看来自相矛盾的惯习。北非"公羊神"

---

① 参见［法］G.H.吕凯、J.维奥、F.吉朗等编著：《世界神话百科全书》，徐汝舟、史昆、李扬等译，上海文艺出版社1992年版，第67—68页。
② 《希罗多德历史：希腊波斯战争史》（上册），王以铸译，商务印书馆1985年版，第131页。
③ 参见丁·约约泰：《法老埃及：社会、经济和文化》，吴壬林译，见G.莫赫塔尔主编：《非洲通史·非洲古代文明》（第2卷），中国对外翻译出版公司1984年版，第86页。

的一大特征是头上冠戴"日轮",以标识其为太阳神(北非费赞地区发现大量冠日公羊的岩画,足供比照)。这在古代埃及也是常见的。圣羊因为跟太阳的紧密关系,更加显得光辉美大("光"是一种高越的"美",下文要专门讲述)。

从古王国时期开始,人们就把瞪羚当作牺牲献给瀑布女神阿努基斯,她的王冠上装饰着两只瞪羚的头。从十八王朝开始,人们就膜拜的战神里歇浦,他的王冠上也有一只瞪羚头。这不但因为公羊好斗,也因为太阳的煊赫威烈,使"太阳羊"兼为战神时更加威风抖擞。

中国的"羊",由于跟"阳"同音,所以更容易与太阳联系在一起。

图 1-36 圣羊队列

(左:古代印度的"护海"神塔与圣羊;右:古代埃及太阳神庙阿蒙-拉的圣羊)

圣羊,虑从大神,保卫神庙,有时即是大神的化身。它不但可能是"太阳神羊""雷羊",还曾是创造人类与世界万物的"宇宙羊"。

例如，古人以春天为"开阳"，有"三阳开泰"的说法（参见《尚书·洪范篇》孔疏等）；那么，就描绘三只羊晒太阳，表示阳春来临。

先秦时期，旧年与新年交替的时候，最高统治者要杀一只羊，用鲜血来迎接新的太阳（叫作"告朔饩羊"）。子贡觉得，发抖的羊被当场杀掉，太可怜了。孔子却说："尔爱其羊，我爱其礼。"（《论语·八佾》）没有淋漓的鲜血，季节就不能顺利过渡。羊与它的红色的血，都代表吉祥、旺盛。这一点，跟古希腊庆祝万象回春、大地丰收的酒神节"山羊之歌"非常相似。

《礼记·月令》说："羊，火畜也。"汉代刘熙《释名》说："羊，阳也。"都因为羊在一定程度上能代表"阳气"或"太阳"。

正因为羊代表阳气（或者春天），又具有强大生殖力，所以带毛的羊皮能够使阴阳调谐、作物丰收、妇女怀孕。"山羊皮条是具有净化作用的物品，因而也具有丰产的魔力。"①在牧神节或酒神节里，有的男青年用带毛的羊皮条满街追逐、抽打妇女，有的妇女还主动迎上去挨打（意大利著名小说《斯巴达克斯》有生动的描写）。莎士比亚《朱利阿斯·西撒》中有这样的诗句：

图 1-37　三阳开泰

（清代玉摆件）

以三只"羊"象征"三阳开泰"，春天到来。羊与太阳不仅在读音上有联系（西方世界也多以太阳与"羊"相关，却无语音关联），也不仅因为羊在春天要"换毛"，还可能与季节转换仪式相关，如古代"告朔饩羊"之礼，以羊的"血"招引或象征阳春三月到来。

---

① ［英］简·艾伦·赫丽生：《希腊宗教研究导论》，谢世坚译，广西师范大学出版社2006年版，第46页。

凡是不生育的女人，在这神圣的追逐赛中被触一下就都可以解除不孕的邪灾。（第一幕第二场第七句）①

宰牲祭祀鬼神，就是为了安抚它们，并且驱逐邪灵，使妇女和土地恢复生产能力。"净化就是对鬼神的安抚。"②

气象学家竺可桢介绍过："希腊古代以游猎为生，故以星为羊群，太阳为老羊。"③

如前，埃及、希腊的圣牛、羊造型，或以太阳为饰，或冠戴着圆圆的日轮。连带着，他们把"金羊毛"看得很神圣。

希腊神话里，阿尔戈探险队要去夺取的"金羊毛"（Golden Fleece），就是阳光、财富的象征。

图1-38 取得"金羊毛"的阿尔戈英雄们

（左：阿尔戈探险船员们，欧洲近世油画；右：伊阿宋在雅典娜支持下，取得金羊毛，希腊古瓮图像，现藏于纽约大都会艺术博物馆）

金羊毛是阳光、财富、幸福的象征。以伊阿宋为首的"阿尔戈"的船队经过艰难险阻取得了它，与美狄亚一起回家。阿尔戈（Argos）从此成为远洋（探险）船队的代称。

---

① ［英］莎士比亚：《莎士比亚全集》（第八集），梁实秋译，中国广播电视出版社1995年版，第114—115页。
② ［英］简·艾伦·赫丽生：《希腊宗教研究导论》，谢世坚译，广西师范大学出版社2006年版，第47页。
③ 竺可桢：《竺可桢文集》，科学出版社1979年版，第242页。

晚期希腊神话，赫勒（Helle）与弗里克索斯［Phrixus；他们是国王阿塔玛斯（Athamas）的子女］不堪后母的虐待，一只"金绵羊"载着姐弟俩飞上高空，跨海奔向科尔契斯（Colchis）。《金叶》里所载的《阿塔玛斯王》写的就是这段故事。王子把金绵羊献给宙斯，把金羊毛献给岳父，后者将其钉在战神阿瑞斯（Ares）圣林里的一棵橡树之中①，象征用武力保卫财宝。弗雷泽说，还有一条"不眠的龙"看守②，取得它更困难了。

金绵羊由于做了好事，被神送进天堂，变成了白羊星座（Aries）。但是它的"金羊毛"却留在科尔契斯成了宝物，白羊星座因而黯然失色。

图 1-39　"金羊毛"：阳光、财富与美善

（《阿塔玛斯王》故事插图，采自《金叶》）

阿塔玛斯王的一双子女不堪后母虐待，一只盘角大绵羊把姐弟俩带上天空，到达了科尔契斯，并且把"金羊毛"留在那里。由于这一善举，金绵羊成为美善的象征，自己也被大神变成了光芒稍显暗淡的白羊座。"金羊毛"从此成为美的阳光意象。

---

① 参见［英］丽莉·弗雷泽：《金叶》，汪培基、汪筱兰译，上海文艺出版社 1997 年版，第 185—186 页。
② ［英］詹·乔·弗雷泽：《金枝》（上），徐育新、汪培基、张泽石译，中国民间文艺出版社 1987 年版，第 425 页。

要取得功勋与财富，必经冒险并且完成艰难的任务（例如为喷火公牛套上轭，播种"龙牙"并且杀死由它变出的公牛，等等），最后伊阿宋和爱他的女巫美狄亚用药草和"魔曲"催眠了看守金羊毛的毒龙，才得以偷到金羊毛。还有一说：伊阿宋曾被毒龙吞下，幸亏女战神雅典娜使他由龙口吐出，得以复生，才能完成其勋业。

图1-40　获取金羊毛的伊阿宋死而复生

（古代希腊瓶画）

希腊英雄伊阿宋（或译贾森）率领伙伴，历尽险难，取得了海岛圣林的金羊毛——金羊毛象征太阳和财富，它正吊挂在神树上。伊阿宋或曾被保卫金羊毛的恶龙吞食，但又从它口中"娩"出，他的保护神，手持猫头鹰的雅典娜正在照拂他。这同时暗示，财富要用武力来争夺和捍卫。

宙斯曾化身为羊，"宙斯的羊毛"用于祭祀。

"它是一种神圣的羊毛，一般用在净化仪式上。"赫西基俄斯说："宙斯的羊毛：当祭牲被献给宙斯时，他们就用这个词语，而且那些正在接受净礼的人把左脚踏在羊毛上。有人说，这一词语意指一块巨大且其美无比的羊毛织物。但波勒蒙（Polemon）说，它指的是献给宙斯的祭牲身上的羊毛。"[①]羊毛出在羊身上。以羊或羊毛祭祀宙斯是物归原主，投其所好，就好像用一百只羊来祭祀"羊（杨）二郎"。这种祭祀具有救赎、祓禳、洁清的功能。人们"在祭祀上把这种羊毛撒在那些被玷污的人的脚下"。

初生的羔羊往往被隐喻为刚升起的太阳，如"三阳开泰"春阳与羊互喻。

[①]［英］简·艾伦·赫丽生：《希腊宗教研究导论》，谢世坚译，广西师范大学出版社2006年版，第22页。

这有些像希腊人把"金羊毛"看成太阳的一个意象（又由阳光下羊毛的金色联想到财富与光荣）。所以，金羊毛还有一种厌胜、净涤或赎罪的功能（参见下文）。金羊毛跟十字架相结合，被看作是救主耶稣的象征。

这就是《新约·启示录》"羔羊是万主之主，万王之王"的自然神话基础。它被看作宇宙生命的"本源"。因为它是新生的太阳。

图1-41 十字架上的羔羊：耶稣基督

（上左："上帝的羔羊"，钥匙装饰，来自12世纪的克鲁尼大教堂，法国；上中：公羊镶嵌画，来自北非的鲁斯古尼，基督教早期；上右：带有"光轮"与十字架的羊神，象征耶稣的殉难；下：祭坛上的金毛羊，扬·凡·爱克作品，见于《根特祭坛画》）

羊与羔羊（lamb），在基督教及其文学中地位十分重要。摩西"出埃及"时，羔羊就是以色列逃过灾难的一个标志（见《旧约·出埃及记》11·12）。后来它成为受难与牺牲的耶稣基督的象征，施洗约翰称这位救世主为"上帝的羔羊"（拉丁语为agnus Dei），"他能除掉地上的罪"（《新约·约翰福音》1·29）。在《启示录》（14·1）中，他是胜利者："看呀！羔羊站在锡安山上。"它后来成为圣子耶稣的化身接受信徒的膜拜，还成为护身符上重要的辟邪装饰。

四、雷羊

据赫西俄德《神谱》（*Theogony*）记载，大天神宙斯曾被隐匿或"丢弃"在埃该昂——"羊山"的洞穴里①。或说，是一只母山羊阿玛尔忒亚（Amalthea）把他奶大。所以他的化形是一只公羊，连他的罗马后身朱庇特（Jupiter）也是如此，他跟"大地之子"巨人族大战，失败以后就"把自己变成了领队的雄绵羊，因此直到今天在利比亚他的显相还是双角弯弯的绵羊"②。

这位风流成性的"老公羊"，还曾化形羊腿人身的牧神萨提儿，跟美丽的安提俄珀（Antiopa）媾和，生下一对孪生子③。据希罗多德说，宙斯不愿意让儿子赫拉克里斯看到真容，就身披羊皮，面遮羊首，俨如"羊人为美"，于是，"埃及人就给宙斯神的神像安上了一个牡羊的头"（这当然是把神话"世俗化"），这影响到阿蒙神；"宙斯在埃及人那里是叫做阿蒙"④。所以，太阳神宙斯-阿蒙都有羊的化身。

在另外一个传说里，宙斯的一对龙凤胎儿女，太阳神阿波罗（Apollo）与月亮神阿尔忒弥斯（Artemis）兄妹，当然也是"太阳

图 1-42 宙斯的养母——山羊女神

（《阿玛尔忒亚（照看山羊的女孩）》，大理石雕像，法国，皮埃尔·朱利安，现藏巴黎卢浮宫）

宙斯生下来，神谕说他会篡位。他的父亲便把他丢在荒山里，因此宙斯是个山野型的英雄弃子。亏得母山羊阿玛忒亚（女神）把他奶大。所以宙斯的化身是公山羊，而且果然篡夺了他父王之位。阿尔玛忒亚身旁有一只母羊，便是她的化形。太阳神兼雷神的宙斯实际上是山羊（神）的孩子。

---

① 参见［古希腊］赫西俄德：《工作与时日　神谱》，张竹明、蒋平译，商务印书馆1991年版，第41页。
② ［古罗马］奥维德：《变形记》，杨周翰译，人民文学出版社1984年版，第295页。
③ 参见郑振铎编著：《希腊神话》（上册），生活书店1935年版，第273页。
④ 《希罗多德历史：希腊波斯战争史》（上册），王以铸译，商务印书馆1985年版，第129页。

图1-43 托尔和他的"雷羊"

（采自《斯堪的那维亚诸神与巨人》，复制于亚瑟·诺伊曼）

西方世界的太阳神和雷神，从宙斯－阿蒙－拉，到北欧的托尔，都曾化身为羊，或以羊为属。印度也有类似的信仰。所以《柳毅传》里龙女所牧的羊都是"雷工"。也有说托尔的羊是代表阳光的。他跟中国的雷公同样也拿着砸烂邪恶的"雷公槌"。

的儿孙"，生下被弃，亏得一只圣羊把他们抚育长大。后来阿波罗还曾牧过牛，放过羊，成了"牧人"兼牧人的保护神。月亮神阿尔忒弥斯（在罗马，称为戴安娜）本也该过问牧羊的事，但后来，公鹿置换了羊，成为这位"处女母亲"亲密的伙伴。天空的朵朵白云，就像中国的"白云苍狗"一样，被希腊人看作太阳神与月亮神"洁白的羊群"。这是希腊人曾经过游牧生活的古老证明。羊群与牧者，都是古希腊美之意象。

在古希腊埃皮达鲁斯人的神话中，医药之神阿斯克勒庇俄斯，被母亲科罗尼斯遗弃在迈尔提姆山上，幸亏一只狗来看护他，还有一只母山羊给他喂奶。

彝族姑娘三姐丽丽与本主神生的"弃子英雄"阿竜（龙），是被一条母龙变成的山羊用奶喂大的。他出生后被外公搁在米糠里，叫"糠宝"，但"他能听懂龙说的话，人们都叫他'小竜'"。[①] 这种"羊—龙"互化的现象，神话学上常见，叫作"龙羊"，至今甘肃还有"龙羊峡"（参见《龙凤龟麟：中国四大灵物探究》）。

上文说，大神宙斯曾以太阳与雷电之神与北非的大神阿蒙－拉融为一体（他们都有羊的化身）。深受宙斯形象影响的北欧雷神托尔（Thor），也用四只"雷羊"驾驶他的"雷车"（见图1-44）。它们发出的咆哮就是雷声。

第十八王朝法老阿门诺菲斯三世（前1405—前1370）在尼罗河西岸苏耳

---

① 张琼口述：《滇池地区"萨咪"的"战神"》，见张福：《彝族古代文化史》，云南教育出版社1999年版，第572—573页。

布建立了努比亚最大的庙宇,它的入口通道两旁竖立着羊和狮子的花岗岩石雕。后来被南方来的第二十五王朝法老搬到尼罗河岸纳帕塔附近的巴卡耳地区庙宇去了。"从此以后阿蒙神的象征——公羊,就成为库施一带最神圣的标记之一。"至今还可以在麦罗埃和纳加沙士看到一些石羊。它们在北非海岸也得到天神般的待遇。西非许多群团也把它们当作神。更重要的是,"西苏丹的曼丁果人认为雷电之神的人间形象是一只公羊。约鲁巴国所供奉的神——香戈——戴一副公羊面具。所以也是雷电之神。象牙海岸的巴欧累代表尼安内——人格化了的天空。它也戴着公羊面具。达荷美芳族的闪电神也是公羊。有着这种或那种外形,代表着这种或那种意义的公羊,从喀麦隆一直远远地传到了刚果河盆地"①。这证明后世非洲群团也把埃及的"雷羊"看作祖先、雷神。

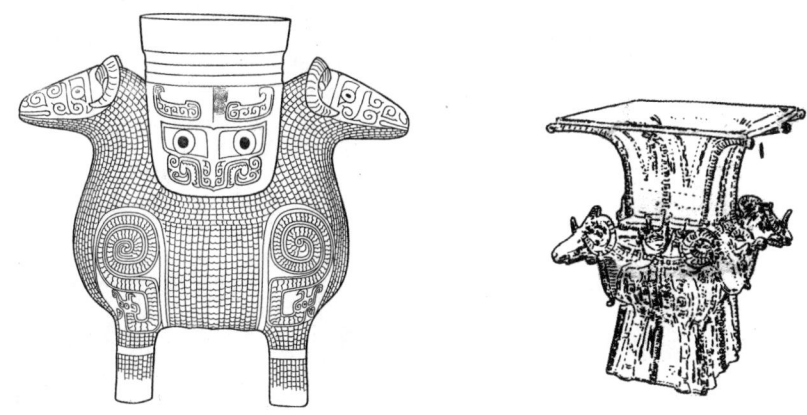

图 1-44　《双羊尊》与羊面饕餮

(商代,青铜,高 46 厘米,现藏于日本根津美术馆;右附《四羊尊》,商代,湖南宁乡出土,现藏于湖南省博物馆)

商代有几件极为精美的"羊"的肖形器,除了《四羊尊》之外,还有这件流落国外的《双羊尊》。看似写实,形样准确,却又程式化或图案化,装饰趣味很强。或以为具有斯基泰风格。

从《四羊尊》等可见,羊在殷商社会中地位之重要。羊可能象征太阳,它们如阳光一般向左右、四方发出光芒,让恶鬼或邪祟四散奔逃。也可能像北欧雷神托尔那驾驭雷车的四只凶羊一样,用雷鸣般的鸣声,吓退四方的妖魅。

---

① [英]巴兹尔·戴维逊:《古老非洲的再发现》,屠尔康、葛佶译,生活·读书·新知三联书店 1973 年版,第 92—93 页。

北欧的雷神托尔脾气比宙斯还要大。他手执雷槌,驱赶着四只暴跳如雷的公羊,驾驭着他的雷车从天上隆隆驶过。或说这四只羊是"雷"的意象。

中国也有雷车。"车走轻雷语未通",古代的牛车、羊车,乃至马车,都很笨重,轮子厚大,碾在石板路上宛如雷鸣。所以雷神名"丰隆"。

据说,太阳(神)的金车也"以雷为轮",其意象见于金文。

图 1-45

《楚辞·九歌·东君》:"驾龙辀兮乘雷,载云旗兮委蛇。"就是"雷轮龙车"。

中国似乎没有羊形的雷神。只有《柳毅传》里龙女所牧的羊个个鼓腮突目,凶猛异常,称为"雷工",不像凡羊。那是印度传进来的。

"四雷羊"驾车使人想起商代《双羊尊》或《四羊尊》的象征符号功能:那是否表示四只"雷羊"正发挥驱邪的威力,抑或代表四射的阳光向四方辉耀?

五、羊的凶猛相

古代的羊,驯化不久,也不像现代绵羊老实可欺,一副顺民的模样。公羊,特别是发情的公羊,抵触起来,连狼都无可奈何的。

作为"雨工"或雷神的"羝羊",个个怒目突睛,咆哮如雷。

《周易·夬卦》:"牵羊悔之。"魏代王弼注:"羊者,抵狠难移之物。"

图 1-46 对峙的公羊

(上:《对羊》,法国夏朗德省勒·洛克·德塞尔洞冰河时期岩洞绘画,旧石器晚期;下:《斗羊》,西班牙拉斯科洞穴绘画,下有栅形符号,旧石器晚期)

公羊好斗,特别是在争夺领地、食物与配偶的时候,不像人们想象的那样温驯。这引起旧石器时代画家的注意和兴趣。

生人根本牵不动倔强的公羊。"狠"（或很）就是抵触颉抗，跟凶恶不同，如《说文》所说，"不听从也"。《史记·项羽本纪》："猛如虎，很（狠）如羊，贪如狼，强不可使者皆斩之。"《史记·货殖列传》："其民羯羠不均。"索引："其方人性若羊，健捍（悍）而不均。"

古人于是把某种状态下的羊看作狠直强悍固执的象征。所以，"神羊"可以在"神判"仪式里担任大法官，抵触、威吓犯罪嫌疑人，是所谓"獬豸"的一种母型。而这也是羊头成为"饕餮"重要母型的一个原因（当然要经过"猛兽化"）。

图 1-47　解廌：神判中的独角神羊

（左：汉画像石中的独角神羊；中：近世珐琅工艺品；右：甪直镇雕塑，江苏苏州）

温良恭俭让的羊，在猛兽化之后，除了成为饕餮之外，还化身成神判仪式中的主持者与执行人。在汉画中，神羊的原貌还依稀可见，后世却与各种怪兽相拼合，似像麒麟，面目全非；只突显其独角，以殊异性表示其非凡俗。苏州的甪直，传说是这种独角神兽显灵之地（由"直"字看，它仍然会明辨是非，护正直而触"不直"）。

六、羊头、羊角、羊目的能量

《旧唐书·吐蕃传》说其"多事羱羝大神"，《新唐书》略同。羱，或说野羊，或说大角羊，或说绵羊原生种。《西藏王统记》提到一位西藏盲小王，开目后，"能见机雪达日上羱羊奔走"，刘立千译注称，原来含有"羊之王"的意思。这种羱羊身躯粗壮，性格强韧，跟一般的羊不同，西藏人很喜爱它们。

格勒说，至今藏族还喜欢"把大角羊或羊角供奉在屋顶，过新年时供果上也需放羊头，以兆生产丰收"①。

藏族供品"酥油羊"很有名。现在多用瓷羊代替。

林继富在《羊与藏族民俗文化》中说："早先（藏族）有些家庭在门框的上方放置一只羊头，羊头上缠有五色羊毛。羊头是请咒师放的。……这一习俗遗存，说明藏族人曾将羊视为驱灾消禳的神来膜拜的。"②现在已不多见。川西南藏区的拉古萨一带和白马藏区、嘉绒藏区还可偶尔获睹。③

图 1-48 狼羊

（左上：斗羊，彝族游戏，朱洁摄；左中：狼羊石刻，汉代；左下：汉代的《羊尊》，肥硕壮大，据说是依狼羊的体态制作的；右上：黄陵上的神兽行列里的盘角羊，明代，西安；右下：斗狼的公羊，木刻，阿尼斯·派克作品）

羊也不是一味地温良恭俭让。未经彻底驯化或阉割的公羊，是很凶猛的，尤其是在发情期，它甚至敢于斗狼。

---

① 格勒：《论藏族文化的起源、形成与周围民族的关系》，中山大学出版社1988年版，第351页。
② 周锡银、望潮：《藏族原始宗教》，四川人民出版社1999年版，第70页脚注⑤。
③ 参见周锡银、望潮：《藏族原始宗教》，四川人民出版社1999年版，第70页。

羊头，特别是长着利角或大角的公羊头，是辟邪的重要力量。

《太平御览》卷九〇二引《杂五行书》：

> 悬羊头门上，除盗贼。

《玉烛宝典》卷一引三国吴国斐玄《新语》：

> 正朝，县官杀羊，悬其头于门；又磔鸡以副之，俗说以厌厉气。

陶思炎《祈禳·求福·除殃》介绍说："在西北民族中有悬羊头于门外或室内的风俗，借其角而镇宅守兵。"

这样，就可以明白，藏族居住地区，除了常见牛头骷髅之外，还有竖着利角的羊头骨被置放于野外、庙堂、住宅与寺院"要害"，以祛除邪魅。中国与欧洲某些门户的上方或横楣也有"羊头铺首"。

这也让我们明商周青铜器饕餮纹突出的，也是那些猛兽化的家畜的角与目。这也是羊身上最明显、最有代表性的特征。甲骨文有个争议颇多的字，着力"强化"的同样是羊的双目与双角。

甲骨文有 （䚋）（《梓》47）。郭沫若释为"瞿"之古文，又若 ①；前者《说文》说为"鹰隼之视"，后者则"左右视"。其字从双目在羊头下，我们认为，有如"羊面饕餮"而"特大其目"。

张世超以为，所从羊首即"乖"，如羊之"二角乖背"，䚋、瞿、乖、睽等都由前举甲骨文"分化派生"而出②——却又置双目"鹰隼之视"而不顾。

图1-49 巨目大角的羊：吓退敌恶

（上：甲骨文的"羊"或"䚋" "䚋"，突出其目与角；下："羊面饕餮"青铜鼎，晚商，传河南安阳出土，现藏于美国赛克勒博物馆）

"羊""大吉羊（祥）"，能够以它的佳目与利角镇压、禳却恶凶与邪秽。所以许多辟邪的饕餮纹以羊面为母型。西方学者或说，（羊面）饕餮能够保护鼎中的美食不致被污染、下毒、变质，或被妖鬼侵夺。

---

① 参见郭沫若：《殷契粹编》，科学出版社1965年版，第47片考释。
② 张世超：《释䚋》，载《殷都学刊》1992年第3期，第15页。

古人以羊为"祥"。羊而特大其目，就是商承祚释前字之"眻"，而金祖同迳读为"祥"者。"祥目"就是"佳目"，用为饕餮纹，意在辟除邪恶污秽（徐中舒说，下为双"臣"字，实是双"臣形眼"）。

⛾（《甲》14；郭沫若释䍙，从丷，从䀠，《说文》所无）　⛾（《甲》3510；"勿䍙字用"）　⛾（《乙》478 反）　⛾（《乙》572 反）　⛾（《乙》729）　⛾（《乙》870）　⛾（《乙》1027）　⛾（《河》294）　⛾（《河》335）　⛾（《河》498）　⛾（《铁》86.3）　⛾（《城》460）　⛾（《馀》2·3）　⛾（《前》4·49·3）　⛾（《前》4·49·5）　⛾（《前》4·50·2）　⛾（《前》4·50·3）　⛾（《前》8·8·1）　⛾（《后》1·24·10）　⛾（《后》2·307）　⛾（《佚》513）　⛾（《燕》76）　⛾（《粹》47；勿䍙，酌河）　⛾（《粹》48）　⛾（《续》5·34·3）　⛾（《京津》590）　⛾（《珠》1374 背）　⛾（《掇》1·223）　⛾（《掇》1·381）　⛾（《京津》747）　⛾（《后》2·16·14）　⛾（《林》2·13·7）　⛾（《前》4·40·1）　⛾（《戬》76）　⛾（《前》4·49·2）　⛾（《前》4·50·1）　⛾（《铁》107·4）　⛾（《藏》841）　⛾（《佚》528）　⛾（《乙》3338 反）　⛾（《编》4·3·0742）

图 1-50　甲骨文"䍙"，与辟邪羊首对照

（上：甲骨文羊角、羊目组合的字，采自《甲骨文编》，《说文》所无；下：辟邪的"镶宝"羊头，羌藏地区要隘所见）。

羌藏地区，除了常见用带角牛头置于门楣及要隘之所以辟邪之外，也有用大角羊头镇恶者。从此可见甲骨文为什么专取羊的大角和双目组成吉祥美善字样的原因了：原来是突出其最有特色、最有威慑力的器官来辟除邪恶或污秽。

这跟商周饕餮纹中"羊"母型的高比例是一致的。

汪涛关于《商周青铜器纹饰》再分类的统计结果是:

> 从数量上看,"羊角饕餮纹"明显占多数(262件里的101件,约占61%);从时间上看,羊角纹从二里岗时期到西周早期一直占优势,而相比之下,"牛角饕餮纹"出现较迟,约在殷墟早期。①

可见,"羊面饕餮"在兽面纹中的绝对优势,绝非无因:它确实具有禳辟、镇恶与驱邪功能。突出其双眼者,当系佳目辟邪的一种。就是说,某种带着神圣性的"好眼睛"能发出像太阳似的吉祥之光,使妖邪无处躲藏。而羊头本身也可以成为神。例如,古代以养羊为主业的西伯利亚-卡拉索克地区,不但墓葬中发现大量羊骨,考古学上卡拉索克青铜文化期,一些巨大的石柱以羊首为柱头,他们"甚至以羊头为神像"②。在游牧文化区,以羊、羊头、美角为尊神,是不足为奇的。

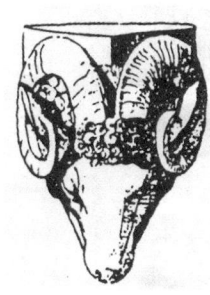 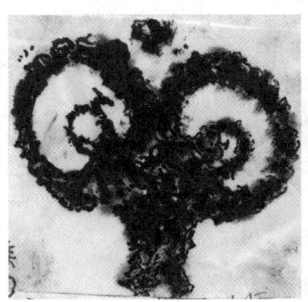 

图1-51 螺旋角羊首

(左:欧洲近世室内装饰;中:四川乐山肖坝汉代崖墓洞口门楣;右:藏族庙门上方的镶嵌牛角,摄于香格里拉)

欧洲门上的兽头,也有用"大吉羊"来充当的。他们也认为羊能辟邪。类似的悬置于门户(或各种杆柱)之上的牛羊之角或带角牛头羊首,都跟"铺首衔环"一样具有镇恶驱邪的功能,尽管其象征指向之侧重点有所不同(例如有的主要为了炫耀财富等等)。

---

① 汪涛:《甲骨文中的"爺"字与商代青铜器上的饕餮纹》,见洛阳市第二文物工作队编:《夏商文明研究》,中州古籍出版社1995年版,第259页。

② [苏]A.B.阿尔茨霍夫斯基:《考古学通论》,楼宇栋、淘沙、张锡彤等译,科学出版社1956年版,第90页。

克里斯蒂娜·霍莉《西方民俗传说辞典》说：

在不列颠的许多地方，人们相信，将羊头上的一根小"T"型骨头带在身上可避邪。在林肯郡，悬挂在马脖子皮项圈上的一条羊皮可避免中邪。①

这些也是西方人以为羊、羊角、羊皮和羊毛能够辟邪的补充。

图 1-52　以羊头为圣物

（左上：徐州汉墓出土；右上：古代希腊羊头神柱；下：羊面饕餮，商代青铜尊纹饰，原器藏于上海博物馆）

羊角、羊头、羊毛、羊皮都带着神秘性和神圣性，不但可以炫富，而且能够辟邪。戴上羊头，不仅"羊人为美"，而且其本身就可能成为神。不仅（羊面）饕餮被看作辟恶吃鬼的凶神，羊头神在宗教史上也颇常见。

七、羊皮惊鬼

正因为羊有"吉祥"之义，公羊又好勇斗狠，角尖而利，曾"猛兽化"为饕餮，所以不但羊目，就连羊皮都能辟邪，成为巫术厌胜品。

汉代许慎《说文解字》云：

---

① ［英］克里斯蒂娜·霍莉：《西方民俗传说辞典》，徐广联、陆道夫、胡泓等译，黄山书社1990年版，第372页。

> 祋，殳也。从殳，示声。或说，城郭市里，高县（悬）羊皮，有不当而欲入者，暂下以惊牛马曰祋。故从示、殳。《诗》曰："何戈与祋"。（卷三殳部，此据宋刊本）

"殳"是古代一种四角或六角或八角形长棍似的武器。长棍上绑着羊皮，突然倒下，牛马当然大吃一惊，但这不是恶作剧吗？原来，这是用以阻止"不当而欲入"的精怪，不仅用于惊吓牛马——所以加"示"以"神"之。

《资治通鉴》卷二八六《后汉纪》，记契丹之俗云：

> 是日，契丹主引兵入宫。……磔犬于门，以竿悬羊皮以为"厌胜"。

羊皮挂竿，作为交感巫术法具，也见于西亚上古的赫梯民俗。赫罗兹尼以为主要是"求神降福"。

> 赫梯人在他们自己的房子入口前面竖立一个竿子，上边挂着绵羊皮或山羊皮（案：此与"祋"无异）。里面装着他们希望借魔术之力得到的物品。①

主要是牛羊肉、谷物、酒等。这样就能诱使神赐食物，这些食物尤其能供其死去的父母享用。"假如没有这些祭品，其灵魂将沦于无目的地漂流于世界中。"这是正面目的，跟中国的"以衣招魂"有些相似；其反面，很可能就是阻止恶物对亡魂的侵扰，此时亡魂处于无衣无食、无处栖止的状态，像一切生命"转换"处于极度软弱的险境一样，所以要张开羊皮以接济它，帮助它。

崇拜神羊的藏族跟羌族一样重视羊皮的巫术功能。

"创造世界"的大头羊的皮极其神秘（占卜绳必须用其肩上的长毛捻成）。当"宇宙羊"在益门国王思维和祝愿里诞生时，它的皮"在任何地方都固定不住"，落到神树／大鹏／神山／乌龟身上，复又飞起，"接着又回到了有生灵山并落在了神绵羊身上，神以此编成六条细绳"，借以占卜、预言、驱邪，因为绵羊是"最初的生灵"，"被认为是社会存在的基础和原则"。②

"天气咒师"有专门的供奉母山羊的仪式，"杀死山羊之后，将山羊剥制填充，用尖板条将山羊皮支撑起来，在山羊的每个蹄子上绑一块十字纹板（拘

---

① ［捷］赫罗兹尼：《西亚细亚、印度和克里特上古史》，谢德风、孙秉莹译，生活·读书·新知三联书店1958年版，第198页。
② ［意］图齐：《西藏的苯教》，金文昌译，见《国外藏学研究译文集》（第四辑），西藏人民出版社1988年版，第175—176页。

鬼牌），在山羊额头也绑一块十字纹板（引案：代表魔剑，如饕餮之◇符号）"①，巫师及其助手可以借它来"击退邪鬼"。"磔"就是剥皮。这跟汪宁生说的"磔犬（御风）"的办法出于一辙，都是剥羊张皮以御敌害，与"祋"、饕餮（纹）之积极巫术目的本质相通。

用"皮"者，图齐指出，这完全是畜牧生活的产物或观念。

> 牧人们生活在毛毡帐篷中，用制成毡状的皮子作为曼荼罗的原型，再于皮子上铺一些被认为是神圣的物品，代表着一个其实质趋向对未来的先知和占有能使它从自身上排除被预卜认为是不吉祥事件的社会。②

驱除不祥就是吉祥，就是美善。至今，羌藏人民喜披羊皮氆氇，以之为美，自然是意料中事。这同样是"祋/悬羊辟邪"之余意，对服饰的进步颇有推动。

纳西族爱黑羊，妇女披黑羊皮，有白毛必拔去，一方面是尚黑，一方面是求美。有些像希腊人用黑羊禳风。

尚白的普米族妇女则喜披白羊皮，越白越美，有黑毛就去掉。

织毛衣的方法，很可能就来自羌人。《禹贡》所谓西戎古代"织皮"而衣，就是用石刀割下绵羊毛捻线织成"毪子"，近于华夏之"褐"。现在毛线衣不是来源于此吗？

羌族人认为羊头、羊皮是羊身上重要部分，端公（巫师）执行祓除邪秽等仪式之后分得羊皮和羊头（这跟希腊人

图1-53 剪羊毛

羊毛是财富，有"软黄金"之称，它还是幸福与温暖的象征。转化为坐术用品，则能震慑邪魅。古代典籍说，西北居民号称"织皮"。皮怎么织？织的是由皮上取下来的毛。跟现代织毛衣一样。可华夏汉人恐怕不大会，感到惊奇。

---

① ［奥］内贝斯基：《西藏的天气咒师及其仪式》，谢继胜译，见《国外藏学研究译文集》（第六辑），西藏人民出版社1989年版，第471页。
② ［意］图齐：《西藏的苯教》，金文昌译，见《国外藏学研究译文集》（第四辑），西藏人民出版社1988年版，第176页。

相似，祭司们杀羊祭神以后分胙，自己要取得羊皮、羊舌和羊头）。他们要用羊皮蒙鼓（如同萨满鼓），以驱邪、作法；还要用羊毛捻成线，举行"拴线"等仪式。端公穿羊皮褂，或白裙甲普（jar-pu），套羊皮背心。①

所谓"被发衣皮"而左衽，本是羌藏人民的习俗。《礼记·王制》篇说："西方曰戎，被发衣皮。"

《册府元龟》说，吐蕃"冬则羊裘数重，暑月犹衣裘"。

《新唐书》的《吐蕃传》说他们杀牛羊，"生衣其皮"，主要是羊皮。所谓"翻穿皮袄毛朝外"，是西北民族重要服式，亦即"羊裘"。

《隋书》说党项（羌）"服裘褐"，《新唐书》则说，其"男女衣裘褐被毡"。《敦煌古藏文写卷 P.T.239》反对人死以羊引路，还说：

> 冰冷铁手不要伸到（牲畜）怀中，不要放出（牲畜）满腔热血，不要用手掌掏（牲畜）五脏，不要将整张羊皮搭在肩上。不要将白骨放在石臼中舂捣，不要将鲜红的（或带血的）肉放在锅里煮！②

这种"警告"却证明，西藏古代实行过类似的杀羊血祭，屠杀后要"将整张羊皮搭在肩上"，只是有些禁忌。跟放血、捣骨一样，这是带着些巫术性的仪轨。

神秘事物总是带两面性。神秘的羊血、羊皮、羊骨是羊身上生命力最强的部分，在一定条件下（如施以巫术）可能生长出全新的肌肉，所以不能随便毁弃。托尔的羊皮就能再生出血肉。灵力愈大，禁忌愈多。拉铁摩尔的亚洲游记说，蒙古人宰羊一定要击碎其胛骨，让羊魂跛足，不能随便走动害人。

北美印第安人重视羊皮。他们杀羊必剥皮，不但冬日披身保暖，而且可以借以辟邪驱秽；有的调查者还报告说，这一支印第安人披着羊皮，是希望与"神羊"合为一体或者获得它的灵力（mana）与神性。

他们的亲人死后用牛皮或者羊皮包裹，等待尸体软组织腐烂以后才埋葬其骨。这一"二次葬"仪式的目的，学术界有所争论：有人说是让"灵肉"全都回归圣动物的神体，或者供其升天；有人说，跟远古"撒红葬"同样，是希望旧的肉躯速朽，让新的血肉附着在更有生命力的骨架上，在圣动物帮助下复

---

① 参见胡鉴民：《羌民的经济活动型式》，载《民族学研究集刊》1944 年第 4 期。
② 褚俊杰：《论苯教丧葬仪轨的佛教化——敦煌古藏文写卷 P.T.239 解读》，载《西藏研究》1990 年第 1 期，第 57 页。

生。但尸骨必以羊皮包裹者，显然是希冀与羊"一体化"，回归以"羊灵"为代表的祖先圣体，或竟是回归图腾。

古埃及人也特别保存羊皮。人们说：亚洲人死后包在羊皮里便可以复活，希腊人用羊皮包裹宙斯的神像，这样就更能显示与他同体的"圣羊"的灵力（如前所说，这看起来颇有些像"羊人为美"）。有人说，埃及人也曾用羊皮披盖（曾化形为羊的）阿蒙神的造像。这些都很像要达成"圣羊—祖灵—大神"的三位一体。

北欧雷神托尔也有一张神秘的羊皮（他身上颇具作为雷神的宙斯朱庇特的神性因素），把羊肉放在羊皮上就会"复活"。他的雷车由"雷羊"驾驶。

《后汉书集解》引郭义恭《广志》说："符拔如麟，黑皮，有鳞、甲，甲可以辟恶也。"有人说是狮子皮，百兽惊畏。有人说是熊皮、鹿皮、猿皮。有人甚至说是西藏"掘金蚁"（母型是藏獒）或"野人"的皮（有兴趣者可以参见《藏獒·灵犬、饕餮》一书）。其实桃拔或符拔最可能指羚羊，羚羊的角、血、皮都很神秘，被东/西亚洲人传得神乎其神。所以它的皮可以惊慑邪恶。

中国古代，除了"磔犬祭风"之外，是否"剥羊禳灾"呢？除了"殺/以羊皮惊怪"之外，相关巫术是有的。至少把羊（或羊皮）吊起来的祭法见诸记载。

《仪礼·觐礼记》："祭山丘陵，升。"
《尔雅·释天》："祭山曰庪悬。"

这就是吊起来。古埃人就曾把许多条牛吊起来祭神。是否也曾把羊吊起来当"圣兽"或牺牲呢？

《山海经·中山经》说："用一羊，悬。"吊的就是全羊。其方法，或如"磔犬御怪"。《说文》卷五桀部："桀，磔也。从舛在

图1-54 披上兽皮扮演猎物或者惊鬼（北美印第安人，现代摄影，此图复见）

披上带羊头的羊皮——这构成"羊人为美"——就能接近野山羊，把它顺利擒获（此人所披，似是熊皮）。更重要的，圣兽的皮，特别是带着头、角的整皮，披上就可能与其"同化"或者"互拟"，从而惊鬼镇邪，辟恶驱敌。在古代希腊、罗马，带毛的羊皮，除了避邪和净化之外，还能驱逐妖邪，让土地富饶，妇女怀孕。

木上也。""磔,辜也。"段注:"凡言磔者,开也,张也;刳(辜)其胸腹而张之,令其(指皮)干枯不收。"

汪宁生介绍说,西双版纳爱伲人(阿卡人),每当春季,有人生病,"则杀狗而破其腹,以竹木棒撑开其皮,悬于'寨门'上空,迎风飘扬,直至枯干,谓如此可以辟邪免灾"①。乍暖还寒时候,最难将息。感冒或瘟疫容易借"风"传播,所以要磔攘。一是以犬(或羊)代表灾疫(如疯狗病、羊儿风),杀之以"替罪";一是以其凶狠或吉祥,可供御恶。泰国阿卡人张挂狗皮时,还要连狗头一起吊②——盖犹"羊(犬)面饕餮"辟邪之意(参见《中国上古图饰的文化判读》有关犬羊面饕餮章节)。这跟"殺/张挂羊皮"以惊牛马精怪可以相互发明。"桀"就是"磔"(辜/刳)犬羊,以其皮张在木上,赫梯人或印第安人不是也用过这种办法吗?

中国古人"磔犬祭风",希腊人则撕裂公鸡驱赶狂风③。但有时用羊祭风,而且要用黑羊抗御暴风,用白羊感谢和风。阿里斯托芬喜剧《蛙》里,酒神狄俄尼索斯喊道:

孩子们,把一只母羊牵来,要一只黑的母羊,

因为一场风暴就要来了。

这就像《礼记·月令》篇所记:"命国难(傩/傩逐)九门,磔攘,以毕春风。"维吉尔的《伊尼特》则说:

黑色绵羊献给风暴,

白色绵羊献给赐人恩惠的西风。

恶风为什么怕羊,不易弄明白。怕狗倒是有理的,狗善吠能噬,中国民间有狗咬鬼车(九头鸟)之说(它本身是风的妖魔化,风的妖怪化,"风/凤"古本一物,可以参见《龙凤龟麟:中国四大灵物探研》和《四方风神话》)。

简·艾伦·赫丽生认为,这是一种与赎罪、净涤、殴攘、求丰有关的"法耳玛科斯仪式"④。有些像替罪羊,但也不尽然。羊可能与牛同样以吉祥物而

---

① 汪宁生:《古俗新研》,敦煌文艺出版社 2001 年版,第 169 页。
② 参见汪宁生:《古俗新研》,敦煌文艺出版社 2001 年版,第 169 页。
③ 参见[英]简·艾伦·赫丽生:《希腊宗教研究导论》,谢世坚译,广西师范大学出版社 2006 年,第 60—61 页。
④ 参见[英]简·艾伦·赫丽生:《希腊宗教研究导论》,谢世坚译,广西师范大学出版社 2006 年,第 60—61 页。

又利角能触，被看作能够辟邪、驱鬼的力士。据统计，避恶的"饕餮"，以羊面为母型者占了多数，绝不会无因。

图1-55 充满生命欲力的酒神

（希腊绘画，或说属前古典时期）

酒神狄俄尼索斯胯下的花豹（或者，常以为伴的公羊）可以象征他身上待发的欲望和生命力，神杖代表男性性器官，缠绕杖上。似乎幻化为蛇的飘带，则暗示必须节制的疯狂或危险。或说，他与他的祭典充满真善美与伪恶丑的内在冲突。尼采认为，他代表希腊文化浪漫狂热的一面，另一面则是"理性的光明"之太阳神阿波罗，二者的相互渗透与调谐，才是希腊的真精神。

八、"羊人为美"式的神或人

上述宙斯神（或神像）戴着羊角、羊头、全羊皮或全羊骸，证明了"羊人为美"。希腊酒神兼谷物果蔬之神狄俄尼索斯，除了化形为公牛之外，还常以山羊的形貌出现。"他有一个名字叫作'小山羊'。雅典和赫尔米昂地方的人们敬奉他，称他为'披着黑山羊皮的神'。……狄俄尼索斯的父亲宙斯把他变成了小山羊，以躲避（妒忌的妻子）赫拉的盛怒，后来诸神为躲避泰丰（大风怪）而逃往埃及，就把狄俄尼索斯变为一只大山羊。"所以，如弗雷泽所说，由于其山羊形象，很难将他与潘或萨提儿分开。还有意大利的福恩神（或译"芬"），同样长着山羊的角和腿，他同样"能促进庄稼生长"。"在北欧的民间传说故事中也有与这些羊身树木精灵相当的精灵。"俄罗斯的"树精"

列斯奇，同样"长了山羊角、山羊耳朵和山羊腿"。①他们都涉及丰饶与繁殖。

作为悲剧的源头，"酒神颂是在春天的节日上吟诵的春天颂歌，春天节庆的重要性在于，它具有促进农业丰收、食物丰饶的魔力"②。

不但因为"酒神颂"是悲剧的源头，而且狄俄尼索斯也是一位"艺术家"，据说诗神缪斯担负过他的幼年教育。"酒神颂"和"山羊之歌"被看作悲剧的前身。

西方人一直认为，公羊是淫荡的象征，也代表旺盛的生命力量。

具有羊的躯体或特征的酒神或谷精（Satyr），通过自己与女祭司（或女信徒）的狂乱活动，来促进谷物或葡萄的成熟与蕃庶，与萨提儿关系密切的谷神祭或沙特恩节存在某种"群婚的残余"，即恩格斯说的"在一个短时期内重新恢复旧时的自由的性交关系"③。其放纵由此可知。

图1-56　酒神巴库斯及其世界

（古代罗马绘画）

酒神巴库斯身上缀着累累的硕果。他的存在让万物充满生机。祭祀酒神、稷神与山川土地之神，同样是为了祈求丰收、幸运以及世界的昌盛繁荣。蛇虫象征大地，飞鸟代表天空，它们都会在酒神的"催眠"之下促成丰饶，并使世界复苏，万象回春。而酒神巴库斯跟他的希腊"前身"狄俄尼索斯一样，曾化形山羊。

---

① ［英］詹·乔·弗雷泽：《金枝》（下），徐育新、汪培基、张泽石译，中国民间文艺出版社1987年版，第673页。
② ［英］简·艾伦·哈里森：《古代艺术与仪式》，刘宗迪译，生活·读书·新知三联书店2008年版，第52页。
③ ［德］恩格斯：《家庭、私有制和国家的起源》，见中共中央马克思恩格斯列宁斯大林著作编译局编：《马克思恩格斯选集》（第四卷），人民出版社1972年版，第45页。

"酒神颂是诞生之歌,是狄奥尼索斯的新生之歌。"①植物、动物乃至孩子,都在祭仪与歌舞促动之下"繁茂生长"。有时,酒神节又是"入社"仪式(即成年礼,中国古称"冠礼",西南有些民族称"穿裙子礼""穿裤子礼")。少年们参与了仪礼就成为青年、战士与公社成员,可以自由恋爱与打仗了。女孩的转变更是明显。"经过这种仪式,昔日的黄毛丫头突然间就变成了窈窕淑女,头发被高高盘成发髻,短小衣服换成了长裙,从此可以戴珠宝佩首饰。"②她们在希腊,往往就是女神和酒神女侍的扮演者,与"圣公牛"或"圣公羊"相追逐、嬉戏,参与几乎所有的狂欢。

酒神(狄俄尼索斯)、牧神(潘)、谷神(萨提儿)、农神(芬)等与农林牧丰收相关的神,多有羊的化身;也可反过来说,羊(或羊神)与农林牧丰收

图 1-57 萨提罗斯的家庭

(版画,意大利,提埃波罗,1690—1770)

这个其乐融融的羊家族大体保持了"兽肢人身"的本相,它是生命蕃庶与农牧业昌盛的代表。

是密切相关的。如前举弗雷泽的讲述。羊被视为生命力极强的动物,它通过繁殖后代延扩自己的生存。酒神则是"'毁灭、消失的神,是停止了生命又得以再生的神',他是那生生不息的生命的象征"③。他的"圣家族"就是蕃庶与昌盛的象征。

此风在罗马的酒神巴库斯和祭奠农神的沙特恩狂欢节里延续了下来。作为"神秘教","每年举行'山林神'的节期,信徒们装作林野之神(案:Satyr

---

① [英]简·艾伦·哈里森:《古代艺术与仪式》,刘宗迪译,生活·读书·新知三联书店 2008 年版,第 64 页。
② [英]简·艾伦·哈里森:《古代艺术与仪式》,刘宗迪译,生活·读书·新知三联书店 2008 年版,第 67 页。
③ [法]G.H. 吕凯、J. 维奥、F. 吉朗等编著:《世界神话百科全书》,徐汝舟、史昆、李扬等译,上海文艺出版社 1992 年版,第 239 页。

和Saturn)的模样,头装尖耳朵、小羊角,臀后拖着羊尾巴,全身赤裸或半裸"①,放荡而又狂热,除了祈求谷物的丰饶和人丁的蕃庶,还宣泄着群众性歇斯底里或某种欲望和本能。这就是恩格斯说的"谷神(Sature)节,现代嘉年华(Caneval,狂欢节)男欢女爱,就是它明显的残余。

图1-58 酒神的欢乐

(左上:《酒神与阿里阿德内》,意大利,安杰利斯,油画,现藏于梵蒂冈;左下:骑羊的女祭司与萨提儿打闹,意大利版画;右:半醉的酒神巴库斯,旁边是山羊腿的萨提儿,欧洲雕塑)

酒神祭、谷神节,都与象征丰收的山羊有关(这些神往往化形为羊),其化装游行逐渐生长为希腊悲剧与喜剧。但酒能乱性,狂欢无节,纵情无度,就变成了"醜"。东西方的"醜"都与酗酒相连。酒虽然能够刺激创造,但也可能造成祸害。古人认为,鬼方败事,殷商亡国,都跟酗酒有关。酒色也往往相连。

希罗多德说:"在埃及,画家和雕刻家所表现的潘恩神和在希腊一样,这位神长着山羊的面孔和山羊的腿。"②山羊的面部、腿部与"人形"的组合,

---

① [英]Harry Cutner:《性崇拜》,方智弘译,湖南文艺出版社1988年版,第121页。
② 《希罗多德历史:希腊波斯战争史》(上册),王以铸译,商务印书馆1985年版,第131页。

可以为"羊人为美"提供一个理想的参照系。他还说:"在埃及语里,公山羊和潘恩都叫做孟迭司。"① 如前所说,Mendes 是希腊人对译埃及语 Banaded,原指"迪耶德特之主的灵魂"。潘(Pan)和圣公羊都有"创世大神"的影像,有人曾拟之于中国的盘古。潘的原义是"全神"②。而原来,潘或帕昂不过是"牧人"的意思(虽然其转义,"牧民者",地位也很高)。马克斯·缪勒说,潘这个名称来自梵语(Pavana)风。但也有人认为来自"吃"(《说文》云,"美,甘也",羊主"给膳")。"吃"的词根衍生出拉丁语动词 pascere,意为"吃草或放牧";"的确,潘首先是森林和牧羊神,是牧羊人和羊群的保护者"③。这是"前希腊"的居民曾经经历长期游牧生活的证明。

图1-59 吹奏长号的萨提儿

(欧洲古代绘画)

这比较符合这位半人半羊的谷精-牧神萨提儿的本相。他虽然丑陋不堪,但他的长笛(或长号)声却非常迷人。美丽的山林水泉小仙女尼姆菲(Nymphe)非常愿意跟他一起跳舞玩乐。他的外形,是夸张的"羊人为美"的实证。

如前所说,希腊罗马的牧神潘,希腊人的山林神或谷精萨提儿,都是长着羊角、山羊胡子或羊蹄的半人半羊神。这是异化或怪化的"美"神。萨提儿与潘神如同他的山羊化身,是丰收祭仪的主角。人们还用山羊暗喻人性的自然或本能的力量。尼采说:

(这)是怀恋原始因素和自然因素的产物。……希腊人在萨提儿身上所看到的,是知识尚未制作、文化之门尚未开启的自然。……

---

① 《希罗多德历史:希腊波斯战争史》(上册),王以铸译,商务印书馆1985年版,第131页。
② 转引自[英]罗素:《西方哲学史》(上卷),何兆武、李约瑟译,商务印书馆1963年版,第37页。
③ [法]G.H.吕凯、J.维奥、F.吉朗等编著:《世界神话百科全书》,徐汝舟、史昆、李扬等译,上海文艺出版社1992年版,第241页。

它是人的本身形象，人的最高最强冲动的表达，是因为靠近神灵而兴高采烈的醉心者，是与神灵共患难的难友，是宣告自然至深胸怀中的智慧的先知，是自然界中性的万能力量的象征。①

前文交代，宙斯曾经变成羊形的萨提儿，跟人间少女好合，表现出这位严厉的天神的世俗面和"自然的本性"。

九、"羊人"扮演催生悲剧和喜剧

亚里士多德说，希腊的悲剧"是从酒神颂的临时口占发展出来的"②。所以，"Tragoidia"（悲剧，英语是 Tragedy）原来的意思就是"山羊之歌"。"与祭者穿上羊皮毛，摹拟酒神（Dionysus）的从者——萨提儿。"③酒神和他的"贞女"祭司（女巫）后面跟着信徒，他们"兜着羊皮，幻奇地扮成半人半羊神"。他们歌唱《酒神颂》，"歌队就称为羊人歌队，而所唱的歌则称为山羊之歌，我们称之为希腊悲剧的，是直接从歌队产生的"。④

只有赫丽生认为："悲剧不是'山羊歌'（goat-song），而是'庆丰歌'（harvest-song），庆祝斯佩耳特小麦的丰收，只不过小麦（tragod）被人解释成了'山羊'。"⑤二者在本质上并无龃龉。在一些民俗里，山羊常与丰收联系在一起，山羊也是献给地神、农神乃至酒神的常见祭品。

根据赫丽生的研究，吉尔伯特·墨雷发挥说：

> 大酒神节就是宙斯的节日，即春的新生。在神话里，春神常以婴儿为代表，他被抛弃在田野和兽群之中，为人发现，最后被认为神之子。

在仅存的最早期剧作家米南德纸草文献里，几乎每部著名的剧本里，都有一位未婚母亲生下的婴儿被弃或走失，最后确认了身份。弃儿被说成狄俄尼索斯。"这样，通常关于酒神狄俄尼索斯的神话，就由神和国王的领域，转移

---

① ［德］尼采：《悲剧的诞生：尼采美学文选》，周国平译，生活·读书·新知三联书店1986年版，第29页。
② ［古希腊］亚理斯多德、［古罗马］贺拉斯：《诗学 诗艺》，罗念生、杨周翰译，人民文学出版社1962年版，第14页。
③ ［苏］B.C.塞尔格叶夫：《古希腊史》，缪灵珠译，高等教育出版社1955年版，第316页。
④ 吴光耀：《西方演剧史论稿》，中国戏剧出版社1989年版，第21页。
⑤ ［英］简·艾伦·赫丽生：《希腊宗教研究导论》，谢世坚译，广西师范大学出版社2006年版，第386页。

到普通人的领域里来了。"其背景却未变：宇宙与生命的周期循环，导源于原始的或神秘的宗教仪式（而这种仪式又会返回来保障或促进宇宙生命有节律的演化）。

神秘宗教仪式是一出戏。谷物母神和谷物女神的神话均以戏剧形式表现出来。幼谷春芽从地下生长出来，她是财富的给与者。①

图 1-60　化形山羊的谷精与酒神

（左上：酒神狄俄尼索斯教人酿酒，古希腊瓶画；上中：有山羊腿和尾巴的谷精、小酒神萨提儿；右上：潘神诱侵小仙女，赤陶雕，克罗迪恩作，现藏于纽约大都会美术馆；下：坐着大车游行的罗马酒神巴库斯，为他驾车的是山羊神萨提儿，周围是狂欢的群众和山羊精，意大利版画）

酒神、谷精都是山羊神，因为山羊是丰饶的象征。酒造成兴奋，山羊又淫荡，他们的节日就是放肆的狂欢节，称为"狄俄尼索斯祭"或"沙特恩节"。戏剧往往起源于狂欢节里的化装游行。"山羊之歌"变成希腊悲剧，喜剧则与萨提儿的嬉游逗乐相关。

---

① ［英］吉尔伯特·默雷：《古希腊文学史》，孙席珍、蒋炳贤、郭智石译，上海译文出版社1988年版，第65页。

在更早的秘仪里，主角是作为（葡萄）树神的狄俄尼索斯。祭祀他的"酒神颂"或"山羊之歌"引导出悲剧或喜剧。"酒神颂产生悲剧之后，仍与悲剧一起流行，而且还比悲剧流传更久。"①中心内容是生命，生命的历程，以及其神秘规定——命运。而其现实生活中的"背景"，很可能包括季节循环和生命转换、作物丰收内容。

这个生命转换，并且与季节循环的播种－祝祷丰收的仪典，最初包括用婴儿或儿童当作牺牲埋进地里，献给农神、稷神或者土地（神），这在后世看起来实在是一件极其残酷的事情。当初确曾实行过。河南安阳小屯就挖掘出房基或者坟墓基坑里的婴幼儿骸骨，这是当时实行过"奠基祭"的证明。这是奴隶主贵族的罪行。但是，阶级、阶级社会产生之前，"原始期"的祭祀遗址也曾发现过婴幼儿的遗骸。一般认为，这是祭献给大地女神或农稼大神的牺牲品，用来换取土地与庄稼的丰饶。

有一种比较缓和的诠释是，在新石器后期，这已经演进为一种仪式：假装把婴幼儿埋进田土地以祈求丰收；在仪式性的"表演"之后，用食物或者"土偶／木俑"之类埋入，代替幼儿。

有人说，在早期文献里常常讲到的婴幼儿丢弃，并不能证明"婴幼牺牲"的长期实行，也不是代表（被埋葬的）"春神"从土地中醒来，标志着新年或者新的季节的开始（《中国文化的精英·弃子英雄》曾经举出数十个"弃子"和"弃子故事"，以及对他们的数十种诠释，可以参阅）。这是代表谷物的种子丢进土里，经过耘耨灌施，等待萌芽生长和收获——这也是一种农业丰饶仪式。这也很可能涵化着"弃子"的"再生"、种子的萌芽和大地的回春。

周人的始祖（神）名叫"弃"，因为姜嫄生下他以后，他就被三次丢弃，又三次"救"回，被尊祀为"稷神"。稷，本来是一种比有黏性的黍大一些的小米，是北方人民的主食，可以代表五谷。《说文解字》卷七禾部："稷，斋也。五谷之长。从禾，畟声。"后稷就是稷神，五谷神，庄稼神（"后"是尊神，不一定是"女神"或"女主"）。北方地区，百姓祭祀"大头"庄稼神，有学者说，像谷物穗束沉重下垂的样子，就像《说文》"稷"古文作"䄭"的样子。《说文》卷五夂部："畟，治稼，畟畟进也。从田、人，从夂。《诗》

---

① ［英］吉尔伯特·默雷：《古希腊文学史》，孙席珍、蒋炳贤、郭智石译，上海译文出版社1988年版，第103页。

曰：'畟畟良耜。'"倒跟"稷"古文暗合。"大头"云云（跟"鬼"字相似），"有些望文生义"，却颇有趣。稷（谷子）被"弃"在地里，有点儿像播种。丁山就说："弃（后稷）之为弃，是象征寒冬之初，将麦类种籽播散在田地里，仿佛人们捐弃废物似的。"① 杨公骥则直截了当地把它当作一种"象征讲述"。

（《诗·大雅·生民》）它将自然人格化，为自然现象披上人的外衣，而且它对物与物的联系，作了拟人的解说。例如"稷"的母亲是"姜原"，而"稷"是五谷，姜原是姜水平原。这显然是"田地生庄稼"这一认识在人们幻想中的虚妄反映。②

这当然很难全面解释后稷被"三弃三收"的仪式性故事。③ 然而这个说法从侧面说明当时确曾实行过各种各样的"播种""春耕"与"丰收祭"之类仪式，和庆祝季节循环、万物重生的祭典。

再回到希腊的酒神节与谷物祭上来。在狂欢游行中，巫师或"群众演员"扮饰半人半羊形的萨提儿或狄俄尼索斯，就是希腊式的"羊人为美"，他们是喜剧或悲剧的来源（中国的农业祭祀没有羊或"羊人"的介入，但是，姜嫄为羌人的始祖母或大女神，与"羊族"相关，后稷生下时如"达"，像只羔羊）。

亚里士多德《诗学》说，悲剧"从萨堤洛斯剧发展出来"，罗念生译注说：

萨堤洛斯意即"羊人"，羊人年轻，是人形而具有羊耳和羊尾。……最初的萨堤洛斯剧是"羊人剧"。④

"羊人"当然由人加上"羊饰"来扮演半人半羊神。这位萨提儿是"亚加狄亚山林旷野中的山羊，狂荡放野的化身，高山上的音乐和神秘之源"；"亚加狄亚牧神'潘'也是萨提儿的化身"。⑤

---

① 丁山：《中国古代宗教与神话考》，龙门联合书局1961年版，第27页。
② 杨公骥：《中国文学》（第一分册），吉林人民出版社1980年版，第58页。
③ 参见萧兵：《姜嫄弃子为图腾考验仪式考》，载《南开大学学报》1978年第3—4期；见苑利主编：《二十世纪中国民俗学经典·神话卷》，社会科学文献出版社2002年版。
④ 参见［古希腊］亚理斯多德、［古罗马］贺拉斯：《诗学 诗艺》，罗念生、杨周翰译，人民文学出版社1962年版，第15页。
⑤ ［英］吉尔伯特·默雷：《古希腊文学史》，孙席珍、蒋炳贤、郭智石译，上海译文出版社1988年版，第103页。

所以，戏剧史家们多已承认，"公元前六世纪的酒神颂、萨提尔剧和悲剧的歌队都是用来敬奉酒神的"①。这里只能做简单交代。

图 1-61　雷电之神宙斯

（古希腊瓶画）

宙斯本是雷电之神，太阳神，后来升格为"天"之神（手中依然拿着"雷矢"），是"万神之神"，但他的化形却是地中海沿岸古代居民喜爱又有所敬畏的"双角弯弯的公羊"。宙斯－阿蒙－拉都有羊的化形。宙斯的养母阿玛尔忒亚女神，就是一只母山羊。

前文介绍说，奥林匹斯山的大天神宙斯，生下被弃，被母山羊奶大，所以不时化形为双角弯弯的绵羊。

希罗多德描写底比斯怎样祭祀曾经化身公羊的天神宙斯。在宙斯祭典里，披挂"全羊"成为一种隆重的仪轨。

> 在宙斯的祭日里，他们只宰杀一头牡羊，把它皮剥去，把这皮来披到神像上面，就如同宙斯神曾自己披上羊皮一样。②

据说，宙斯为了不让自己的私生子英雄赫拉克里斯看到自己的容貌，曾经披上羊皮，用羊头做面具。这就是一种"羊人"，也是"羊人为美"的象征讲述或神圣描写。

---

① ［英］凯瑟琳·勒维：《古希腊戏剧艺术》，傅正明译，北京大学出版社1988年版，第15页。
② 《希罗多德历史：希腊波斯战争史》（上册），王以铸译，商务印书馆1985年版，第129页。

宙斯和他的儿子酒神狄俄尼索斯都曾被当作"生命的种子"被弃，然后由具有强大蕃育力的山羊喂养，得到"再生"与"成长"。作为"山羊之歌"的悲剧演出，据说有促进"再生"直到"丰收"的功效。普卢塔克等揭示："狄俄尼索斯在某种意义上体现了大自然与四季同来去、与大地果实共消长的生命。"① 所以，许多悲剧是生命之歌、自然之歌与丰饶之歌。

十、中国的悲、喜剧之由来

中国的戏剧产生极晚（严格的戏剧之成立，一般认为不会早于宋金晚期），当然更谈不到"真正的"悲剧和喜剧。但是，悲剧性与喜剧性故事或"萌芽"形式同样产生得很早。

【悲】

"悲"是个形声字。《说文》卷十心部："悲，痛也。从心，非声。"后来也有写作"悱"的，"悱恻"后来被当成程度较低、比较内敛的悲哀。但心部"恻"同样被说成"痛"（训"痛"的还有"惜""憋""愍"等字）。古人认为，悲哀不但是心灵的痛苦，也是身体上的痛楚。

中国对悲剧或悲剧故事的看法，非常简单，也非常明确：好人（或好事）遇到磨难、危害或者毁亡，就会引起悲痛（更进一步，是悲痛之后的深思）。这个看法绝不如西方悲剧理论那样复杂或"精致"，但鲁迅先生说，悲剧是把"美"（或"美的"）毁给人们看；中国人对此最能理解和接纳（它实在也把西方理论多少涵化在内，悲剧美学最难解说的《麦克佩斯》是阴谋家遇难，而不是好人遭害，却也包括这位悲剧主角性格中"美善"品质的毁灭）。美及其承载者、体现者的毁亡，是多数悲剧，尤其是中国悲剧的主要内容。英雄、烈女、忠臣、孝子的无辜死亡与自愿牺牲，都被中国人看作悲剧（革命悲剧之说，中国人特别赞成）。特别是美善者的无端或无辜痛苦死亡，最被中国人所悲悯、同情和深思。这也是《窦娥冤》被当作最优秀悲剧的原因。

多灾多难的中国古人最痛楚、最恐惧，也最敏感、最怨恨的是司法腐败，比憎恶吏治腐败更甚。中国从来就不是个法治国家而是人治国家，所以人易腐化，官常败恶。孔夫子美"人治"之名，为"礼治"，为"德治"，是换汤不

---

① ［英］简·艾伦·赫丽生：《希腊宗教研究导论》，谢世坚译，广西师范大学出版社 2006 年版，第 391 页。

换药。但他直觉一般地反复强调"举直错诸枉，能使枉者直"（参见《论语·颜渊》），"枉"最能造成悲剧。一部《水浒传》，充满着各种悲剧，最多的就是林冲们遭"枉"的悲剧，吏治与司法腐败造成的悲剧。"逼上梁山"的关键词之"逼"，就主要是被这种悲剧制造出来的。

一般把西方悲剧分为三类：命运悲剧；性格悲剧；社会悲剧。

孔夫子虽然说"死生有命，富贵在天"，对鬼神却是"敬而远之"。中国古人信命，却"信而不迷"。老天爷是根据人的行为与道德状况来惩恶扬美、福善祸淫的。"天视自我民视，天听自我民听。"没有希腊那种绝对不可抗拒的预言或神谕：命运是绝不会改变的，除了神。而中国长期缺乏独立自主的人格，个性难于发扬，却也很少因性格而决定命运，造成悲剧。但也不是绝对没有。民间说部里，从宋江到贾宝玉都具有性格悲剧色彩。但多的都是抗议封建专制腐败政治的社会悲剧。

田仲一成认为，无论"悲"或者"喜"，中国主要是"宗族－家庭悲剧"，解决困境不像西方那样依靠个人性格的力量，最终多是由神佛或清官救助，达成"大团圆"①。

严格的悲剧稀少，纯粹的喜剧也不多。如果按照西方理论标准，那大部分只是喜剧故事，喜剧情节或喜剧表演。后者，如相声、小品、说唱那样少数人（或竟一个人）的曲艺性表演，倒是极为丰富。俳优调笑，优孟衣冠，用短小的台词与片断表演来讽刺统治者，早就形成传统，蔚为大观。任中敏先生就辑有一本厚厚的《优语集》（江苏人民出版社），以及二巨册的《唐戏弄》，有的是这方面的内容，可惜久久不能演进为严格"代言体：客观体现"的综合艺术。

【喜】

《说文》卷五喜部："喜，乐也。从壴，从口。"古文"喜"字从欠，作"歖"，"与欢同"。从属于"喜"的有"憙"，"说（悦）也，从心从喜，喜亦声"，也是欢喜、快乐的意思。喜剧（comedy）的效果首先就是这种欢笑和喜乐。

"喜"字所从的"壴"，"陈乐，立而上见也。从屮，从豆"。

这个字跟"豈"字差不多，也许本来就是一个字，可是许慎把它当作两

---

① 参见［日］田仲一成：《论中国戏剧从宗教祭祀中产生的过程和环境》，见《东亚农村祭祀戏剧比较研究》，东京大学东洋文化研究所1992年版，第15页。

个字来说。"豈，还师振旅乐也。"就是凯旋的"凯"，用鼓声奏出凯旋的军乐曲。

看甲金文，它们都是"鼓"字的省变。上面是某种鼓上面插的羽毛，下面是鼓身。"鼓，郭也。春分之音，万物郭皮甲而出，故谓之鼓。"这是把引申义当作本义。"从豈，支象其手击之也。"这就是"鼓"。

"鼓"是最古老的打击乐器，虽然极少数的"原始部落"没有鼓，但多数都有鼓或者类似鼓的乐器，鼓声可以使心脏跳得更强，血液流得更快，造成情绪激动，心理兴奋——而这也正是"喜"的生理基础，"乐"的心理效果。

就好像鼓声用来指挥部队前进（击鼓进攻，鸣金收兵，是古代一般的指挥信号），所谓"鼓舞人心"，也就是喜剧要收到的最佳效果。中国古人用"鼓"来标识喜事、喜乐、喜剧，真是聪明极了。

鲁迅说"喜剧把丑揭开给人看"，看的结果表面是欢笑，实质却是鼓舞人心，使人精神振奋，一心向上。"滑稽（感）"，甚至"幽默"，以及它们带来的欢笑，都是直接性的喜剧效应，是所谓"畸变之美"（畸美），也可以说是喜剧的美学特征；但谁也不能抹杀喜剧那种鼓舞人们去揭穿伪恶丑、高扬真善美的终极目标或价值理想。

中国的戏剧正式诞生或者成立极晚，其"准备"的时间却很长，也许正因为其成熟晚、酝酿久，所以其一层一层地积累与建构起来的基础特别坚实，晚期的宋、金一旦制作出了"标准的戏剧"，没有用多久时间就蔚为大国，元代的剧曲，一旦粉墨登场便彪炳千秋。

而且，中国戏剧的前史跟世界戏剧的发生有许多共通的地方。例如，扮演，往往不是由人演人开始，而且由扮演羚羊、麋鹿等猎物为序曲。这实在奇怪，却是事实。猎人扮演猎物，披上鹿皮、羊皮，一般还得戴着鹿头、羊角，就能接近动物，将其打倒或者捕获。

民俗学家还说，原始氏族或者部落，在某种仪式上，由巫师或酋长、代表性人物等，扮演自己的"图腾"，跳舞或者表演，以便部众直观地膜拜或瞻仰。我们采用并且发挥孙作云先生的见解，认为，有着尖利的"虎齿"、细长的"豹尾"，善于啸啼，又依然"如人"的西王母，是在扮演猿猴图腾。有人说，戏剧的起源，跟"猴戏"关系很大，这也并非纯属怪论。"倡优"的"優"，最初就是猴子的形象。扮演者的贬称是"獶杂子女"，前一个字还是猿猴。甚至木偶戏的"偶"(禺:猕猴),傀儡戏的"傀"(鬼:猿狒),都跟猿猴有关。

这些都是世界戏剧发生史的通例。

【尸】

中国还有一种特殊的演员,叫作"尸",这可不是"尸体"的"尸",《说文》卷八,"尸,陈也,象卧之形",倒像"尸体";古之"尸"是一种特别的"人",扮演者,例如由巫觋来扮演神灵的,就叫"神尸""灵尸",见于《诗经》等,但更常见的是,由孙子扮演死去祖父的小演员,以便亲属膜拜、瞻仰、纪念,这也叫作"尸"(目前研究其机制、依据者尚少)。

诹访春雄介绍说:"祭祀仪礼中,'尸'身穿表示神灵的服装,接受人们的礼拜,饮食献给神灵的酒、食品,还模仿神灵的动作。"这就很像个演员了。日本称为"尸者"(monomasa,精灵凭依处)。《日本纪私记》:"尸乃代死人爱飨者。""'尸'无疑是死灵的依附体,通过他从而使死灵的举止具体化,可视化。"他还认为,《山海经》的"尸"多由巫觋等扮演神怪,如"奢比之尸"(《海外东经》),"女丑之尸"(《大荒西经》),"夏耕之尸"(《大荒西经》),可能还戴"假面"。①

所以,田仲一成认为,中国"潜伏期"的戏剧歌舞,多属与农业相关的"祭祀演剧",后来逐渐跟家庭-宗族生活结合起来。②

在年终"报本返始"的"大蜡"仪式中,要祭祀对人类生活和农稼有实际好处的八种神,动物如吃野猪的猛虎,吃老鼠的猫或山猫,也许还有"物魅精怪"即"老物"。③苏东坡很聪明,在《东坡志林》中说:这些动物要有人扮演。

> 祭必有尸,无尸曰"奠",始死之奠与释奠是也。今蜡谓之"祭",盖有尸也。猫虎之尸,谁当为之? 置鹿与女,谁当为之? 非倡优而谁!

---

① [日]诹访春雄:《日中两国神灵凭依信仰的比较——日本的"凭坐"和中国的"尸"》,黄强译,载《东亚农村祭祀演剧比较研究》,东京大学东洋文化研究所1992年版,第161、155、163页。
② 参见[日]田仲一成:《中国祭祀演剧研究》,东京大学东洋文化研究所1987年版,第9—12页。
③ 参见萧兵:《傩蜡之风——长江流域宗教戏剧文化》,江苏人民出版社1992年版,第586—589页。

葛带榛杖，以丧老物；黄冠草笠，以尊野服，皆戏之道也。①

这是很有见地的。王国维云："其言八蜡为戏礼甚当，唯不必倡优为之耳。"②群众也可扮演。任半塘说："物凡经过神化者，无不可以设尸。……若一经抽象为坊神、庸神、水神、土神，以至昆虫、草木之精灵，乃无往而不可扮为尸。"③洛杉矶迪士尼乐园的"Disney Day"游行中，连可口可乐罐、西红柿、大南瓜都能由人扮得惟妙惟肖，大跳其迪斯科，知此则思过半矣。特别是当年野猪斗猛虎，其热烈刺激，肯定让观众激动万分，"举国若狂"。

【劇】

诹访春雄说，蜡典中还要表演老虎与野猪的"剧战"。《说文》卷九豕部："豦，斗相丮不解也。从豕、虍。豕、虍之斗不解也。读若蘮蒘草之蘮。司马相如说：豦，封豕之属。一曰：虎两足举。"野猪肉虽好吃，皮却厚，它爱在松树干上擦痒，松胶凝结，更难下口。猛虎若被它的獠牙刺伤，创口很难自愈，觅食就困难。演员（戏曲中称为"虎形"）必得模拟其小心翼翼，而又凶狠异常的样子。冲突激烈，结果未明，悬念丛生，所以精彩。

【戲】

"䖒"字见于《说文》卷五䖒部："䖒，古陶器也。从豆、虍声。"

如果偶尔望文生义一下，就是在祭器（豆）之上摆着老虎之类牲肉。要之，"戏"本是一种仪式。

"戏""剧"二字（包括其偏旁），似乎都不见于甲、金。二字连用，要晚到唐代。如杜牧诗："魏帝缝囊真戏剧。"是游戏加胡闹的意思。

"戲"在说文卷十二戈部："戲，三军之偏也。一曰兵也。从戈，䖒声。"这是军队组织部署的办法。偏，"偏师借重黄公略"，指非主力、非主攻或非正面的助攻部队、预备队或"奇兵"之类。《左传》以"戏"为"游戏"。如"请与君戏"，有意把战争喻为"游戏"（钱锺书《管锥编》有详细考证）。这样，"戏"或"戏剧"就有后来它所兼概的三义：游戏（play）；仪式（rite）；戏剧（drama，play）。

西方戏剧最初也有"游戏"之义，所以至今play还兼有"游戏/戏剧"之双义。

---

① [宋]苏轼撰、王松龄点校：《东坡志林》，中华书局1981年版，第26页。
② 《王国维戏曲论文集》，中国戏剧出版社1984年版，第221页。
③ 任半塘：《唐戏弄》（下册），上海古籍出版社1984年版，第1218—1219页。

中国人用"剧"即虎豕之斗来比附"戏"而为"戏剧",也是很聪明的:它暗示戏剧冲突之激烈性、集中性和"巧妙性"(有如上述,虎豕之战非得猛烈与巧妙不可)。笔者曾在湖南新化乡间看"农作舞",两个人合演水牛进食、耕田、交配,可谓神似。那坡彝族"跳公节",表演打野猪,砍老虎,《永顺府志》等记载土家族赶野猪、驱老虎,保护庄稼和百姓,都相当生动。[①] 无论农夫或者猎人,对其扮演的动物都十分熟悉。

---

① 参见萧兵:《傩蜡之风——长江流域宗教戏剧文化》,江苏人民出版社 1992 年版,第 590—591 页。

第二章 美、美体的多样性

第一节 从丰殖女神看时代审美观

美是历史范畴,各个时代各有各的美或美人的标准。原初时期,美的第一标准是健康。健康才能保证他们的生存。但这不是像从前理解的那样,只有像"温林多夫的维纳斯"般的肥胖才是美。那同样妨害初民的生产与生存。那种片面的夸张与刻画,必定有它更隐蔽的理由。

有人对"丰殖"旧说提出挑战:这只是对当时性与生殖器官畸形发育,并且患了肥胖症的妇女的忠实描写,也许只是为了猎奇,并没有什么祝愿蕃育或丰收的意图。人们并不对从鲁本斯到安格尔,再到雷诺阿真实描绘肥硕的"大浴女"说三道四。更不能由其推想那时期妇女的外形。"温林多夫的维纳斯"并不是那时的标准美

图2-1 原始母神

(所谓"温林多夫的维纳斯",石雕,高11.5厘米,旧石器时期,正侧观,原物现藏于奥地利维也纳自然博物馆)

这个旧石器的小型女性石雕,近年来引起争论。

人。异议不为无力。但为什么故意要使她"面目模糊,四肢萎缩"呢?埃利希·诺伊曼《大母神》注意到她的瓮式造型,亦即容器特征。这是蕃育与丰殖女神的最重要母性特征。金芭塔斯则重视其与"卵"的相似。这难道不是"别有用心"吗?

一、美善的母神或爱神

世界各地石器时代遗址出土无虑千数的所谓"大母神"小雕像(或称Nana,或Baby),一般当作最早的母神、爱神兼美神造像。传统说法认为,这主要是母系氏族社会的产物。那时所谓"爱"之目的,就是繁殖,繁殖女神便是美神兼爱神。发现于奥地利温林多夫洞穴里的旧石器后期的那个著名的石灰石女体雕像,面部不显著,四肢"萎缩",而特大其乳、腹、臀、阴等与生殖有关的部分,通称"温林多夫的维纳斯"(Venus of Willendorf)。学术界人士多认为是蕃育与丰殖意象,能够保证妇女受孕;或者说,这些都是最古老的母亲原型;或者说,是永恒之女性与母性的"原型意象"(Archetype image of mother)。也有人说,这是一位孕妇的形象,或者是孕妇的保护神。

这些都是较为新鲜的说法。但近年最重要的见解是:这绝不是那个时代的标准美人,不能由此判断原始时期纯以肥胖为美。头部与四肢萎缩,固然从表面上看是为了突出性部位,强化其生殖力;但这同样也限制或危害妇女的生存,从而降低其参与"两种生产"的能力。

这样片面地夸张刻画女性,一定有它更隐蔽的原因。

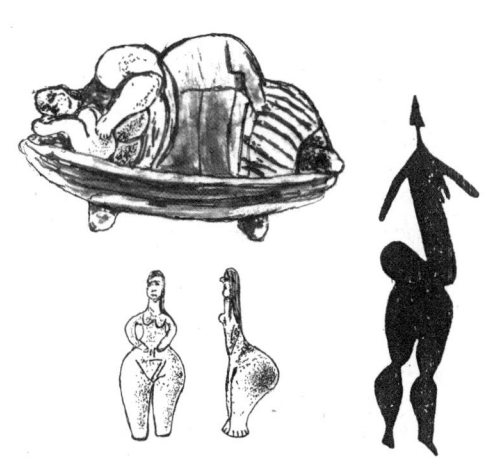

图 2-2 写实的?幻想的?

(左上:《安睡的女人》,泥雕,马耳他岛,新石器时期;左下:斯达塞沃文化女神像,约前 6000—前 5800 年,旦亚·布兰叶维那地方,塞尔维亚的奥西叶科附近;右:原住民长乳突臀妇女,非洲绘画)

对于肥胖女神的雕像,曾有两种说法:一是幻想的,夸张其涉性部分,借其祷祝土地、植物与人丁的蕃庶;一种意见是大体写实,当时以肥胖为健康、为美,善于生育,当时艺术家选择其特出者,稍加夸张而再现之。臀部的突起,一般认为是生育能力(或说"再生"力量)的夸饰。

所谓生殖女神或大母神造像，如上所说，其中有些四肢萎缩，头部奇小，而丰臀、大乳、高腹、突阴，体现女性和生殖力量的性特征部分得到高度的强调和夸张。这有现实的依据吗？现代民族志和体质人类学报告说，澳大利亚、非洲等地某些原住部落（如霍屯督人）确实有性器官特别发达的妇女，或说为脂肪过剩症，她们的阴阜突出有如肿瘤，臀部上可以站个娃娃，长乳则能从肩上甩到背后去，让孩子吮吸。也许，大自然和社会都选择了这种"基因突变"的个体，扩大了她们的存在。在某种程度上，上古母神像可以认为是这种最适合做母亲的女人的夸大写照。这种形象，我们在澳大利亚或非洲岩画里还可以看到，可与母神造像乃至生活中的原住民女性相参照。从此也可见出，不同时地、不同民族对美女的选择与认定是何等的不同。盖蒙图谷出生的著名的"霍屯督维纳斯"撒拉·巴特曼，由于乳房与外生殖器、臀部高度发达，几近畸形，是原住民女性里的尤物。在18世纪末，她十八九岁时就被骗卖到伦敦、巴黎等地公开裸体展览，死后还被切下各"突出部分"浸泡在玻璃瓶里供人参观。一直到2002年，其遗骸才由南非迎回，安葬在一处偏僻的山谷中。这终竟是个别现象。埃利希·诺伊曼说，生殖女神发现地区广布欧亚，绝不仅限于非洲，而如布须曼或霍屯督少数妇女那样的体态特征，在其他地方极难见到。这些雕像的外形主要是艺术夸张所致。

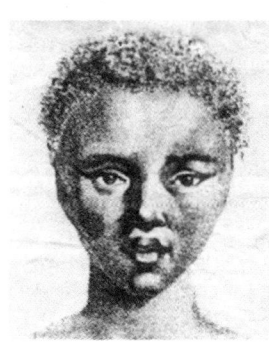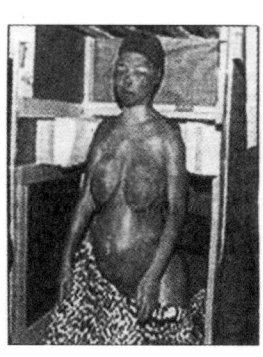

图 2-3　"南非的维纳斯"

（模拟像与雕像，一种夸张较少的造型；右边是作为对照的写实的非洲妇女，乍得岩画）

撒拉·巴特曼，一位南部非洲的少女，由于性部位特殊发育，被骗卖到伦敦、巴黎，关在铁笼子里"巡回展览"。或以为，"温林多夫维纳斯"等，就是这类器官畸形的夸张映象——其实二者相差甚远。1816年，她去世后，器官被储存在甲醛溶液瓶中，摆放在博物馆里展览。二百多年后，才得以归葬南非伊斯顿凯普的盖蒙图山谷里。人们开始承认，不能因为个别的"变形"或"变态"，就将其当作时代的审美标准的主流。

二、壮健的女性美

"需要是发明之母",也是审美的前提。妇女,在史前时期,除狩猎和战争以外是几乎一切劳动或事务的担负者。妇女是最早的发明家。几乎所有的考古学家、历史学家和人类学家都承认,陶器是妇女的创造。农业、驯化家畜、烹饪,很可能也是女人的发明。装饰、装潢和制衣、造屋,如果不是"女人的专利",也是多半"为了女人"的"生活所需"——女人天生是艺术家。女人的手、足也是极其重要的,不下于男子。在现实生活中,极少可能让其萎缩、衰退。女人除了生养之外,还要哺育、管带孩子,没有健全的肢体是不行的。

不可否认,突出女人的性征或副性征,也有情欲的因素。外生殖器不必说了——有的女子为了炫示其神秘器官,把小阴唇拉长,有如"饰悦",甚至拉得如展开的大扇子,被称为"霍屯督(人)超短裙"。但这是个别现象。乳房和臀部既是"动情区",又是最富性感的"诱引物",加以突出肯定"别有用心",但这只能"适可而止",像人们在多数原始母神身上所见。那个别的有意夸大失真,并非完全是当时审美观念的透露,而只能是"深藏的神秘",例如某种巫术的需要。

科学不会停留在一般水平与旧说之上。连这种看起来似无异议的母神雕像,也有人提出重要的新见解,

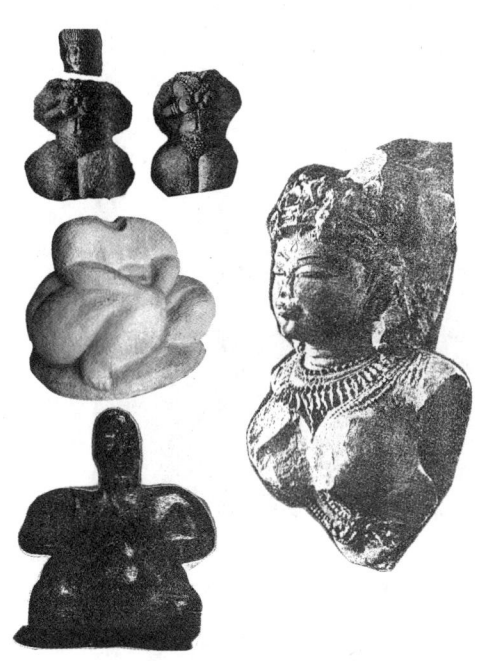

图 2-4 肥胖的美女神

(左上:女神柏尔提斯塑像,石雕残部,苏萨文化,西亚,公元前7世纪,采自埃利希·诺伊曼;左中:马耳他女神,旧石器时期;左下:女神土偶,公元前6000年,日本东京;右:作为对照的印度瑜伽女神)

原始母亲女神或美神的造像,许多是肥壮的,一般认为这是为了能应付操劳和频繁孕育(婴幼死亡率很高,不得不多生)。作为神像,能使土地与植物繁庶,部落人丁兴旺。但这种肥壮还没有超出一定限度。健全而略偏胖,是当时人体美的主流,跟现代确实不同。

而又有人加以质疑或驳斥。

如前介绍，有人认为，那些性特征突出的刻画，不过是某些非洲妇女特殊体形的夸饰。安德列·勒鲁瓦-古昂却说，不能由旧石器时代"女神"雕像去推知当时妇女的体形，正如不能由毕加索绘画去推测现代法国妇女的体形一样（这个说法并不机智，因为毕加索的妇女形象多是有意超常变形与怪化的）；也不能将她们跟霍屯督、布须曼的妇女做简单的类比。他又认为，说女神像用于"丰产"（巫术），实在"平庸肤浅，一无所得"（许多真理是简单和平淡无奇，合乎"健全常识"的）；因为，谁都知道，"一切宗教，或者说几乎一切宗教都将丰产视为一种祈愿之事，以妇女作为丰产的象征毫无独特新颖之处"①。如果平凡的看法确实基本符合实际，为什么要去追求非分的"新颖"和"独特"呢？但他的"挑战"确实极为有力，发人深思（虽然很难让人全部同意）。

勒鲁瓦-古昂对旧石器"艺术"里图像和（非图像）符号的"匹配"（例如"非自然交配形态"的人为的雌雄配对或组合）有精湛的研究，便猜测"小雕像也可能是成双配对的，至少一部分是如此，这与符号的惯例正相一致"②，却只是一个"独特

图2-5 壮硕也是美

（《三美神》，油画，弗兰德斯，鲁本斯，1636—1638）

壮硕高大是女性美的一种。不仅上古中国，以《诗经》为代表的审美观，以高壮胖大为女性美的一个标准；西方，也有画家喜绘肥硕的女人。鲁本斯就是一个代表。但他有节制，不致肥胖过度，色彩太艳，以免引起反感。这也是对母性或女性蓄育力的一种歌颂。

---

① ［法］安德列·勒鲁瓦-古昂：《史前宗教》，俞灏敏译，上海文艺出版社1990年版，第141页。
② ［法］安德列·勒鲁瓦-古昂：《史前宗教》，俞灏敏译，上海文艺出版社1990年版，第141页。

新颖"的特征假说。据我们所知,至今极少"男/女"神祇或凡人的配对造像发现(他的"性符号"假说并不全都与洞穴绘画相合)。

据叶舒宪介绍,尤克著有《拟人造型》(1968)一书,认为不能轻易判定"旧石器时代的偶像都是女神"(事实上女性占绝大多数),更不能确认它们的"实际功能"。"母神-生殖崇拜"只是待证的"理论假设"。[①]

帕美拉·拉塞尔的论文《旧石器时代母神:事实还是虚构》(1998)更说,这是"虚构"。包括金芭塔丝《活着的女神》在内的"女性主义批评"所谓"女神崇拜""女神文明",是以偏概全。个别地区的出土物不能代表整个世界。分明有一些是男性雕像,很多是"性别不明"(引案:除了极少量的"阴阳合体"之外,大多数性特征、性符号如"三角区"等还是很明白的)。这些雕像是"崇拜对象",还是男人的"性用品",或者,某种混乱的"性习俗"、滥交、性欲倒错的体现?其他的说法,如辟邪物、守护神、儿童玩偶、(助产)巫术用具。

还有的批评说,狩猎时代不像耕稼时代需要"多生育孩子"[②](案:围猎需要更多的人;氏族、部落希望本族团的人力充足,战士更多)。

这些批评很有价值。至少能够推动原始崇拜、"原初艺术"的研究走向深入,纠正偏差,突破成见。但也有些故作惊人之语,或者诛求过甚,立意偏激,反失其正,从一个"片面"走向另一个也许更大的"片面"。

玛克斯·德索提出,必须正视原始时期的性神秘、性禁忌,而不是像过去那样只讲"原始纵欲",性迷恋或性沉溺。"原始人感觉到那些青春期、性差异、交媾与生殖的神秘事件与魔力牢固地交织在一起。男人不敢去看别的男人的生殖器,也不敢暴露自己的,他们认为这些行为是危险的。女人们相信,如果不用遮盖物或护身符来保护自己,那么太阳光和落下来的雨水会使她们怀孕。"这说出了原始风习的过去不为人所重的方面。因为没有礼仪、舆论和传统的约束,他们往往不避人地进行"文明"世界必须"隐讳"的性活动,从而过度频繁,妨害群体生存。然而,艺术家们仍是努力刻画并且突出性部位(尤

---

① 参见叶舒宪:《千面女神:性别神话的象征史》,上海社会科学院出版社2004年版,前言第17页。

② 参见叶舒宪:《千面女神:性别神话的象征史》,上海社会科学院出版社2004年版,前言第18页。

其是女性者），那必然有更大的利益与观念在鼓励他们，例如保证群体生存的"两种生产"的丰饶。德索说："纯粹的生理机制绝不是关注对象，而是一种有魔力的因素。"① 使用那些暴露性部位或性器官的"女神"雕像，举行有关丰产的巫术或仪式，就显然在利用它的"魔力"。

大量的女神或"母亲"的造型，更多的母兽图像，使一些有"女性主义批评"倾向的学者（特别是女学者）暗自相信，或者做出默示：艺术发生于对于母性或雌性的眷恋或崇拜——大量的动物图像包括雄性动物主要是为"交配"或"授孕"而作。这不仅为洞穴绘画的"雌雄符号（群）"分类法与分析法提供理论，还跟艺术起源于性活动之学说有了内在的联系。

对肥胖也要做具体分析。现代人认为，过于肥胖不利于受孕。例如，过多腹部脂肪会挤压输卵管和子宫，还妨害激素分泌。原初时期，中度肥胖（现代人觉得太肥）有利于孕育，特别是哺养。她们整天劳碌，"管道"畅通。储积必要的脂肪有利于在艰苦条件下生存。

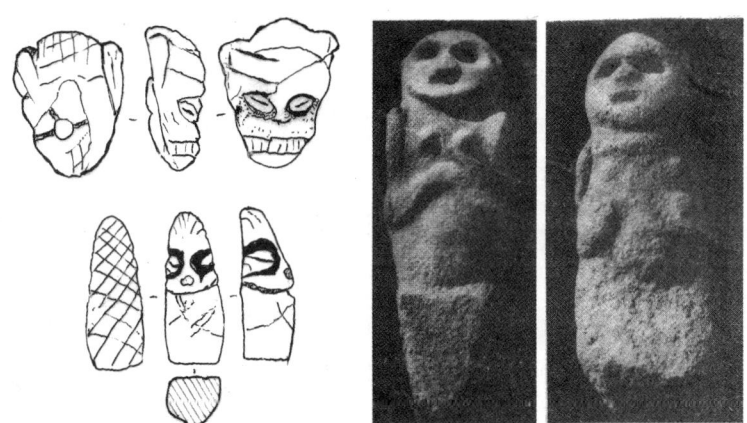

图 2-6 中国新石器早期小雕像

（左上、左下：辽宁东沟后洼遗址出土，采自《文物》1989 年第 12 期第 10 页；右：内蒙古林西西门外兴隆洼文化遗址出土，采自《中国文物报》1993 年 12 月 5 日）

较早的小雕像，面目奇特，性别不清，或说用为避邪或厌胜，保护氏族成员。较晚者性征明显，特别是腹部鼓起，意味深长，可能与常见早期女神像同样用于"繁殖－丰收巫术"。

---

① ［德］玛克斯·德索：《美学与艺术理论》，兰金仁译，中国社会科学出版社 1987 年版，第 255—256 页。

现代人类学家研究了霍屯督人、布须曼人的体质和生存条件之后，才"悟透肥臀（具有）那种与骆驼双峰同样的储备功能：石器时代没有稳固的食物来源，史前人惟有像布须曼妇女那样把多余的营养转化为臀部脂肪，才能'防饿于未然'"①。这绝不是什么"脂肪过剩症"。要知道，在那样艰难的环境中，脂肪过剩或肥胖症，是不利于生存，有悖于进化原则的。除了"催肥待嫁"等特殊原因外，她们极少滥食贪睡把自己喂胖，但适度的肥胖是必需的。当然，"女性，尤其是母亲，更多地待在家中抚养和照料孩子，所以，为了种族的延续和生命的再生产而在身体中积聚和储备脂肪的任务，就责无旁贷地落在母亲们的身上"②。这当然是一种新颖而合理的解释。还有人说，巨大而奇长的乳房超

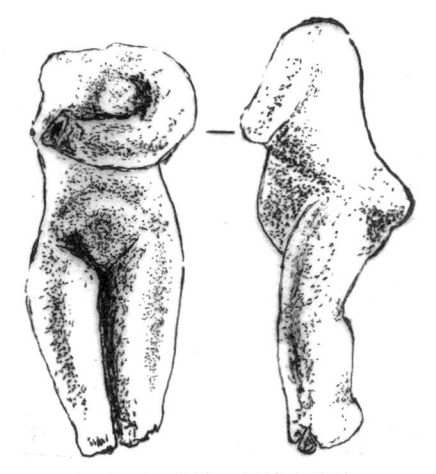

图 2-7　母神、爱神或地神

（辽宁喀左东山嘴出土，红山文化）

红山文化"母神"稍显肥胖，但比例匀称。腹部隆起，或说这是孕育和繁殖的意象。在艰苦条件下，适度的肥胖，有利于繁殖、哺育、劳作与生存。健康仍然是当时最重要的"美人"标准。作为女神，她们兼司人类与大地的蓄育。

出了哺乳的需要，但是能够甩到肩膀后面，让站在母亲臀尖上的幼儿吮吸（初民哺乳期往往长达数年），这样，双手就可以解放出来操持内务，以及从事一些像刮剥兽皮、饲养家畜或制陶掘地等劳动。要知道，原住民或上古时期的妇女并不完全脱离生产、专司哺育的。

这里必须提醒的是，绝不是所有的原始社会或石器时代的大母神造像都不要面部，不重视"头面"。

中国红山文化的女神就眉目清爽，中鼻大口，只是显得格外健壮罢了。而健壮，正是原始女性美的一个重要指标。

法国拉·玛尔什尼洞穴的妇女和男子肖像，西伯利亚中部和马耳他出土的猛犸象牙雕成的妇女胸像，等等，都基本写实，没有多大夸张或削减。有

---

① 参见叶舒宪：《耶鲁笔记》，鹭江出版社2002年版，第156—157页。
② 参见叶舒宪：《耶鲁笔记》，鹭江出版社2002年版，第157页。

些艺术史家猜测,这些猛犸时代的女性雕像,有些部分"表现出躯干与脑袋的匀称——是由有爱情经验的男人所雕刻出来的",那贯注着男人对女性美的理想①,但这还要求事实的佐证。

西亚等地出土的古老"母神"雕像,也有一些是"眉清目秀"的。

可见,有时候仅仅是原初神像中女性占据压倒多数,就能说明原始时期对于妇女、母亲在"两种生产"中重要地位的肯定,而且并不都依靠夸大女性特征。

图2-8 两河平原的女神造像

(1—2.泥塑,萨马拉遗址,Ⅲ期;3—6.泥塑,萨马拉遗址,Ⅳ期;7.石雕,萨马拉遗址,Ⅰ期;8.石雕,欧贝德遗址,Ⅳ期;9.石雕,苏美尔早期宫殿遗址)

这些雕塑基本写实,纵使个别仍在突出生殖部位,但面目清楚、匀称,个别已颇为美观。

三、突出丰乳肥臀的缘由

表面上几乎"纯粹"是对异性的体态的喜好或眷恋,看起来只是与性本能相联系的"审美"追求,但从社会生物学的观点来看,男性对女性的选择,主要也是出于功利,而带有遗传学背景。男性喜好年轻而有活力,并且具有较

---

① 参见〔德〕玛克斯·德索:《美学与艺术理论》,兰金仁译,中国社会科学出版社1987年版,第252页。

强的生育本领的女人，因为她能够保证男性自己的基因尽可能多地传递和延续。这不但是道金斯《自私的基因》所持的理由之一，而是生物学、社会学与美学的原因交互作用的结果。以西方人来说——

> 大而明亮的眼睛，白皙而细嫩的肌肤、金黄色的头发、身体两侧特征的对称性等。头发之金黄色之所以能够作为年轻、健康以及富有生殖能力的标志，乃是因为，在金发人群中，随着年龄的增长，他们的头发会逐渐变成黑色……①

据称，这是健康的标志。平衡、对称、中适是最重要标准。如果"天平摆动"，应该摆向壮硕。"各种疾病会使这种对称性逐步受到破坏。"初民最排拒的是衰弱。这也是男性比较喜爱丰满女性的原因。他要把自己特有的强壮传递给健全的配偶，造成"强强组合"。

利德莱（Matt Ridley）揭示（1993），"长期的基因进化的历史，已经使男人形成了这样的一种先天的倾向性，即对女人之年轻、健康，以及富有生殖能力的各种标志信号产生性行为的兴奋反应"②。丰乳、细腰、大臀同样如此。车尔尼雪夫斯基早就猜想，适度大小的乳房之所以是美的，主要因为它便于哺乳，又不会形成累赘。适度的细腰是未生育或少生育以及具有生殖潜力的一个"生理指标"。一般说，大臀意味着骨盆较宽，不易发生分娩困难。

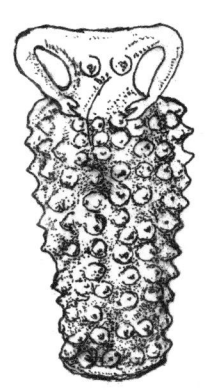

图2-9 多乳女神

（左：瓶形多乳女神，泥雕，哈吉亚·特里亚达，克里特岛，敏诺斯三世晚期；右：女体水罐，赤陶，特洛伊，第四层）

多乳房，突出女神"哺育（万物）"的力量（有人称作"刺猬女神"）。女性或女神，作为生命的源泉，水从其子宫或乳房不断流出（水罐与女体互拟）。

母性的特征之一是哺乳，突出的乳房也是女性的重要外形特征。

---

① ［英］苏珊·布莱克摩尔：《谜米机器》，高申春、吴友军、许波译，吉林人民出版社2001年版，第228页。

② ［英］苏珊·布莱克摩尔：《谜米机器》，高申春、吴友军、许波译，吉林人民出版社2001年版，第228页。

图 2-10　古"女"字

《说文》卷十二女部的"女",篆文就像女性垂手而立,"女,妇人也。象形"(王育说)。

"母"字却突出"女"的乳房。因为作为母亲,她必须哺乳。

图 2-11　古"母"字

"母,牧也。从女,象裹子形。一曰:象乳子也。"

甲金文的"女/母"区别,大体也在无乳与有乳。

女人的体态,仅以乳房为例,素来以丰硕、坚实、高耸为美,但作为女性的标志性器官,绝不仅仅由于其为敏感的动情区或羞耻点(从前非洲妇女都不遮掩它们,不仅仅是因为炎热);最重要的原因,是其哺育婴幼,并且被联想与推扩为哺育万物的功能。

大乳房与多乳房,就是这种功能的集中与放大。它被看作饮食、温暖与生命的源泉。诺伊曼介绍说:

图 2-12　美丽的水瓮:"女人是水做的"

(现代摄影艺术)

"谷神不死,是谓玄牝。玄牝之门,是谓天地根;绵绵呵若存,用之不堇(勤)。"水和水瓮都是女性的象征,也是生命力展示之永恒母题。女体也常被比拟为水之容器。母神或爱神,也因为与水的密切联系而被看作生命、生命力不竭的源泉,特别是她的子宫与乳房。金芭塔丝《女神的语言》(1989)指出:古欧洲女神多兼掌井泉,康复之水,生育与再生之水。

在克里特文化圈内，乳房的裸露是一种适应于祭典的圣事行为。女神和与她同一的女祭司们展示她们丰满的乳房，滋养的生命之乳的象征。广泛传布的"阿司塔耳忒型"的大女神，挤压或展示她的乳房，亦具有同样的意义。①

阿尔忒弥斯（Artemis），月亮女神兼女战神（罗马称戴安娜，Diana），也有多乳的造型。

在古代墨西哥，龙舌兰女神马雅乌埃莉（Mayauel），号称"有四百个乳房的女人"。

乳房也被看作天上女神"赐雨"的泉源。"地水附属于地女神的腹部和子宫，而天上的水附属于天女神的乳房。"②"女人是水做的。"女人或女神常常被看作"蓄水的容器"，被表现为水罐。

上善若水。水是阴性与永恒的，"绵绵呵若存，用之不堇（旱）"。女性是"玄牝"，是泉源，生生不息，源源不断，"是谓天地根"（老子）。"大女神作为神圣水罐，既是天上之水、雨的女主人，也是地上之水、从大地子宫中流出的百河千川的女主人。"③金芭塔丝进一步认为，这不仅是"哺育"的象征，还意味着"生命的维持"与"再生"，包含着育养万物的"宇宙论蕴涵"。④

金芭塔丝特别提出，某些史前女神雕像与再生信仰有关。母腹既是生命的容器，也是死亡的归宿，还是再生的驿站，特别是当女神及其器官跟卵、鱼或水发生"互拟"的时候。"在永生神话中，'回归母体'（regressus aduterum）是传播最广的主题，即返回创造的本源或象征生命之源的子宫。精神分析学认为在无意识的世界，时间是循环回归的，无意识有复归于原始的愿望。"⑤

---

① ［德］埃利希·诺伊曼：《大母神：原型分析》，李以洪译，东方出版社1998年版，第128页。

② ［德］埃利希·诺伊曼：《大母神：原型分析》，李以洪译，东方出版社1998年版，第127页。

③ ［德］埃利希·诺伊曼：《大母神：原型分析》，李以洪译，东方出版社1998年版，第127页。

④ ［美］马丽加·金芭塔丝：《活着的女神》，叶舒宪等译，广西师范大学出版社2008年版，第7、11页。

⑤ 叶舒宪：《老子与神话》，陕西人民出版社2005年版，第228页。

图 2-13 卵形，或鱼嘴女神

（上：多瑙河流域铁门地区莱潘斯基·维尔［Lepenski Vir］新石器遗址，前 6500—前 5500 年，发现于三角形神殿的祭坛之上；上左：面部以下有山形、菱形或圆形符号，背部染成赭石色；上中：除鱼眼、鱼嘴以外，有夸张的乳房和阴门，还有所谓"秃鹫爪子"；上右：残缺，"鱼面"，还有人的特征；下左：神殿祭坛上刻有女阴符号的圆石，18 厘米 ×13.8 厘米，维尔三期；下右：供参照的女神符号，采自金芭塔丝）

由于濒临河岸，又有鱼嘴和鱼眼，鱼鳞似的饰纹，高达 38 或 51 厘米，被称为"鱼女神"。鱼是女性的重要象征。由于可能在冰冻之下残水中生存，鱼开春以后获得新的生命，所以常被视为再生意象。有些女神，她们基本为卵形，或鱼卵形，或有突出的乳房与阴门。女人与鱼、水、卵的关系暗示她们与"生命—死亡—再生"信仰有关。刻着女阴符号者也是圆石。阴门，这也是生命循环的通道。卵形、半卵形、（倒）三角形、曲线，常为女性或女神符号。

《老子》："夫物芸芸，各复归于其根。归根曰静。"这就暗示具有生命的万物都必将死亡，必将复归于土，于水，于"母腹/大地的子宫"，那里是"静"，是"混沌/黑暗"。然而，"静，是谓复命"，"复命"不仅是回归"死亡"，而且会复归"生命"。生育—死亡—再生，是生命的常规。"知常，明也；不知常，妄；妄作，凶。"这就像鱼在水中生存、死亡，回归于卵，而后从卵中复活。女性与鱼、水往往互拟（参见闻一多《神话与诗·说鱼》）。"鱼水之欢"说的就是性活动。

卵形女神，她的"阴门"，是充盈着水的生命通路。所以《老子》含蓄地歌颂道："谷神不死，是谓玄牝。玄牝之门，是谓天地之根。绵绵呵若存，用之不堇（干涸）。"（第六章）

这些几乎都在多瑙河流域铁门地区的莱潘斯基·维尔新石器遗址三角形神庙、祭坛上巨大的卵形鱼女神石雕、女阴刻石中再现了。"卵和鱼，或是女人、鱼和水流，而且还用鱼与死亡及再生女神合成了一个新的形象，突出表现了她

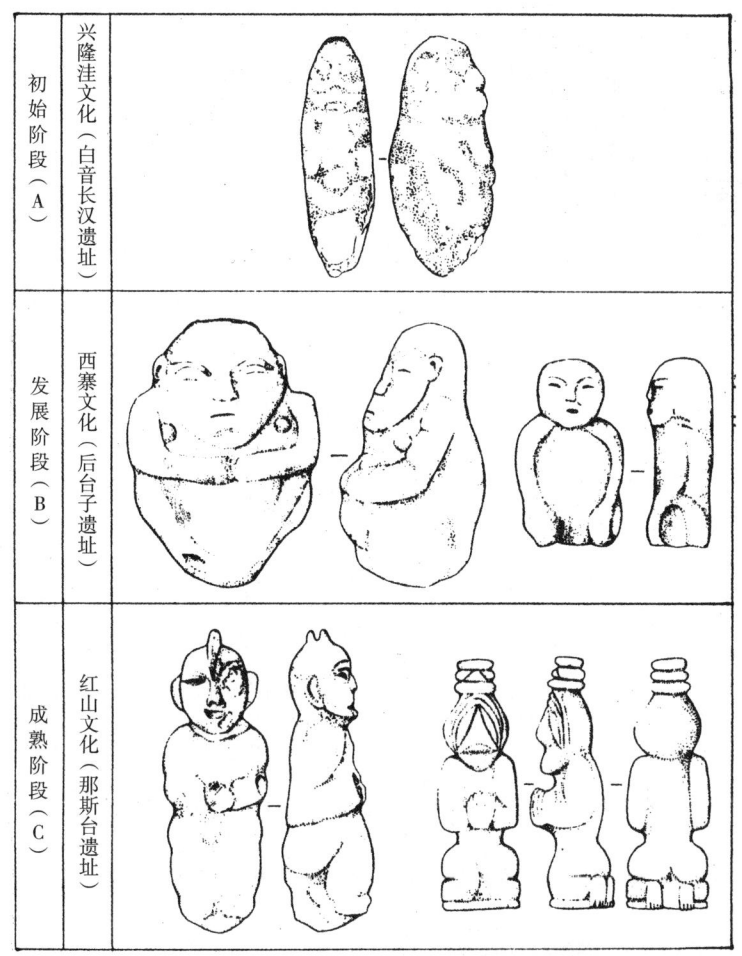

图2-14 前红山文化与红山文化石雕人像

（三阶段或三期人像对照，采自刘国祥）

红山文化女神像与人物造型是有历史"远景"，它有一个发展过程。在红山文化之前的西寨文化（后台子遗址）已出现较为明确的卵圆形女神像，躯体肥硕，但面目五官很清楚；前此的兴隆洼文化约略同形的，似可称为"类女神像"，躯干与面目不大清楚。

的乳房、她的女阴，还有某种猛禽的爪子。"① 就像中国"帝"的主干▽是女阴符号那样，这里的圣殿或棚屋的"三角形轮廓象征着女神的生殖三角区，祭坛描绘出产道的形状，而那些卵形（或子宫形）的石雕表现了位于产道顶端的子宫"；再加上鱼的形象，神背上的赭血色和周遭的流水，完整地体现着原初的生命与再生信仰。②

1984年，内蒙古林西县西门外出土了两尊石雕人像，"双眼、嘴内凹，鼻子隆起，双耳较小，乳房凸出，鼓腹"，明显为女性，面目也不模糊，"重点突出女性特征"，应是"当时人们崇拜物"③——看来其巫术功能与后洼人像以及一般母神小雕像一致。

继内蒙古兴隆洼遗址发现女神造像之后，河北滦平后台子遗址发现几个技术较前精进、面目较为清楚的女神石雕像④，年代距今6500年左右，较红山文化泥塑女神要早。汤池称之为中国最古老的史前维纳斯。⑤

刘国祥将其分为两类：第一类，孕妇（重点表现鼓突的乳房和腹部）；第二类，一般或产后妇女（重点刻画张开的阴部）。⑥

跟兴隆洼女神一样主要是椭圆形，即卵形，下部大致成大圆椎形，便于植埋于土中（发现

图 2-15 红山女神头像

（辽宁省牛河梁"女神庙"遗址出土人头塑像，高22.5厘米，宽16.5厘米，躯体毁坏，只余手部等）

这个女神头像，绝不是有意造成的"面目模糊"，而是粗眉大眼，宽鼻大口，且具有一定表情或性格特征。这很可能是根据当时当地的妇女形貌塑造的。这并不妨碍她保障、促进蕃庶与丰殖的职能。

---

① [美]马丽加·金芭塔丝：《活着的女神》，叶舒宪等译，广西师范大学出版社2008年版，第32页。
② [美]马丽加·金芭塔丝：《活着的女神》，叶舒宪等译，广西师范大学出版社2008年版，第63页。
③ 王刚：《兴隆洼文化石雕人体像》，载《中国文物报》1993年12月5日。
④ 参见《河北滦平县后台子遗址发掘简报》，载《文物》1994年第3期。
⑤ 参见汤池：《试论滦平后台子出土的石雕女神像》，载《文物》1994年第3期。
⑥ 参见刘国祥：《论滦平后台子下层文化遗存及相关问题》，见《考古求知集》，中国社会科学出版社1997年版，第207页。

于89LBAF19者，出土时即植立于室中），不然重心不稳。植入地中的目的是什么？很可能是为了使土地像多产的妇女那样肥沃与蕃庶（参见朱狄说）。

第二节 "两种生产"的结晶

生活资料的生产，人类自身的生产与再生产，恩格斯说的这"两种生产"是人类生存的根本保证。妇女首先是"两种生产"的承担者。妇女的形象，包括妇女的代表或"精华"——女神们，长期被视为最大的美善，绝不仅仅是她们外形的美丽。

一、爱欲，生殖与沃饶

人活着就要吃，不管是个体或群体，都要用第一需要的吃来生存。这要用物质资料的生产来保障。但是，这只能保证这一代的生存，要延续这种生存——生生不已、代代相传的生存——还要生育，即繁殖。

这些都是人类最根本的利益，进化与发展之利益，亦即最高的合目的之善，这种善当然也能焕发出最大的美。

这样，人类极早就崇拜繁殖女神，即掌司生育的母亲之神，便是很自然的事。

图2-16 善

（《爱的真谛》，油画，意大利，弗朗西斯科·萨尔瓦蒂）

爱，或love，内容广泛，不限于性爱。母子之爱往往被看作最富于生命之爱，至上之爱，止于至善。它象征人类生命的延续、拓展和进步。

那么，母神就不管吃了吗？不。除了哺育孩子，自己要吃得壮壮的，以利于生育和哺养；更重要的，她也能诱发土地与庄稼果木的生产，掌司大地与谷物的丰饶，保障和促进"第一生产"。所以是最大的善神与美神，是生命根本利益的支持者和支配者。

生命是爱，爱是生命最自然的流露与最坚韧的纽带，男女之爱，亲子之爱，兄弟之爱，朋友之爱，同志之爱……都被无论东西方的思想家看作高级形态之

"善"；当它凝聚并呈现为"形象"的时候，又是一种光辉喷发之"美"。孔子把"仁"当作最高的善，"仁者爱人"是他的思想核心（尽管不能简单地说他"爱一切人"）。"美"就在他的"仁"中，而审美实质上是一种"爱"。我们觉得他所代表的文化，主要是一种"爱感"文化（"爱感"比"乐感"更广泛，比如可以涵盖悲悯之情与忧患意识，而不是欧美的"罪感文化"或日本的"耻感文化"）。

这种广义之爱仍然以男女之情为重。无夫妇则无亲子，也没有人类。这是人类自我再生产的根本性大事。

如上，爱神，往往兼着母神，也往往被看作美神。我们可以从这些"母神／爱神／美神"的造像看到初民或古人怎样塑造爱情之美，异性之美，从而走向保障人类两大生产、两大需要、两大利益之善。

在赫西俄德那里，厄罗斯（Eros）似乎是阴性的，后来则变成小男孩。但更重要的是，厄罗斯和他的母亲阿芙洛狄忒（Aphrodite）也是可相置换的关系，都象征爱欲，后者的名气或影响力似乎更大。巴门尼德这位诗人哲学家就曾唱道：

图 2-17　母性之美

（圣母玛利亚庇佑孩子们，欧洲近世油画）

中国人说，多子多福，有子万事足。欧洲也并不提倡"绝后"，但更祝愿孩子健康、活泼、聪明，所以圣母受到广泛崇拜。

　　纯粹之火充满了这些狭窄的环道，
　　旁边环道为黑暗充塞，
　　随后有适量的火焰注入，
　　环道中心是操纵一切的女神。

这位女神是创世者、宇宙之母，但也有人说亦指阿芙洛狄忒，即性爱女神。因为——

　　她到处鼓动着痛苦的分娩和婚媾，
　　把雌性的送给雄性的相匹配，
　　把雄性的送给雌性的为对偶。①

但她起初也不过是大母神的一种，还是性爱或爱欲即厄罗斯的人格化；或者说，阿芙洛狄忒以大母神统一着性爱、生育或爱欲，最后才成为美神。

---

① 苗力田：《古希腊哲学》，中国人民大学出版社1989年版，第98—99页。

图 2-18 埃及、希腊的美神与母神

（左上：阿芙洛狄忒的头部，青铜，雕塑残片，前 2—前 1 世纪；左下：地母德墨忒耳，她半年愁居冥土，半年回到复苏的大地，代表季节的循环，经过近人改画的古代图像；右上：希腊最古老的母神，该亚，"宽广的大地"，她生出了世界、种族和人类；右下：塞尔奎特，天蝎星座女神，太阳神的妻子，专司生育和繁殖，古埃及雕像）

上古的美神、爱神多兼着母神与土地、万物增殖之神，再次证明古代之"美"往往与"两种生产"和生活紧密联系。

二、"宇宙亲和力"的厄罗斯

恩培多克勒用"爱/恨"来标志宇宙的两种对立的力量（结合与创造，分离与破坏），但他似乎更强调"爱/阿芙洛狄忒"的亲和作用："这一切在冲突中现出种种不同的形相，并且分离开来，然而在爱中却结成一体，彼此眷恋。"①

另一种译文更明白："这一切在受'斗'的支配时形状不同，彼此分离，然而在'爱'中却结成一体，互相眷恋。"② 这"爱"或译"友爱"，实则仍

---

① 北京大学哲学系外国哲学史教研室编译：《古希腊罗马哲学》，商务印书馆 1961 年版，第 83 页。
② 北京大学哲学系外国哲学史教研室编译：《西方哲学原著选读》（上卷），商务印书馆 1981 年版，第 44 页。

属爱欲及其欢娱，由爱神来"实施"。

  "友爱"置根于变迁的肢体，
   靠她生出友善情意并促成统一，
   为此被她称为欢娱，名之阿芙洛狄蒂。
   她也在元素中旋转，但却无一人知道。①

我们实在不知道，她（爱/乐/美）跟"厄罗斯/亲和力"乃至"第三种气（冲气）"有多大区别（厄罗斯跟"性力"的关系，另详）。

马克思说："女神的地位，乃是关于妇女以前更自由和更有势力的地位的回忆。"② 她们是更多地担负着社会职责的妇女的"神圣再现"。

恩格斯也说："神话中的女神的地位，表明早期女子还享有比较自由与受尊敬的地位。"③

她们是上古妇女的"精华"与光荣代表。

图 2-19 厄罗斯变成又可爱又淘气的男孩子

（《抵御爱神进攻的姑娘》局部，油画，法国，威廉·布格罗，1880年）

宇宙亲和力，再也不是抽象的"伟大概念"。创造者厄罗斯完全人性化，变成又可爱又淘气的孩子，拒绝他于心不忍，也心有不甘，接受他又害怕可能带来的一连串痛苦与麻烦。创造，也是内在着矛盾的。

对丰产和蕃育女神（大母神）的"创作"与崇拜，是人类对自己的能动行为又一种奇特而光辉的评价；而这些生殖兼丰收女神在事实上又都是美神，因为原始人民和古代人民是一直把她们当作最高尚、最美丽、最伟大的女神来奉祀的。尽管只是到了阿芙洛狄忒和维纳斯这一代，她们才明确地获得爱神兼美神的荣誉；而在较古老的希腊罗马神话里，她还拿着刀与矛，又掌管植物繁

---

① 苗力田：《古希腊哲学》，中国人民大学出版社1989年版，第112页。
② ［德］马克思：《摩尔根〈古代社会〉一书摘要》，中国科学研历史研究所翻译组译，人民出版社1965年版，第39页。
③ ［德］恩格斯：《家庭、私有制和国家的起源》，见中共中央马克思恩格斯列宁斯大林著作编译局编：《马克思恩格斯选集》（第四卷），人民出版社1972年版，第57页。

茂，是女战神兼农神（即令后来成为专职爱神，她还兼司园艺种植）。她没有厄罗斯古老，后来却被说成是厄罗斯的母亲。赫西俄德《神谱》说，爱神还生在主神宙斯之前。在混沌（Chaos，卡俄斯）和地神该亚（Gaia）之后就是小爱神厄罗斯："在不朽的诸神中数她最美，能使所有的神和所有的人销魂荡魄、呆若木鸡，使他们丧失理智，心里没了主意。"① 可见她资历之老，力量之大，神格之高。所以，后来巴门尼德《论自然》说："在一切神灵里，她（女神）首先创造了爱神。"② 这指的恐怕也是厄罗斯。

图 2-20 正在制造"麻烦"的小爱神

（《丘比特制造弓箭》，油画，意大利，帕米奇安诺，约 1527—1530，现藏于维也纳艺术史美术馆）

他的箭射中了谁，谁就会沉迷于"爱的陷阱"，不可自拔。他本来是一种"宇宙亲和力"，就像《老子》的"冲气"，把"阴""阳"冲合在一起，使宇宙成为对立统一的整体。

图 2-21 厄罗斯

（《小爱神》，尼德兰，奥·瑞米纳尔蒂，1593—1630，现藏于巴黎卢浮宫）

他长大了，走向成熟，也有了自己的小情人普赛姬。似乎更多了些理性或历练。爱总是要成熟的，不能停留在原始的欲望。但即令是纯净的爱情，也多有性欲的基础或背景，马尔库塞便称之为"爱欲：Eros"。鲁本斯画作中，厄罗斯驾驭着海豚，便代表性与本能的力量。

---

① ［古希腊］赫西俄德：《工作与时日　神谱》，张竹明、蒋平译，商务印书馆 1991 年版，第 29—30 页。
② 北京大学哲学系外国哲学史教研室编译：《古希腊罗马哲学》，商务印书馆 1961 年版，第 54 页。

图 2-22 爱神"美"在哪里?

(《照镜子的维纳斯》,油画局部,意大利,提香,1555年,现藏于华盛顿国立美术馆)

阿芙洛狄忒是漂亮的外形、性感与魅力相融汇的美。这也是文艺复兴画家最喜欢描绘爱神的原因——本质上跟帕里斯王子把金苹果判给她的原因相同。他们还用这种美来挑战或考验中世纪教士或卫道者的心灵。

赫西俄德称呼厄罗斯,用了阴性代词(她),可是,后来他是个小男孩。可见起初它性别不定,可能还没有完全形成"人格",而只是一种神秘的宇宙间的"亲和力",有点儿像《老子》谐合"阴/阳"的"冲气",比阿芙洛狄忒们古老得多。逐渐地,人们用"爱"或"爱神"称呼它。

以上可见,原始或上古时代的人把"爱/性爱和生殖"看得是何等重要,这至少也是一种决定人们行为或命运的力量。所以,柏拉图《会饮篇》里的斐德若在引证赫西俄德所说"混沌"之后就是"大地"和"爱神",以后,说:

> 爱神是一个伟大的神,在人与神之中都是最神奇的。……他是一位最古老的神,这就是一个光荣。……根据帕墨尼得斯,世界主宰"所生的第一个神就是爱神"。①

他还把爱神(或爱欲,或爱情)当成"人类最高幸福的来源"。也有材料说,厄罗斯是爱神与战神阿瑞斯所生的孩子②,所以他有双重力量,"爱"与"暴力"结合,是人神都难抵抗的。所以被称为"战无不胜之神"。

三、爱与爱神的二重性

希腊悲剧诗人埃斯库罗斯的一个残本里,爱神阿芙洛狄忒说:

> 明净的天空喜欢钻入大地,爱神(指Eros)以大地为妻;产生万

---

① [古希腊]柏拉图:《柏拉图文艺对话集》,朱光潜译,人民文学出版社1963年版,第220—221页。

② [希腊]索菲娅·N. 斯菲罗亚:《希腊诸神传》,张云江译,国际文化出版公司2007年版,第64页。

物的天上降下的雨使大地受孕，然后大地给凡人生产牲畜饲料和德墨忒耳（Demeter，农业之神）的谷物。（傅雷汉译）

可见爱神厄罗斯跟阿芙洛狄忒一样还主管农耕，主管大地和雨，是"两种生产"之神。

特别是在克诺索斯岛，她"被人们视为一位丰产与植物女神，并被当作一种花开与枯萎、生命与死亡的象征符号"。她不但跟战神阿瑞斯"非法结合"，本身也曾成为女战神。在斯巴达与塞西拉岛，有"武装爱神"的雕塑，称为 Oplismenis Aphrodite。①

麦克斯·缪勒说，在赫西俄德《神谱》中，厄罗斯最为古老。他诞生时，只有卡俄斯（混沌）即与大地，证明是他（光明）解破了黑暗。印度的曙光之神阿鲁沙（Arusha）也生于所有"时间的开始"。"在《吠陀》里，他'是个孩子，是特尤斯（天之神）的儿子；他驾驭着哈利兹（太阳神马），他如果不是黎明的儿子，至少也是她的爱人'。"②考虑到他们都是光之意象，具有太阳神性，而又作为爱神出现，那同样暗示着光和太阳含有生殖的力量（sun 同时有"生殖者"的意思），而爱被人类看作一种光明。

如上，爱又是盲目的，内含着本能之冥昧或欲望的冲动，这一点很像"命运"（女神），交叠着黑暗与光明，亦即伪恶丑与真善美的二重性：情欲偏向黑暗与恶丑，爱情倾于光明和美善。它们都蕴涵着生命、人世和宇宙

图 2-23　爱神与她的孩子

（《在海滨的维纳斯与小爱神》，油画，意大利，康比阿索，1527—1585）

希腊人之所以把厄罗斯当成爱神阿芙洛狄忒的孩子，似乎在暗示，他代表的是更原始的性爱或者爱欲，而带着母性的爱神则象征更多进入精神领域的成熟的爱神。

画家让爱神背向观众，更突出了"厄罗斯/小爱神"的意象。他的弓箭太可畏了，他还是个"盲目"的孩子。他母亲的"爱"更多些"成熟"和精神性，所以要控制和调谐"爱欲/厄罗斯"的神秘力量，不让他老玩他的弓箭。

---

① ［希腊］索菲娅·N.斯菲罗亚：《希腊诸神传》，张云江译，国际文化出版公司2007年版，第72—73页。
② ［英］麦克斯·缪勒：《比较神话学》，金泽译，上海文艺出版社1989年版，第137页。

的秘密（例如各种"气/粒子"的性质、结构与关系），依靠人类去破解、认知和掌控。

图 2-24　印度小爱神伽摩

（西方画家构拟或重绘）

印度小爱神伽摩相当于希腊罗马的厄罗斯－丘比特。

西方人或称之为"卡尔提凯亚"；或说是破坏神湿婆和美神雪山神女的孩子，但有的故事却说他射了湿婆一箭，使他爱上雪山神女；湿婆还用三昧真火把"爱"烧成（更难抵御的）"无形"。他有一副蔗为弓、蜜做弦、花制箭的远射武器，谁都逃不过它的"袭击"与"感染"。或说他是曙光之神阿鲁沙的一个变体。

《梨俱吠陀》有伽摩（Kāma），意为"爱欲"，相当于厄罗斯。成为爱神，又称 Kāmadeva。这位印度教的爱神比厄罗斯的爱欲更充满了矛盾或悖论。Kāma 既然被湿婆神或大自在天用三昧真火烧成灰烬（号称"无形"或"无声"），这灰烬却更加无孔不入，弄得人因为"戒欲"而无法自持。"无形"又暗示着"具情欲"，只剩下赤裸裸的"精气"或肉欲。雨水、乌云、闪电都是这个"执花弓"者的部众（就像中国"云雨"的隐喻）。他的五支"箭"表示：

能狂/能爱/能愚/能枯/能死

这里依然充斥着"荒谬"，显然都是肉欲所致。檀丁《诗镜》引《诗》云：

上弦之光阴（暗示情欲）使白光者（月亮）增长，

它促使五箭者（即 Kāma）的爱欲（增长），

而它又使其脸面的欲色（增长），

这欲色又使姑娘的欲念（增长）。

这"五箭"既指情欲,又能"制服一切有情"(能愚/能枯/能死)。"连饮蜜浆的蜜蜂嗓子里,发出来的动听的柔和叫声,听起来也觉得刺耳难忍,具欲者的苦恼与此相同。"希腊神话也说,小爱神厄罗斯的箭镞上有着蜂蜜一般的甜蜜与芬芳。

图 2-25 印度的母神

(左:古老的母神像;上中:吉祥天女;右上、右下:降服牛魔王与恶鬼的难近母丢尔迦)

印度的母神十分繁杂。或说,最初称其为提婆(Deva),意为"神"或"天"。小爱神就被称为 Kāmadeva(伽摩提婆)。她们多被说成是"毁灭-再生"之神湿婆之妻。他们的交合产生"性力",被看作宇宙创造的力量,其汇集即 Kāma,"爱欲"或厄罗斯似的"宇宙亲和力"。

湖北出土的郭店楚简《太一生水》说:"大一生水。"水"反辅"大一成"天",天"反辅"大一成"地"。然后次第"相辅",构成宇宙万物演进的序列:天地→阴阳→四时→寒热→湿燥。

"湿燥复相辅也,成岁而止。"这实质上是说,年岁是由天/地、阴/

图2-26 吉祥天女与小爱神伽摩

（佛教洞窟壁画，唐代，新疆）

吉祥天女以世俗少妇和母亲形象出现，俨然东方的圣母，充满温馨与性感；小爱神则与丘比特一般可爱，依依膝下，抬手要抱要亲，一副人间亲情胜景。

阳、四时、寒/热、湿/燥相交激、相交合而生成的①。简括的表达是："岁者，湿燥之所生也。"这是原初"阴/阳"观念、时空构造的一种特殊表达。

这跟印度人（在《考史多自奥义书》里）所说，光是生殖力，年岁由它所生一样。水置换了光，成为宇宙的性力与爱之意象。它生岁，就是在空间里创造了时间。

有了年岁才能蕃殖万物或每一个别生物。易言之，就是光或水体混沌的解破者经历着时间催生了天地万物与人类。

要之，生命，是最大的真、善、美（生命与生存不大一样，少数人为多数人的利益与未来牺牲了自己的生存，这是为更大更普遍的生命，所以是最高的美善）。这样，我们很容易了解，初民或古人以光明为美、以黑暗为丑的根本原因在于对生命（尤其明确的生命活动）的眷恋和热爱。然而，我们也许没有想到，光明居然也是性、性爱或性力的一种意象——而这同样也是植根于生殖与生命的运动。所以，光明不仅是真（真理之光）的一种象征，不仅是美的一种存在形式，而且也是善的一种依据。

在印欧神话中，"光"或者其"最伟大载体"太阳也被看作"生殖的力量"。

　　　　Sun（太阳）——生殖者（参见帕尔默等）

　　　　Agni（火，火与太阳之神）——繁殖的根源（参见麦克斯·缪勒等）

《吠陀》颂曰，他让我们"子孙繁衍，身强力壮"。

---

① 参见萧兵：《"太一生水"的神话学研究》，载《华中师范大学学报》（人文社会科学版）2003年第6期。

"灶有髻。"起初,灶神兼为大母神。欧洲俗谚云:"炉灶就是母亲。"于是灶的女神,不仅成为"火母",而且进入了爱神与母神的序列。跟中国的日神-灶神往往相兼一致。但也有材料说,女灶神和她的专祀祭司一样保持着"终身的贞洁",却依然是一种蕃育的力量。

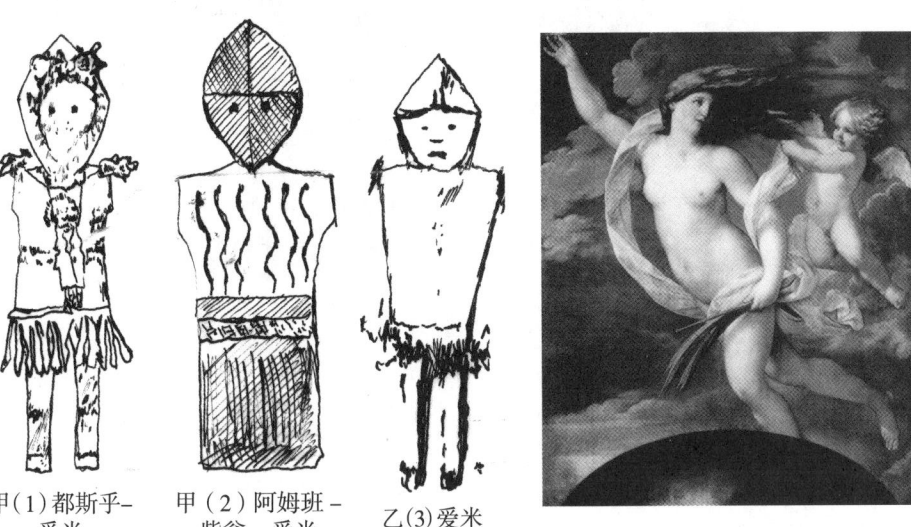

甲(1)都斯乎-爱米　　甲(2)阿姆班-紫翁-爱米　　乙(3)爱米

图 2-27　少司命:夫人自有兮美子

(左:萨满教生命神,母神,各种"爱米"神偶;右:《命运》局部,油画,意大利,格·列尼,约1623年,现藏于意大利圣卢卡国家美术馆,此图复现)

《楚辞·九歌·少司命》:"竦长剑兮拥幼艾,荪独宜兮为民正!"西方古代同样有美丽而可畏的命运女神,掌握爱情、生死,尤其是婴幼儿的生命。"夫人自有兮美子,荪何以兮愁苦?"难道她也跟人间的母亲一样,为孩子的健美而欢喜,因幼儿的夭折而悲愁?在上古,人的力量还较弱,"命运"多严峻而又盲目,但仍深涵着善/恶的二重性。近世以来,人逐渐觉醒而且长大,命运也随之展示其柔和面,暗示人可以逐渐认知她,亲近她。

第三节　躯体之美及其争执

古代对躯体之美的欣赏是比较多样的。但由于妇女要更多地承担"两种生产"的光荣职责,所以希望她们强壮。越古越如此。中国,从《诗》《骚》时代,一直到汉唐,女性多是以高大壮硕为美。

人们还不回避孕育之艰难与美。因为耕稼和畜牧都需要更多的人力。

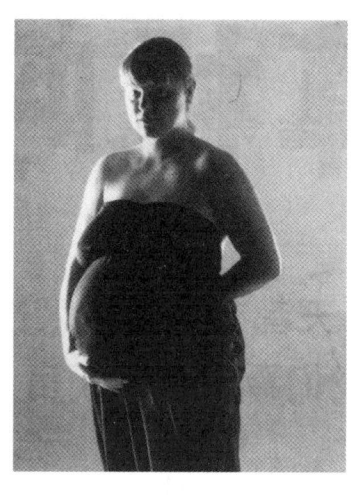

图 2-28 肥胖与大腹为美

（左："温林多夫的维纳斯"，旧石器时期的母神小雕像，奥地利温林多夫出土，此图复见；右：怀孕的妇女）

原始时期，不歧视肥壮的妇女。除了能够操劳之外，人们还希望她多多生育，以增殖人口。这样，就常以胖为美，也不"丑视"大腹便便的孕妇，她们也以能够做妈妈为荣。当然，也不绝对。美神像也有苗条娟秀的。过于肥胖，同样妨害生存，个例不能代表当时的一般审美观念（只有以强壮为美能够肯定）。

一、善于孕育之大美

如前，妇女是"另一种生产"，即"人类自身的再生产"的主要承担者，当然也需要另一种"美"。《诗·唐风·椒聊》可能歌颂的是一个孕妇（至少也是一个善于生殖的健妇）：

椒聊之实，蕃衍盈升；彼其之子，硕大无朋。椒聊且！远条且！

椒聊之实，蕃衍盈匊；彼其之子，硕大且笃。椒聊且！远条且！

椒以多实善衍著称，后世后妃们住的椒房，就不仅因为以椒和泥涂壁可以生香防腐，还要它促进繁殖，此当系祝愿赞颂美人肥壮多子。古代生产规模小，水平低，主要靠人力、体力；那时人口稀少，死亡率（尤其婴儿死亡率）高，为了提高生产和生活水平，繁衍和丰殖族类，审美家和诗人往往着意歌颂那些既能亲把锄犁、牧饲牛羊，又善于生殖的"硕大无朋"的健妇或"大比赤阴"的赤乌美人——就好像他们曾崇拜简狄、姜嫄等为丰殖女神一样。但《椒聊》颂美的主要是蕃育力。

图 2-29　分娩：生育的伟大与艰辛

（左：生育女神，陶制，玛雅文化，墨西哥，约前 400 年，摄于玛雅艺术展览会；右：特拉佐尔特奥尔特女神，约前 1500 年）

分娩的痛苦与危险，是古人肉体或精神的"监狱"。

乐园，尤其是"妇女乐园"，分娩是无痛的，无坼无副，无灾无难。正是因为分娩伴随着痛苦与危险，初民往往对产妇表示尊敬与同情，并且赋予生育女神以充分的敬畏。千万不要用现代人的眼光去审视生育行为的美丑。从这个角度说，某些丰乳肥臀的女神确实可能兼为孕妇保护神与催产神。

在原始时期，人们因繁殖的需要而崇拜孕妇，某些女神的雕像或图形有便便大腹，或称之为"孕育女神"。

美洲古代有些造像，直接再现妇女的分娩。现代人觉得不怎么雅观。可在初民眼中，是再美丽、再光辉不过的事情。这再次证明，各个时代、各个群团的审美标准是不同的。在"原初"，孕育与分娩都是神圣行为。"生育使女人经验了一次真正的神迹，这一神迹正是确立母权的基础"。[①] 所以，孕妇和分娩中的女人都被视为"美"，或成为"美神/爱神/母神"的形象基础。到了近世，分娩后的母亲依然得到艺术家的歌颂。就连黑格尔都赞美分娩后的母亲，她战胜巨大的危险和痛苦，停止挣扎与嘶喊之后显出极端柔美的宁静与慈蔼，洋溢着初为人母的幸福和喜悦，就像初升的旭日一样放射着希望与温暖。

---

① ［德］埃利希·诺伊曼：《大母神：原型分析》，李以洪译，东方出版社 1998 年版，第 321 页。

图2-30 孕育

(《希望之二》,油画,奥地利,古斯塔·克里木特,1907—1908,现藏于美国纽约现代艺术博物馆)

这是歌颂孕育与母性的名作,正如其标题所示:希望。它还暗示,正是妇女,主要担承人类繁衍和延续的巨大责任。

如果她身畔还安睡着可爱而浑茫的婴儿的话,那么人类与世界应该知足,他们将拥有前程无量的美好。到了文艺复兴时期,艺术家对于初产少妇的美的讴歌,主要借着对圣洁的玛利亚的刻画来体现——我们从中窥见的是世俗的纯净与美好。

为着研究和讨论的方便,可以按照当前学术界的习惯,将"美"大致分为三种:社会生活里的美,自然界里的美和纯粹人工制作、观念形态的美(即所谓"艺术美";美的创作,似可简称为"创美",以与审美相对待)。"美人",尤其是原始时期的"美人",便有机地叠合着这三者,相当集中地体现着美的内容和形式的对立统一,表现着深刻的历史内容和鲜明的时代特征。"人者仁也,二人也,人人也。"人是社会关系的总和,是社会的核心,历史的创造,自然界的"精华"。这是事实。跟所谓"人类中心主义"的狂妄是不同的。"美人"不是个形式概念,也不是一成不变的"模型"。"美人",是对人的外形和某些特性、品质,或全面或特殊的概括(或者说评价)。羊人为美,美人即"牧",即"君"(牧、君是酋长,牧羊人头头,不同于后世的"王""帝"),"美人"是猎人、牧人和农夫的领袖,是氏族的劳动能手、酋长(往往兼任巫师)、文化英雄或祖先神,他们的身躯大都高大,肥硕,强壮。

初民对女性的审美标准,首要的是健康和壮硕;但其深层或根柢,最重要的是可"证明"并且可"重复"的繁殖力。在原始社会较早的时期,年龄似乎不是决定因素,只要是育龄妇女,由成年或月经来潮到绝经期前后的女性,都可以成为性伴(注意,这绝不是说所有的性伴都是可爱或美丽的,性与爱与美有根本性关联,却不是完全一致,有时还可能是"冲突"的)。性的成熟和吸引,如果不是主要,至少也是重要的性爱或审美的因素。

图 2-31　多生多育：人类繁殖的颂歌

(《圣母玛利亚的怀胎》，油画，西班牙，巴托洛姆·埃斯特万·牟里罗，约 1678 年)

上古地广人稀，婴幼与产妇死亡率又高，人们希望多生多育，人丁兴旺，以扩大生活资料与人类自身的生产与再生产。

圣母玛利亚作为"文明时代"的母神、爱神与美神，她从灵光受孕，生了耶稣，却有许多婴儿围绕着她，一方面是希望得到她的庇佑和祝福，希望母婴都能像她那样健全与美，另一方面也是祝愿更多婴儿健康地出生与成长。

在动物群里，有些已近老年的雌性，备受"宠爱"，原因一直不大明白。有些似乎是习惯成自然。我们都熟悉黑猩猩的"丑星"老芙洛。珍妮·古多尔说："我一度认为，这无非因为她是老手而富有经验，当她发情招惹异性时，公黑猩猩无不为之倾倒。"年轻或年老不是原因。"实际上，有些年老的母兽发情时却几乎不被理会，而某些年轻的母兽却像芙洛一样受到狂热的追求。"[①] 唯一可供解答的是，她生了好几个强壮的儿子，使群的实力得到加强。公黑猩猩们的古怪"审丑"行为有益于群，不管是否"自觉"。

然而，初民并不是不喜欢年轻、健康而活泼的姑娘的，正如雄兽绝不拒绝初次发情的健壮的小母兽。

---

① [英]珍妮·古多尔：《黑猩猩在召唤》，刘后一、张锋译，科学出版社 1980 年版，第 59 页。

图 2-32　黑猩猩的择偶

（现代动物摄影）

黑猩猩也有其特殊标准，不仅年轻健壮者会得到雄性的青睐，有时年老而经验丰富、个性平和的母猩猩也会受到不止一头年轻力壮的公猩猩的钟爱。这可以看作人类及其择偶审美标准的浅淡远景或生物学依据。初民选择异性并非纯是美丽、年轻、温柔或者热辣，经验、性格、行为也是重要标准，甚至是主要标准。

大约九岁，"年轻的母黑猩猩开始出现月经，对成年公猩猩也就具有了吸引力"[①]。这不是以动物与人类进行不礼貌的对比，从人类的远祖身上确实可以看到人的行为，尤其是本能性行为的某些特征。人类的行为不是半空中落下的，而是在其动物远祖的遗传遗码中继承与更新出来的。这里还暂且不说返祖冲动的种种特异表现。越靠近"原初"，性的吸引力总是比外貌更重要（不同时期对异性外貌的审美要求也是不同的），年龄甚至不是最重要的因素。而性的根柢，首先是繁殖，所以，越靠近"原初"，繁殖能力及其显示越是深潜而又决定性的因素。

---

① ［英］珍妮·古多尔：《黑猩猩在召唤》，刘后一、张锋译，科学出版社1980年版，第206页。

图 2-33　狂欢节上的壮实女性

（左：彝族的火把节，袁冬平摄；中上：海地，丰收的妇女；中下：欧洲的狂欢节；右：萨提儿与舞女）

羌族、藏族、纳西族、彝族妇女多高大、健壮，欧美女性虽然一时片面追求瘦削、骨感，却依然大部壮硕、健美。非洲与太平洋岛国至今还以肥胖为美。这是与长期形成的审美观紧密联系着的，依然是眷恋蕃育、丰饶、繁富的传统。

过去，泸沽湖畔的某些纳西族群保留着母系氏族残余风习，实行所谓"阿注婚"——有些像"走访婚"，或"临时婚姻"，传统认为是"群婚残余"，或向所谓"对偶婚"过渡的某种阶段。男子并非没有选择权，他们选择"性伴"，即性生活上的"阿注"或"阿肖"（"朋友"或"情人"）的标准，一般是：

  第一重视貌美、年轻，
  第二考虑是否能干，对自己是否热情。[①]

这当然跟所谓原始的"审美"或"恋爱"已完全不同，但至少可见出原始性"婚恋"行为中并不排拒"年轻""貌美"，却有不同审断标准。"女子选择男阿注时，家庭富裕和才貌出众则成为主要标准。"[②] 这就跟"近世"差不多了。到年龄大了，则趋向稳定，寻求"长期阿注"或正式伴侣，而注重能

[①] 詹承绪、王承权、李近春等：《永宁纳西族的阿注婚姻和母系家庭》，上海人民出版社1980年版，第55页。
[②] 詹承绪、王承权、李近春等：《永宁纳西族的阿注婚姻和母系家庭》，上海人民出版社1980年版，第55页。

干、厚道或殷实。

青松已经枯黄，鹦鹉也迁了新居。

安定与和谐变得更重要了。

二、成熟、沧桑也是美

西藏的僜人有少数实行"一夫多妻"和"转房制"。儿子可以"继承（死去）父亲的妻子为妻"，只要不是生母。这是相当普遍地实行于古代游牧民族之中的，所谓"父死，妻其后母"。妇女没有原配、续弦或妻妾的差别，全都是丈夫的财产。丈夫喜欢哪一个就常跟她住在一起，这一位就成为"事实上的主妻"[①]。有的年轻的男主人却最喜欢住在年纪很大的"庶母"房里，因为她有经验，会种地，生过好几个孩子，她就是"主妇"。中国社会科学院民族研究所拍摄的纪录片《僜人》里的一个不到20岁的小奴主喜爱的就是一位50岁以上的"庶母"，常年住在她的房里。这些很难为当代青年人所理解。

有些则以"能否怀孕"或"曾否怀孕"作为选择妻子的标准。有些地区已颇"现代"，但姑娘仍以露脐为美，让男子判断她能否怀孕。

即在永宁纳西族那种"阿注婚"或"走访婚"里，婚恋中的近代因素（例如外貌、年龄等）已起重要的作用，但是群体观念或集体无意识里，繁殖力与母性特征仍是决定性因素。

在母系制盛行的泸沽湖地区，妇女仍然是生育子女的主要体现

图2-34 沧桑之美

（兄弟民族老年妇女）

沧桑就是一种美。即使老年妇女，在审美观健全的民族里，也因为经验的丰富、光荣的历史、重要的贡献、威信的崇高与情感的联系，受到公众、伴侣和子女的敬爱。

[①] 中国社会科学院民族研究所编：《僜人社会历史调查》，云南人民出版社1990年版，第160页。

者。所以，那些身体健美、女性特征突出和多产的妇女，受到了社会舆论的赞扬，认为她们"人才好"，是维护母系制的柱石。①这些民族志的事实或田野作业的成果，是很难遽加否定的。

图 2-35　强壮依然是一种女性美

（左：战国楚帛画；右：《站立的女人》，室外雕塑，拉歌斯）

这是对健美、对女性的壮硕与健康的赞颂，就像上古诗歌歌唱"硕人"的强壮同样，没有丝毫的讽刺。这是对女性美多样性的一种难得的肯定。"衣裳淡雅，看楚女纤腰一把。"（宋代周邦彦《解语花·上元》）时代风气也影响女性美的选择。

她们的审美标准相当全面，重内容又不轻形式。

> 一般说来，阿肖（即阿注）关系不受经济因素和等级差别的约束。最高等级的土司女儿与最低等级的男子也有互相结交阿肖的。但是，每个人体态的美与丑、聪明与愚笨、年轻与衰老、健康与残疾等因素，对建立阿肖关系有重要影响。②

所以，不能仅仅根据道听途说或某些文献的以讹传讹，以及从前那些带着歧视与猎奇目光的"调查记录"来判定某一群体的择偶标准与审美观念。

---

① 严汝娴、宋兆麟：《永宁纳西族的母系制》，云南人民出版社 1983 年版，第 131 页。
② 严汝娴、宋兆麟：《永宁纳西族的母系制》，云南人民出版社 1983 年版，第 98 页。

以泸沽湖么些人族群习俗来说，简单的采访与短期的观察，是不可依赖的。近年旅游业发达，她们好客却也会"混淆视听"。怎么问，受过训练的她们都回答：现在仍然在"走婚"，我有好几个"阿注"；不然就吸引不来好奇的观光客。实际的情形是，一切都跟现代富裕农村相似，基本跟发达省份的男婚女嫁差不多，非常"先进"。"伪民俗"与文化陷阱却很不少。千万不能据以做研究，写报告。

只有以下几点是真实的。

女性大都健康、能干，会赚钱；男性以此为标准择偶，但她们同样也以此选择丈夫（男子担负大部分强体力活）。双方都并非不重形貌。只是因为他们都相对高大，女多端正，男多英俊，从表面上看，择偶以能干为主，这是因为绝大多数外表都不差，区别主要在各方面的能力；而且，同样重视感情。青年们交往比多数汉族农村自由而且普遍。这样，情感、性格、德才标准反而突出。

另一确实者，妇女按照传统，发言权、管家理财权较大，择偶也较主动，"有权"。审美确以高大壮实为主，但并不以胖为美。

图 2-36　往事如烟：女儿国"末代王妃"次尔直玛

（云南泸沽湖）

泸沽湖，纳西族么些人聚居地，曾是实行走婚的残余母系族制的"女儿国"，典型的女性中心，但男性同样健康能干，也有权选择"朋友"，不像外界的谣传。现在尤其男女平等，男人分担了大部分的重体力劳动。

"末代王妃"次尔直玛不免喜欢回首往昔的尊荣，现在她仍然在周围享有很高的名望与威信。

由于喜欢劳作，胖人极少。

原始的"美人"绝不像后代那样仅仅指秀丽的妇女，而且双方都着重健康、颀长乃至肥壮。

　　　彼其之子，美无度；

　　　美无度，殊异乎公路（车）。（《魏风·汾沮洳》）

《简兮》《叔于田》《大叔于田》《卢令令》等，都展示的是一种雄伟、阳刚的男性美，而与对女人的审美尺度基本相应。这种习惯奇妙地保护在西南部羌族、藏族、彝族、白族、纳西族等同系兄弟民族之中，而且正在向更高水平前进。

"硕人其颀"，《诗经》"美人"虽多属女子，但亦可称"男性"。

《楚辞》的美人也男女兼指。《离骚》："惟草木之零落兮，恐美人之迟暮。"《九章·抽思》："与美人抽思兮，并日夜而无正。"（思或作怨）不管是指楚王还是屈原自拟，都是男人。《九章·思美人》也可能以美人喻君。可见男人也可称"美人"。

原始乃至古代，尤其《诗经》里所歌颂的人体美，不问为男为女，总以壮硕、健康、刚强为主流。除上举各例外，《周南·关雎》多情的"君子"乃至"淑女"曾被拟为猛鸷的鹗或鱼鹰（雎鸠）。《周南·兔罝》之"赳赳武夫"，可为"公侯干城"。《召南·野有死麇》的吉士，用白茅裹着猎来的大鹿来诱惑、追求怀春的少女。《诗·豳风·狼跋》："狼跋其胡，载疐其尾。公孙硕肤，赤舄几几。"竟以大腹长胡的肥狼来"美"公孙。《郑风·山有扶苏》既有闲雅美好的子都，也有"长人"的子充。

《诗·卫风·硕人》："硕人其颀"，郑笺："硕，大也。"

清代王先谦《诗三家义兼疏》说："古人'硕'、'美'二字为赞美男女之统词，故男亦称'美'，女亦称'硕'，若泥'长大'、'大德'为言，则失之矣。"硕、颀确有高大义，也不妨碍其兼指男女。

毛传："颀，长貌。"郑笺："硕，大也。言庄姜仪表长丽姣好颀颀然。"下文"硕人敖敖"，敖亦有大义，如《书·西旅献獒》，獒而称敖，巨犬也。毛传："敖敖，长貌。"郑笺："敖敖，犹颀颀也。"《说文》有"骜"指"骏马"。马瑞辰《通释》云敖敖即"獒獒"，若"骜骜"，桀骜不驯，骜犹獒，高大野猛貌。

武汉搜集所得汉鲁诗硕人《镜铭》有"石（硕）人颐颐"。陆锡兴《〈诗经〉异文研究》云应是"硕人姬姬"，或"妵妵"，姬、颀

图2-37 《士兵》

（雕塑，费尔南多·博特罗，1986—1989）

士兵最好是强壮、高大，之所以如此肥硕，也许是美术家对当代"骨感主义美学"的挑战。

一音之转。姬有美义。《诗·陈风·东门之池》:"彼美淑姬,可与晤歌。"孔疏:"美女而谓之姬者,以黄帝姓姬,炎帝姓姜,二姓之后,子孙昌盛,其家之女,美者尤多,遂以姬、姜为妇人之美称。"实嫌牵强。姬者"大"而"美"(美大每连称,大亦美也)。

睡虎地秦简《日书》(甲种)"稷辰"有文曰:"必得侯王。既美且长。"王子今说:"长,是当时人审美标准之一。"①引《诗·卫风·硕人》及传笺以证。《庄子·盗跖》篇亦有类似表述。

汉简(湖北江陵张家山M336):

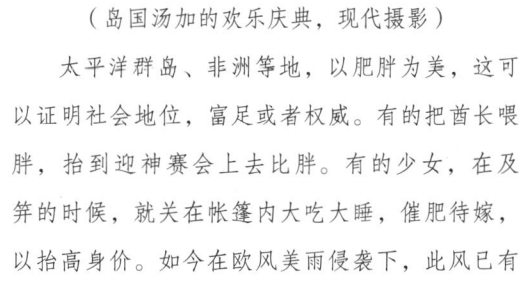

图 2-38 汤加:肥胖之美

(岛国汤加的欢乐庆典,现代摄影)

太平洋群岛、非洲等地,以肥胖为美,这可以证明社会地位,富足或者权威。有的把酋长喂胖,抬到迎神赛会上去比胖。有的少女,在及笄的时候,就关在帐篷内大吃大睡,催肥待嫁,以抬高身价。如今在欧风美雨侵袭下,此风已有改变。

  孔子曰:丘闻之,凡天下有三德,生而长大,好美无双,少长贵贱见而皆说(悦)之,此上德也。

生而"长大好美",贵贱皆悦,居然能成"上德"——或说此处"德"与"道德"不同。可见当时较为普遍的观念是长大即美。汉代初期也大体如此。②

《史记·封禅书》:"大(奕大)为人长美。"

《史记·张丞相列传》:"(张)苍坐法当斩,解衣伏质,身长大,肥白如瓠,时王陵见而怪其美士,乃言沛公,赦勿斩。"

《史记·陈丞相世家》:"平为人长,美色。"(《汉书》作"长大美色")

---

① 王子今:《睡虎地秦简〈日书〉甲种疏证》,湖北教育出版社2003年版,第89—90页。
② 参见彭卫:《汉代体貌观念及其政治文化意义》,见《汉代社会风尚研究》,三秦出版社1998年版,第103—107页。

长大肥白像个葫芦瓜,居然得免"死罪",而成为"美士"(大概当时也属难得)。

三、以肥胖为美

某些非洲、拉丁美洲和太平洋民族或岛国,历史上就有以肥胖为富足、佳善与娇美的传统(近年有所改变或调节),不仅姑娘要在棚屋里独居数年,每天只顾吃喝,尽量少动,"催肥代嫁",就是青壮男子,也要肥硕、胖壮,才会得到社会的认可与关爱。

有些部落,在迎神赛会的前数年,就把酋长圈养起来,使其不言不动,多睡多吃,像填鸭似的,将其喂得走不动路。到众部落大会之时,抬出去比胖,哪个酋长最胖,哪个部落最富足,最光荣。

《楚辞·天问》:"干协时舞,何以怀之?平胁曼肤,何以肥之?"就可能反映此俗。"平胁",犹言"骈胁",最平易的说法,就是胖得像肋骨都连成一片;"曼肤",指光滑肥嫩的体表。也许指殷人先公王亥用这种办法喂肥有扈的胖酋长,以怀柔与绥靖他们。有扈或有易(属于狄人集群)入侵地带,有名叫"肥乡"的地方,也许是条线索。①

玛雅彩陶不知是否涉及类似风俗(注意他手部的纤细)。至少肥胖在初始时期某些群团里绝不是坏事或丑陋,相反却是幸福与美善。美/丑、善/恶,不能离开历史条件或时代环境。

《左传》昭十二年:"秋,八月,壬午,灭肥,以肥子绵皋归。"杜注:"肥,白狄也;绵皋,其君名。巨鹿下曲阳县西,有肥累城,为下晋伐鲜虞始。"

图 2-39 肥酋长

(玛雅陶器绘画,古典晚期,器圆 10 厘米,高 10.5 厘米;统治者为迪·桑·康斯)

有一些部落,为了展示自己的富足,就填鸭似的把自己的酋长喂得肥肥的,到走不动时,还不停止。到迎神赛神时抬出去,跟其他部落的酋长比胖

---

① 参见萧兵:《楚辞新探》,天津古籍出版社 1988 年版,第 754 页。

白狄,恐怕不会无故以其根据地为"肥"(或肥累城),白而肥,疑即"平胁曼肤"者也。

马克思说:

> 北方人把舌当作占有器官(Organ der Aneignung)时,南方人会把肚皮当作蓄积财产的器官,是无足异的。加菲尔人就拿肚皮大小,来评价一个人的财富。①

可见生活理想、价值标准,包括审美观念,都是因时因地因人而异的。

图 2-40 毛利美女

(张兵、余方德等摄)

至今,新西兰毛利人等仍以肥硕健壮为美,但随着世界潮流,已向适中偏于丰满演变。

《郑风·丰》的女子,朝思暮想跟"他"约会,"子之丰兮,俟我乎巷兮","子之昌兮,俟我乎堂兮",跟《齐风·猗嗟》所赞叹的"猗嗟昌兮,颀而长兮",都是以丰满、高大、健壮为美。

丰,郑笺:"丰满也。"陆释:"面貌丰满也。"《方言》:"好,或曰姅。"郭注:"言姅容也。"昌,毛传:"昌,盛壮貌。"又:"昌,盛也。颀,长貌。"郑笺:"昌,佼好貌。"

上古,美的女人也多肥硕、结实、壮大。《小雅·白华》有"硕人",《车辖》云"硕女"。《卫风·考槃》:"考槃在涧,硕人之宽。"《陈

---

① [德]马克思:《资本论》(第一卷),郭大力、王亚南译,人民出版社1963年版,第83页。

风·泽陂》:"有美一人,硕大且卷。""有美一人,硕大且俨。"《卫风·硕人》"硕人其颀","手如柔荑,肤如凝脂",可见这个贵妇人也像"温泉水滑洗凝脂"的杨贵妃一样"肥"。上引孟子曰:"充实之谓美。"清代焦循正义云:"充满其所有,以茂好于外,故容貌硕大而为美。"这在多数场合是合适的。叶舒宪则认为,这是因为原初之时,人爱肥甘,将饮食口味转变为审美趣味,人,尤其女人,也以肥硕为美。

李玲璞等则证明"美"与"味""肥"等音通义近,与马叙伦等论证"美"音起于"嫐:媚"有别,却也有故成理,是提供了一种新思路的异解。他们说:

图2-41 丰盈之美

(伎乐天女,西藏托林寺早期壁画残块,克什米尔风格)

古代南亚地区以丰硕肥大为女性之美标准,至今仍有保存。

> 在上古语音系统中,"美"在脂部,"肥"系微部,相邻可通;又"美"属明母,上古轻重唇不分,"肥"在并母,均属帮系,亦得相通。又,肥即胖,两字同属帮系;而汉藏语系有的民族语音中,"胖"、"美"同源,如白族"美"音为(tā 卜),"胖"音为(vā 卜),韵调并同,而得连绵。①

他们也指出:"以肥为美,当与上古先民崇拜种(自身)的繁衍与渴求物的丰产的基本社会结构,文化心态是相当吻合的。举凡有利于生殖的就是美的,先哲孔、老、庄、孟无不美至大为天地,而'天地之大德曰生',生生不息即为至美!"②

他们机敏地没有将其与"羊大则美"机械地混同。

---

① 李玲璞、臧克和、刘志基:《殷墟卜辞与史前民族文化心态》,见陈秋祥、姚申、董淮平主编:《中国文化源》,百家出版社1991年版,第274页。
② 李玲璞、臧克和、刘志基:《殷墟卜辞与史前民族文化心态》,见陈秋祥、姚申、董淮平主编:《中国文化源》,百家出版社1991年版,第274页。

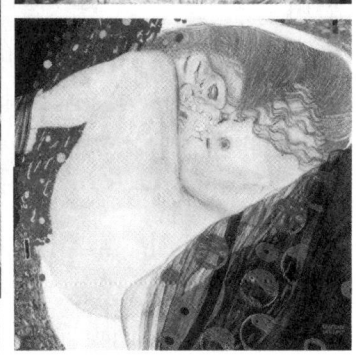

图 2-42　形象迥异的达那厄公主

（左：尼德兰，杨·戈萨尔特，1527年；右上：意大利，提香，1553—1554，现藏西班牙马德里普拉多美术馆；右下：奥地利，克里木特，1907—1908）

较早的作品，苗条、纯真的小公主，带着惊奇看着宙斯所化的"金雨"（象征"阳光：精液"），从幽闭她的古堡的天窗洒下，不知其后果。提香则以他固有对丰满的热衷，描写成年公主的健康、艳丽和慵懒、淡漠。也许是受到原始母神形象的刺激，克里木特有意把小公主画成艳丽、丰硕的现代女人。由于他的装饰性风格，高度的技巧，竟使人不觉得她的臃肿，特别是巨大的腿与臀部的夸张。

如前所说，丰乳肥臀之美持续了很长时间，炫示着女性美的力量（影响及于男性）。温克尔曼说："适度的肥胖，在阿提加曾被认为是一种美。"[①] 例如英雄忒修斯的臀部就相当肥大。但是，这受到喜剧作家阿里斯托芬的嘲笑：

> 那个部位的适度肥胖，在它上面……将永远坐着那不幸的忒修斯。

从现存的爱神兼美神阿芙洛狄忒和维纳斯的雕像看，希腊人的性感或美感基本上仍然是肉感，作为性爱对象的女人必须硕壮丰满颀长——一直到米

---

① ［德］温克尔曼：《论古代艺术》，邵大箴译，中国人民大学出版社1989年版，第64页。

开朗基罗和鲁本斯都没有摆脱这个审美观念的影响,以至于受到古典趣味的温克尔曼温和的批评,他暗示鲁本斯的女人不免臃肿,而本应"柔和"的女人在米开朗基罗手下却过分刚劲,变成了亚马逊(译言"无乳")女战士的形象①。可见过犹不及。过度肥胖不但笨重丑陋,而且有害健康。

四、畸变:骨感主义美学

我们在《美·美人·美神》文章里揭示,不但希腊人以女性的高大刚健为美,印度从古代到现代还以肥胖为富足、为充实、为美丽(只是近年受欧美影响,"社会高层"和"精英"也以苗条瘦削为美罢了),中国古人从来都是以高挑壮硕为女性美——不仅汉唐之为愈,"环肥燕瘦"的"燕瘦"只是窈窕轻盈,飘逸如芭蕾演员能作掌上之舞,绝不是什么"骨感美"。而现代瘦身运动确实使民众知道肥胖的害处,提高了社会的知识与健康水平,节省了大笔医疗费用、保健措施,促进了体育、旅游与保健卫生事业的发展。

物极必反。西方人爱走极端,半个世纪以来,人人都希望高挑瘦瘠——其甚者,为减肥而过度节食,遍体"排骨",毫无吸引力与性感(这里,性感主要是肉感),"衣带渐宽终不悔,为伊消得人憔悴",情愿得厌食症,是真正的"鞠躬尽瘁,死而后已!"男人,说到底,还是眷恋女人的丰腴温婉,柔若无骨。玛丽莲·梦露,比任何名模或性感明星,"艳名"都要久远,几乎任何现代男人都会像安东尼·霍普金斯那样为她发生"七年之痒"。只是"嘴上不说,心底暗想"罢了。当然,这主要因为梦露是艺术家,而不是什么"性感炸弹",君不见那些"性感炸弹"没过几年就连自己都被炸得灰飞烟灭了吗?知此,思过半矣。

写过《论崇高》的柏克说,女人最美的是颈部和胸部(日本人以为女人性感全在脖颈),你"可以看到光滑、柔软、舒畅而缓慢的膨胀,皮肤表面的变化甚至在最小的空间里也从不相同";让这位严肃的哲学家陶醉的,是那温暖丰盈的"骗人的迷津","通过不安定的眼睛轻率地到处滑动,简直不知道固定落在什么地方或者被带到什么地方"②。只是他有时过分迷恋"纤弱"与"娇柔"罢了。

---

① 参见〔德〕温克尔曼:《论古代艺术》,邵大箴译,中国人民大学出版社1989年版,第37页。
② 《古典文艺理论译丛》(第三册),人民文学出版社1962年版,第57页。

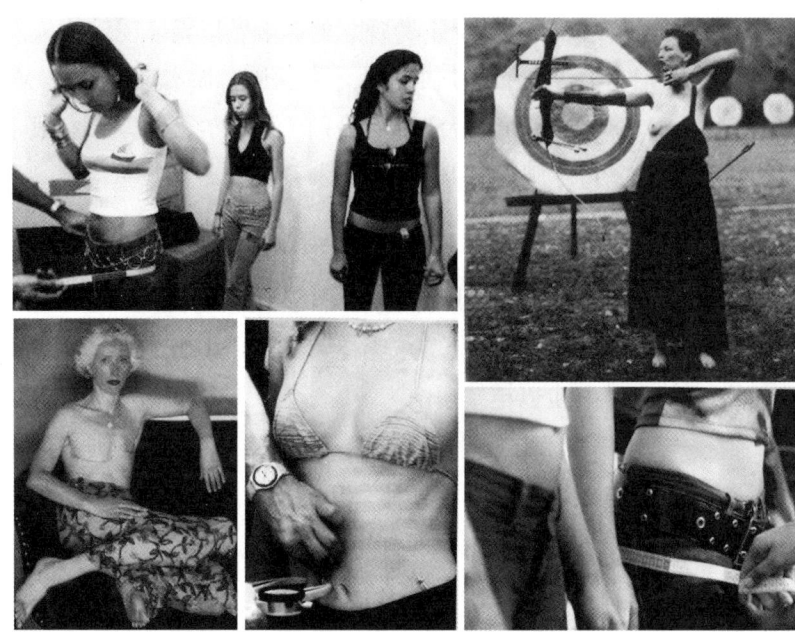

图 2-43 "骨感主义"美学

(争抢模特儿职业场面,"三围"有严格规定与限制)

"贫富两极分化",让模特儿职业走红,造成瘦削、苗条或骨感、排骨毕现的病态美的流行,甚至不惜厌食,牺牲健康;而健康的美学却潜藏在患了重病乃至绝症,却依然与之斗争不懈的妇女(右上是 39 岁因病瘦削的朱丽亚·格莱特尔正在练习射箭;左下是因病不得不割去乳房,依然乐观奋进的 50 岁医务人员爱娃·利本贝格,仍在锻炼不已)。这真是时代的悲哀。近年,社会在进步,多元化审美观逐步建构,而"躯体歧视"受到批判,"骨感主义"也得到一定抵制。多样与"中和"是相对合理与健全的审美观。

《绿化树》里,海喜喜唱的有些像信天游的甘肃花儿,那里称呼情人的昵称是"肉":

哎——
黑猫儿卧到锅台上了哟噢!
阿哥的肉呀,
尾巴儿搭到个碗上了。
阿哥的怀里妹躺上呀!
你把翘嘴嘴贴到脸上呀——了!

所以,马樱花不喜欢什么"亲爱的",希望章永璘叫她"肉肉"(她则称他"狗狗")。"肉"当然是生理的，生物的，但也是生命的意象（不喜欢"饱满"的现代西方人则逐渐以"性感"一词代替了"肉感"）。肉是可触，更是可吃的。所谓"猫儿见荤腥"，不过把"肉"具体化为"鱼"罢了。

在《男人的一半是女人》里，依然是这个隐喻，那女犯人裸露的胴体，"这是一块肉？还是一个陷阱？……一只黑色的狐狸，竖起颈毛，垂着舌头，流着口涎，在苇荡中半蹲着后腿，盯着可疑的猎物……"像"渔色"一样，这可能是性的扑噬。

这里很重要的一个原因，是原始社会妇女要参与大量的农牧劳动，包括户外劳动。生存不允许她瘦削或飘逸。有时妇女还得参加贩运。举一些"极端"的例子。

宋代周去非《岭外代答》说，深广"惰民"只种不耕不耘不施肥，"一任于天"。

图 2-44 《达那厄》
（油画，法国，埃乌贝利－里科姆特）
"美就是适中"，健全、流畅、靓丽，恰到好处。

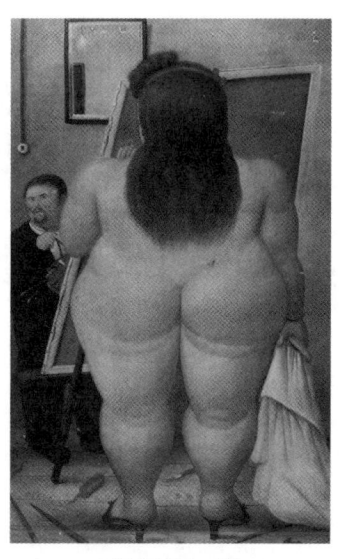

图 2-45 肥
（《画室》，油画，哥伦比亚，费尔南多·博特罗，1990 年）

故意对过度肥胖者加以高度夸张的描绘，虽然不一定是"肢体歧视"或恶意讽刺，但至少是对世情，对饮食奢侈、浪费，脂肪过剩的调侃。作为个人创作，个性突出，风格卓异，但客观上对不由自主的"肥胖症"患者的刺伤。

收获后,"束手坐食以卒岁"。但是妇女十分勤劳。"其妻子负贩以赡之,己则抱子嬉游";男人身体极糟,"半羸长病,一日力作,明日必病,或至死耳"(杨武泉校本,第146页)。杨氏校注引明代王济《君子堂日询手镜》说,他看到这一带市集,"荷担贸易,百货塞途,悉皆妇女,男子不什一";引明代董传策《渡左江诸桅记》云:"村墟市果菜及担负行者,皆妇人,盖其俗如此。"这当然是很极端的个例。男人至少需要参加械斗,保卫家畜老弱不受野狼侵犯,如此羸弱,已是文化病态,很难持久的。

北方妇女何尝不如此?陕北信天游《正月出去二月来》唱道:"头不梳来脸不洗,行路好像男儿汉……灶里无柴要奴捡,缸里无水要奴担,磨子下来碾子转,娃娃啼哭要奴管";然而,她们不但有一种矫健与泼辣之美,也会巧装艳饰,"梳油头来挽碎鬟(小髻),中间又插白玉簪,红绸袄儿绣衬肩,灯笼耳坠对鞦韆"——

行走一个风摆柳,你再看为妻好看不好看?

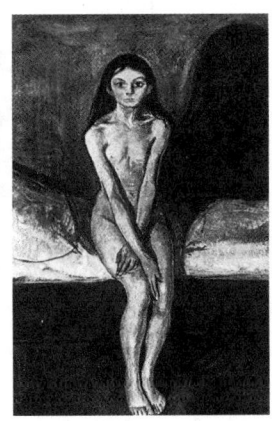

图 2-46　有度有节

(左:《浴者与红奶牛》,油画局部,法国,爱弥儿·布纳德,1887年,现藏于巴黎奥赛博物馆;右:《青春》,挪威,蒙克,1894—1895,现藏于奥斯陆博物馆)

饥饱有度,肥瘦适中,是中国古代的女性饮食体态与审美主导性标准,体现中庸之道与中和美学。即在欧洲,也长期以女性的健康苗条,丰满而不臃肿为美。早期"现代派"也多如此。印象主义画派如有雷诺阿,继承并发展提香、鲁本斯风格,笔下女性依然肥美。

据称,悲苦的蒙克,以他的姐姐索菲亚为模特画了一位因肺结核面临死亡而茫然若失的美丽少女,疾病使她衰弱消瘦,却题曰《青春》(1894—1895),可见他们对生命与妙龄充满企盼。这可以看作对"骨感主义美学"的超前警告。

"文明人"的身体美,尤其是女体之美,是长期反复形成的。康正果说:

我们的身体是历史地发展起来的。所谓的人体美,基本上乃是文明进程的产物。自然并没有赐给女人苗条的身材、光洁的皮肤和优美的姿态,一切属于女性的(feminine)丽质美色其实都是对雌性本质(femaleness)的超越。①

自然和社会都使女性担负生育的职责而又不局限于生育(但从进化的观点看,女性身体的曲线化或优雅化,也是为了更加吸引男人,从而提高生育和后代的质量)。

仅以外貌言,前文交代,号称"美人之地"的新疆(如赤乌),人多因"杂种优势"而美,仍多以丰满为尚。当年王洛宾歌唱道:"达坂城的姑娘胖又圆哪,西瓜大又甜呀。"当然是体态丰盈而面孔偏圆,不然不会以"西瓜大又甜"为喻兴(并且押韵)。只是今天以苗条为美,改成"真好看"之类矣。

缝纫和制陶无疑是妇女的发明,不少人类学家认为,动物驯化和畜牧也主要是女性的贡献。伊萨克说:"在一些原始社会里,小猪和小狗受到妇女的照料",猪群形成,便扩大了动物蛋白的来源;其最初,"驯化可能得到那些使我们疼爱自己幼儿的本能的诱发"。②妇女尤甚。布须曼的女人甚至欢喜让饥饿的小猪吮吸自己巨大的乳房。笔者编写的一本通俗小册子《亥猪福臻》,介

图2-47 氐羌藏彝一系的美丽妇女

(左:彝族名歌手曲比阿乌;右上:与康定汉子齐名的丹巴姑娘;右下:氐人后裔白马少女。周小林、丁艾等摄)

古羌藏系统,现代羌族、藏族、白族、纳西族、彝族等的妇女,多高大壮实健美,勤劳能干而又多才多艺。跟西南方有马来人种成分的一些民族相对矮小完全不同。

---

① 康正果:《鹿梦·面对乳房》,三民书局1999年版,第145页。
② [美]埃里奇·伊萨克:《驯化地理学》,葛以德译,商务印书馆1987年版,第137—138页。

绍了妇女驯化和饲养小兽的事例；叶舒宪的《亥日人君》也做了简要的论述。

有的人类学家认为不仅畜牧，就连农业都是妇女的发明。利普斯介绍说：

> 毫无疑问，农业的发明是妇女对人类财富的最大贡献之一。再攫取经济（案：指狩猎和采集）中，经常关心以植物产品供应家庭的是妇女，因此妇女可以把种植这项伟大的发明付诸实现。①

从前一直认为，进入农牧经济（包括游农与游牧）以来，妇女的体格不适合长期在野外劳作，只能担负一些"家内劳动"。"战争让女人走开。""男权"或"父权"逐渐代兴，妇女地位一落千丈。近年的研究，发现不是那么回事。

妇好墓（殷墟M5）的发现，更是颠覆了传统的说法。原来即令到了"父权奴隶制"时期，有本事的妇女照样领兵打仗，南征北讨。《说文》卷十二女部："好，美也。从女、子。"千军万马，都得听这位"美"而又"好"的女将军指挥。

现代人类学家否认从前有一个妇女专政的母权制时期，后来才为父权（制）所取代。虽然旧说片面，但确实有一个时期，妇女操持采集、种植、畜牧、制陶与繁重的家务劳动（男人主要从事狩猎与打仗），拥有较大的话语权力。《说文解字》："妻，妇与夫齐者也。从女、从屮、从又；又，持事，妻职也。"较多体现男性意识的"文字"，还没有更多地贬抑女性。

再看西域游牧民族。《史记·大宛列传》："自大宛（Ferghana：费尔干纳）以西至安息（波斯）……俗贵女子，女子所言而丈夫乃决正。"《希罗多德历史》说，曾活动在康居—乌孙—月氏一带的伊赛顿人（Issedones），是

图2-48 "美"之丰满

（《三美神与小丘比特》，意大利，拉斐尔与罗马诺，16世纪）

文艺复兴以来，直到现代，欧洲也并不纯以苗条瘦削为美，不但鲁本斯、拉斐尔与米开朗基罗创造的人物（包括女性）也有健壮、丰满乃至肥硕的。

---

① ［德］Julius.E.利普斯：《事物的起源》，汪宁生译，四川民族出版社1982年版，第94页。

"一个尊崇正义的民族,妇女和男子是平权的"。[①]

在需要时,她们同样要参与放牧、狩猎,直到战斗;同时,还要以母亲身份,孕育并且抚养子女,承担大部分家庭性职责。她们的社会地位怎能不高呢?

这样,妇女就必须以强壮的体魄来从事日益繁重的劳动,而且在家庭内外掌握了一定的生活支配权和话语权。这种存在,在社会生活与美学里都影响深远,直到现代,而绝不仅仅是妇女的健美。由它积极改造而来的男女平等,使社会尤其是艺术更加活跃,妇女更多地参与物质-精神财富的创造。体育与"群艺"活动使社会更加健全,避免了酗酒、抽烟、赌博、卖淫等恶习的泛滥。健美使衣饰趋于简便和朴素。家庭更加开放,"宅男""宅女""低头族""电脑依赖症患者"与"电视虫"等将不断走向室外,社交与集会活动恢复开展(这里还不谈科学技术发展所导致的家务活动方便化、谋生简易化与休闲、旅游等的扩大化)。

五、丰硕长白的传承

这个事实十足地证明原始乃至古代是把劳动和繁殖之"两种生产"有机地绞合在一起,并以之作为人体审美标准的基础和背景的。这样看来,《周南·桃夭》的——

> 桃之夭夭,有蕡其实;
>
> 之子于归,宜其家室。

也很可能摹写的一个外貌像桃花那样红艳光彩,身体又丰满结实得像桃子一样的女子,以及她出嫁或回门将到家时的情景。诗人当有祝福她既华且实,多生美子,以宜家室的暗示。

图 2-49 "贵夫人"的丰韵

(《人物故事册》,绢本设色,明代,仇英,1509—1552,现藏于北京故宫博物院)

由于传统的惰力与社会观念的制约,某些时代的贵族妇女仍然以丰满颀长为美,丰姿绰约而又艳丽雍容,虽然不及劳动者健康。

[①]《希罗多德历史:希腊波斯战争史》(上册),王以铸译,商务印书馆1985年版,第275—276页。

车尔尼雪夫斯基在《生活与美学》里说:"丰衣足食而又辛勤劳动,因此农家少女体格强壮,长得很结实——这也是乡下美人的必要条件。'弱不禁风'的上流社会美人……就完全不同了。"① 这是十分精彩的。

清代恽寿平《南田论画》说:"当不以穷约减其半姿,粗头乱服,愈见妍雅;罗纨不御,何伤国色!"

美既是历史性的,又是时代性的,一定的时代有一定的美学理想。有时不同的阶级之间也会有某些共同的审美标准、口味和习惯。不但统治阶级的思想往往是统治的思想,而且被统治阶级的思想也会影响统治阶级的思想。不同阶级的人,不是在真空的蒸馏器里生活。他们处在有着广泛经济、政治、文化乃至种族联系的社会之中;尽管可以抽绎出不同阶级的不同思想、风习、趣味,但是互相影响、交流、渗透的情形也是存在的。先秦去古未远,统治阶级脱离体力劳动的时间还不长,所以不仅劳动者,便是贵族妇女也还以原始时期的肥硕颀长为美。不但《诗经》的硕颀、《楚辞》的修姱可证,汉魏晋唐都还保存或残留着这种为"两种生产"所决定、十分古老而又相对健全的人体美观念。清代俞正燮《癸巳存稿》"长白美人"条就曾指出:"盖妇容以长为贵。汉法:八月选女,必身长合度。长白即美德。"有人还懂得改善遗传基因。《后汉书·冯勤传》:"兄弟形皆伟壮,唯勤祖父偃,长不满七尺,常自耻短陋,恐子孙之似也。乃为子伉娶长妻;伉生勤,长八尺三寸。"这是除了"胎教"医学之外,我国最早的"优生学"珍贵资料。直至唐代,

图 2-50　硕人其颀

(《挥扇仕女图》局部,唐代,周昉)

"骨细肌丰周昉画。"(宋人刘过诗句)唐人及其女性造型多以肥硕高大为美,可以窥见一代雄风。

---

① [俄]车尔尼雪夫斯基:《生活与美学》,周扬译,人民文学出版社1957年版,第7页。

出身关陇集团的李唐统治者，尚以肥硕为美，杨玉环就是著例。唐三彩俑，无论是仕女还是马匹，都滚圆溜胖。《石渠录》说："天厩无瘠马，宫禁无悴容。"良有以也。

唐代李德裕《次柳氏旧闻》说，唐肃宗诏力士去京兆尹（首都"市长"）那里要求"选美"，命令"亟选民间女子颀长洁白者五人，将以赐太子"。盖袭冯家故智，是优生传统，希望改变太子的瘦弱，希望其有健康高大的后代。

图 2-51　中和之美

（左：古人对湘夫人的形象构拟；右：《江妃二女》，古代绣像插图）

一般说来，中国古人多以丰满、健康、有韵味为女性体态美的标准。燕瘦环肥，各有所美，也因时尚而异。但总体看，古人仍然坚持中庸之道，欣赏和谐、齐整、灵活的绰约丰姿。

"骨细肌丰周昉画，肉多韵胜子赡书，琵琶弦索尚能无？"（宋代刘过《浣溪沙》）周昉的仕女画最称典型。《宣和画谱》说"关中妇人纤弱者为少"，再加上他是"贵游子弟"，所见多的是"贵而美"的体裁"丰厚"的女人，所以其画"态秾意远"。《广川画跋》说，唐世喜好"丰肌秀骨"，如韩愈所谓"曲眉丰颊"者。这就像《楚辞·大招》描写"姱修滂浩，丽以佳只"（《广雅·释诂》："佳，大也。"），而赞赏"丰肉微骨，调以娱只"（参见《楚辞与美学》第二章"屈原赋里的'美'与'美人'"）。钱锺书《管锥编》也说："唐宋画仕女及唐墓中女俑皆曾（层）颊重颐，丰硕如《诗》、《骚》所云。"这是渊源有自的。而德国人，如叔本华也欣赏"肉丰肌满"，与此略同。明代杨慎《字画肥瘦》也说："丰艳丰艳，不丰不艳。"

大家都说，周昉的画适应"当时宫禁贵戚所尚"。明代杨慎《画品》独谓不仅如此。《楚辞·大招》两次写到"丰肉微骨"，"便是留佳丽之'谱'与画工也。盖肉不丰，是一生色骷髅（引案：请推崇'排骨美'者细看）；肉丰而骨不微，一田家新妇耳。"必须注意，一方面是"好细腰"，"小腰秀颈，若鲜卑只"；另一方面，"姱修滂浩，丽以佳只"，都倾向于高大肥硕，可见楚人审美并不单调，更未"特化"。"丰肉微骨，体便娟些"，是"肉多骨少貌丰满，个子虽大却灵便喳"！

图 2-52　唐代妇女的健美

(《簪花仕女图》部分，唐代，周昉)

唐代妇女肥硕健美为世所知，但她们同样擅长骑射，易为人忽略。看《虢国夫人游春图》与妇女打马球的描写，就知道她们多么喜爱体育。那是壮硕而不是肥胖。那时人们同样不喜欢臃肿或"痴肥"。

苏东坡诗云："书生老眼省见稀，图画但怪周昉肥。"以其少见多怪，趣味老化耳。所以，千万不要机械和独断地为初民或古代人设定审美的标准或条件。但如果以为上古时代仅仅以肥硕或顾长为人体美的"唯一"或"主要"的标准，那就大错特错。"妍媸肥瘦各有态，玉环飞燕谁敢轻！"苏东坡的审美标准确较健全。

机械论最伤美学。以肤色言，人们喜欢引用克塞诺芬尼的警句：

　　埃塞俄比亚人说他们的神皮肤是黑色的，鼻子是扁的；色雷斯人说他们的神是蓝眼睛、红头发的。①

---

① 北京大学哲学系外国哲学史教研室编译：《古希腊罗马哲学》，商务印书馆 1961 年版，第 46 页。

并且推论出,黑人以为愈黑愈美,白人却以为越白越美;那么,黄种人该是越"黄"越美的了——黄种人重黄,因为黄土地是我们的发祥地,黄河以"母亲河"奔流到"黄海"而不回(人死则归赴"黄泉"),我们以黄米(黍稷)为主食,以黄衣为贵服,以黄帝为祖先……黄一直是我们的"国色"或"帝王色"(参见《中庸的文化省察》);可是,我们却极难发现肤色越黄越美!

或说,肤色白皙是富贵闲人的特权,"锄禾日当午,汗滴禾下土"的劳动人民肤色偏暗,应以棕黄甚至黝黑为美(秦称劳动者为"黔首",古有"黎民"之称,有些像苏美尔人之"黑头")。然而前文所见,无论羌人或周人或夏人却不以白为丑,他们从原始权贵到平民都称道素女之为美人——这里包括从塞种(白种人)那里取得的基因和杂种优势。"长白即美德",是基本的事实。而且,即令这是"统治阶级的思想",也已经成为"统治的思想",是不能机械地对待的。

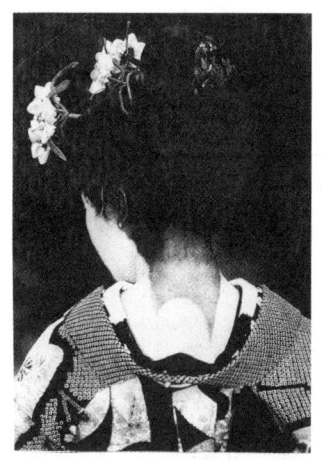

图2-53 "小腰秀颈,若鲜卑些"

(日本艺伎,现代摄影)

东北女子个高貌美,最能体现楚人喜欢的小腰秀颈的俊俏。

日本人以为,女人的颈部最性感,不惜袒露之。据说,和服最大限度地体现这种秀颈之美。

图2-54 盛装的藏族姑娘

(采自《民族画报》)

羌藏有部分血统或DNA相同。古羌人流动、混血、交流太大,部分已融入华夏汉人。藏族则相对稳定。从藏族姑娘身上可见窥见当年西方美人的风采。她们的主要特色是颀长矫健而又不失靓丽。

六、古人不喜欢苗条吗？

《山海经·中山经》青要之山——

> 武罗司之，其状人面而豹文，小要（腰）而白齿，而穿耳以鐻，其鸣如鸣玉。是山也，宜女子。

这是大家都承认的较为原始的美女或美之女神。"穿耳以鐻"，郭注"鐻"为"金银器之属"，郝笺引《说文新附》谓"环属"；一般说，应指特大的耳环，证明着其装饰富于原始趣味。

袁珂说，这当是《九歌》里所写"山鬼式的女神"，"小腰白齿"就是山鬼那样的"窈窕"。《诗经》第一句就是"窈窕淑女"，窈窕犹言苗条，这却不是硕人那样的粗壮，甚至称不上健美——"楚王好细腰"，是由"窈窕淑女"或"子慕予兮善窈窕"的审美传统里演化出来的，却不能说"山鬼／武罗"的"小腰"，仅是楚王族与权贵选择或偏爱的结果。那是部分的传统。

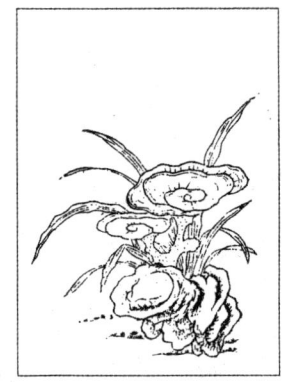

图 2-55　山鬼瑶姬——采三秀兮于山中

（古人构拟的瑶姬像）

《山海经》记载，帝女瑶姬（实即巫山神女）死后精魂化为灵芝草。相传灵芝开花三次，所以又称"三秀"。山鬼，"采三秀兮于山中"，实质上是要把自己的精魂和生命交付给她的公子灵修，亦即"折芳馨兮遗所思"。"灵芝：三秀"及其人格化的瑶姬，把山鬼跟巫山神女联系了起来。她也是中国古代女神构想的代表性形象，比《诗经》还要开放，灵动，飘逸。

《淮南子·天文训》:"青女乃出,以降霜雪。"清代吴任臣《山海经广注》以为青女即是青要之山的女神(武罗),述为"青要玉女,降霜神也"。如果其说不误,很可能由"霜雪女神"推导出其肌肤之白皙,并暗示其亮丽的。

当然,这有穿凿之嫌,然而去古未远的《卫风》里的硕人却的的确确是:手如柔荑,肤如凝脂!她的皮肤像冻猪油那样白!

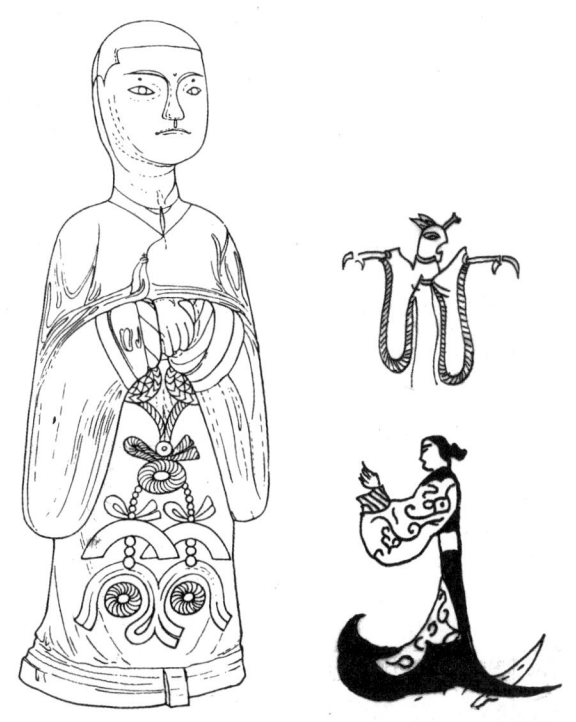

图 2-56　楚国的女性美

(左:楚彩绘木女俑,战国,河南信阳M2出土;右上:化装的女巫,楚国绘画;右下:《龙凤引魂升天图》局部,战国,湖南长沙楚墓出土,现藏于湖南省博物馆)

"楚腰纤细掌中轻",这也许是多数贵族府第里的情况。由楚俑和一些绘画中的女子形象看来,窈窕颀长是主要的,但也见微胖或"中适"者。可见其审美(观),也不那么单纯或绝对。

我们看《九歌·山鬼》的肖像描写(右为《楚辞全译》的翻译):

若有人兮山之阿,　　　好像有人啊在山坡,
被薜荔兮带女萝。　　　满身披薜荔啊腰间挂女萝。

既含睇兮又宜笑， 　　含情凝视啊露齿笑，
子慕予兮善窈窕。 　　你爱我啊俊俏又苗条。

乘赤豹兮从文狸， 　　骑着赤豹啊跟着花猫狸，
辛夷车兮结桂旗。 　　辛夷满车啊高挑桂花旗。
被石兰兮带杜衡， 　　披着石兰啊拴杜衡，
折芳馨兮遗所思。 　　折一枝芝草啊赠所思。

图 2-57 《山鬼》：野性之美

（雕塑，楼家本作品）

这幅作品准确揭示了山鬼年轻活泼秀丽与质朴野性健壮交织之美，使人惊其魅力之大，不禁怀疑其是"鬼"。

这显然不是"硕大且卷"的"有美一人"，然而却具有相当的普遍性。不能仅仅以"南方之美"为言。《山海经》有神武罗，而且不一定是巴蜀人心目中的美人。《山海经》应为战国前期青齐"方士"整理而成，中原的成分颇多。除了赞赏颀长丰满以外，同样喜爱洁白窈窕。

《九歌》的山鬼，原来是所谓山魈木魅，连王夫之都说是"夔枭阳"之类；茅盾说她是希腊神话中 Nymphe（尼姆菲，义曰"新妇"）那样的山林水泉小女神，是很有艺术感的。她们不免魅惑男性，连酒神狄俄尼索斯、谷精萨提儿，都为之神魂颠倒（在节日狂欢游行里，往往由美丽的女巫或女信徒扮演这些小妖精，使人神都陷入迷醉）。但她在《九歌》诸神行列中，却是以妙龄少女的形象出现的。"公子"或"灵修"（某种巫官）深深地迷上了她。然而，"君思我兮然疑作"，她究竟是"山鬼/夔枭阳"变的，一不小心，像白娘子那样"现出原形"，吓跑了他。"风飒飒兮木萧萧，思公子兮徒离（罹）忧"。然而，她的"媚爱"，她的魅力，却是永远割舍不下的。

既含睇兮又宜笑，子慕予兮善窈窕！

这就构成"美/媚/魅"如巫力一般的迷人性。

图 2-58 靥辅与黥面

（左上：楚国黥面木俑，采自商承祚；右下：独龙族黥面妇女）

《楚辞·大招》："靥辅奇牙，宜笑嫣只。"宜笑，原指"龃笑"，闻一多说就是"龋齿笑"，跟"奇（畸）牙"相应，即以牙齿参差不齐乃至（人工）残缺为美。那么，"靥辅"就不一定如旧说所解的"酒窝"，而可能指人工痣，乃至以黥面为美——有长沙战国楚俑为证。

楚人审美观有多元趣向，楚王宫廷容纳各地美女，还保存着原始性装饰的奇风异俗，比中原多彩。

七、"伤残面部"也曾是美

"初民"对五官的审美往往与后代人迥然不同。例如"灵魂之窗"的眼睛，画家诗人视作"传神阿堵"，原始迷信里却有"邪视"（evil eyes）害人、"佳目"（good eyes）辟邪的区别。"樱桃樊素口，杨柳小蛮腰。"初民或视为丑陋不堪，而以善于摄食的大嘴和便于繁殖、象征财富的壮腰为美不可言。细腰固然是未生育、能生育的一个表象，但细如杨柳，便不利于繁殖，仍以中适为佳。大汶口文化遗址某些拔牙人头骨以及《楚辞·大招》"靥辅奇（畸）牙，宜（龃）笑嫣只"等，显示初民曾以人工凿齿缺牙为美（此习亦见于我国的仡

图2-59 "畸牙"之美

（中国著名影视演员巩俐）

在整体之美的统摄之下，个别的"不整齐"反能衬托出整齐之美，在严肃端庄之中现出俏皮与活泼。日本人就很喜欢山口百惠和巩俐露出虎牙的浅笑。

佬族、高山族等）。①类似变形头、超长颈、去眉、扩口、离耳、穿鼻、劙面、刺纹等后人视为怪诞丑恶的"装饰"，却曾盛行于我国或世界各古族、各后进部落的民俗和审美活动之中。这些都为原始人类的"两种生产"或能动行为的发展水平所规定、所制约，而且也从不同角度、在不同程度上体现当时人类对生活和美的理想、幻想或妄想。原始人往往在主观上——这也是为社会的客观发展所决定的——认为这种审美或创美行为能够体现并促进"两种生产"的繁荣和进步。例如他们为了扮饰和模拟某种神圣动物或图腾"美丽"的形象，压低肩骨，拉长脖子，挤凹鼻梁，刮去眉毛，在眼旁劙刻圆圈、填以白垩，拔掉牙齿，把嘴唇拉撑得又扁又长。这也许是为了模仿某种鸟，他们希望这样做能够取悦祖灵、接近图腾，后者会因此让他们像自己一样繁殖，或者佑助其渔猎或农事的丰收——这也是纯经济、纯劳作决定论所不能完满解释的。

人类一直到了现代，才初步明白：健康就是美，适合就是美，和谐就是美。

八、美向多元化拓展

塔塔科维兹陈述西方"美的概念"的演变说，希腊人所谓καλον（kalon），罗马人称为pulchrum。kalon原义为标枪，但它用为"美"。拉丁文继之而有极大异变（kalon与pulchrum极不相似）。

到文艺复兴时期，pulchrum变为bellum。这个词源于bonum，经由其指"小"的词bonellum，缩写成bellum，并影响西欧语文。

【美/美的】

（拉丁语）pulchrum →

---

① 参见萧兵：《"靥辅奇（畸）牙"——〈大招〉新解》，见社会科学战线编辑部编：《中国古典文学研究论丛》（第一辑），吉林人民出版社1980年版。

（文艺复兴时期）bellum ← bonellum ← bonum

（意大利语）bello

（西班牙语）bollo

（法语）beau

（英语）beautiful

粗疏地说，它们基本由 bellum 派生。其他则有：

（德语）schön

（波兰语）piekny

然而，如上所说，西文"美"既然出于"kalon"，那么，美就是"战地黄花分外香"，而绝不限于"宝帘闲挂小银钩"也。

图 2-60　礼魂：传芭兮代舞

（《楚辞图》，清代，萧云从）

大家都熟悉击鼓传花，这里，春兰秋菊之间却有一枚大蕉叶——西南少数民族歌会也有持蕉叶而舞的。芭蕉叶，能够用于取凉、苫屋，还可以招魂、祈雨——就像铁扇公主的芭蕉扇。这可能源于"丢包／抛彩球"，是歌舞恋爱的重要节目。更重要的，这位"女巫"或者被选上的"扮神者"，"小腰秀颈，若鲜卑只"，体现出时人所喜爱的窈窕和袅娜的俏丽。

彝族的一篇创世史诗《尼苏夺节》里说，美的事象有十种——这里寄寓着他们基本健康的社会美学理想。可见，人体美，不仅是美的"集聚"，还是美的"发散"，能够影响美的多样与多元的发展。

美的有十种：

狮子滚绣球，这是第一种；

孔雀大开屏，这是第二种；

穿绫罗绸缎，这是第三种；

帽上系红须，这是第四种；
玛樱花盛开，这是第五种；
新娘巧妆梳，这是第六种；
新郎骑骏马，这是第七种；
喜笑露白牙，这是第八种；
健康的肤色，这是第九种；
戴金银首饰，这是第十种。①

图 2-61　羊尾巴的萨提儿与女祭司们饮宴歌舞

（上：古希腊瓶画，展开图；下：南方铜鼓"乐舞"装饰）

狂欢的酒神狄俄尼索斯（中坐者）祭祀或庆祝场面，还带着山羊尾巴的谷精萨提儿与女祭司、女信徒们尽情嬉戏，参与其间——这同样也是为了祷祝蕃庶与丰饶。希腊美女也多数壮硕颀长，像男子一般健美。但她们还不如女巫或"艺妓"那样广泛参加社会活动，只是作为信徒在参加祭典狂欢时可以放纵一下自己。

---

① 云南省少数民族古籍整理出版规划办公室编：《尼苏夺节》（汉文、彝文对照），孔昀、李宝庆整理，云南民族出版社 1985 年版，第 123—124 页。

科林伍德在介绍柏拉图美学思想时也说：

> 在他看来，任何事物的美，是存在于那个事物之中并迫使我们赞赏、向往那一事物的那种性质，"美"是"爱"的真正对象。……它首先是涉及性爱的理论；其次是涉及道德的理论；第三才涉及认识的理论，比如诱使我们走上哲学道路、探求真理的那种东西。①

叶舒宪出于此，称之为"古希腊的性美学"，他们跟古印度人一样认为美始于性与性爱，这"只要了解到希腊神话中的美神阿弗洛狄忒本为性爱之神这一事实，便可不证自明了"②。这确是事实。

但古希腊美学最可贵的是：不局限于人体，不局限于性与爱，而时刻在向社会的大纵深拓展，向美的多元化、多极化、多样化拓展。

齐系统的早期方士书，充满怪力乱神的《山海经》虽然多以人兽合体形象为美、为善、为大、为圣，但是它不但有了形式美的意识（例如《中山经》特多"美玉""美石""美垩""美梓""美木""美铜"），而且很明显地以健全、自然、丰足、勇武为美。它塑造出了后羿、夸父、混敦（刑天）、蚩尤等简朴而壮美的形象。一般说，它以灾难、残缺、疾病、死亡为怪异，为丑恶，为不幸。与生命为敌的疾病容易损害美，死亡更是一种与美善对立的"恶"。然而战胜疾病与死亡者却是更高的美，更大的善！它幻想并追求过峚山、昆仑、玉山、王母之山（奄兹）、轩辕之国、都广之野那样的乌托邦和理想国。举《海外西经》一则为例，就可以看出它的生活和审美的标准和理想。作者每写及这种中国式的美善之"伊甸"，就情不自禁地押韵起来（参见《山海经的文化寻踪》）。

> 轩辕之国，在此穷山之际，其不寿者八百岁。……此诸夭（沃）之野，鸾鸟自歌，凤鸟自舞。凤皇卵，民食之；甘露，民饮之。所欲自从也。百兽相与群居。

丰衣足食，人寿年丰，风调雨顺，生物多样，就是耕稼民族的"乐园"（paradise）追求。

---

① ［英］罗宾·乔治·科林伍德：《艺术原理》，王至元、陈华中译，中国社会科学出版社1985年版，第38页。
② 叶舒宪：《美与文化：中、希、印美概念的发生学阐释》，见海南大学社会科学研究中心编：《中国文化：阐释与前瞻》，海南出版社1993年版，第94页。

这样的"民"该也是初民幻想里的一种"美人"吧?

这里暂时不说瑶姬、女娃(女娲)、青要女神那样纯粹的"女性美"。自然是与人文相映生辉的,而理想必然增进着现实的美。

这实在也是美的多样化,而不限于崇高、伟大与壮美。"声无小而不闻,行无隐而不形。玉在山而草木润,渊生珠而崖不枯。"(《荀子·劝学》)尺有所短,寸有所长;鹤胫鸭足,各有所美。

凉山彝族谚语说:

> 大河不能讥笑水滴,
> 水滴虽小能汇成江河;
> 高山不要鄙视卵石,
> 卵石虽小能砌建高楼。

柏拉图说:"美就是恰当的。"

亚里士多德固然说过"小的总是美好的",但也指出,美的事物,"不但它的各部分应有一定的安排,而且它的体积也应有一定的大小;因为美要倚靠体积与安排,一个非常小的活东西不能美,因为我们的观察处于不可感知的时间内,以致模糊不清;一个非常大的活东西,例如一个一万里长的活东西,也不能美,因为不能一览而尽,看不出它的整一性"①。看起来似乎机械,但他是在强调他的中庸美学,"美是适中的",而且涵化着美的多样而又不趋极的特性。

第四节 美 / 媚 / 魅

我们决不能漠视妇女特有的美与吸引力,否则历史上就会少了许多精妙的诗歌与造型艺术品,生活也会变得单调与苍白。

中国古人认为,单说美或美丽,往往倾于外形,包括容貌与体段;如果加上一个内在性的"媚",那就是一种极难抗拒的"魅"(粗俗表达,便是鬼魅或者狐狸精那样的迷惑力,使异性难于自拔)。当然这也只是一种美。

---

① [古希腊]亚理斯多德、[古罗马]贺拉斯:《诗学 诗艺》,罗念生、杨周翰译,人民文学出版社1962年版,第25—26页;参见北京大学哲学系美学教研室编:《西方美学家论美和美感》,商务印书馆1980年版,第38页。

一、媚，无法言说的言说

"媚"是个形声字，很古老，甲骨文中就有了。例如"媚人""妾媚"等等，下文还要讲到。

【媚】

《说文》卷十二女部："媚，说（悦）也。从女，眉声。"与"美/嫩"等音通。它跟"妩"字合成一个词：妩媚。紧接着"媚"，便是"妩/媚"互训。有人写作"斌媚"，不过"斌"字不大用了。

跟"媚"音义都接近的，有"媄"，"色好也；从女从美，美亦声"。这是后起的，专用于女性之美，实在就是"美"字。后来"美"字通行，加"女"的这个"媄"字，就废了。又有"媌，目里好也。从女，苗声"。字近"妙"。现在这个字已不大用。只有在"苗条"一词里保存它的一些含义。

"娓，顺也。从女，尾声。读若媚。"现在只在"娓娓动听"里存活。

"眉"在面孔上，似乎不甚重要；但如果缺陷较大，就会影响整体。所以古人也重视眉，淡如远山，深若黛黑。林黛玉就有一双偏黑而又似蹙非蹙的美眉，因此小名"颦儿"，言其具有眉目传情的特殊媚态。"眉"在"媚"中也就声而兼义了。"眉来眼去"，不太好听，本来也无非眉目传情的意思，如果没有眉毛，不但不能保护眼睛，也使美目减色。古有"眉语"之说，实是眉眼匹配，无声却能说话。"水是眼波横，山是眉峰聚。欲问行人去那边？眉眼盈盈处。"（宋代王观《卜算子》）山川有了人的眉眼，也会百媚横生。这也是自然美的秘密。

"媚"，在典籍注疏里是"美"或"美好"的意思。前举《说文》卷十二女部，"妩"是一种"媚"。"嫱"也被说成一种"媚"。这个词，现在已死。《说文》有个"婥"，读若"楚"，齐楚的楚，犹言"楚楚可怜"，或相当于"嫱"。或说此字"畜"音，暗示着一种含蓄的媚美。待考。

图 2-62 媚

（非洲少女，采自《世界知识画报》）

深色皮肤，奇特装扮，但人们还是欣赏其健康与快乐的魅力。

《广雅·释诂》:"媚,好也。"

《小尔雅·释诂》:"媚,美也。"

阮籍《咏怀》诗:"朝为媚少年,夕暮成丑老。"媚者美也。此似不专为女性。后来,这个词多用来形容女子形貌。如《礼记·内则》篇"姆教婉娩听从",郑注:"婉谓言语也,娩之言媚也,媚谓容貌也。"

用为动词,被动若"爱""悦爱"及其所施;主动则有"取悦"或见爱于人的意思。例如《诗·大雅·思齐》,"思媚周姜",毛传:"媚,爱也。"《诗·大雅·下武》"媚兹一人",《诗·大雅·假乐》"媚于天子",《诗·大雅·卷阿》"媚于庶人",郑笺都说:"媚,爱也。"《说文》所谓"媚,说(悦)也",近之。《左传》宣三年:"人服媚之如是。"杜注:"媚,爱也。"

或说为"爱悦"。《说文》卷十二女部:"媚,说(悦)也。"

《国语·周语》:"媚于神。"韦注:"媚,说(悦)人。"

《论语·八佾》,"与其媚于奥,不如媚于灶",也是"取悦"之意(参见皇疏)。

《孟子·尽心》"媚于世",赵注:"媚,爱也。"近于"取悦"。

"取悦"是美之施为,"爱悦"则美之所致:都与美有一些因果相连的关系。所以《说文》卷十二女部说:"媚,说(悦)也。"

二、"媚人"或"䁔人"

图 2-63　媚(篆文)

美通"䁔",美、䁔都有"媚"的意思。

卜辞有"妾媚"。《晏子春秋·内篇·谏》有女巫名"微",吴则虞注:即"䁔"。既名叫"䁔",则既美且媚,很切合楚巫特性。这又涉及一种独特的"审美对象",一种独特的"美人",或者说,作为"神人中介",既非神又非人的"美人""媚人""䁔人"或"巫人",所谓"神人共悦"。《九歌》里的女神,或由女巫扮演,演出"人/神之恋"(如《山鬼》),或"神/神之恋"(如《二湘》《二司命》),在其时其地,都非奇事。

古代女巫或奇丑,或绝美,以其"媚道"(包含性巫术)来迷惑人,中西皆然。①钱锺书《管锥编》说:"厌魅,正'媚道'尔。"②

《周礼·天官·内宰》郑注:"媚道,谓道妖邪,巫蛊以自衒媚。"孔疏"若今媚道",略同。

睡虎地秦简《日书》"衣"有"丁丑媚人"语。吴小强《秦简日书集释》说:"在丁丑日制衣惹人喜爱。"③王子今进一步说:"《仕学规范》卷一三有'小人能媚人'之说。而《日书》此所谓'媚人',不是一般的'惹人喜爱',当特指性爱关系,与汉代所谓'妇人媚道'及'媚惑'之术类似。"④他说,春秋时有以"媚人"为名号的,如《左传》成二年:"宾媚人致赂。"睡虎地秦简《日书》还有:

妇不媚于君。(一四背伍)

丁丑材(裁)衣,媚人。(一一三背至一一四背)

丁巳生,谷,媚人。(乙,二四六)

或说,甲骨卜辞已有"妾媚"之称,还有"眉人"之用。

文献上"媚惑"及"媚人",较早的见于《山海经·中山经》"姑䍃"之山,帝女死化为"䔄草","服(佩)之媚(于)人"。说者谓,这讲的就是山鬼或巫山神女用她精魂所化的"三秀"灵芝诱惑男子,是"恋爱巫术"(love magic)的一种。作为仙药或媚药的"䔄草",就是淫媒,淫圞之草(详见闻一多《古典新义·释圞》)。她们既是圣处女、女巫的神化,是高禖女神,又是神妓的一种形态(参见《楚辞的文化破译》《山海经的文化寻踪》等)。

魅、媚有时能够通用。如《列子·力命篇》"鬼媚不能欺",释文:"媚,或作魅。""媚道"也能写作"魅道"。"狐媚"就是"狐魅"。"狐狸精"很容易弄得男人糊涂,女人愤激。

"媚"逐渐被看作一种极度性感与妩媚交错而成的魅惑力,"像鬼一样迷人"。从下文可见,"魅"被当作一种特异功能,能够勾魂摄魂,使人神魂颠倒。而且逐渐被看作一种不健康的力量(它在早期毫无贬义)。《后汉书·梁

---

① 参见萧兵:《神妓、女巫和破戒诱引》,载《民族艺术》2002年第1期,第84、87页。
② 钱锺书:《管锥编》(第一册),中华书局1979年版,第298页。
③ 吴小强:《秦简日书集释》,岳麓书社2000年版,第43页。
④ 王子今:《睡虎地秦简〈日书〉甲种疏证》,湖北教育出版社2003年版,第122页。

冀传》说孙寿"色美而善为妖态",奇装异服,"以为魅惑",就像人们常说的狐狸精。所以,要初步探讨一下它的神秘。

图 2-64 山鬼:若有人兮山之阿,被薜荔兮带女萝

(左:《山鬼图》,清代,萧云从;右:中央美术学院李少文教授作品)

《楚辞·九歌》里的山鬼,似人而又非人,是由夔枭阳,即山魈、猿狒之类变来的俊俏少女,宜笑宜嗔,倾国倾城——最古老的"狐狸精",具有极大的"美/媚"之力,弄得公子灵修神魂颠倒,而又疑虑丛生,"君思我兮然疑作",从而演出一场兴味无穷的小喜剧。

三、魅:鬼神一般的魔力

图 2-65 魅

(魅,《说文》篆文、古文和籀文)

甲骨文里有个"鬼"而毛发垂垂的"彪"字,或释"鬼",实即"魅"。《说文》卷九鬼部说:"彪,老精物也。"从鬼从彡,就是"鬼毛",实指毛发浓密而长。"或从未声"作"魅"。其籀文,"从象省,从尾省声"。

【魅】

"魅",《山海经·海内北经》写为"袜",说"其为物,人身黑首从(纵)目",晋代郭璞注"即魅也"。暗示其与"鬼"国相关。"鬼"是"醜"字的有机构成,这里稍作交代。

【鬼】

汉代王充《论衡·订鬼篇》说，这并非幻想之物而是实有者："或谓之'鬼'，……或谓之'魅'，或谓之'魖'，皆生存实有，非虚无象类之也。"或指人形动物，或指某一方国（带着种族歧视色彩）。《山海经》说他只有一只眼睛，属于世界性的"独目巨人"传说母题。①

所谓"巨人"，有一种暗指"鬼国"人。其发黑，眼睛特"斜"（夸大为"纵目"），这是蒙古人种北方系的特征；所异者，第二期体毛非常发育，头部较为狭长，或有"割面"的饰俗，身材高大，孔武有力，又活动在中国西北及中亚地区，综合各种因素，应属"戎狄"集团，突厥人种成分较多。"鬼"字本来没有太多贬义，后来出于种族偏见，才视若鬼魅。②

图 2-66　什么是魅力？

（左上：伊丽莎白·泰勒；左下：玛丽莲·梦露；右：克拉克·盖博与费雯丽）

魅：十分之三的美丽，十分之三的性格，十分之三的性感，还有那十分之一必不可少的神秘……

这就不免让魅力带上一些神秘性。古人甚至认为"媚"之言"迷"，有如巫术。《史记》《汉书》都写及女人的"媚道"，不是沈钦韩说的"房中术"而是某种"恋爱巫术"，西方叫作"爱神之术"（德文为 magie der Aphrodite）。"媚"

---

① 参见萧兵：《"独目巨人"神话在东西方文化交流史上的意义》，载《淮阴师范学院学报》1999 年第 1 期。
② 参见叶舒宪、萧兵、［韩］郑在书：《山海经的文化寻踪》（下），湖北人民出版社 2004 年版，第 411—420 页。

用如"魅"，是鬼狐般魅力，而由巫术锻炼以成。或以器，或以药，或以符，或以贴身之物。《旧唐书·玄宗诸子传》有妃嫔请巫画符，密致男人鞋中，"以求媚"，盖魅术也。钱锺书《管锥编》第一册举出中外多例，揭示其为"厌魅"。如果用审美心理学来解构它，也就没有多少神秘了。

《聊斋志异》写到一位精通爱情心理学的狐狸精，教导失宠的正室，学会人性化、日常化的女人媚态，由小妾那里夺回了丈夫。所以魅术里包含用巫术、医术或"技术"增加女人的媚态。其最大秘诀，是用智慧把端庄与娇媚结合起来。这至少是古人对魅力或媚术的看法。如前，弗洛伊德指出，男女间美感多植根于性感，性感不仅是肉感或骨感，一定包含接近精神性的魅力与生理性的吸引力。

"性的感染力就是美的感染力。"（劳伦斯）

如果我们承认心理性的爱情是建筑在生理性的性欲的基础之上，那么就不能不相信弗洛伊德的判断颇有根据。如劳伦斯所说，女人如果仅仅五官端正乃至"漂亮"，却毫无性感，那就绝不是可爱。

一位中国皇帝评价他的两个妃子：一个是美，美在外形；另一个是美上加媚，其魅入骨，无法转移，无法消除，无法回避。"美的享受（确实）具有一种感情的、特殊的、温和的陶醉性质。"（弗洛伊德）在那位妃子身上，皇帝何止是陶醉，而是沉溺，是滚烫的消融。

四、再说蔑、媚或魅

甲骨文、金文有"蔑"字，跟前举"蔑人"相关，争论较大，不能不置于"魅"之语境中再说。

赵光贤说："试以古文献与金文对读，观其会通，我以为此'蔑'字应为'美'之借字，《说文》云：'美与善同意，通作'媺。'古音，蔑、昧（灭）在祭部，美、微、眉、尾（等）在脂部，二部音近字通。"《逸周书·祭公篇》："兹申予小子追学于文武之蔑。"吴闿生读此蔑为美（见《尚书大义》附录），赵先生称赞此说，云此指"美政"或"善政"之意[①]。但"蔑/魅"肯定有超越美善之点，不然用不着另造一字。

[①] 赵光贤：《释"蔑历"》，《历史研究》1958年第11期，第83页；《古史考辨》，北京师范大学出版社1987年版，第120、121页。

唐兰也有限地承认，"蔑"用作动词，有时是"功伐""称美"之意，包含"他人的称美"和"自我的夸美"。①

这样，"魅"或"蔑"在男欢女爱以及表现其"美媚"的艺术品之中，就以鬼狐或女巫的性魅力带着些极端的形态流露或喷发出来。这就更不是一般外貌之美了。

白川静有《蔑历解》，发表于《甲骨学》，又见《甲骨金文学论丛》（第10集）；其《金文通释》等，亦有论证。后来又有《再论蔑历》之作，论证说，"蔑"上所从之"甾"就是"眉"，即"媚"，关系着"梦魇"与"媚蛊"之事，又说其原来是在眉毛上加巫咒符号，利用眉毛，"加工"异饰，成为魅惑之术（此说未免穿凿）。

> 媚字从甾从女，《子媚爵》有其字。媚蛊者咒祝女巫，借蛊灵而以行之。凡古代为咒祝者，多加以咒饰，媚者盖加咒饰于眉上，以自标异，而行炫媚之事。②

这种咒诅望衍媚蛊之术，也行于战阵（只是不一定都把巫术"装备"在眉毛上）。

> 庚寅卜，㱿贞：勿眉人三千，乎（呼）望㠯（方）。（《南·南》1·63，《外编》107）

所谓"乎望"，指"望气厌伏"之事。

> 壬午卜，㱿贞，王今多眉，御方于口。（《后》2·42·9）

"御"（祀）也是军礼，亦"眉人"（媚女、媚饰女巫）行之。

> （战阵中）"媚女"（媚蛊女巫）在军头，拥鼓先行。是以战而败也，媚女首受戮，所以灭其咒力，渎其凭灵也。以戈加媚女，其字为"蔑"。

这种说法虽然不免牵强附会，但是渗入强大性感的媚态，近于"巫术"的魅力，确实为某些女性所特有，使男子沉溺其中，难以自拔。蒲松龄把这种女性写成鬼狐，是极为精到的。他难于解释（更难向宋明以来一直统治着思想界的理学家们说清楚）：这种"媚/魅"之力确实存在，而且为优秀的艺术作

---

① 参见唐兰：《"蔑历"新诂》，载《文物》1979年第5期，第36页。
② ［日］白川静：《再论蔑历》，载《"中央研究院"历史语言研究所集刊》第51本第2分，1980年，第340—342页。

品所强化,所升华。健全的异性大都为其所征服,甚至于越是英雄越易于被"石榴裙"所困扰,越难闯过"美人关"。

这就是希腊神话中,战神阿瑞斯会奋不顾身地投进锻冶之神(赫淮斯托斯)的妻子爱神阿芙洛狄忒怀抱的原因。

女巫的媚美,一方面是有意识"甄选"的结果,另一方面也是许多女巫懂得如何用"媚术"取悦人,以"魅力"吸引人的证明。这不单纯是所谓"恋爱巫术"在作怪,也是某些漂亮的女巫"工于媚术"、懂得一点"爱情心理学"的表现,所以要简介"媚"的各种说法。

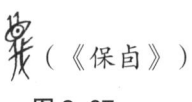(《保卣》)
图 2-67

白川静之说,最为独特。他也许受了"蔑/媚/美"之说的启发,说蔑是"以戈或曲刀杀媚女之象"。

> 媚即所谓施行媚蛊之媚女,在古代之战争中,媚女立于军之前列,对敌军施行种种之诅咒、厌胜之事。故在卜辞中,外族之侵寇曰"鼓"。彼等如其后之巫女,乃击鼓以振兴其军之声势者也。此种巫祝所施行之咒力之优秀被认为乃决定军之胜败者也。①

这样说起来,歌妓出身的梁红玉击鼓助阵却敌,也是继承了媚女蛊术之传统?"故若克敌,先要杀掉敌之咒力之根源之媚,而使丧其咒力,同时亦表示军之功伐也。故(蔑)为伐旌、旌表之意。"②

这个说法很难为中国学术界所接受,但学者也无法否认"魅/媚"魔力之存在。白川静反复论证,"媚女"在卜辞时代要祭祀其"职业的祖神——神巫",其神像多系"被杀的媚女形",亦即"受难者的蔑",蔑、眉(媚)确属一声之转。她们称为"眉人",人数竟达三千,亦用于阵前"厌敌",如日本"面胜神"般的魔女③——人数如此之多,平时恐怕要充作"军妓"(文献曲折反映,

---

① [日]白川静:《说文新义》,林洁明译,见周法高编撰:《金文诂林补》(第二册),"中央研究院"历史语言研究所1982年版。
② [日]白川静:《说文新义》,林洁明译,见周法高编撰:《金文诂林补》(第二册),"中央研究院"历史语言研究所1982年版。
③ [日]白川静:《中国古代民俗》,何乃英译,陕西人民美术出版社1988年版,第140—141页。

夏桀时已有军妓)。"媚女"(连同其"媚道")一直延续到汉代,武帝时"巫蛊"之祸,竟株连了数万人。可惜白川静对"蔑"字的解说实在是望文生义,过于牵强穿凿。"蔑"字,主体突出一个"目"字,可能表示一个手执干戈的(女)武士。如果说她与"魅惑"有什么关系的话,那就是其读音涉及"魅/媚/媄",其"媚",也可能被用在女巫身上,变成了"魅"。

图 2-68　巫性：魅力的可能构成

(楚绘画与装饰中的巫师形象)

古代遴选女巫,不是极丑就是极美,不但有如"选美",还要"选丑",包括残疾、精神变态,乃至智力或容貌超常,都可能中选。初民或古人认为她们具有特殊的乃至"超人"的灵力。她们的魅力,不但联系着殊异的心理,还往往夹杂着行之有效的"恋爱巫术",而且与她们自觉或不自觉地利用女性的"媚美"相关。

这些都有待深入论证辨明。但"媚/魅"之美,确实有一种类似感通鬼神的巫术般的魔力,有时它的迷醉与迷惑作用很难纯凭理智与科学来诠释或"抵挡"。

海笛卡《赫尔德林》诗解说："魅惑和使人恍惚是美的本质。"(据笠原仲二引)

这几个词的意思有相通之处。英语 charm 的含义较丰富,如同汉语"美/媚/魅"音义兼通一样,charm 可以表示漂亮,妩媚,性感,因而有"魅力"与"(性)吸引力"的意味。甚至有点儿"巫术"的意思。

图 2-69　酒神祭——迷狂的女巫

（玻璃浮雕，古罗马，公元 1 世纪前期，发现于庞贝火山灰烬之中）

希腊罗马的狄俄尼索斯或沙特恩祭典，触目的特征是女巫和女信徒的狂乱的欢乐，酒色迷人，魅力四射。她们借酒力和美媚"驯化"神，并使作物丰收。有时甚至使用"致幻"药剂，造成兴奋与迷狂，以进入艺术境界。

据说，康德未婚，基本不近女色，但他写过一篇《论优美感和崇高感》的文章，居然也明白："女性的这种全部魅力，从根本上说，是基于性的欲求而展开的。"这是一种自然而然的对于魅力的感受与喜悦。

弗洛伊德在《文明和它的不满》（1930）里说：

"美"和"魅力"是性对象的最原始的特征。[①]

他还说："'美'的观念植根于性的激荡，其原义乃是'能激惹性感者'。"[②]

固然不能简单地说"艺术发生于爱情"，然而，"回眸一笑百媚生"，有多少诗歌是为女性的媚态与性感而作的啊。

"美，爱也。"（《诗·大雅·假乐》郑笺）

美、媚、魅三字同音，根柢相通，程度或表现却不大一样。

男人最难抗拒的就是《聊斋志异》等所写的女鬼妖狐特有的吸引力或性魔力。"狐媚偏能惑主"，连"圣天子"都不能逃脱。偏偏某些艺术品也具有这种强大的魅力。"狐狸精"现在几乎已成赞誉之词。

[①] ［奥］西格蒙德·弗洛伊德：《弗洛伊德论美文选》，张唤民、陈伟奇译，知识出版社 1987 年版，第 172 页。
[②] ［奥］弗洛伊德：《爱情心理学》，林克明译，作家出版社 1986 年版，第 53 页。

弗洛伊德统通将其归结于性欲的驱使：美被看作"性感领域的衍生物"①，审美的动机深潜在性欲望里。

德语 reiz，就既有"美"又有"（性）刺激"之意。

前举英语之 charm 近于"魅力"，德文便以 reiz 表示，好像英语的"吸引力"（attraction）；劳伦斯《性与美》称为"性感染力"。

Charm 的语源是希腊文 char；格莱司（Grace）三女神的 Chritēs 掌管的是美丽、优雅、喜悦（所以 charieis 有"雅致的"之意）。但是弗洛伊德揭发其根柢，却是性。

证明之一是，"喜欢看异性裸体裸露的倾向，每个人都或多或少地有一些，而且这样做也的确能使人将部分原欲转化到高级的艺术兴趣上面"②。比如对"裸形艺术"的欣赏。

叔本华说，习惯上与"秀美"（或优美）相对列的"壮美"，其对立面更恰当的是"媚美"。

五、媚美

"我所理解的媚美是直接对意志（引案：更准确的译法是'意欲'）自荐，许以满足而激动意志的东西。"媚美让审美者从"纯粹观赏"中逃逸，激动它，"使这鉴赏者不再是'认识'的纯粹主体，而成为有所求的，非独立的欲求的主体了"③。说得明白些，媚美使鉴赏者容易屈服或沉溺于欲望，尤其是性欲——更可见意欲的可畏与邪恶。

图 2-70 《美惠三女神》

（布上油画，意大利，巴蒂斯特·勒尼奥）

古希腊 Grace 三女神，其中的岔丽斯（Charieis）掌管"美丽""优雅""喜悦"，三者的综合就是高级的魅力。

---

① ［奥］西格蒙德·弗洛伊德：《弗洛伊德论美文选》，张唤民、陈伟奇译，知识出版社 1987 年版，第 172 页。

② ［奥］弗洛伊德：《性学三论》，滕守尧等译，见《弗洛伊德文集·性爱与文明》，安徽文艺出版社 1996 年版，第 24 页。

③ ［德］叔本华：《作为意志和表象的世界》，石冲白译，商务印书馆 1982 年版，第 289—290 页。

他对"媚美"的态度实际上是矛盾的：强烈地眷恋而又害怕"堕落"。所以"迷醉"之余必须加以谴责。例如说引动食欲或性欲的"媚美"者不是艺术。更要命的是裸体画。"这些裸体像的姿态，半掩半露甚至整个的处理手法都是意在激起鉴赏人的肉感（引案：今曰性感），因而纯粹审美的观赏就立即消失了，而作者创造这些东西也违反了艺术的目的。"① 但他放过了"古代艺术"里的阿芙洛狄忒－维纳斯们，因为其精神内容压倒了肉欲，但那何尝不具有媚美呢？何尝不是裸体艺术呢？

六、艳：由外到内

还有个"艳"字。媚美是发自肌骨的魔力，是自内而外的；艳美则是溢于肌肤的性感，是由外到内的。此二者简直不可区分，只能说前者充于内，后者倾于外。只能细细体味，像老话说的："只可意会，不可言传。"

【艳】

《说文解字》卷五丰部说："豔，好而美也。从丰；丰，大也。盍声。《春秋传》曰：'美而艳。'"这是通行本。日本岩崎氏藏宋刊本作"好而长也"，更能体现其特色（《方言》仅谓："艳，美也"）。《楚辞·招魂》："艳陆离些。"王注："艳，好貌也。"

由于"丰，大也"之训，卷五丰部又说，"豐，豆之丰满者也"，古"艳"字就倾于高大丰满。

它着重于体貌。《说文》引《左传》（在桓元年），"美而艳"，杜注："色美曰艳。"孔疏："艳者言其颜色好。"陆释："艳，美色也。"

《诗·小雅·十月之交》："艳妻煽方处。"毛传："美色曰艳。"

《汉书·五行志》颜注："美色曰艳。"《方言》："美色为艳。"

《文选·射雉赋》："夈雄艳之姱姿"。旧注："美色曰艳。"赋文倾于丰满高大。

《文选·思玄赋》："虽色艳而赂美兮。"旧注："艳，美色也。"《广雅·释诂》："艳，美也。"

高鸿缙《中国字例》说艳字（豔）从"盍"，古盒字。"行礼所用之盍，无不浩美也。"实在牵强。"盍"只表音，"盍"古又读"页"（如"盍彼南

---

① ［德］叔本华：《作为意志和表象的世界》，石冲白译，商务印书馆1982年版，第290页。

亩"之"馌"),是"艳"之古读。

"艳",异体或今体从色,"色,颜气也"(《说文》卷九色部),收有"艵",或说即古之艳,"色艵如也,从色弗声"(中古音蒲没切),引《论语》曰"色艵如也",犹言弗,与"艳"音义皆远。

"颜气"丰盛,体态丰满,面容光鲜,是为"艳"(美色浓丽,如"浓妆艳抹",反而过度,近人用以称性感、魅力且煽情者,但不是高级形态之美,也并非最高"颜值")。

后来,艳逐渐倾于体态、体表、体裁、体格之美,多倾于外在,这就不免与性感的联系更加紧密。

图 2-71　艳丽

(左:《沐浴后的希腊贵妇》,油画局部,法国,维安,1767年;右:澳大利亚名模荷莉·范伦斯)

艳丽不但来自性感,更与天生丽质或天赋魅力相关。论者谓,希腊神话与艺术中的女性之所以具有那么长久的魅力,就因为古希腊妇女那无与伦比的健全与艳丽。有的女神或贵妇画像,以著名艺伎为模特。

《淮南子·精神训》:"献公艳骊姬之美。"高注:"好色曰美,好体曰艳。"跟前举孔疏《左传》桓元年"美而艳"说的,"美者言其形貌美,艳者言其颜色好"(美重形,艳则倾于皮肤色泽光度),已有较大不同。这是那种一眼望去,就目眩心跳的瞬间的审美效应,古人用"惊艳"来描摹,颇为确切。所谓"翩若惊鸿,宛如游龙",形容的就是这种似乎转瞬即逝却又无法从眼底心田排除的美。

古人用艳状美色，并无多少贬义，只是偏些浓丽。如——

艳如桃李，冷若冰霜。

一枝浓艳露凝香，云雨巫山枉断肠。（李白：《清平调》）

前面对"艳"与"媚"强分内外，一旦接触实际就难以冷静分析，只能去感受那种内外交感、效果倍增的魅力。

以上讲的还主要是现实里、生活中某些女性特具的美丽与性感交互作用产生的吸引力。如果她们进入艺术，化为形象，那么其"美的魔力"或通行语的"艺术魅力"，更是有过之无不及。从希腊雕刻里阿芙洛狄忒（维纳斯）的多种雕像，到文艺复兴的许多裸体画，无不具有强大的吸引力与迷醉力，拉斐尔《西斯廷圣母》的端丽，提香裸女的浓艳，鲁本斯美神的肉感，达·芬奇少妇的凝眸与笑意，都使人久久不愿离去，或者移开眼睛。在这一点上，生活与艺术简直难分难解，无怪乎车尔尼雪夫斯基《论艺术对现实的关系》要感叹，区别谁更美、更有魅力，是多么困难。

对于男人来说，艳丽可怕，媚美更可怕。海涅《罗曼采曲》有《后悔之歌》自我"悔罪"道：她的小嘴里像蔷薇花丛般躲着青蛇，"阴险地发出咝咝的声音"；她的酒涡是让他的"妄念"把自己推进去的"坟墓"。

图 2-72　《诗人的灵感》

（油画，法国，普桑，1630年）

我看到美丽的卷发，
在美丽的头上飘拂。
那就是妖魔来捕我的
神奇莫测的网罟。

她那蓝色的眼睛，
像静静的水波那样清明，
我当它是天庭的金阊，
它却是地狱的大门。（钱春绮译）

"诗人的灵感"是天赐神授，由诗歌乐舞之神阿波罗及爱神阿芙洛狄忒（维纳斯）给予的吗？也许还中了小厄罗斯的金箭，还期盼他手中的桂冠？是的，是爱与美共同酿造的魅力打动了诗人，催熟了他的激情与灵感，让他情不自禁地唱出了同样让后人迷醉的情歌来。

与其说是天赐神授艺术家与诗人以灵感，毋宁说是"现实—艺术"相互为用，从而相得益彰。是天生丽质陶醉了他们，让他们创造出几乎永不消退的诗情、美和极难耗尽的艺术感染力来。中国人说，解语传神，色授魂与，可以让人废寝忘餐，食不甘味，尽管为正人君子与道学家所不喜，却是连他们自己都很难摆脱的。

也不可否认，即令只是唐代后期，"艳"由于它的倾于外表，有些审美水准较高的诗人，已觉得它不够含蓄蕴藉，甚至影响到内在的优雅和自然。宋代乐史《太真外传》说："虢国（夫人）不施脂粉，自衒美艳，常素面朝天。"对于纯粹的外表美艳，已有些微词。张祜《集灵台》诗说："虢国夫人承主恩，平明骑马入宫门。却嫌脂粉污颜色，淡扫蛾眉朝至尊。"讽刺之意已透于纸上。甚至于他的《马嵬坡》诗："尘土已残香粉艳，荔枝犹到马嵬坡。"矛头直指杨贵妃。"一枝浓艳露凝香"，最终也只能"云雨巫山枉断肠"了。

七、性感升华才是美感

能不能说魅力就是性感或性感的直接结果呢？

恐怕没有那么简单。

男女之间的爱的背景或基础确实是性，但又不仅仅是性。美感远大于性感，异性心目中的美也不仅限于性或性感。性感集中于快感，但那常是转瞬即逝、昙花一现的。美感一旦与爱情相融汇，那就是海枯石烂也很难使它销蚀的深沉。是的。如果简单一些说，异性之美（尤其是外表之美）是很难超离性或性感的（对残疾人之爱更多是精神性与道德性的，那已经超越了普通男女之爱，不在此处讨论），但美感却较它耐久且普遍，还带着些高尚。

劳伦斯的《性与美》就说："如果直觉是叶、美是花，那么性就是根。"性也只是根，本身并不等同于爱，更不是美。美是花，是性的绽放，是魅的升华，是爱的结晶。

钱德勒《美与人性》（1934）："人类的美直接与性有关。"美与性和爱相关而已。韦尔斯《心灵秘密的地位》（1922）说："美之所以美，仅仅当它包含着性的时候。"不免隘化。

一向不吝偏激的尼采，在《偶像的黄昏》里说："一切美都刺激生殖——这正是美的效果（proprium），从最感性的到最精神的。"[1] 他没有抛弃"精神"。即令是受孕的"效果"，胎儿的健全，都跟父母当时的心情或精神状态相关。

---

[1] ［德］尼采：《偶像的黄昏》，周国平译，光明日报出版社1996年版，第84页。

所以，必须承认，"魅"或"媚"，比一般的"美丽"更直接、更紧密地联系于性感。最简单化的等式就是：

美感＋性感＝魅力

爱不仅是"情"，也不全是"欲"。马尔库塞用来标志男女之爱的厄罗斯，所谓"爱欲"，是美感加性感的"魅力"的"原因"——却又是"结果"。简单化的方程式是：

爱情＋性欲＝爱欲→

魅力＝外艳＋内媚

维特根斯坦暗示，审美主要是（各个人的）经验，很难用逻辑来实证或概括。"美学的特性归根结底就是提出一种较好的比喻。"[①] 如果要我们给出一个比喻的话，合形则性的美就像漂亮而又可爱的异性所特具的那种不可遏制也无法抗拒的魅力。这不同于占有的欲望；即令其根柢深潜这种欲望，"赞赏"也是一种重

图2-73　天然生颜色

（当代摄影艺术）

清水出芙蓉，天然去雕饰。端庄、真诚、健康、快乐……照样充满魅力。荆钗布裙，素颜乱发，为什么不能焕发出美？

要的审美活动。它最接近贝尔的对于"有意味的形式"的感动（尽管他强调"审美"应该与"生活感情"严格区别）。当一位"最早的猎人"愿意用赖以果腹的野牛腿交换一串光闪闪的玉石项链时，就是因为这串项链能够使他赏心悦目，激动不已，饿着肚皮也想挂上它。这也是一种美的魅力，但通常我们更多将其应用于爱欲。

古代希腊三位女神，天后赫拉、智慧的战神雅典娜和爱神阿芙洛狄忒都非常美丽，免不了要"比较"一番。厄罗斯因为偶然被人疏忽，便扔下一只金苹果，上面写着"送给最美丽的女神"。三位女神都声称自己该得到它，闹得宙斯不胜其烦，只得说：让凡人来裁判吧。"受命"的帕里斯王子十分为难。赫拉说：我可以给你权势。雅典娜说：我让你取得战争的胜利。爱神却"一无所有"，便轻轻拉开她薄薄长衣的腰带，带着甜笑说：我给你世界上最美丽的爱。赫拉

---

① 维特根斯坦语。参见［美］M.李普曼编：《当代美学》，邓鹏译，光明日报出版社1986年版，第94页。

失于高傲，雅典娜不免严肃，"阿佛洛狄忒周身散发着诱惑的气息。为使自己的面貌和洁白的身体更完美，她还具有一种诱人的、不可抗拒的妩媚"①，帕里斯不能不把"金苹果"判给她。结果他得到海伦，也得到特洛伊战争。

图 2-74 谁最有魅力？

（《帕里斯的裁决》，欧洲近世绘画）

另一种说法：神的使者赫尔墨斯把三位最美的女神带到王子帕里斯面前，请他决定哪一位最美，并把最高荣誉"金苹果"送给她。三位著名女神都十分美丽，一个胜似一个。最高神宙斯的妻子赫拉说："把金苹果给我。我给你地位与财富。"象征智慧的战神雅典娜说："我给你智慧。如果你愚蠢，权力与金钱只能害了你。"爱神阿芙洛狄忒柔声说："你想要一场你从来没有经历过的热烈的爱情吗？"这意味着激情，美，还有一份"没有经历过"的神秘……帕里斯把金苹果给谁就很明白了。女神们竞赛的不仅是美貌，最重要的是魅力。

激情在创造领域里逐渐被"集约"为感悟、体验或"艺术冲动"；魅力在"创美"与"审美"之间涌动，黏结着创造与鉴赏。

西方"神创论"诗学随着人的精神的觉醒和时代的变迁也在自我提升。罗素揭示，巴库斯（酒神）祭仪参与者，排除审慎而选择激情（状态），"这个名词在字源上是指神进入了崇拜者的体内，崇拜者相信自己已经与神合而为一"②。他深信，也许科学是"清醒的文明"，思想与宗教、艺术的活动都主要是"激情"。虽然带着"神秘法悦"，却仍然是"人"的。

---

① ［法］G.H.吕凯、J.维奥、F.吉朗等编著：《世界神话百科全书》，徐汝舟、史昆、李扬等译，上海文艺出版社1992年版，第195页。

② ［英］罗素：《西方哲学史》（上卷），何兆武、李约瑟译，商务印书馆1963年版，第39页。

人类成就中最伟大的东西大部分都包含有某种（精神上的）沉醉的成分，某种程度上的以热情来扫除审慎。①

但激情乃至狂热，都潜藏艺术创造或审美的"基因"。

激情造成魅力——魅力就是神鬼一般迷惑人的魔力。"魅"是长头发的鬼狐，艺术就像鬼狐迷人一般使人堕入她的诱惑。希腊诗人就说，人头鸟身的女海妖塞壬（Siren）会用"悦耳的歌唱迷惑人"，使人乐而忘归，甚至跌入海中淹死（参见《奥德赛》）。品达则说：

神赋歌曲以魅力。

魅力把一切令人快乐的东西给予凡人。

"魅"又言"媚"，诗歌能像狐媚一般魅人。这无非是艺术魅力的通俗说法。

八、"美得可怕"

《伊利亚特》里，残酷的十年特洛伊战争，是为妖姬海伦而打的。海伦的姿容如何，美到什么程度，史诗都不怎么直写。然而，"为了她，双方在战神的击打下受尽了苦难"②。她穿着光亮的裙袍，挂着晶亮的眼泪，信步走上特洛伊面向战场的墙垒。老兵们看到她，便压低声音，交换起长了翅膀的语言：

不能责怪特洛伊人和胫甲坚固的阿开亚人，确实，倘若他们经年苦战，为了这样一个女人，她的长相太像，是的，极像长生的女仙。③

"痛哭六军皆缟素，冲冠一怒为红颜！"这样我们就间接地领略她那可怕的美，如果不说"祸水"的话，美有时是会带来灾难和毁灭的。所以，"尽管（海伦）美貌，还是让她离去，登上海船，不要把她留下，给我们和子孙带来悲哀"④。这一节，在文学史上非常有名，许多讲文学的书都要举出做"间接描写"之佳例的。日耳曼史诗《尼伯龙人之歌》里，艳后克里姆希尔德也是"美得可怕"的："因为她的缘故，许多英雄将生命失去。"肖像描写也很简单，没有《荷马史诗》那样"巧设"，大体上是"暗写"。

这位高贵的少女非常可爱，妖娆妩媚，英雄们都千方百计地想要获得她的恩惠。她风姿绰约，她的容颜清秀俊美，天资和门第赋

---

① ［英］罗素：《西方哲学史》（上卷），何兆武、李约瑟译，商务印书馆1963年版，第39页。
② ［古希腊］荷马：《伊利亚特》，陈中梅译注，译林出版社2000版，第72页。
③ ［古希腊］荷马：《伊利亚特》，陈中梅译注，译林出版社2000版，第73—74页。
④ ［古希腊］荷马：《伊利亚特》，陈中梅译注，译林出版社2000年版，第74页。

予她的气质更为巾帼增辉。①

她以后成为慈禧那样利欲熏心、野心勃勃的"洋祸水",却又没有克里奥佩特拉那样缠绵悱恻的风流故事。这位美人越变越残酷,不仅手刃强敌哈根,还令人杀死亲哥哥恭特,最后,自己也跟爱情、财货和权位同归于尽,身子被砍成数段,"世界上的欢乐,到头来总是变成悲伤"②。她的美浸透了眼泪与鲜血。

"间写"的手法,在中国民间文学里较为多见。大家都熟悉的有《日出东南隅行》(即《陌上桑》),写罗敷之美:"行者见罗敷,下担捋髭须,……耕者忘其犁,锄者忘其锄。"最后弄得"来归相怨怒,但坐观罗敷"。有部法国电影,描摹名模之美,饭店侍者因为看她竟把汤菜倒在顾客头上。有个电视剧,点染女交警的漂亮,司机们看得晕头转向,几辆车子撞在一起,"来归相怨怒",就是从《陌上桑》学来的。又如蒙古族史诗《英雄格斯尔汗》描写可汗夫人阿尔勒高佳的美丽:"六月的蝴蝶飞来,错认她是一朵花。六岁的小孩见她,忘记了牵手的亲妈。八十岁的老人见她,恨不得恢复青春的年华。"货真价实的美是童叟无欺的。

这种造成"催眠效果"的魔力,在中外古典作品里,还有用极度夸张而巧妙的细节来表现的。

与冰岛史诗《埃达》、日耳曼史诗《尼伯龙人之歌》紧相联系,北欧神话中,王后喜特伦与英雄西古尔特所生的女儿司温喜尔特(Swanhild),为奸臣所诬,峨特王厄尔曼列西竟命令让群马来踩死这个绝代的美丽公主。但她是如此美丽,那些狂暴的野马都舍不得踩她,绕避而过,没有损害她的分毫。愤怒的王只好吩咐用巨大的毡子盖在她身上,不让群马为她的美所迷惑,终于将她踩死了。

中国人所谓"沉鱼落雁",本来是庄子用来表示动物与人类的"审美"的根本差别的;所谓"闭月羞花",更已成为老套。然而,它们本质上都是通过"效应"来表达美的力量:它能够"穿透"或"贯彻"于动物、植物直到无机物的"心灵",让它们自惭形秽,甘拜下风。

哪怕这种美是邪恶的,它也有可畏的魔力。风情万种的狐狸精妲己,也是这种舍不得毁灭的"妖美"。《武王伐纣平话》里已写及:"妲己回首戏剑子,用千娇百媚戏之,剑子坠刀于地,不忍杀之。太公大怒,令教斩了剑子,又教

---

① [德]佚名:《尼伯龙人之歌》,安书祉译,译林出版社2000版,第2页。
② [德]佚名:《尼伯龙人之歌》,安书祉译,译林出版社2000版,第494页。

一刽子去斩。……"这刽子手仍然不能战胜妲己的魅力，落了个身首异处的下场。中国式"拟史诗"《封神演义》袭用了这个细节，还有几句描写，文字略较《武王伐纣平话》成熟："那妲己……跪在尘埃，恍然似一块美玉无瑕，娇花无语，脸衬朝霞，唇含碎玉，绿蓬松云鬓，娇滴滴朱颜，转秋波无限风情，顿歌喉百般娇媚。"刽子手同样神魂颠倒，再加几声"将军"，米汤灌下，"便把这些军士叫得骨软筋酥，口呆目瞪，软痴痴瘫坐一堆，麻酥酥痒成一块，莫能动履"。只好做了姜子牙的刀下之鬼。

> 另选了军士，再至法场。只见那妖妇百般娇媚，万种软款，又把这些军士弄得东倒西歪，如痴如呆。

要知道，妲己迷惑的是身经百战、同仇敌忾的周人虎贲。连杀了几个都无法杀鸡吓猴，惩前毖后，一个个地"视死如归"。最后还是陆压的葫芦飞刀，"宝贝转身"，不使用人力才杀了这小妖精。美者媚也，媚者魅也，"魅"字就有了个"鬼"在。这里有"鬼"，有"魔"，多少英雄过不了美人关，几多君王为之丢失江山！

类似的描写，还见于唐人李翊的《陈子高传》。这是个龙阳君式的男宠，侯景乱时，"子高年十六，尚总角，容貌颜丽纤妍，洁白如美妇人，鬑首膏发，自然蛾眉"；同样是"乱卒挥白刃"，而"纵横间噤不能下"，拉出去、拉进来好几趟——大矣哉美之魔力，天地间最可虑的是"美"，不管它是不是跟"恶"相融合。这种描写并不比"不可企及的荷马"逊色。

人世间的美与可眷恋的魅，总包含一些神秘，某种使人沉醉或者心荡神驰、目迷心乱的东西，使人浮想联翩，终生难忘；不然生活也太呆板、太枯燥、太没有意思了。罗素说，人类大成就之中总包含着某些"沉醉"的很难用理性来把持的成分[①]——天然的媚态和魅力就是证明。

弗洛伊德更说："'美'和'魅力'，是性对象的最原始的特征。"这是很难纯用理性就能说清楚的。异性的性感往往是美感的基础；弗洛伊德说，"美"，特别是异性之美，"确实是性感领域的衍生物"[②]。

---

① 参见[英]罗素：《西方哲学史》（上卷），何兆武、李约瑟译，商务印书馆1963年版，第39页。

② [奥]西格蒙德·弗洛伊德：《弗洛伊德论美文选》，张唤民、陈伟奇译，知识出版社1987年版，第172页。

九、"化美为媚"的《硕人》

前文简介，中国古人认为"媚"是一种具有穿透力乃至迷惑力的姿容和性格之美，可以动人心魄，一直到"坏人心性"。

据专家介绍，"媚"是一种生理兼心理的刺激，很难抗御。

《绀珠集》（卷一）"念奴"（词牌《念奴娇》即由其出）："念奴有色善歌，宫妓中第一。帝尝曰：'此女眼色媚人。'"《开元天宝遗事》则说她，"每执板当席，顾眄左右"，玄宗称其妖丽，即所谓"美目盼兮，巧笑倩兮"。

《太平广记》卷四一记《黑叟》说："叟自苇菼间引一女子，年十五六，薄傅粉黛，服不甚奢，艳态媚人，光华动众。"如前所说，这种魅力，有时像巫术一样能魇惑异性，使人如痴如醉，神魂颠倒，非常危险。此情此景，要看发生在什么情况下，自己的意志与定力如何了。

爱与激情之中，热力四射，电波横生，是所谓性感"激荡"者①。"苛政猛于虎，爱情大胜天"，连孔夫子都有忘情欣赏《诗·卫风·硕人》的时候。

硕人其颀，衣锦褧衣。	高高身材一美女，身穿锦服罩单衣。
齐侯之子，卫侯之妻。	齐侯的女儿，卫侯的娇妻。
东宫之妹，邢侯之姨，	太子的胞妹，邢侯的小姨，
谭公维私。	谭公原是她妹婿。
手如柔荑，肤如凝脂。	手指纤纤像嫩荑（茅芽），皮肤白嫩像冻脂。
领如蝤蛴，齿如瓠犀。	美丽脖颈像蝤蛴（天牛幼虫），牙比瓠子还整齐。
螓首蛾眉，巧笑倩兮，	额角方正蛾眉细，一笑酒窝更多姿，
美目盼兮！	秋水一泓转眼时。②

最后这两句，就是"由动而静，由美入媚"。

这首诗的"异文"很多，还有新出土的汉代材料做参照，是很侥幸的事。专家们做了精细的比勘、考据和对照，有独特的看法。但我们最终觉得，还是

---

① 参见［奥］弗洛伊德：《爱情心理学》，林克明译，作家出版社1986年版，第89页。
② 程俊英译注：《诗经译注》，上海古籍出版社1985年版，第103—104页。

传世的版本容易为人接受，而又不失新奇与生趣。这里姑依旧说做些提示。①

图 2-75　"靥辅奇牙"：酒涡与畸牙

（克莉丝汀·克鲁克，《超人》第一部女主角）

酒涡是面颊部的小凹陷，圆转天成，主要特征是笑时增加了运动感和魅力，所以或称笑靥，有诗人戏称这是男人的"酒杯"兼"坟墓"。这就是"靥辅摇"，酒涡儿旋，高诱所谓"妇人之媚也"。海涅的《罗曼采曲·后悔之歌》唱道：在那动人的面颊上，有着动人的酒涡。那就是我的妄念，把我驱赶进去的穴墓（钱春绮译）。

脖子像蝤蛴，大约是天牛、金龟子或者蝉的幼虫，白胖而有皱褶，现代姑娘看见也许汗毛倒竖，但初民不以为丑。红山文化粗壮型的玉（猪）龙，俄罗斯学者沃尔金揭示，系以"蛴螬"为母型（可以参见《龙凤龟麟：中国四大灵物探研》关于龙的"虫母型"节），用以譬喻胖美女的脖子确切之极。

"齿如瓠犀"，比"编贝"之类新奇得多（我们恰好找到一件"瓠犀"标本照片，可供欣赏）。

"蛾眉"常见，但最初用以喻眉，还是颇为灵动，正是所谓"媚／美眉"的写照。

---

① 参见罗福颐：《汉鲁诗镜考释》，载《文物》1980 年第 6 期；徐鉴梅：《东汉诗经铭文镜》，载《江汉考古》1985 年第 4 期；李学勤：《论〈硕人〉铭神兽镜》，见中华书局编辑部：《文史》（第三十辑），1988 年版，第 47—50 页；胡平生、韩自强：《阜阳汉简诗经研究》，上海古籍出版社 1988 年版；陆锡兴：《〈诗经〉异文研究》，中国社会科学出版社 2001 年版。

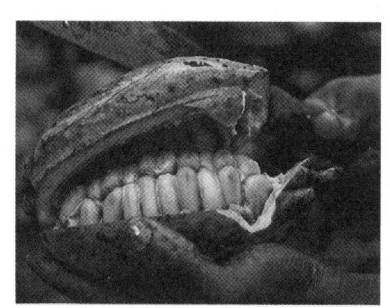

图 2-76　"齿若瓠犀"

（左：原产非洲的一种如瓠的果实，籽如美齿；右：美国女演员朱迪·福斯特）

她俨然"齿若瓠犀"，而且"靥辅（酒涡）在颊，妇人之媚"；一旦"巧笑倩兮，美目盼兮"，不说倾人城，倾人国，也会激使被拒绝的富二代去刺杀美国总统。跟希腊国王的"冲冠一怒为红颜"有得一拼。但像她这样张开大嘴，开怀大笑，却是违背了中国"笑不露齿"的古训的。

我们只熟悉"齿如编贝"，诗人却以瓠瓜中的籽形容硕人牙齿的整齐、洁白，实在新奇。

螓，《方言》说，蝉"有文者"。宋代沈括《梦溪笔谈》说："蟪蛄（知了）之小而绿色者，北人谓之'螓'，即《诗》所谓'螓首蛾眉'者也。"古人以"天庭饱满，地角方圆"为好相，即毛传所说"颡广而方"如"蝉首"的样子。

"巧笑倩兮"，《说文》卷八人部的"倩"是"人字"。卷十二女部有"婧"，"竦立也"，一曰"有才；读若'韭菁'"，我们认为就是现在被误读的"靓"，所谓亮丽。毛传说是"好口辅"，诸家多说指"靥辅／酒涡"，"妇人之媚"，笑起来如水波摇动（参见《淮南子·修务训》及高注）。

"美目盼兮"，《太平御览》卷三八〇引《诗》作"美目眄兮"。陆锡兴《〈诗经〉异文研究》云，合于鲁诗说，为"顾眄""流眄"之意。引《淮南子·修务训》"目流眺"高注："流眺，睛眄（盼）也。《诗》曰'美目眄（盼）兮是也'。"《论语》汉代马融注："盼，动目也。"犹如《西厢记》唱的，临去秋波那一转。

这正是黑白分明,顾盼生风,正跟"巧笑倩兮"构成动态的生气勃发之美。"冶由笑"高注"巧笑","目流眺"正是流眄盼兮,构成一幅生机盎然的女性美〔《淮南子》下句正是"口曾挠(描写将笑未笑),奇牙出,靥辅摇",这几句对于毛嫱、西施美色的描写简直就是在演绎《卫风·硕人》〕。这是充满生命动感的"美"与沁人心脾的"媚"。

十、鲜活才是美

可用来与《硕人》比照的如《齐风·猗嗟》:

猗嗟昌兮,颀而长兮,
抑若扬兮,美目扬兮;
巧趋跄兮,射则臧兮!

其二三章的"美目清兮","清扬婉兮",都是这种以动写静的手法(写的是一位壮健灵巧的射手)。《卫风·竹竿》的"巧笑之瑳,佩玉之傩",同样是有声有色的生命活动中的美。

清人孙联奎在《诗品臆说》里揭示,《硕人》"手如柔荑"等还只是"以物比物,未见其神",一直到倩兮、盼兮,才"传神写照",其神"正在阿堵"(眼睛),"直把个绝世美人活活请出来在书本上混漾,千载而下,犹如亲见其笑貌"。

可资比照的如波斯老诗人鲁达基赞颂美女的诗句:"有的花园里有蔷薇和百合,有的花园仅有郁金香,而你呢——却是这大地上群芳争妍斗艳的百花园。"

以下是成串的譬喻:

图 2-77 "羊群似白云,又像美人的皓齿"
(现代摄影艺术)

中国人对羊的美丽的称道已经够多的了,没想到,2000多年前,所罗门居然这样譬喻:"你的头发好像山羊群,卧在基列山旁,你的牙齿如新剪毛的一群母羊,洗净上来,个个都有双生,没有一个丧掉子的……"既赞颂了丽人的美发与白齿,又彰显了蓝天白云草原群羊的纯美。

你那绯红的脸庞赛过蔷薇,

粉颈不让乳白的百合,

皓齿——宛如珍珠,

鲜红的小嘴恰似两片红宝石。

你的鬈发四周围,散发着一片纯净的麝香,

你的朱唇,仿佛就像一只红果在闪闪发亮。

除了精致的五官肖像描写之外,同样写到她的动态,还有静态。也懂得从比较和体态描写美人之可爱。

你的举止行动有如鹌鹑,

安静时却似丝柏,

你是皎月,

使普天下美女的靓舞都黯然失色。(潘庆舲译)

温文尔雅,不像《硕人》保存着许多民歌的泼辣和光鲜。

印度的《方广大庄严经》描写佛母摩耶夫人的美丽,除了"青莲嫩瓣似的明眸"以外,用花果比喻其唇齿,也颇鲜活。

频婆果(相思果)似的朱唇,

须摩那(茉莉花)似的皓齿。

(据格罗塞《印度的文明》,常任侠译)

《旧约》里据说是所罗门做的《雅歌》,对女人的譬喻,也历久如新。

我的佳偶,你甚美丽,你甚美丽,

你的眼在帕子内好像鸽子眼。

你的头发好像山羊群,

卧在基列山旁。

你的牙齿如新剪毛的一群母羊,

洗净上来,个个都有双生,没有一个丧掉子的。

(引案:比较"瓠犀"之喻的奇特有过无不及)

你的唇好像一条朱红线,

你的嘴也秀美。

你的两太阳(引案:双眼),

在帕子内如同一块石榴。

你的颈项好像大卫建筑收藏军器的高台,

其上悬挂一千盾牌，都是勇士的藤牌。
你的两乳，好像百合花中吃草的一对小鹿，
就是母鹿双生的。（4·1—5）

虽然基本静态，但用母羊、小鹿为喻，就觉得跃动如在眼前。

似乎只有民歌或拟民歌里才可见这种种奇诞的对容貌体形的描写譬况。略举数例。

歪嘴嘴葫芦秋嘴嘴瓜，
千层层毛眼眼左右右花。

（陕北信天游）

水萝卜胳膊白萝卜腿，
果子花脸蛋海蔌花花嘴。

（内蒙古《爬山歌》）

红格丹丹嘴唇花籁籁眼，
紫桃色皮肉浑身绵。

（内蒙古《爬山歌》）

"花"，左右右地"花"，就是"美目盼兮"，"巧笑倩兮"，至少在感觉到被"花"的男子会作如此想。眼睛的力量胜过中程导弹。"秋兰兮青青，绿叶兮紫茎。满堂兮美人，忽独与余兮目成！"（《楚辞·九歌·少司命》）用什么来抵挡呢？

上古时代的诗歌仍是"神话（性）思维"的尖峰显现，加上初民的纯朴、敏锐而无所顾忌，取喻大都"取其一点，不计其余"，不但公然违背"科学思维"，而且"挑战"后世文人凛遵的"形象思维的逻辑"，连蝎子、蛆虫、狐狸之类"可怕的东西"都能用来类比美人的器官。现代，哪个诗人敢用剪毛的母羊比拟牙齿，用"蛴螬"或者"收藏军器的高台"来譬喻"美眉"的脖子呢？

大人是不能去表演"孩子的天真"的。娱亲的老莱子只能是丑角，就好像脑白金广告里一对老人在跳舞那样。某些"技法"，如同某种"文体"（例如史诗、神话），是不可复制的。电脑时代可以有精心组合的卡通式仙女，可是屏幕上的美目盼兮，巧笑倩兮，乃至酥胸半露，小鹿在百合花丛中隐现出没，再也不能打动人心了。我们看得太多，太暴露，太透明了。所以现代只有内衣模特儿、乳房秀、脱衣舞娘，再也没有海伦和西施了！

颂美佳人的比兴，总是各种各样的鲜花（王尔德说"第一个用鲜花比喻女人的是天才"，请注意，是"第一个"），当然"各有巧妙不同"，仍然不如田野青葱的歌那样出人意料之外而又在情理之中。莱辛《拉奥孔》曾举出许多描写女人形貌，尤其是五官的佳句，说它们都不如荷马写海伦的信笔点染，有意回避"对物体美作细节的描绘"。只有意大利文艺复兴时期诗人阿里奥斯托《疯狂的罗兰》懂得以动写静，描写那太阳般明亮的眼睛，"娴雅地左顾右盼，秋波流转"；而"她的嘴横陈于两道溪谷之间"，它发出的声音，"叫莽撞汉的心肠也会变得温柔；就从这里发出那嫣然一笑，瞬息间在人世间展开天堂"①。任何譬喻都是蹩脚的，说出来的往往不如没说出来的。齿若含贝，唇似樱桃，腰如束素，步若生花，翩如惊鸿，宛若游龙，确实美而有动感。但终不如《卫风·硕人》那样诱人入胜，动而有静，由静而动，"回眸一笑百媚生，六宫粉黛无颜色"！

图 2-78 从印第安保留到巴黎 T 台

（名模布兰达·查德）

作为印第安人的后裔，从"保留地"拼杀到纽约、巴黎的 T 合，为"原住民"的更好生存奔走。人们最尊敬与喜爱的就是她的奋进精神、慈悲胸怀与外形端丽的完美结合。"内美外修"，她的魅力来自体现于美的真善人生和人格。

---

① ［德］莱辛：《拉奥孔》，朱光潜译，人民文学出版社 1979 年版，第 114 页。

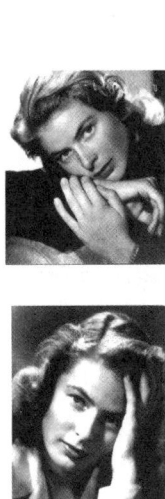

图 2-79　美是多样的

（左：英格丽·褒曼；中：奥黛丽·赫本；右：玛丽莲·梦露）

无论是雍容华贵，还是清纯美丽，或者光艳照人，燕瘦环肥，桂馥兰芳，山清水秀，珠圆玉润，都是美……

第三章　美学上的真与伪

第一节　真的来由与质性

讲到真,"真人"的含义必须正视。"真者,所以受于天也,自然不可易也。故圣人法天,贵真。"(《庄子·渔父》)返璞归真,回到自然,是道家,也是许多中国文人的理想。这同时是艺术的真善美追求的重要一面。但不能把后世道士或宗教家所谓的真跟艺术追求真实反映的美学理想混淆起来。

"真"的前身,很可能是"贞/正"的"贞",意思是追寻真实或真理。

一、真不是仙

1500 年,教皇朱里奥二世要把梵蒂冈建造成世界艺术中心。他的大教堂必须成为真、善、美的殿堂。但真、善相对抽象,真尤其难于具体描绘,教皇命令拉斐尔负主责,总其成。

在教皇的意图统摄下,拉斐尔尽其所能,以高度的人文精神与艺术天才创造出真善美的意象,或者被称为"象征"。

真分神学、哲学两部分:《圣礼的争辩》代表神学,《雅典学院》(以柏拉图与亚里士多德为核心)代表哲学。前者不大有人知道,后者却誉满全球。神学终于为哲学让位。形象战胜了律条,但科学却未取得最高的真的地位。

善被划分为:

主观之善——三位美人分别手持明镜、树枝和绳索:明镜照彻人心,树

图 3-1 《帕纳索斯山》

（局部，意大利，曼太尼亚约作于 1492 年）

九位缪斯，广艺术女神，在诗歌乐舞之神阿波罗脚下欢歌曼舞。希腊人爱好艺术，尊重知识与技巧。

枝意指万物生长，绳索暗示行为规范（有些像中国的礼——规矩准绳）；

客观之善——法律（公平与正义女神），意图标识、彰显罗马皇帝查士丁尼颁布法典，教皇葛里高里制定教会法规。

美以诗学为中心。太阳与音乐诗歌之神阿波罗引领着九位缪斯（Muses，她们分掌史诗、抒情诗、历史与格言等等）。左边站着的是史诗诗人荷马、维吉尔，右边是抒情诗人但丁，等等（戏剧诗还没有获得应有的荣誉）。

《说文解字》卷八匕部："真，仙人变形而登天也。从匕从目从乚，八所承载也。"古文作𠱾（中古音侧邻切）。

这个意思当然不古老，是战国中后期，乃至秦汉，所谓神仙家的说法。仙或真人，合称"仙真人"，是脱离现实的一种俗说。秦始皇时期，由于追求长生不老才猖獗起来。始皇帝曾遣徐市（福）"入海求仙人"，使韩终等"求仙人不死之药"。"僊"一般写作"仙"，其字或作"仚"，从人在山上，因为山高而近天，"仙人"初不谓"真人"。成仙，可以"长生""不老"或竟"不死"，或灵魂不灭，或肉体不朽，或灵肉都永存。那最好是登山入海再升天。

《庄子·刻意》篇有"真人"："能体纯素，谓之真人。"《天下》篇以关尹、老聃为"博大真人"。

《庄子·大宗师》说："古之真人，不逆寡，不雄成，不谟士（或指'不谋事'）。"自然而然，见素抱朴，就是真人。

《黄帝素问·上古天真论》："余闻上古有真人。"注："真人，谓成道之人也。"这就是神仙了。但到底什么是真人？《史记·秦始皇本纪》中，卢生说始皇曰："真人者，入水不濡，入火不热，陵云气，与天地久长。"始皇乃曰："吾慕真人，自谓'真人'，不谓'朕'。"

《淮南子·精神训》："所谓真人者，性合于道也。"《淮南子·本经训》：

"莫生莫死，莫虚莫盈，是谓真人。"超越生死之上。

许慎一方面受了战国秦汉以来后期道家、阴阳家或神仙家的影响，说"真"字表示仙人"变形"而能够登天；另一方面，为后世以"仙人"为"真人"提供了文字学乃语义学的根据。

古说"真"最多者如《庄子》，其义与"真人"之"真"颇有相关者，却与"仙人"有些距离。

谨守而勿失，是谓反其真。[《秋水》；注"（真）在性分之内"]

真者，所以受于天也。（《渔父》）

真者，精诚之至也。（《渔父》）

真者，不假于物而自然也。（《大宗师》注）

见利而忘其真。（《山木》；注"真，身也"）

真者，所以受于天也，自然不可易也，故圣人法天，贵真。（《渔父》）

可见"真人"之说，是由庄子一派掀起来的，其中《渔父》一篇集中论"真"，似乎还吸收思孟一派论"诚"的学说，以补充或加强道家回归自然的理想，可能是庄子后学羼入《庄子》的。它暗示着"仙真人"的出现，要求"谨修而身，慎守其真"，还（真）以物与人，则无所累矣。但道家希望回归自然，不为物欲所累的理想，同时是许多古代艺术家与诗人所向往的。"人法地，地法天，天法道，道法自然"是"不假于物而自然"的"真人"与文人所追求的，它具有批判狭隘功利与庸俗现实的意义，热爱自然，追求真实，也跟艺术真善美的理想有其根本相通之处。

"仙"还有个写法："僊"。但这不一定是"仙"的本字，"仙"的古老写法是"仚"，意思和目的都较"僊"明白。

"僊"之言"迁"。《说文》人部："僊，长年迁去也。"辵部说："迁，登也。"

《史记·封禅书》称安期生"僊者"。

《庄子·天地》篇："千岁厌世，去而上僊。"这就近于成"仙"，暴露出它脱离现实的消极面。

上古的道家后学认为，真人超脱于生死、盈虚、实伪、今古之上，是永恒之存在。浅俗化一下，则《释名·释长幼》："老而不死曰仙。"《论语》里，"老而不死"简直是骂人的话。但这里不过是长生的意思。长寿是有的，但不过一百多岁，太不过瘾，于是方士或道士们吹牛皮说自己活了几百年，多被揭穿。即令活了千万年，还难逃一死。死了，要烧，要埋，要沉，不然尸体腐烂发臭，更不像神仙。只好说埋后不朽，但不可靠；只好说，灵魂不灭，却无法证明。升天是最佳方案。要之，神仙思想的核心，在长生，"不老"或"不死"，最好是白日飞升，登天而去。对其凡俗的身世，恰恰要求与"真"（真相/真实）相反。闻一多《神仙考》说："其事或出于无意的误信传闻，或出于有意的捏造姓字，要其不欲求真之心理则一也。"①一旦暴露其真实的来去，岂不成了凡夫俗子？所以，要编造出尽可能似真、逼真、乱真的谎言，比如灵肉全部上天，还要设法让人无法考证，无法查考，无法检验，而这些都是科学求真的办法。谎话说多了，历久了，也就成了"真"。可惜始终信其为真的人，太少太少。

真没想到，许慎这个"真/仙"之训又误导了外国的一些美学史家。例如，笠原仲二说："（真）象征着人死后变形升天的样子"。由此推想：

> "真"象征着人们摆脱尘累而升华到无碍的天空（即自己生前的故乡、生命的本源、自由的世界）的愿望或这种愿望达到后的喜悦，也就是说，它象征着人们把自己有限的生命向无限的生命归投（解脱）的憧憬，理想或这种理想实现后的快乐。②

这显然牵强附会。

文化误读很容易入歧途，而又导致过度诠释。他由"仙/真"的通释转入审美或创美中的真或求真就是像道家、神仙家那样探索"道/理"（实即出世或外在超越）。他认为，这种真并非康德说的具有普遍有效性的"客观真理"，而是"艺术的真理"。这种"真理"能够"主宰、统摄一切事物生灭变化的唯一绝对的形而上学的实在，是一切生命究极根源"。这种超哲学的"真"，就是（后期）道家乃至神仙家所说的"道"或"理"——真。这样连美学都被"神学化"或"神仙化"了。"一般世俗的'善'、'恶'观念应当被否定，应当追求那个超越善恶界限的最根本的'道'（老子所谓'非常道'），应当与'道'冥合，与'道'融为一体。神仙家和后世大乘佛教特别是禅宗，则推崇所谓'真'，主张与'真'融合，与'真'归一。"③他努力搜集唐宋以来深受佛、道与神仙家影响的画家和画论家类此的言论，以证明艺术与美所要体现的就是

---

① 闻一多：《神话与诗》，中华书局1956年版，第171页。
② ［日］笠原仲二：《古代中国人的美意识》，魏常海译，北京大学出版社1987年版，第37页。
③ ［日］笠原仲二：《古代中国人的美意识》，魏常海译，北京大学出版社1987年版，第37页。

这种"真"。材料愈丰富,离开真相就愈远。艺术家的作品与言论往往有差距。他们创造形象。我们首先关心的是他们的形象以及由这形象体现的基于生活又高于生活的艺术真实。这才是美学要触涉的"真"。他们的"宣言"可供我们探索某些社会思潮对他们的作品与观念的影响,仅此而已。

还有一种诠释"真"字之意象的独特意见:上面是一个倒人,下边是一个祭祀的鼎。"它可能是远古人祭之写照。这种'人祭'后,可以升天,变为仙人。故真人又通至人。"①这种把后起的衍生义当作原生义的误读,《说文》实有所以启之。《说文》卷八匕部:"真,僊(仙)人变形而登天也。"它并不涉及人祭。但"匕/倒人"之说,由误读引起误导。

"真",篆文上端的"匕"(原义为匕匙,或说女阴),被《说文》释为"变","从到(倒)人",以致有"人祭"之臆测(此处"匕"实为"卜"之讹)。其推论,"由于'真'是以为牺牲的写照,它与美善的肯定人主体生命的含义背反,因而早期中国古典美学中,美善相连,而不与真相关"②,仍是以晚近观念推测古代思想。在神仙家或道家后学思想里,仙人/真人/至人与神非常接近,是对尘世或物质生命的(外在)超越,可谓至善至美,绝不与他们的生命观念、真善观念相悖,但这确非"真"之真相。

《庄子》爱说"真人"。如前引《大宗师》篇:"且有真人而后有真知。……古之真人,不逆寡,不雄成,不谟士。"这里还没有把真人当作神仙。神秘,但并不是神仙。是道教把"真人"说成"仙人"的,或称仙家为"真人"。据说曹植沿用此意较早:"我知真人,长跪问道。"这就含有道教观念。

历史上常见的现实气息极重的词汇,却来自宗教典籍及其术语;但世俗生活的力量太强,它的宗教味道越来越淡,直到消失。

比如,古汉语里的"真相""真理""真知""真言"等,多出佛学译语。例如《成唯识论》(卷二):"勿谓虚幻,故说为实。理非妄倒,故名真如。不同余宗,离色心等,有实常法,名曰真如。""真如",梵文为 Tathatā(或 Bhūtathatā)。简单化一下,"真如"就是"如真"。不生不灭,故名为真;无异无相,亦即本真,故称为"如"。

"真如"被当作实在、实体,实性,恒在,永存。《成唯识论》曰:"'真'

---

① 赵曦:《羌族的泽 – 俄鲁劈原型与中国美之新考》,油印本,1989年,第10页。
② 赵曦:《羌族的泽 – 俄鲁劈原型与中国美之新考》,油印本,1989年,第10页。

谓真实，显非虚妄；'如'谓如常，表无变异。谓此真实，于一切位，常如其性，故曰'真如'。"这就把它说成永恒存在或绝对真理了。

所谓存在，being，跟这个东方思想是不无关系的。往浅里说，真如犹如真相、实相、本相。真相不仅仅指事实的本来，也不仅仅指艺术品的如真逼真，还指深入其根柢，来源，本质或者规律，或者终极。但是各种学派、各类学派对这些的解说每大不同；后现代主义，认为这绝无可能，连这些词都该消失。我们无法多涉。

梁代释慧皎《高僧传》说，"神理所通，玄拔独悟"，能够"昭明大法"的就是真理。"真理寂寂，惑心不解。"（梁昭明太子萧统语）

简单说，宗教家，如佛家，以为"真理"就是真实、正确、普遍、永恒的教义。犹言"真谛"（与"俗谛"相对而言）。经过查检，人们大致明白了它的来源，解说起来也许容易一些。

艺术作品是要表现真实的，最好还能体现某些真理。

人们并不要求艺术家表现（自然）科学的规律，这当然也是一种真，艺术史家与美学家有时不得不触涉艺术美与科学真的冲突，以及在某种语境下的和谐统一，因为美是与真善对立统一的形象（由于文学与人文社会科学的主要对象都是社会/人类关系的总和，杰出的作品往往能够不期然而然地体现社会的一些真实变化或真理，例如恩格斯对巴尔扎克、列宁对托尔斯泰的评说）。这才是诗歌的真实或艺术的真理。但这跟中国古代那些在佛道（尤其庄子与禅宗）思想影响下的艺术家、艺术理论家所迷醉的"道""理"或"真"不同。这就像文艺复兴时期，教皇试图以《圣理的争辩》来代表神学之真、教理之真，却无法取代、融化或战胜哲学之真一样。哲学主流之真步步向作为事物本质反映之真理逼近，宗教教条之真却愈行愈远。

就像"真如"，演变为法相宗的"真如无为"，就进而为虚无，跟一切形象对立。如《大乘百法明门论疏》（下）所说："法性本来常自寂灭，不迁动义，名为'真如'。"空无的绝对，绝对的空无。艺术是假象，现实也是假象。色即是空，空即是色。有什么必要创造艺术，讨论美学，融入生活呢？这样，就逻辑地导致艺术是"虚假之虚假"的反美学理论。然而，幸好佛教（尤其中国化的佛教）不是那样绝对的排他或极端，它虽然以艺术为"假象"，为"虚伪"，然而还常常利用艺术来宣扬教义，留下了许多佛教艺术珍品（尽管宗教家与艺术家之"真"完全不同）。不然，非佛教艺术早就像达米扬大佛被塔利班们毁掉了。

二、"真"来自"贞"

贞，正也；"贞/真"形义相当，粗疏些说，"贞"是"真"的前身或古体。

"真"也有"正"意（如"真正"）。贞/真/正是跟中心象征系统相融汇的文化字群。"贞"是追求"正"，"正"是切近"中"（中适），都是中国人心目中的真理。

有的海外学者说，中国上古没有"真"字，中国人重善不重真，不关心事物的真相，不关心科学的真实，连"真理"这个词都出现得很晚，不像西方很早就有"true"。这，因为他们不知道"真"就是"贞"。

"贞"在卜部（《说文》卷三）。

> 贞，卜问也。从卜、贝以为贽。
>
> 一曰"鼎"省声。京房所说（中古音"陟盈切"）。

这个字跟最初的占卜活动相关。"贝"即"宝贝"之"贝"，象形，是贝腹部有纹，伸出两只斧足的样子。贝的壳因为光亮、美观，又要从海滩上取得，用作货币；"宝""货""贽""质"及"买""卖""贩""贮"都从"贝"。商代的贝币，战国早期楚国的蚁鼻钱，早已出土；云南晋宁石寨山出土青铜贮贝器或铜鼓里，更有许多希望它自我增殖的海贝。

所以，《说文》谓"贞"可以为"贽"（礼物）。

贝壳可用来占卜，称为"贝卜"（如"贞"字所见）。

近世民间还有贝卜，占卜方式多样。例如用"一仰一俯"即"一阴一阳"，像"掷珓"那样来卜问凶吉。软体动物，特别是子安贝，由于类似联想，在世界上许多地方都用为"女阴"象征，具有蓄育的象征功能。所以认为它能使财富增殖，吉善生长。

简单说，作为会意字，"贞/卜贝"，就是贝卜。

"古经注'贞'皆训'正'"。例如：

《周礼·春官·大卜》："凡国大贞。"郑注："贞之为问，问于正者，必先正之，乃从问焉。"他引郑众注"贞，问也"，以为贞兼"问"与"正"二义。引《周易》"师贞丈人吉"为证。此师卦彖辞。

《周礼·春官·天府》"陈玉，以贞"，郑玄注："问事之正曰'贞'。"

贞卜，总是希望或坚信会卜问出正确的结果，因此"贞"有"正"的意思（贞/真或为古今字，"真"因而亦有"正"义）。

殷墟卜辞频繁出现"王贞"或某史巫（卜人或占卜师）"贞"，字大体作𠂤，犹存"贝"之形构，意思大体是"卜问"。

罗振玉《增订殷虚书契考释》定此字为"贞"，说与贝形相似。

贞／真之辨，主要困难在它们的上古音相去较远（此用简式音标）。

  贞　（上古）端纽耕部　tieng／《广韵》陟盈切　知清开三平梗 zieng

  真　（上古）章纽真部　zien／《广韵》职邻切　庄真开三平臻 zhien

好在韵部相去不太远，在特定条件下，还有可能通转。

金文很可能有与"贞"意构相近的"真"字。

  𦖞（《伯真甗》）　　𦖞（《季真鬲》）　　𦖞（《季真鬲》）

这个字，容庚《金文编》、周法高《金文诂林》等都收在"真"字下。如果其说不误的话，那么"真"确实出自"贞"字（"贞"字，形似"鼎"，颇得古意）。

唐兰《怀铅随录》有"释真"篇，说是"从贝，匕声"，跟"贞"字接近。

如前，贞、真都有正义。

  真：正

《汉书·河间献王刘德》注："真，正也。"

《文选》"识曲听其真"注："真，犹正也。"

  贞：正

《周易·乾卦》："乾，元亨利贞。"传："贞，正也。"

《周易·否卦》："贞吉，亨。"荀注："贞者，正也。"

《周易·坤卦》："含章可贞。"虞翻注："贞，正也。"

《周易·屯卦》："太贞。"崔憬注："贞，正也。"

《周易·泰卦》："艰贞。"虞翻注："贞，正也。"

《周易·剥卦》："蔑贞，凶。"虞翻注："贞，正也。"

《周易·系辞下》："贞胜者也。"注："贞者，正也、一也。"

《尚书·禹贡》："厥赋贞。"传："贞，正也。"

《尚书·太甲》："万邦以贞。"传："贞，正也。"

《尚书·洪范》："曰贞曰悔。"郑注："贞，正也。"

《尚书·洛诰》:"我二人共贞。"陆释:"贞,正也。"
《周礼·春官·大祝》:"求永贞。"郑注:"贞,正也。"
《礼记·文王世子》:"万国以贞。"郑注:"贞,正也。"
《礼记·缁衣》:"章志贞教。"郑注:"贞,正也。"
《论语·卫灵公》:"君子贞而不谅。"何氏集解引孔注,皇侃疏:"贞,正也。"
《左传》哀公十七年:"卫侯贞卜。"杜注:"正卜。"
《逸周书·祭公篇》:"维天贞文王之董用威。"孔注:"贞,正也。"
《国语·晋语》:"贞之无报也。"韦注:"贞,正也。"
《国语·吴语》:"请贞于阳卜。"韦注:"贞,正也。"
《贾子新书·道术》篇:"言行抱一,谓之'贞';反贞为伪。"

真、伪相反。如果这个"贞"还不能说是"真"的通行字的话,那么,肯定用为"真"意。

正 (上古音)章纽耕部 zieng
真 (上古音)章纽真部 zien/ 贞(上古音)端纽耕部 tieng

"贞""真"都有"正"义,说明"贞"可以通过"正"的中介,转为"真"之音义。

饶宗颐论"贞"之为"正"最详。"先秦时代,在龟卜支配下的精神活动,用一个'贞'字来控制整个思想界。"可见这个"贞"字是何等重要,它是人神的交流、对话和"协商",企图通过"贞问"及结果,达成天人合一,人神"共信"。"在知来的预期作用下,从贞的原则,建立神、人之间共同遵守的规范。贞的抽象观念遂成为殷、周人的指导思想。"

或许应该这么说,"贞"的能指是"贞问",所指则是"正真",通过"贞问"得到尽可能"正真"的答案。"'贞',亦读作鼎。乃'问事之正'。指通过占卜手续,由神的指示取得'正'的答案。"①

《周易》开头就是"乾,元亨利贞。"

朱熹说:"利贞,谓利于正也。"贞问之目的,就在于测卜到尽可能真、尽可能正的结果而利于行,抵于善,达于中。

---

① 施议对编纂:《文学与神明:饶宗颐访谈录》,生活·读书·新知三联书店2011年版,第125、126页。

图 3-2 真

（油画，局部，法国，莱夫勃内，现藏于巴黎奥赛博物馆）

真是抽象的，极难表现。画家以美少女举起闪光的地球来表明，真就是世界的光辉存在，它体现于善，集聚为美。美就是真、善对立统一的形象。

三、美与真的距离与对立

对于古代中国人，"真"有三个层面：

真实（性）——实

真理（性）——理

真确（性）——正

真实就是存在，存在就是真实。中国哲人以为，这是不证自明、无待言说的。自然是无所谓真伪的。杨慎引张载曰："造化之妙，则精糟煴烬，无非数也。犹庄子云：瓦砾秕稗，莫非道也。"孔子曰：天何言哉？四时兴焉，万物生焉。天何言哉？（《论语·阳货》）

世界（自然/社会）是有规律的。古人用"道"或"理"来标识它（他们从不是"不可知论"者）。真理（或理）是规律（天道/人道）在人的心脑或认识中的反映。道的概念很古老，诸家说法也不同。我们着重与"真"有关联的《老子》之"道"。道比理要广阔深邃一些。《老子》简直是存在与认知、规律与真理、真实与正确的总和。道的本相是人行路上，略指人们要遵循或践行的天地人之正路。

人法地，地法天，天法道，道法自然。

自然倒不一定是 nature，而更可能是宇宙那种自然而然的状态。它是存在的证明，也是真实的状态。

孔子之道，主要是人间、人文、人本之道，但并非不涉天道（"天何言哉"与"逝者如斯"就是自然之道）。他的着力点在社会的改良，亦即"政治"。

"政者,正也。"他要追寻并且践行这种真理性兼真确性。其要害即正,其归结即真。为政的前提,是由正名开始之正。"必也正名乎?"他要求的就是政治正确。没有这种真确性、真理性或正当性就没有合法性,没有合法性就没有话语权,没有行动力,天下有道,礼乐、征伐必须由天子出,而不是由诸侯出,陪臣更不能执国柄。这才是正。

政治上要正,要正派,要光明正大,不要搞阴谋诡计,否则就要丧失信任感,丢失民心就是丢弃合法性,不是受到喜剧般的嘲弄,就是遇到悲剧性的颠覆。当然个别与偶然的策略,回避、掩盖、转移,也许是必不可免的。但如果把伪饰当作常规,那下场就很可虑。

《老子》说:"将欲翕之(收敛),必固张之;将欲弱之,必固强之;将欲去之,从固与之;将欲夺之,必固予之。"这就是必要的伪装,或者正当的阴谋,尤其是在军事上。兵者诡道,兵不厌诈。

诡、诈都是伪。然而,"兵以诈立",不用计谋就没法打仗。西文"战略"strategy,来自希腊语,其原义好听一点是谋略,难听些就是诡计。例如战斗中的伪装,还仿自鸟兽虫鱼的保护色与伪饰术,不会巧妙运用,只能挨炸。伪在特定语境中是有用的。

然而,正如"诡"的字干是"危",即危险,播弄诡计,失去节度,就会玩火自焚。危/诡是一把两刃剑,可能砍死敌人,也可能割伤自己。"诡"者"危"也,是险途。

所以,《老子》严正申明:"以正治邦,以奇用兵。"(《韩非子·解老》略同;《老子》王弼注本、河上公注本,首句都作"以正治国",傅奕注本作"以政治国")政者正也,伪则必败。用兵以奇,奇包括突袭、偏师、伪装、诈诡等等。然而,即令是兵争,也不能全靠伪、奇。兵不厌诈,不是用兵必诈;兵者诡道,并非悉用诡谋。(阴谋的本意是战争计划要隐蔽,只能策划于密室;阳谋,就是把底牌与胜算拱手让人)战争,归根结底,打的是综合实力,而不是阴谋诡计。所以,《孙子》反复强调,"以正合,以奇胜",正就是堂堂之阵、正正之旗,竞赛的是以人心为支柱的综合实力,奇诡诈伪至多是辅助手段。正义是根本,伪、奇、诈、诡是不得已而用之的手段。

四、科学美不是美学范畴

科学美之争,其实是个语言学的问题而不是美学问题。科学的任务是求真而不是寻美。但是，反映客观世界的逻辑联系和有序重复的科学定律，却要尽可能周延、圆满、精确地把握事物的本质，所以要尽可能完美和简洁，而完美和简洁便是美的。这是科学家对自己或同行的工作的一种准审美判断。准审美评价，讲的是美的或不美的表达方式，不是严格美学意义上美、丑本质的讨论。早在两千多年前，亚里士多德就在《形而上学》里说："美的主要形式'秩序、匀称和明确'，这些唯有数理诸学优于为之作证。"① 这就是说，科学理论的建造和表达具有某些美的形式要素，有些美的形式规则还可以由科学来证明。像著名的"黄金分割律"就是如此，它不仅反映而且推进了科学与艺术的进步。中央电视台多次放映备受欢迎的科普片《唐老鸭漫游数学奇境》就对这类事例做了通俗生动的解说。陈华中在《内蒙古大学学报》1983年第3期发表的论文也讲得详尽而精确。②

美学家和美术家往往还借助科学定理来探求美和艺术的形式构成。达·芬奇就说："美感完全建立在各部分之间神圣的比例关系上，各特征必须同时作用，才能产生使观众往往如醉如痴的和谐比例。"③ 这里讲的仍然是如何使作品达到美的要求。美，至少在其形式方面，也要追求这种合形则性（当然再造或突破，也是必要的，但那往往是另一种合形则性）。大家都知道，如果仅仅是追求或符合美的种种规则或形式，那么，不但科学，就是艺术也创造不出来，即使创造出来也不会成功。20世纪初，法国建筑师勒·柯布西耶完全自觉严格地按照黄金分割律设计他的建筑物，结果却遭到失败，就是著例。克罗齐在《美学原理》里还讽刺那些形式派美学说："许多著作通篇都在讨论这些美的规律，讨论黄金分割，讨论蛇形线。我们以为这些都应该看作美学的星象学。"④

一些艺术家也敏锐地感受到科学与艺术、"美的"与"美"的区别。歌德对爱克曼说过："我对美学家们不免要笑，笑他们自讨苦吃，想通过一些抽象名词，把我们叫做美的那种不可言说的东西化成一种概念。"⑤ 平心而论，

---

① 北京大学哲学系美学教研室编：《西方美学家论美和美感》，商务印书馆1980年版，第41页。
② 参见陈华中：《论西方美学中的黄金分割》，载《内蒙古大学学报》（人文社会科学版）1983年第3期。
③ ［意］达·芬奇：《达·芬奇论绘画》，戴勉译，人民美术出版社1979年版，第28页。
④ ［意］克罗齐：《美学原理》，朱光潜译，商务印书馆1981年版，第101页。
⑤ ［德］爱克曼辑录：《歌德谈话录》，朱光潜译，人民文学出版社1987年版，第132页。

许多美学家也还是指出，仅仅依靠、凭借形式的合律，虽然可能达成"美的"，却很难化为美或艺术。美国音乐家巴奇曼兄弟说："一个作曲家不是物理学家或数学家，在作曲时考虑这些（美的）法则是不大可能的。"瑞士美学家布劳就连形式规律能否保证达到"美的"都表示怀疑："如果你我这些平常人依据黄金分割或其他公认为准则的比例，制作出种种塑像、房舍、图案之类的形体，难道它们就因此成为美的了吗？"英国物理学家廷德尔并不反对"美的"规律乃至艺术思维在科学发现、创造发明里的作用，但他说："有了精确的实验和观测作为研究的依据，想象力便成为自然科学的设计师。"如果没有精确的实验和观测，只能天马行空地想象，才华洋溢地描述，那又成了什么呢？列宁盛赞皮萨列夫论幻想的名言。这位俄国的思想家提倡"可能赶过自然的事变的进程"的积极幻想。他说，如果没有这种幻想，那就没有"什么刺激力量会驱使人们在艺术、科学和实际生活方面从事广泛而艰苦的工作，并把它坚持到底"[①]。这是讲科学和艺术等创造性工作都需要想象力。"想象力比知识更重要，因为知识是有限的，而想象力概括着世界的一切，推动着进步，并且是知识的源泉。"爱因斯坦如是说。他甚至说："最美丽最奥妙的情绪是神秘感。所有真知灼见都是这种感觉所赋予的。体验不到，人便不能探奇钩玄，虽生犹死。"伟大的思想家、科学家、艺术家常常感到孤寂、荒漠、空灵，就像"前不见古人，后不见来者，念天地之悠悠，独怆然而涕下"，它又是一种使命感、责任感、光荣感，既是对深邃无比的宇宙神秘的莫名敬畏，又是对探索这种神玄的强烈冲动。这还是借用艺术甚至宗教的体验和譬喻性的语词来强调任何创造都必须有激情，有灵感；在伟大的知识和真理面前，我们这些凡夫俗子也确实常常体验到这种敬畏、神秘、崇高。面对着能够基本概括整个宇宙（大至星系，小至原子）的运行规律的科学原理（诸如万有引力、能量不灭、宇宙守恒等等），不管是自己还是别人发现的，也不管是已经或者将要发现的，就好像初次走进圣彼得大教堂或者天坛，不由得你不惊奇、不悚惧、不崇敬。真不知道我们思想的烧瓶里要炼制出什么样的怪物来。老子是很能体会这种神秘感的，所以说"玄之又玄，众妙之门"；"道可道，非常道，名可名，非常名"。

这种神秘感又是想象力可能集中爆发为灵感的一种内在助推力，或者说

[①] 参见中国社会科学院外国文学研究所外国文学研究资料丛刊编辑委员会：《外国理论家、作家论形象思维》，中国社会科学出版社1979年版，第98页。

一种引信，一种触媒。科学和艺术离开它们就没法闪耀光、力、热。灵感是想象力、创造性、神秘感聚变的产物，集聚越久，爆发越大。它是创造能久远、强大汇聚的集中释放，就好像炸药把热集中起来施之于炮弹一样。中国人谓之"顿悟"（insight），印度人谓之"禅觉"，希腊人谓之Inspiration，说的都是这种瞬间把握或聚合效应。"众里寻他千百度，蓦然回首，那人却在、灯火阑珊处！"这是科学和艺术活动的一个交汇点，但又不是艺术和科学本质的混淆处。福楼拜有一句常被引用的"未来学"预言讲得十分精彩："（时代）越往前走，艺术越要科学化，同时科学也要艺术化。二者从山麓分手，回头又在山顶汇合。""从山麓分手"，就是说艺术是形象，是美，科学是抽象，是美的，两者的建构、媒介、工具、载体根本不同；"在山顶汇合"，就是说它们都向真理之无穷螺旋攀登，在人类心灵最神秘又最高远的巅峰沟通，超越，聚汇。神秘感、想象力、灵感、美之追求等等绝不是美学、艺术和自然科学之间混乱不堪、真伪莫辨的阴阳界，而是一条沟通心灵、超越阻隔的大通道。这也是人类至真、至善、至美的理想啊。

雪莱曾从人类的原初去肯定艺术对于科学的发生发展的根本性作用。他的逻辑非常简单。诗或艺术，是人类最原始也最重要的创造。而"创造力却是一切知识的基础"。所以——

> 诗是神圣的东西。它既是知识的圆心又是它的圆周；它包含一切科学，一切科学也必须溯源到它。它同时是一切其他思想体系的老根和花朵；一切从它发生，受它的润饰。①

梁启超曾经满怀激情地以文艺复兴尤其是达·芬奇的创造为例，论述艺术与科学的探求有共同的途径，例如它们都以"观察自然"为前提。

> 美术所以能产生科学，全从"真美合一"的观态发生出来，他们觉得真即是美，又觉得真才是美，所以求美先从求真入手。
>
> ············
>
> 热心和冷脑相结合是创造第一流艺术品的主要条件。换个方面看来，岂不又是科学成立的主要条件吗。
>
> 真正的艺术作品，最要紧的是描写出事物的特性……这种本领，

---

① ［英］雪莱：《为诗辩护》，缪灵珠译，见中国社会科学院文学研究所编：《古典文艺理论译丛》（卷一），知识产权出版社2010年版，第107页。

全在同中观异,从寻常人不会注意的地方,找出各人情感的特色,这种分析精神,不又是科学成立的主要成分吗?[①]

分析必须进入对象深处,全盘或完整把握(案:必须指出,艺术上的"胸有成竹",进入人与物的灵魂或性格,与科学发现对象的内在构成、运行规律是不同的)。"这种锐入观察法,也是促进科学的一种助力。"观察时的穿透力,再现时的结构、布局或组织、安排,科学与艺术都有相似处。当然,如上所说,艺术是以形象把握并且体现现实,科学则以概念、范畴、公式、定理、规则,这是迥然有别的。文明的进步,往往是整体性的:不但艺术与科学必须并进,就是自然科学与人文社会科学,两大门类科学的各部分、各学科、各专业,都要协同并作,否则就不能持久或飞跃。任公的话,精神在此。"怎样才能看得出自然之美,最要紧是观察'自然之真',能观察自然之真,不惟美术出来,连科学也出来了。所以美术可以算得科学的金锁匙"[②]。

笔者在《艺术的起源与发生》里提出一个假说:艺术与科学都发生于心理学意义的"学习",不仅是 learn,而且是 study,真正的学习都是研究性的。虽然二者都离不开人类原初的兴趣或快乐,所依靠的手段都主要是想象(力),然而它们发展的走向却完全不同:科学走向实际和功用("走向"并非"停留");艺术走向展演。

展演凭的是形象。它最大的特征是创作者与接受者都必须最大限度地参与,尽可能地把创美与审美融汇在一起。

它不断地展开自我与他我相结合的创造,表面看远离实际和功用,却正是在这种独特的远离(想象)中达成它的功效和实用。这就是美和审美,以及与其相伴生的快乐。雪莱说:"产生和保证这种最高意义的快乐,才是(艺术/诗)真正的功用。"

爱因斯坦也说:"我们这个世界,可以由音乐的音符组成,也可以由数学的公式组成。"恰巧,他既是数学家,又是提琴手。他把科学譬喻成艺术,又把艺术熔铸进科学。他是让科学和艺术"在山顶汇合"的伟大建筑师,尽管这座现实的巴比塔还远远没有完成。

罗森赞扬爱因斯坦说:"他采取的方法与艺术家所用的方法具有某种共

---

① 梁启超:《梁启超全集》(第七册),北京出版社1999年版,第3960—3961页。
② 梁启超:《梁启超全集》(第七册),北京出版社1999年版,第3962页。

同性；他的目的在于求得简单性和美（而对他来说，美在本质上终究是简单性）。"这无非说简单性是美的而已。科学家和艺术家在实践里同样追求美的形式、美的规则，追求圆满、均衡、对称、和谐、简洁、生动——$I=\frac{V}{\Omega}$（欧姆定律）、$E=mc^2$ 之类就几乎具备了上列全部美的要素或品质——但也只是品质和要素罢了，它们本身并不是美学意义上的美（它首先必须是形象）。钱德拉塞卡说："科学家跟艺术家一样，要考虑美学标准。……我们有证据说，一个由具有非常强的美学敏感性的科学家发展的理论最后可能是真的。"但美学家克罗齐却说："艺术与科学既不同又互相关联，它们在审美的方面交会。"[①] 这讲的都是美的而不是美，主要涉及主体把握、感受、表达、欣赏客体时所应具备的审美修养、知识、能力和标准。

科学成果（例如定律、公式、结论等）和艺术作品一样，也具备某种美的形式，符合某些美的规则。据说魏尔有大量插图与事例的书《对称性》曾力图证明科学与艺术息息相通，对称性和美紧密相连。但这绝不是说，科学就是艺术，就是美。美，当然包括艺术，首先必须是具体可感作为听视觉对象的形象（当然包括艺术形象，笔者发表在《美学讲坛》1986年第1期的文章《美是形象——与真善对立统一的形象》已做过最初步的描述），而科学却是最高度的抽象，用概念、判断、推理或定律、公式、规则等形式来表达，尽管可能带着些个形象性却不是形象，尽管是美的却不是美。怎么能把日常性的、形象性的对科学的赞赏和歌颂，当作严格的美学概念来混淆视听呢？无怪乎上帝要用语言不通来阻止人们建立巴比通天塔了。

爱因斯坦赞美玻尔的量子理论说："这是思想领域中最高的音乐神韵。"颂扬诺德的代数方法时又说："按照这种方法，纯粹数学就是一首逻辑概念的诗篇。"英国诗人布莱克甚至说过故意跟"美是形象"理论为难的话："任何一个可信的道理都是真理的一种形象。"但这毕竟是诗，不是科学语言。凡此种种，都无非是一种譬喻，一种修辞，就好像我们称赞需要高度技巧、想象力和素养、学识的工作为"艺术"一样，像"军事艺术""烹饪艺术""恋爱艺术"等等，不过说它们具有某些"美的"要素，颇像艺术，并不是说它们即艺术或美本身。物理学家海森伯把这个道理讲得很清楚。他首先承认"'美的'（或

[①] ［意］克罗齐：《美学原理》，朱光潜译，商务印书馆1981年版，第62页。

'精巧的')这个表示性质的形容词在这里确实是用来表征艺术的特性的",但是他指出美的之类也可以借用来赞赏科学理论,科学领域里同样也有情感、想象和美的追求的作用,所以"美的王国却远远延伸到艺术领域之外,它同样也包括精神生活的其他领域"。但科学与科学理论当然不就是美本身。钱德拉塞卡固然说过"一个由具有非常强的美学敏感性的科学家发展的理论最后可能是真的",但也不过"可能"耳。苏联科学家米格达尔说,美的或不美的,作为一项检验指标,在研究自然界的新规律和核对结果这两方面都起着一种很重要的作用,但它也不总是确实可靠的。

艾森豪威尔说过,20世纪是个语义混乱的时代,可谓一语中的。俗话说,隔行如隔山。可是现在同行之间都很难沟通思想,语言障碍之大真令人惊心,读某些文章真有"不说反明白,一说倒糊涂"之感。建立或发展新学科、边缘学科当然会遇到阻力,例如思想、习惯、传统、语言的障碍。而要解放思想首先要解放语言,在"对外开放,对内搞活"的历史转折时期,不免要有心灵和语言上的冲突、折磨、困惑、痛苦。当初鲁迅提倡直译、硬译,就是为了引进新鲜奇特的词汇句法来刺激陈腐僵化的语言和思想。但是语言和文化传统一样,总有一些相对稳定的基本结构,例如基本词汇、语法规律之类,各门科学也有其相对稳定、约定俗成的术语,变化要慢一些,不是做一两篇"语不惊人死不休"的大文章,就可以"拳打黑格尔,脚踢王国维",把一门古老的科学及其优良传统都推倒重来的。就是鲁迅,他的所有硬译也并不是都行得通,我们现在读的多是曹葆华译的《没有地址的信》而不是鲁迅译的蒲力汉诺夫《艺术论》,就可以证明。像美、美学、美的、形象之类,它的基本内涵是相对稳定的,尽管具体的定义和界说争论纷纭,但大家起码都承认它是美学术语,要从美学的角度去看待它,尽管可以对美学及其内容、用语进行多学科、跨学科、超学科的边缘研究或综合研究,但研究的对象却必须是美学,必须遵从某些共同的规范、定则,也该肯定。①

"科学美"只是个譬喻说法而不是美学范畴,同理,心灵美、伦理美、灵魂美、人格美之类都不属于美学范畴而是伦理学概念,简言之,即"善"或"善的";它们本身不构成具体感性的形象,怎么能是美呢?充其量,它含有某些美的要素,像优异、高越、充实、协调等等,心灵美(或善)甚至还构成

---

① 参见萧兵:《关于〈中国民族性和潜美学〉一书的构想》,载《文学研究参考》1986年第7期。

美（beauty）之某种内容性基础，但它依然不是美本身。美必须首先是视、听两觉的对象，首先是具体、个别、感性的形象。美学上的"形象"小于日常生活语言里泛义的"形象"，又大于艺术学里狭义的"形象"即"艺术形象"。刘胡兰为共产主义奋斗终生的决心、思想和自觉意识（或意志）并不是美学上的美，而是伦理学里的善；只有她横眉冷对屠夫，傲然回答"共产党不怕死，怕死不当共产党"，脚踩铡刀，英勇就义的形象才是美（社会美）。我们在第一届全国美学会（昆明）上就举过这个例子，希望"美是形象"能够成为各派美学家争论的一个出发点，一个共同点。美是形象，又是审美对象价值属性的总和；美的是审美价值判断、评价和形式规定，美当然是具有美的诸要素，却不只是美的；美的渗透、规定、联系着美，却并不就是美，也不仅用来评价美、描述美、界定美，还可以用来评定、描述、界定真和善。这能不能成为美学争论最起码的一个冲锋发起地呢？

这样做，对美的本质的探索也是有助益的。近年来，美学界对美的探讨已呈合围之势，战果辉煌，突破可期，而且有的已穿透某些层面向纵深发展，朝核心挺进，可喜可嘉。当然，作为复杂系统的美的终极内容是既客观存在又不可穷尽的。如果美的全部本质、终极内容都已暴露无遗，"天下皆知美之为美，斯恶已"，斯无美、无美学矣，美学也就消灭了。

第二节 艺术作为真

一、艺术不能替代现实

有个日本画家，画了两颗红豆（就是"春来发几枝"的南国红豆），卖了约一万日元。一位日本豆子商知道以后，惊呼道："他画了两颗豆子，还是假的，居然卖了一万元。我有这么多豆子，该卖多少钱啊！"

这虽然是笑谈，却反映了艺术与现实的对立。艺术只是现实的映象、镜像、幻象，从来不去替代现实，攀比现实，更不能与现实去比较谁值钱，谁有用，谁高级。它映写现实，却不能置换现实。它不能吃，不能喝，不能穿，不能住，不能载人出行。

"望梅因止渴，画饼岂充饥！"曹操不自觉地利用条件反射原理，使干渴的军士想吃到还不见影的梅子，口底生津，暂时解除了口渴，继续艰苦的行军。可是画个面饼,却不能果腹。望梅止渴渴解渴,画饼充饥饥更饥。艺术,作为形象或审美幻象,决不会去跟现实事物比赛实用,而争一日之短长。不然你画一排三百层的摩天大厦,就是世界最大的地产开发商;制造一阵洲际导弹升空的噪音,名之曰"毁灭交响乐",就能打倒最强大的敌人了。

艺术形象具有表象或镜像的性质,是虚拟性的,所以艺术被看作一种特殊的象征或符号。它虽然要求以某种物质性的介质为载体,例如声光形色而不是纯粹的观念,它必须能展演,被展演。但就创作与鉴赏而言,形象只是一种审美的信息,信息本身是没有形质或重量的,接收者不知道的价值编码。形象性信息只有在展演过程之中,凝固为成果(作品)之时,才是融汇着介质或载体的象征符号系统。宋罗大经云:"绘雪者不能绘其清,绘月者不能绘其明,绘花者不能绘其馨,绘泉者不能绘其声,绘人者不能绘其情"。形象无法提供对象的全息,但唯其有所短,方能有所长,知其限制才能够利用其局限扬长避短,"信意落笔,自尔超妙"。

绘画形象要把对象从三维空间压缩为二维空间。雕塑虽然保持着立体(透雕)或半立体(浮雕),大多舍弃了对象的色彩。它们还都是不能说话与不能运动的平板或块状体。音乐只用更加情绪化的抽象音素来反映千状万汇、千头万绪。乐舞与影视剧虽然大都保持着活动的立体,大都有声响,却不过是局促于"拆掉第四面墙"的小房间,或者是呈现影子的平幕。文学只能用语言制造如幻如真的人物与场景,甚至于白日梦。它们全都"破坏"了现实与生物体的整体感与实在性,只留下可以视听感受的虚像。

【形】

中国古人有时把"形象"分开来讲:"形"主要是外形,"象"则是融化内外、兼具形神的意象——近似西文的 image,所谓气象万千,大象无形,说的就是这个"象"。(参见钱锺书《管锥编》)《周易·系辞传》载:"圣人有以见天下之赜,而拟诸其形容(引案:此主要指'形'),象其物宜,故谓之'象'。"此"象"近于"形象"。《说文解字叙》说:"依类象形谓之文。""文,错画也(交错而画),象交文。"加上彡,成了"彣",训为"有或";章太炎说,古谓"彣彰",文章斐然,有如图案彩饰("彩"就是"文章"之意)。"形"字,也是"开"加上这个"毛饰/画文"成为"象形/形象",才成为"形"。这都主要指称外表,但已加装饰,离开形象/艺术已不远了("象"是假借象兽为之,"像"才是正字,"象也,从人从象,象亦声,读若养")。"象形"

的本意是逼似原形而又有所增删,在其基础上提升为"形象"。

画以(平面化)物形摹写现实,必须状形为本,求似为先。白居易有句云:画无常工,以似为工;学无常师,以真为师。这是平凡的真理。至少是画理的初阶。古语"形象",是由望形始,造象终。二者起初也许可以分开理解,然而决不能割裂对待。

五代荆浩有《笔法记》(或名《画山水录》),托一野叟说:画者,画也。度物象而取其真:物之华,取其华;物之实,取其实。不可执华为实。他认为,"似"主要指形似,还达不成真。"似者,得其形,遗其气;真者,气质俱盛。"如果"象"中缺"气","象"中无"意",就是无神,"象之死也",不足称为"形象(image)",也说不上艺术之真了。

从最低层次来说,写真是一种乐趣。小孩子看到自己的描画能够与客体相似时感到极大的快慰和满足。"您瞧,我画的猫(多像)!"大人的夸奖强化了这种乐趣。小孩子喜欢模仿各种动物的鸣叫,还带着与它们同化并且同乐的愿望。"精确的摹仿的成果就能给人以效率和力量的感受,在某种情况下甚至还可能由于虚构的幻觉所引起的迷惑而再增加一点虚假的快感。"①当对象属于人们所喜爱的事物的时候,写真还可以成为审美过程的一部分。造型艺术往往先追求形似(中国人认为这是艺术基本功之一),然后在形似基础上追求神似——直到变形,拆解,怪诞化或抽象。这被看作一种高级的愉快。"论画以形似,见与儿童邻。"(苏轼)是的。被嘲笑的孩子却是正确的,普适的。造型或再现,首先就是形似。"像,像极了!"这是居绝大多数的中国人欣赏艺术时的真实感觉。这至少是成功的模仿,把对象模仿得须眉毕见,活灵活现——这也是初级的真(而这离开解剖学、面相学,甚至犯罪学,就极难营构)。

不要小觑这种逼真的模仿。举一个例子。肖像画首先就要求像,"肖"还是"像",就像中国人说的"惟妙惟肖"。本人或者亲属,首先要求的也是毕肖,如真。不然就失去保存与纪念意义。而后才是神似或美,超出特定个人的形象,从肖像走向肖像画。

传说,帝舜的妹妹嫘首是个大画家,或竟肖像画的发明者,她曾经用舜

---

① [英]阿诺·里德:《艺术作品》,朱狄译,见中国社会科学院哲学研究所美学研究室编:《美学译文》(1),中国社会科学出版社1980年版,第111页。

的画像，骗过了想谋害他的瞽叟和象弟（这也可以看作一种乱真故事）。明沈颢《画麈》记其事云："世但知封膜作画，不知自舜妹嫘始。客曰：惜此神技创自妇人。予曰：嫘尝脱舜于瞍、象之害，则造化在手，堪作画祖。"这是肖像，更进一步则是肖像画。

将军画善盖有神，必逢佳士亦写真。

即今漂泊干戈际，屡貌寻常行路人。

（杜甫《丹青引·赠曹将军霸》）

即令是寻常行路人，在大家笔下，也会超越此地此人而成为战胜干戈、历尽沧桑的艺术品，未必输与承平时光的佳士像。哪怕只是一匹马，也是"画工如山貌不同"。在艺术家的"意匠惨淡经营中"，便是"斯须九重真龙出，一洗万古凡马空！"

形象既然不是实体而是审美的符号或镜像，那就应当与实体不同（艺术来自现实而又高于现实，那是进一步的问题），而不应当要它全似实物。柏拉图在《智者篇》里用略带不屑的口气说，表演中的模仿富有技艺而且逗人笑，"那个声称能用一种形式的技艺创造一切事物的人，就好像用画笔画出与真实事物具有相同名字的事物"，便是真的东西那样，以假充真，却不能弄假成真。"如果他在远处把他画的东西拿给儿童看，那么他能够欺骗儿童纯洁无邪的心灵，使他们认为他能够创造他想要创造的任何完全真实的事物。"就像把苏东坡的诗句"论画以形似，见与儿童邻"倒过来再说一遍，"仿物便为真，唯有儿童信"。这只是事物的形象，而不是事物本身。他较早提出"形象是对真实事物的模仿"这一艺术的初级命题，强化着希腊人的传说。"模仿的艺术"，无论如何拟真、似真、乱真，都既不是事物的本身（物理存在），更不能表达事物根柢那"非存在的存在"，更不能体现先于事物本身存在的理式或理念。那至多是"相似"，他越走越远。"这种创造的技艺（art，techne，艺术）的最佳名字不是制造相同（eikon）的东西，而是制造相似的东西。"所谓诗人或艺术家，只不过是连制造实物的工匠都不如的哄人的模仿者罢了。《伊庇诺米篇》因而说，所有技艺都因模仿而不能给人智慧，模仿既受到工具的影响，又受到态度的影响,因此这些技艺没有一样具有尊严。[①]他因此走向另一极端。

艺术虽然不是物质——它主要是精神产品,却不仅能通过精神去打造精神,还能让精神转变为物质或物质的力量,去创造物质,从而再造精神。

两颗红豆,号称相思子,无论其本身,还是描写它的画或者诗,都没有多了不起。但在基本温饱之余,人们希望得到或看到一幅《红豆图》,"劝君多采撷,此物最相思",使恋爱中的少女心潮澎湃,诗情洋溢,也让九十岁的老翁回味或咀嚼风华正茂时的甜甘。艺术心甘情愿地充当现实的镜子,如果愿意的话,也可以称它为心灵与现实奇妙互动的"魔镜",它只能够(或者说只有它能够)通过打动鉴赏者的感情来影响、塑造、提高他们对现实的感受认知或者想法。它也许羞答答地回避、隐瞒对人的教育与陶冶,从总体而言,却无法消除、抹杀自己对创造它的人类的改造影响与重塑。不管你说它寓教于乐也好,称它以义载道也罢,中外的圣贤都希望用艺术培育德智体美全面发展的人。

中国是诗的国度。尊《诗》为经,视画如史,用乐概艺,以歌代心。

  饥者歌其食,劳者歌其事。(《春秋》)

风雅颂南,兴观群怨,"迩之事父,远之事君",为封建统治效劳,却又在礼乐的熏陶之下,洗涤并且再造心灵,追求尽善尽美、德艺双馨。这就是历史上艺术的真面目、功能或者作用。

  言之无文,行而不远。(《左传》)

  文质彬彬,然后君子。(《论语·八佾》)

中国古人甚至把学诗押韵看作高等教育的初步,所谓成均。古代中国的教育是四育并举,首重道德伦理,倚赖诗书礼乐,培养内美外修、身心健全的人。儒家六艺,"礼"是德育,"乐"是美育,"射""御"是体育,"书""数"是智育。

  兴于诗,立于礼,成于乐。(《论语·泰伯》)

从文学开始,用礼教约束和培植,而完成却有待于艺术。只有艺术用最终的一笔把血肉之躯重塑为高尔基所说的"大写的人"。乐或者诗的伟大的秘密,咏物言志,写史载道,全在穿透人类的心灵,打动人类的情思,铸造人类

[①] 参见[古希腊]柏拉图:《柏拉图全集》(第3卷),王晓朝译,人民出版社2003年版,第27、28、30、31、36页;[古希腊]柏拉图:《柏拉图全集》(第4卷),王晓朝译,人民出版社2003年版,第4页。

的灵魂，高扬人类的精神。"随风潜入夜，润物细无声。"潜移默化，养性怡情。艺术或者诗，是人性或人性战争的历史，是真善美战胜伪恶丑的历史。它铸造的是灵魂向上攀登的阶梯，是心性或情思的里程碑。简单说，它是灵魂史。它所再造的自然与社会生活从人类灵魂的光辉中折射出来，而人类的灵魂也由此塑造得更真、更善、更美。

艺术不能供人一饱，赠人一袍。然而，饥寒交迫的尼安德特人却愿意用所剩无几的带肉兽骨，去和克罗马农人交换一串贝壳项链，因为它也许能够鼓舞他们克服饥寒，把他们的血液或基因融入现代人的躯体，为今日的人类与世界贡献一份不可战胜的坚强。勇敢而又机智的克罗马农人，终于征服冰期的酷寒与不可避免的饥饿与疲累，把他们擅长的艺术与其他智慧结晶保存并传递给我们，让我们无愧于"宇宙的精华，万物之灵长"的光荣。

艺术与社会生活之间，必须是互助或互惠的关系。艺术服务于社会，社会爱护、尊重、善用艺术。艺术在战乱、疾疫、灾难、饥荒面前毫无作用，但是画中的英雄、伟人或竟神仙，说不定能在某种情况下鼓励人们去战胜危险或不幸，"冒着敌人的炮火，前进，前进，前——进！"

南朝宋人王微《叙画》云："夫言绘画者，竟求容势而已。且古人之作画也，非以案城域，辨方州，标镇阜，划浸流。"形象之山水画，绝不是实用的地形图。"融灵而变动者，心也。"艺术要求艺术家心灵之融入，所以能"以一管之笔，拟太虚之体；以判躯之状，尽寸眸之明"。既要"外师造化"，还得"中得心源"；既要写物似实，又要抒情如梦，还得叙事若真。"超以象外，得其环中"，斯可谓得艺术三昧矣。

对于艺术与现实孰高孰低的争执之上，歌德的譬喻性说法更加具有辩证精神。我们不妨使用两种译文，使他的意思更加明白。

> 艺术家对于自然有着双重关系：他既是自然的主宰，又是自然的奴隶。他是自然的奴隶，因为他必须用人世间的材料来进行工作，才能使人理解；同时他又是自然的主宰，因为他使这种人世间的材料服从他的较高的意旨，并且为这较高的意旨服务。（朱光潜译）

> 艺术家是独立自由、超乎自然的，他根据自己更崇高的旨意来表现自然。他既是自然的主人也是它的奴仆。说他是自然的奴仆，因为他必须运用世俗的手法表达自己的志向；说他是自然的主人，因为他必须使这些世俗的手法有助于表达他更崇高的旨意。（参见查立译）

艺术家谦卑地把自己当成自然的奴隶，从根本上说是敬畏自然、尊重自然，起码不在生活里破坏自然或生态，在工作里理解自然，发现或寻找再现自然、表现自然的更好方式；而且，大胆、有创意地利用自然的材料，而决不去奴性地模仿自然。比如王国维《人间词话》所说："诗人必有轻视外物之意，故能以奴仆命风月；又必有重视外物之意，故能与花鸟共忧乐。"

人，能够去人化自然，使自然具有人性、人情、人味，并且使之与自己同呼吸，共命运，合性情，并遐思，"写气图貌，既随物以宛转；属采附声，亦与心而徘徊"。而在其根柢，却是敬畏、热爱、保护自然，就像《老子》警告的那样，不能任意妄作，无所不为，还要像孔子那样具有大仁大爱之心，仁及宇宙，惠披诸生，与自然融为一体，"遵四时以叹逝，瞻万物而思纷，悲落叶于劲秋，喜柔条于芳春！"

康德在《判断力批判》中说：对自然的崇高感，就是对我们自己的使命的崇敬，通过一种偷换的办法，我们把这崇敬移到自然事物上去。在中国人心中，人跟自然通常是一种友好与平等的关系：相互启示，相互关爱，相互渗透。

人看花，花看人。人看花，人到花里去；花看人，花到人里来。

（金圣叹《鱼庭闻贯》）

就绘画而言，唐诗人王维说："肇自然之性，成造化之功。"只有尊重与忠实自然，才可能"或咫尺之图，写千里之景；东西南北，宛尔目前；春夏秋冬，生于笔底"。

即令它曾经被人贱视为无用之物，匠人之技，中国的画家与美学家，决不自卑自贱，而以为它可以媲美《诗》《书》，颉颃礼乐，"成教化，助人伦，穷神变，测幽微，与六籍同功"；而且"发于天然，非由述作"，出之胸臆而又得于自然！

其浅显者，"画者圣也，盖以穷天地之至奥，显日月之不照。挥纤毫之笔，则万类由心；展方寸之能，则千里在掌。岂不为笔补造化者哉！"（宋韩纯全：《山水纯全集》）笔移造化，墨造江山，无怪乎有人誉其杰出优异者为"第二次创造世界"。用石涛《苦瓜和尚画语录》所说："墨能栽培山川之形，笔能倾覆山川之势，未可以一丘一壑而限量之也。"

这都是因为艺术是一种美，一种不能用真东西来替代的高级形态的美。正如毛泽东《在延安文艺座谈会上的讲话》所说，现实生活不知道比艺术丰富多少倍，但还得艺术去反映或描写它。

两者都是美,这是美学的根本。现实及其美(社会生活与自然之美)是基础,艺术是其提升,更典型,更普遍,更集中,因而更美。理论界概括为:(艺术)基于生活又高于生活。黑格尔、费希尔一派不承认其基于生活,车尔尼雪夫斯基承认,却又硬说生活比艺术更美,过犹不及,误入了机械论。是的,人们不能用一幅画、一首诗、一段乐曲去消灭人类的公敌,然而一阕《义勇军进行曲》却让中国人民抛头洒血,前仆后继,赶走了闯进自己家园的强盗,还让我们牢记中华民族"最危险的时候",居安思危,无耽逸乐——它终于成为中华人民共和国的《国歌》。你能想象一个没有苦难、没有危险,也没有牺牲、没有奋斗的伟大民族,或者没有光荣历史、也没有国歌的国家吗?

这样,就不能想象人类没有艺术,没有创造,没有比生活更集中、更普遍、更典型,因而更高级的美。

前文说,艺术是人工、人造或人为的,明白的说法是:艺术为艺术家的制作物,是正面意义上的伪(经过人类再造的艺术美,不然就是自然美,或社会生活的美)。

然而,一般说来,艺术却要尽是隐蔽其人为性、人工性、人造性,让它成为看起来是天造地设、自然而然之美,像"人法地,地法天,天法道,道法自然"那样,艺法自然,美重天然,清水出芙蓉,天然去雕饰。

有位聪明的艺术家说过,越像自然的艺术越美;同理,越像艺术的自然也越美。

巧夺天工,是赞誉最像自然的艺术;宛若丹青,是颂扬最像艺术的自然。

人见佳山水,辄曰如画;见善丹青,辄曰逼真。

(王鉴《染香庵跋画》)

相传明代思想家、学者杨慎著有《画品》,记其幼时与长辈论画。大人问:"景之美者,人曰似画;画之佳者,人曰似真。孰为正?"杨慎举元稹诗以对。

颠倒世人心,纷纷乏公是。

真赏画不成,画赏真相似。

俗世以模仿真实或乱真要求画家,每责其不似。其实,"丹青各所尚,工拙何足恃。求此妄中情,哀哉子华子"。或以其意未尽。少年升庵乃以诗足之。

会心山水真如画,巧手丹青画似真。

梦觉难分列御寇,影形相赠晋诗人。

山水与山水画,各有所长短,重要的是巧手而又会心,似真却仍是画。

石涛《苦瓜和尚画语录》便说：山川使予代山川而言也。山川脱胎于予也，予脱胎于山川也。

这样，才能"只有敬亭山，相看两不厌"。用他自己的话来说，不但是"搜尽奇峰打草稿"（取其有代表性而又个性特出者），还要让"山川与予神遇而迹化"，而且"终归之于大涤"（石涛号大涤子），归之于他的创作个性。赵翼《书怀》诗云：共此面一天，竟无一相肖；人心亦如画，意匠夐独造。同阅一卷书，各自领其奥。同作一题文，各自擅其妙。"个性"确实开始醒觉了。

二、艺术的假定性与程式化

艺术的假定性，还有一种浅层次的体现，那就是有意识体现或竟拉开艺术与现实的距离。某些艺术公然承认或有意强调，我是艺术而不是现实，我要创造的是这种距离之美，或者炮制所谓熟悉中的陌生感。我要用远离真实来创造真实——不，我要创造的不是真实而是艺术！——艺术家多欢喜"语不惊人死不休"。我们不知道他们到底是正言若反，还是反言若正。其真意一时难以捉摸。不如先看他们的样板或者作品。一打宣言抵不过一次行动。

舞台剧以及由其屏幕化的影视剧，一般追求逼真、幻真乃至乱真，制造"这是生活"的幻觉，最害怕、最顾忌的是穿帮，是露馅，拆穿西洋镜，藏不住狐狸的尾巴。

然而德国的布莱希特，还有苏联的梅耶荷德等一派的"距离"戏剧，明白宣言：我是艺术，我在做戏，切勿信以为真，或误以为真。其实他们是在尝试建构一种半真半假、亦真亦幻的审美境界。他们说：艺术本来就是假的。舞台不是现实派艺术家说的那样，是拆掉"第四面墙"的房子。生活中不可能有人朗诵着台词或者唱着歌跟人说话。你更不能在台上把人打得头破血流，或者干脆打死。夫妻在一起不可能不亲热，但你不能在舞台上全部客观体现。你只能制作幻影，拉开与生活的距离。

我们读《高加索灰阑记》，实在找不到距离在哪里。作品总比宣言有力量。我们读萨特宣称为"存在主义"的代表作，只觉得比现实主义还现实主义，不存在也存在。

他们为中国的戏曲表演所深深折服，直至梦绕魂牵，神魂颠倒。

中国戏曲舞台艺术的最大特征是程式化。程式化把艺术的假定性体现到极致。它的舞台装置（简直谈不上布景），场面（文场/武场，今谓之配乐），化装（脸谱化），服饰，音响（效果）……尤其是表演，全都纳入某种世代相传、几乎凝固的一整套格式或路数，举手投足，顾盼言语，都有严格的规定或条例。旦角的水袖，武生的翎子，主将的起霸，夜行的走边，男人的趟马，女子的圆场，都有特定的格式，严格的规定。风格化、装饰性的程式，全都由师父言传身授，徒弟们身体力行，跟生活两样，到舞台上更是一丝不苟，分毫不爽。手眼身法步，唱做念打扮，全都条令化，格式化，规整化。一般的演员也都能做到规行矩步，亦步亦趋；戴着镣铐跳舞，却也能美轮美奂，细致入微。只有大师们敢于在忠实于传统与规格的前提下，创造性地发挥，有时还能变革、突破，在众多因素的综合效应之中，成为表演艺术之楷模。

程式化就是距离，就是间离生活，就是不存在的存在，非真实的真实。然而中国的观众全都快乐地、自动地服从与接受，这种距离，这种来自生活又异于生活的程式。

心领神会，思往情驰。他们知道，这种舞台艺术是以形写神，形神兼具。就像中国画的大写意，不，写意还不够味，那只是在笔墨制约之下的尽情挥洒，程式艺术还要用工笔精雕细刻，使之纤毫毕具，不但恪守礼仪，更要体贴入微！

中国戏曲，拉开艺术与真实之距离，莫大于奇特的检场制度。检场跟现代舞台分工较为相似的称呼是舞台监督，但他不仅负责演员的调度，布景的安排，砌末（道具）的准备，场面（乐队）的校正……（有时还职如导演）最古怪的是，居然在演出进行中搬动桌椅（改换场景），收拾杂物，为演员斟茶解渴……欧美专家跟现代中国艺术家都认为荒谬之极，合力抛弃了这种制度，现在青年人几乎一无所知了。可是，人们更不知道，当年亮如白昼的大舞台上，一位妇女的丈夫为坏人所杀害，横尸门前，她见到几乎晕厥，埋下首来。悲痛的琴声一起，她抬起头，已是泪光满面，"喂呀，我苦命的夫啊！……"过门未尽，检场拿一块黑布朝她身旁一扔，男演员（她死去的丈夫）趁势跑回后台，她竟对着这块黑布声随泪下，哭唱自己的悲哀，居然把全场唱得低声掩泣！这真是对演员、对戏曲舞台的极大考验，也是对艺术的真实和距离的最佳诠释！

北京人民艺术剧院的陈颙执导《伊索》一剧，让奴隶们在始终不落幕的舞台上搬动景片以转换场次和布景，就是去检场之糟粕而取其精华的可贵尝试。所以有人建议，不妨在实验剧场里重新尝试恢复检场制。

距离的实验，跟美学史上与里普斯"移情说"对立的布洛等的"距离说"有所不同。"移情说"强调艺术家对于对象的认同，投入，倾注，"泪眼问花花不语，乱红飞过秋千去"，近于王国维的"有我之境"，是"人化的自然"理论在创作上的一种初级性体现。"感时花溅泪，恨别鸟惊心。"主客无间，物我俱化。这是很彻底的移情。但中国有"距离"的程式化艺术到了化境，也会很奇妙地到达这种水乳交融、有距离却无距离的境界。周信芳（麒麟童）艺术，庶几似之。就是里普斯，也承认客体独立自在和打动主体的客观力量。"我在蔚蓝的天空里面以移情的方式感觉到我的喜悦，那蔚蓝的天空就微笑起来。"这不仅因为我在此情此景中是喜悦的，万里晴空如练，而不是"寒山一带伤心碧"。此时我的天空是蔚蓝的明亮而不是灰黑的阴郁，不然便是"白云千载空悠悠"。当然，还有更高级的情感贯注：快乐的心情扫开天空的阴霾，使其成为美。我的情感征服对象，对象也听从我的情感。我见青山多妩媚，料青山，见我应如是。我的知觉跟对象激起的感受，"形成一种不可分裂的活动"。①

"余霞散成绮，澄江静如练。"诗在何处边？

"距离说"要求诗外寻诗。

【诗】

"诗"的古文字从"言"从"之"，略作"訨"。"之"不是"止"，有的西方汉学家根据后起的"误读"，以为"诗"从"止"，有所"止"，也就是从"寺"从"持"，情有所"持"（止）而不可泛滥。其实"诗"所从的"之"，甲骨文近"生"，表示情志像幼芽那样逐渐萌生而出。诗言志。志、之、诗形音义都大同小异。志不仅是意志，而是情志（感情和感情化的思绪）。所以，古人说，诗有三义。

诗 { 志：情思 / 之：抒发 / 记：志记 } 志

抒发情思而用语言文字来志记，就是诗。倚声曰歌，入乐为诗。所以，《尚书·尧典篇》说："诗言志，歌永（咏）言，声依永（咏）言，律和声。"《汉书·艺文志》解释这句话说："故哀、乐之心感，而歌、咏之声发。诵其言谓之诗，咏其声谓之歌。"诗以语言文字为载体，语言文字本身却不是诗。所以，艾略特说，读诗时，"心不在诗"，必须"跃出诗外"，跳出语言文字的制约，

---

① ［德］里普斯：《论移情作用》，朱光潜译，见《古典文艺理论译丛》（第八册），人民文学出版社1964年版，第55页。

"诗外求诗"，就像贝多芬所说，跃出音符之外，去寻求真正的音乐。

载体与诗歌，现实与艺术，创作与艺术，都是有距离的。如何消弭距离，仍要依靠造成距离的媒介。诗歌要传播，要"以心感心，以情动情"，需要音声曲乐或语言文字为载体，接受时要让它们水乳交融，不再分裂。如《毛诗大序》所说：

> 诗者，志之所之也（引案：诗/志/之可通）。
>
> 在心为志，发言为诗（引案：诗以言为用，声以乐为体）。

其发生学过程是：

> 情动于中而形于言，言之不足故嗟叹之，嗟叹之不足故永（咏）歌之，永歌之不足不知手之舞之足之蹈之也。

诗歌、音乐、舞蹈一体化。中国人和古希腊人都总称之曰乐，乐在上古就是诗或美艺术（fine art）的意思。

这样，读诗或欣赏艺术既要入语言文字、音声曲乐，又要跃出其外，消弭其距离直到无距离。这就是诗的境界。如梵乐希所说：诗实在是一种用文字来制造"诗境"的机器。

文字对于诗与诗的欣赏也许会成为制约审美的机器，所以，有人说，诗或艺术要挣脱语言的牢笼，言外求诗，声外寻乐，才能走进艺术世界，升到美之乐园。"江流天地外，山色有无中。"就像绘画要依赖笔墨又不可以为笔墨所拘，如白居易所说：千树万树，无一笔是树；千山万山，无一笔是山；千笔万笔，无一笔是笔。有处恰是无，无处恰是有。有无相生，诗言互济，共同走向美和美的感受。

"距离说"却反是。至少在表面上，对于艺术，尤其是那种活灵活现的造型性或表演性的艺术，既要忘情一般地感受与欣赏它，但投进去的同时，要善于跳出来，不能将其当作个人的、享用的、消遣的对象，以免陷入实利乃至口腹躯体的低俗，而要善于发扬审鉴的客观，追求超越之精神。"采菊东篱下，悠然见南山。"不是某些专家说的采菊当茶喝，而是在世事蜩螗、浮沉跌宕之余的闲适和恬淡，不必时时刻刻地金刚怒目、奋不顾身。"万里长江横渡，极目楚天舒。不管风吹浪打，胜似闲庭信步，今日得宽余。"难得的休憩与放松，也有利于工作和战斗。艺术和体育都可以提供一定的宽松。

心理距离，"它有否定的抑制的一面——割断事物的实用的方面以及我们对待事物的实践的态度，它还有积极的一面——精心制作在距离的抑制作用所创造的新的基础上的经验"①。高屋建瓴或超然物外，就是制造一种超越性的距离或鉴赏性的通脱。客观的公正的态度有助于看清对象的真相乃至实质。能入，更要能出。更上一层楼，表面上是拉大了距离，实际上却使人具有千里目，减少了与对象的隔膜。这种积极理解下的距离美学，确实有助于提高审美水平，特别是在距离中适的时候：太近容易琐屑，太远又流于空泛。这也使它成为程式化表演的一种理论依据。布洛提醒说，在那种活生生的展演中，特别容易产生丧失距离、误以为真的危险，把舞台上的恶敌真的杀死：无距离悲剧成了非假定的悲惨事件。

这种艺术，创作与接受是一枚硬币的两面，必须受众深度参与，其展演才能走向完成。

所以，中国的戏曲，穷数十年之功才培养出一批内行的观众，可以跟舞台上的表演达成最大程度的默契。四个打旗的龙套在舞台上绕行一周，老少妇孺，引车卖浆，博学鸿儒，都承认其为"千军万马"。据说，有一次因为交通事故，大批主角误场，可是开场锣鼓已响了半天，观众早不耐烦，用鼓掌来抗议。只好拉开大幕，两班龙套接续绕场，不到三圈，观众又鼓起了掌。班主不慌不忙，走到台前，说："曹操八十三万大军南下江东，讨伐孙吴，这才走了几个人呀？"险些被观众拖下来揍死。幸好赶来了一位大花脸，在脸上倒了一盒白粉，披一件"黑蟒"，一曲黄钟大吕般的"横槊赋诗"，才镇住场子，等正戏开场。

观众熟悉、认同舞台的程式，是不好糊弄的。仅仅具备一定的鉴赏素质、文化修养，是不够的。他们必须认知、赞同某种艺术的特殊的假定性或程式性或距离性，才能与台上融成一片，共同创作一场好戏。美学家知道，中国传统剧场是研究艺术展演的理想场所。中国老戏迷是世界上最优秀的观众。他绝不消极接受，而是全身心地投入，通过舞台上下的互动与交流，达成演员与观众的一体化；通过程式认知与感受了事物，通过距离达成无距离；提倡距离美学的布洛说，要"最大限度地减小'距离'而又不失去'距离'"。看来，最好把"距离说"与"移情说"结合起来。合之或双美，离之则两伤。

对中国古代诗歌着迷的意象派诗人庞德说，诗歌有一套表达思绪、情感

---

① ［瑞士］布洛：《"心理距离"——艺术与审美原理中的一个因素》，钱广华译，见马奇主编：《西方美学史资料选编》（下卷），上海人民出版社1987年版，第1030页。

的"心灵方程式",它是意象或象征既确定而又自由的组合,"香稻啄余鹦鹉粒,碧梧栖老凤凰枝",其中的规律或用意也许可以达成默契,也许南辕北辙。有人说,这很像戏曲舞台用程式化的布景、音乐、脸谱、服饰,以及对白、歌唱、表情、动作组织起来的幻境或意象群,都是"感召的数学"。其实,庞德们对中国戏曲,甚至对中国格律诗、绝句、词曲,都只是一知半解,更多的是自作主张随心所欲地构筑他们的诗哲学;而不明白中国的戏曲是一套完整的体系,演出和剧本,表演与歌唱,台上和台下,乃至戏里和戏外,都是紧密联系且不能拆解,而不是深不可测或只能似懂非懂。就好像我们读庞德或艾略特的诗那样,"或理在方寸而求之域表,或义在咫尺而思隔山河"(《文心雕龙·神思》)。中国古典艺术,妙在似与不似之间,看似假定,却都真实;说是距离,实属无间;近于格式,并皆有据。俗语云:做戏的是疯子,看戏的是傻子。他们全身心地投入,相互认同并且交通。假作真时真亦假,真作假时假亦真。离开了民族传统、文化氛围、艺术磁场,对于中国戏、中国画、中国诗来说,都是很难理解与言说的。意在笔先,不是主题先行;意在言外,不是主客乖离;只可意会,不是任意读解;不可言传,不是不知所云。如晋人葛洪所说:"盖往古之士,匪鬼匪神,其形器虽冶铄畴曩,然其精神布在乎方策,情见乎辞,指归可得。"古今有别,中外殊途,雅俗之间,文野之异,虽然身无彩凤双飞翼,却可心有灵犀一点通,只要承认区别,仍是能够沟通的。

中国的观众完全知道,用铜钹的边缘擦出的颤音是风声还是水声;一个戴着斗笠的老头拿着一只桨领着一位妙龄少女走上台来,大家都知道这是父女们打渔在河上;那位姑娘纤手一挥,双膝微微一屈,大家都明白,这是在撒网,人随着小舟荡漾起伏……他们要求表演严丝合缝,遵守程式,功夫扎实,还清楚地了解谁的表演到位,美丽,精彩,该鼓掌时鼓掌,该喝彩时喝彩,除了维也纳金色大厅,哪里去找这样懂行的观众?他们还不吝批评,演得蹩脚,毫不留情地叫起倒好,这不是不文明,而是对舞台、对全体演员负责,是对艺术的高标准、严要求。目前戏曲衰落,除了电视或手机等的冲击以外,还因为没有教育出这样一批优秀的观众,必须待之以时日。

可是,一些不了解中国文化传统,特别是程式化表演艺术的西方批评家,看了一两场戏以后,就说:中国的戏曲艺术还停留在杂耍的阶段,人们看到的是木偶的表演,使人想到傀儡戏。

说到木偶,不妨介绍与此相关的一种"怪论"。有一种学说,例如孙楷第先生的《傀儡戏考原》暗示说，真正成立的中国戏剧出现很晚，一般说晚至宋金，傀儡戏起来倒很早（有人说傀儡戏来自印度），人演戏来源于木偶演戏，例如，戏曲演员举手投足节奏感特别强，每个动作的转变或过渡总有一个小小的停顿，这是木偶动作的一大特征；加上直来直去，软中有硬，不能不说其是舞蹈化、程式化的表演。某些形体动作，看起来带些机械性，却也有特殊或独有的超离日常熟悉之美。这种表演有可能出自傀儡，虽然没有明说，却已使舆论大哗，批评之声至今不绝。但不能不说，它虽有以偏概全之嫌，却也不无理据。至少，这是一个可以讨论的学术问题。傀儡模仿人，人再模仿傀儡，并非绝无可能。

【偶/俑】

再以文字学言之。傀儡来自土木制作之偶。"偶，桐人也。从人，禺声。"偶就是桐木做成的俑。木俑模仿并且代替活人，最初用来陪葬或殉葬。近年已发现西周墓葬中的木俑，看来是以之替代殷商的制度化的人殉。孔子说："始作俑者，其无后乎！"孟子说，以其像人也。可见，春秋末，离开废止大规模人殉已久，连人形或联想到活人的木俑都让提倡仁爱的思想家觉得惨无人道。"俑"之言"踊"。有些木俑的手脚跟身躯是分离的，关节以圆轴代替，能够转动自如。这就诱发了活动木俑与傀儡戏的"创作"。俑模拟人，傀儡模仿能够"踊"的"俑"。演员再多少模仿俑/偶/傀儡的动作，影响及于程式化表演，也不是太奇怪的事情。

由于文化传统、艺术认知和欣赏习惯的不同，中国人往往接受不了西方艺术的程式化。

例如，除了某些喜歌剧（或小歌剧）之外，普通的歌剧（opera）都有整体性的乐谱构思，基本上是一唱到底，抒情以咏叹调，讲述用宣叙调，不像中国戏曲的唱念并重，"七分白口三分唱"，表示其对道白的重视。

侯宝林相声，举例说明什么是欧洲歌剧。丫鬟端起一杯开水上场，唱道："小姐，茶来了！……"（台后齐声合唱："茶来了，茶来了！"）小姐唱道："端过来吧！"（饮茶科）又唱道："茶太烫了！"（台后合唱："太烫了，太烫了！"）丫鬟接唱："你吹一吹，不就好了吗？"他说：这就是西洋歌剧。

各门艺术有各自的规定与限制，这种限制往往就是它的特色。假定性是艺术的共同本性。程式化，不过其一端耳。谁都要遵守这种本性，在限制中寻求自由，在假定中发挥创造，在轨范中彰显特色。戏法人人会变，各有巧妙不同。高明者，能将其特色张扬到极致，能将其个性普及于程式之全体，将自己的创造贯彻到作品的始终。

绝不仅仅是中国的戏曲,欧洲的歌剧与芭蕾舞也有严格的轨范或程式。许多艺术的品种都会热烈地承认、容纳种种程式化。格律诗,尤其是唐代以来的五七言律诗和绝句,有缜密的韵律或句式。例如,中国的骈偶、字数、句法或平仄、虚实、清浊,都有不同程度的严格规定或配搭;词或长短句,还要协律按谱定字,能够歌唱。绘画、雕塑,由于古代多以写实为尚,似乎没有多少程式,其实仍有大量技术规范。装饰美术,特别要求程式性、规范化、风格化,不但要符合特定实用需求,还必须尽可能地华丽或优雅,在严密构成的图案中挥洒特有的形式美。舞蹈、戏剧、电影、音乐(交响乐、歌曲、芭蕾等)都有自身严格的表演程式,特别是音乐,其和声、对位,要求数学般精确。

这些技术要求较高的艺术,往往离不开程式化,虽难学,却易工。

又例如,艺术建筑,除了满足居住或使用的要求之外,还得遵守许多数学、物理规范,而且多与科学、技术的发展同步。无论是哥特式刺向高天的尖顶,还是罗曼式模拟圜天的穹盖,都要求相应材料的改良、工器的优化与技术的飞跃。没有钢筋水泥,就没有摩天大楼。不能测知"蛋壳"构造的力学参数,就造不出大跨度屋顶的体育馆和剧场。这里都有许许多多的程式和程式的突破。无论多么简单的建筑,也都要求程式、规格、轨范或结构,不然就做不到实用、合理、美观,实现不了有屏护地融入自然,适应环境。

第三节 再论艺术之真

一、由模仿论看两种真实

亚里士多德在《诗学》中建构了两种真实的经典美学理论:历史的真实,诗歌的真实。他说:

> 写诗这种活动比写历史更富于哲学意味,更被严肃的对待;因为诗所描述的事带有普遍性,历史则叙述个别事。[①]

这实质上就是艺术美来源于自然与社会生活却高于现实的意思。因为诗(在这

---

① [古希腊]亚里理多德、[古罗马]贺拉斯:《诗学 诗艺》,罗念生、杨周翰译,人民文学出版社1962年版,第29页。

里就是艺术）更普遍，更集中，更具典型性与个性。

"窗含西岭千秋雪，门泊东吴万里船。"艺术或诗更富于哲学意味，因为哲学的对象同样是世界，是永恒的时空而非局限于一人一事、一时一地。此窗已不仅是"何当共剪西窗烛"的窗，此门更不复是"蓬门今始为君开"的门。

亚里士多德《诗学》还提出了疑问最多、争议最大的模仿论。

> 一般说来，诗的起源仿佛有两个原因，都是出于人的天性。人从孩提的时候起就有摹仿的本能（人和禽兽的分别之一，就在于人最善于摹仿，他们最初的知识就是从摹仿得来的），人对于摹仿的作品总是感到快感。①

笔者在《艺术的起源与发生》里提出"艺术发生于学习"（及其成果的展演）。学习的初级是模仿：猴子模仿人，人模仿世界（万物）；孩子模仿大人，大人模仿明星。

人类与猴子们模仿最大的不同就是具有创造性，或者更准确的说法是自由能动性，所以亚氏说"人最善于摹仿"，人能够不断超越自我与自己的模仿，"登泰山而小天下"，不断提高自己和自己的世界。我们称之为"创仿"，就是因为模仿论至少在字面上容易导致消弭创造性与艺术家的个性、个性化的情思，从而损害艺术的"诗歌的真实"，即艺术之真。

生长着的人类很早就有一种寻求普遍性的趋向。这是人类好奇心、求知欲和所谓解释癖的重要内容。只要看小孩子一开口便问"人是从哪里来的？""太阳和月亮是谁放在天上的？"就可以知道这种对普遍乃至终极的爱好或情结的形成是多么早，力量是多么大。这大概是人类的自由能动性的潜质之一，可惜我们对它的构造、机制和形成都不大明白。但它显然是驱动或追求形象普遍性的艺术和寻找概念普遍性的哲学发生发展的重要力量。而亚里士多德的艺术模仿现实以达成"诗歌真实"，柏拉图的艺术模仿"理念之模仿"（现实）以接近"理想"（亚氏将其回归为诗歌的真实），都隐然将普遍性追求涵化在内，厥意深焉，厥功伟矣。

只是他们各有各的限制，至少在接受或者学习他们那看起来似乎片面或奇异的理论时，容易走向一偏：肤浅地理解模仿，就会被动或消极地摹写现实；

---

① ［古希腊］亚理斯多德、［古罗马］贺拉斯：《诗学 诗艺》，罗念生、杨周翰译，人民文学出版社1962年版，第11页。

执拗地固执理念或其具体显现,那就会把抽象性意象当作艺术的唯一归宿。

融化在艺术家心底的,不仅是一般的人化自然,而且是个性化的自然,"我"的自然。"胸中造化,吐露于笔端","恍忽变幻"而又浑然天成,"象其物宜",如此才可能"启人之高志,发人之浩气"。(参见明杜琼《论画》)科林伍德不但反对模仿,就连艺术的再现理论都痛加贬斥。他跟克罗齐一样,强调艺术的表现性,艺术必须表现自我与人类的情感和先验的、必然的、非任意的想象。这跟考德威尔相近又有别。

> 通过为自己创造一种想象性经验或想象性活动以表现自己的情感,这就是我们所说的艺术。①

科氏在《历史的观念》里说,艺术家甚至历史学家可以幻想自己是在模仿或再现,实际上却不是在再现或模仿。"他总是在选择、简化、系统化,撇开他认为是不重要的东西而把他以为是精华的放进去。对进入画面的东西要负责的,乃是艺术家而不是自然界。"②

即令是历史学家,依然要对环境、材料、别人和自己的思想进行再认识,他是自己的上帝,"他必须是他能知道的全部历史的小宇宙"③。诗人和艺术家更是如此。

对于艺术或诗歌之真,中国人从不简单倡导模仿。模仿在中国人心目中不是什么高明的本领,只有小孩与猴子才模仿。当然,这里讲的主要是创作,当作练习和保存的临摹古画等除外。

【模】

《说文》卷四木部:"模,法也。从木,莫声。读若嫫母之嫫。"《一切经音义》卷二四引《广雅》也说:"模,进也。"就是确定一种法式,然后依其形样而操作,俗谓依样画葫芦者也。

"模"又是一种用木或土、陶等做的模子,纳入原料压制成形,不断脱出,再行加工,后人谓之成批生产,保持一个模样。《尚书大传》注说:"模,所

---

① [英]罗宾·乔治·科林伍德:《艺术原理》,王至元、陈华中译,中国社会科学出版社1985年版,第156页。
② [英]柯林武德:《历史的观念》,何兆武、张文杰译,商务印书馆2009年版,第332页。
③ [英]艾耶尔:《二十世纪哲学》,李步楼、俞宣孟、苑利均等译,上海译文出版社1987年版,第210页。

椓文章之范。"所以有"模范"或"模型"之称。如果艺术品都像一个模子（模范或模型）拓出来的，那就没有多大价值。因为艺术重的是独创性。有的雕塑家也要先做模子（型范），然后拓出成品，就像翻砂一样，一般亲自或由高手加工。有的只拓一个，有的拓几个，分售或分赠给大博物馆，完成以后立即把模子砸掉，以保证作品的独特性、稀少性或不可再生性、不可重复性。只有低能或缺才的艺匠才有意无意地模仿他人。

"模"字又通"杧"或"摹"。

【摹】

汉张衡《东京赋》，"规万世而大摩"李善注及所引《声类》，《后汉书·仲长统传》李贤注，都说："摹，法也。"跟"模"同训。

《广雅·释诂》说："摹，刑（型）也。"

《说文》卷十二手部："摹，规也。从手，莫声。"规划、规定、规格、规约与模型义近。从制造角度看，都是要求没有差别、更没有个性的大批量生产，保障其同样性与一致性。

《汉书·高帝纪》（下）说："规摹宏远"。规摹就是"规模"。颜注引邓展注："若画工规模物之摹"，仍是"模／规划"之义。引韦昭则说："摹者，如画工未施采事摹之矣。"就是涂染彩色之前的线画或界划。施彩在规定色别之后，也就是个照本描摹之事。

描摹、摹写比起模仿之作来似乎更加机械，古人谓之摹本，一般人以为，仅仅较孩子们习字描红麻烦一些罢了。但在练习与保存原作的观点上看，那也许贡献极大；特别是那些极少数的形神皆备的摹本，简直跟创作差不多。如果不是唐初几位杰出书法家的摹本，我们今天还看得到王羲之的《兰亭序》吗？古典希腊的若干杰作，是依靠希腊化时期和古罗马的优异摹品才得以传世的。

仿，是比摹本难一些的，是对他人创造的成品的仿作，之所以还称为"作"，因为它还带有一些制作的成分，特别是要求一定的技术或技能。一个未经训练的生手，很难或不能"仿作"他人的佳品。仿作有时还有重大作用，但不能把摹写硬标榜为自己的作品，那是会被告发为抄袭的。

仿，《说文解字》卷八人部，"相似也"（籀文从丙作"倣"）。《文选·寡妇赋》注引《字林》解同。仿作力求近似，能乱真更好，是相似之义。

"仿"字繁体作"倣"。古只作"放"，无"人"旁。

《论语·里仁》："放于利而行。"何晏集解引孔安国注、皇侃疏都说：

"仿,依也。"是依从的意思。这种用法多见于汉及之前文籍。

《国语·楚语》:"民无所放。"韦注:"放,依也。"而《礼记·檀弓》郑注:"仿则依也。"此处却是"依靠"之义。

《礼·礼器》"有依而不致也"孔疏,《汉书·匡衡传》"或见侈靡而放效之"颜注等都说,"放,效也",与"模/法"的效法之义接近。

一般说来,模仿或摹仿都是依照已有作品而努力与之相似,缺少或没有"创造"或"个性"的意思。但中国的传统书画艺术非常特殊,有时不得不通过"最低级"的仿古与写生相结合,才能传承与发展中国固有的水墨画等独特的造型艺术。

因为本书主题与体例的需要,上文主要从文字训诂的角度介绍了中国古人对模仿那本能一般的排拒。这里必须略做交代,中国书画界对临摹乃至仿古都有很特殊的看法,尊重、宽容、选择,跟希腊先贤却又迥异。此处只摘录清人唐岱《绘事发微》对"临旧"的代表性说法:

> 凡临旧画,须细阅古人名迹。先看山之气势,次究格法。以用意古雅、笔精墨妙者为尚也。

他强调,"虽摹古人之丘壑梗概,亦必追求其神韵之精粹,不可只求形似",但神韵只可意会,只能体味而无法模仿、不可重复。那么,只有先存敬畏爱重之心,殚精竭虑,笔到心到,"多临多记,饮食寝处与之为一,自然神韵浑化",却又融进自己的个性与情思,"使蹊径幽深,林木荫郁,古人之画皆成我之画,有不恨我不见古人,恨古人不见我之叹矣"。这,既是模拟,又带有创作的意味,既忠实于原作,又融入自我,"体裁中度,用古人之规矩格法,不用古人之丘壑蹊径"。简单说,"落笔要旧,景界要新",俨然"不脱古人窠臼"之习作矣。

古罗马贺拉斯《诗艺》说的"模仿",才是那种带有"剿袭"味道的"套仿",接近于中国人以及现代人说的"模仿"。他说,"最劣等的工匠也会把人像上的指甲、鬈发雕得纤微毕肖",却不懂得把握和表现"整体";我如果要创作,"决不愿仿效这样的工匠"。[①]

这就跟中国人的想法很接近。模仿只是个技术活。贝西埃说:"希腊哲

---

① [古希腊]亚理斯多德、[古罗马]贺拉斯:《诗学 诗艺》,罗念生、杨周翰译,人民文学出版社1962年版,第138—139页。

学宣称的'摹仿说',是人摹仿人的态度,而在贺拉斯那里,'摹仿说'成了抬高希腊人而贬低拉丁诗人的文学现象。"这里包括指责模仿他本人的同时代人,"贺拉斯并不掩饰他对这些落伍的拉丁诗人的蔑视"。① 问题主要在于,如此聪明的希腊人为什么使用这样不聪明的术语。

然而,如刘若愚所指出的,希腊人与中国人所说的"模仿"是不同的。布伯拉姆斯(Abrams)的《镜与灯》与麦柯恩(Makeon)的《古代的模仿概念》都曾揭明,无论是希腊语的 mimesis,还是英语的 imitation,连字面都不是"复制"(coping,拷贝)之意。② 我们必须正确审查并理解希腊人有特殊所指的 mimesis(模仿)。

艺术史家反复论述,从柏拉图到亚里士多德,模仿理论是希腊艺术的粗略反映,希腊经验的初步集结——希腊艺术,它们是多么逼真,从形状到活动,从表情到神气,无不活灵活现,美轮美奂,绝不仅仅是形似或近真,而且具有更高层次的"诗歌的真实",比理论更优越。他们的理论是西方艺术与美学的传统性源头或纲领,它们(或被截然分为"理念-形式""自然-真实"二派),影响几达两千年以上。

亚里士多德在《物理学》里说:在自然的基础上,艺术或是完成自然所不能实现的东西,或是模仿自然。这里包含几层意思:艺术始终建构在自然(现实)的基础上;艺术却又不是自然,它是人工制品,具有优秀的形制,能够提供自然所不能提供的身心尤其是精神上的快感;艺术的内容主要是自然现实或真实;所以,沿用传统的用语,艺术模仿自然。这是亚氏的模仿理论巅峰性小结,可见其绝不限于形貌、表面或外在。

他在《修辞学》里说,"摹仿[性]的事物(引案:指艺术),如绘画、雕像、诗歌以及所有摹仿得逼真的作品,都会引起愉快。这是自然或原物做不到的。即令是丑的自然物,"即使是被摹仿的原物并不令人愉快",也会被艺术转化为美,从而使人愉快。③ "因为人们的喜悦不在于自然本身。"这里还

---

① [法]让·贝西埃、[加]伊·库什纳、[比]罗·莫尔捷等主编:《诗学史》,史忠义译,百花文艺出版社2002年版,第31页。
② [美]刘若愚:《中国的文学理论》,赵帆声、王振铎、王庆祥等译,中州古籍出版社1986年版,第52—53页。
③ 参见[古希腊]柏拉图:《柏拉图全集》(第9卷),王晓朝译,人民出版社2003年版,第387页。

有一层认识意义：人们通过艺术形象更好地认知、记忆了原物及其特征。"原来这就是它啊！"亚里士多德说，这是艺术品为人们提供了学习的愉快，认知的欢乐。这样，模仿是内容与形式都兼顾的。

据亚里士多德《诗学》，诗有两个起因。第一，是模仿的本能；第二，不大明白，我们推测是求知，即学习。吉尔伯特与库恩说，第二起因即在模仿内容的基础上高一级的模仿，"即从一个整体的本质（内容）中引出的感受——形式"。因为"要看出模仿物（艺术）和原物（自然/现实）之间的相像之处，就要挑出二重性中的同一性"，即内容与形式的同一。因为艺术不同于并且高于自然，所以艺术家所赋予作品的形式是最高级的智慧。

吉尔伯特和库恩说：

> 亚里斯多德把"形式"或"完成"比作苏醒，而把"质料"或"潜能"比作沉睡。换言之，行为（引案：例如艺术创作）的真正完成则谓之"形式"，而"质料"则仅仅是指具有完成这一行为的能力而言。

这样，"自然界通过促使一切事物充分实现它们的能力来进行创造"，艺术家则通过"心灵"模仿自然（事物）的"内容"，而且赋予其更高级、更美的"形式"（形制，form）。这也就是"在某种'质料'内部培育同样的自我完善的意向"[①]，让模仿对象（自然）得到内容与形式的统一。这样说，是在同情理解的基础上，挖掘并且提炼出亚氏模仿说可能内在的精华，其用心是良好的。是的，希腊人说的模仿有其特殊的语境，还有其规定的含义。

鲍桑葵说："希腊人（内心深处）对任何不能用可见方式加以模仿的事物都不相信。"连神都被当作人一般的真实存在。这样，"艺术再现的诗意的一面，即创造性的一面就没有能在古代（理论中）受到应有的重视"[②]。然而，"模仿"一词在他们看来并不与独创性对立，倒是跟工业制作相对立。因为艺术（art）虽然被他们看作一种"技艺"（techne），却不是机械的匠艺。但那样美妙而带有理想性的希腊艺术却为什么被理论家们说成"模仿"呢？

---

① 参见［美］凯·埃·吉尔伯特、［德］赫·库恩：《美学史》上卷，夏乾丰译，上海译文出版社 1989 年版，第 85 页。

② ［英］鲍桑葵：《美学史》，张今译，商务印书馆 1985 年版，第 18—19 页。

这跟希腊艺术的特点有关，例如他们的艺术主要是具象或写实的——写实就是模仿真实物，在形似基础上神似——除陶艺外极少抽象、幻变。鲍桑葵认为，要注意以下数点：

> 模仿性艺术的理想性是它的平易近人使然。
> 希腊艺术并不具有人们所设想的那种抽象的理想性。①

希腊艺术是如此的精美、和谐、恬静，庄严而又优雅，高贵而又谦卑，美学家和批评家们不加以夸饰也不惊叹，真正的审美分析多限于形式（例如数、比例），激情的批评往往受到骄傲的思想界的非难，这样就不能不"促使人们把全部艺术表现都归在名实不符的'模仿'名目下"②。而他们的模仿不管多么勉强，都暗含着创造性诗意和典型化。

塔塔科维兹比较了柏拉图与亚里士多德的理论后再次指出，亚氏理论实际上提供了两层意思：对现实的再现；现实的自由表现。③这跟现代人所谓的模仿都大不一样，这比前引其说法进了一层。

这已是古典的反映论，跟机械论迥然相异。在"谈论摹仿时，柏拉图考虑的是第一方面的意义，毕达哥达斯学派考虑的是第二方面的意义；而亚里士多德则同时想到两方面的意思"④。这也许有拔高之嫌，模仿学说实在谈不上有现实的自由表现，却提醒我们：亚里士多德绝没有漠视艺术的想象和创新的功能。往积极的方面说，"他主张，摹仿就是使事物或多或少地要比其本身更美，摹仿可以使事物呈现出它们能够而且应当是的那个样子：摹仿能够（而且也应当）限于事物一般的、典型的和本质的特征"⑤，这离标准的典型化已经不远了。

强调艺术必须追赶着去模仿事物之理念，如果加以积极的理解，那就是要求艺术必须具有超越性。理念是绝对和普遍的超验的事物图式。艺术（品）本来就应该是个性与共性、特殊性与普遍性、偶然性与普遍性在形象中的对立

---

① ［英］鲍桑葵：《美学史》，张今译，商务印书馆1985年版，第19—20页。
② ［英］鲍桑葵：《美学史》，张今译，商务印书馆1985年版，第22页。
③ ［波］沃拉德斯拉维·塔塔科维兹：《古代美学》，杨力、耿幼壮、龚见明等译，中国社会科学出版社1990年版，第168页。
④ ［波］沃拉德斯拉维·塔塔科维兹：《古代美学》，杨力、耿幼壮、龚见明等译，中国社会科学出版社1990年版，第168页。
⑤ ［波］塔达基维奇：《西方美学概念史》，褚朔维译，学苑出版社1990年版，第364页。

统一。例如艺术焦点的典型(人物),往往努力体现特殊的个性中的普遍的共性;用一个经济学表述便是,以最小化的能做最大化的功。阿Q的"老子被儿子打"的种种"反侵略"理论是极为特殊、极为古怪、极为夸张的,是最小化的个性,带着趋极性,然而却概括了历史悠久的弱势民族的精神胜利法,甚至触涉整个人类无奈而自慰的劣根性,体现着最大化的共性——近于柏拉图的理念,也就是艺术所具有最大化的真,而且是深入揭示事物本原或本质之真。

亚里士多德分明说:

> 诗人的职责不在于描述已发生的事,而在于描述可能发生的事,即按照可然律或必然律可能发生的事。①

这就要求艺术家具有非凡的想象力,要求他的作品具有强大的前瞻性与穿透力,力透纸背,直抵现实与历史的纵深。

可能性或或然性也许比已然性具有更大的普遍或深邃。

哲学、科学和艺术都是具有或追寻普遍性的。"艺术则具有部落性,民族性。当然,艺术也有可能超出地方特性而达到人类本质的基础"②。最好的艺术能够用最有特色的具体达成最高程度的普遍。历史学其实并不例外。大家都喜欢说"唯有民族的,才能是世界的",这并不错;但我们更爱说,"唯有世界的,才能是民族的",因为艺术要追求效果最大化的普遍。赋诗必此诗,定知非诗人!(苏轼)

李凯尔特揭示,艺术与历史的最大不同,正是它的这种(直观)普遍性,就是说,诗歌真实比历史真实更普遍,更高级。"艺术借助于美学必须确认的手段,把直观提升到'普遍性'的领域";而美学问题基本上是关于普遍直观性的问题。③ 因为美学是一门哲学,艺术则具有哲学性。而历史主要关心个别特定的事实及其连续性。

艺术更具有一层形象的直观性,它通过直观走向理想,通过个别走向普遍,通过偶然走向必然。这也是历史与艺术的区别。李凯尔特说,某些肖像画,"某

---

① [古希腊]亚理斯多德、[古罗马]贺拉斯:《诗学 诗艺》,罗念生、杨周翰译,人民文学出版社1962年版,第28页。
② [美]乔治·萨顿:《科学的生命——文明史论集》,刘珺珺译,商务印书馆1987年版,第24页。
③ [德]H·李凯尔特:《文化科学和自然科学》,涂纪亮译,商务印书馆1986年版,第66—67页。

个特定地方的风景画或者历史小说,因为它们不仅仅是艺术作品,它们所包含的那些作为对一次的、个别的现实之重视,恰恰在美学上是非本质的"①。王国维也说,《诗三百篇》《古诗十九首》和五代北宋词,基本"无题","诗词中之意,不能以题尽之也"。"如观一幅佳山水,而即曰此某山某河,可乎?"因为艺术要从对象的个别性表现形象的普遍性——这也是歌德不肯说《浮士德》主题思想的至意。伟大作品都是开放或未完成的。斯莱格尔就说,古典作品决不应该彻底被人了解。

在《大希庇阿斯篇》里,苏格拉底反复讲:美的东西适用于每一个地方和每个人。

这是美的普适性。柏拉图的"美的阶梯论","上升的第一步就是美的普遍化"②,就是美的普适性,既有第一,就会有第二、第三步,就暗示着美的某种超越性,它可能达到 idea/ 理念（他的体系核心）的具体显现。如果去掉他的理念的先验性质,就是"理念先于现实存在——现实模仿理念",他的话不无道理。

雷诺兹《艺术讲演集》里有一节话：历史画画家画一般的人；肖像画画家画个别的人,所以他画的是有缺点的模特儿。这个易滋误解的警言,受到贡布里希的批评。"一般的人",只能导致一般化与概念化。"皮格马利翁在大理石上凿出人像时,并不是首先再现一个'一般化'的人形,而后才逐渐地再现一个个体妇女……"③一般的人绝不会获得血肉生动、温香软玉的生命。雷诺兹的话从字面上看,是把艺术形象里的普遍性与个别性分割开来,但他的本意跟王国维《人间词话》的看法无别：艺术形象应该以个别性来体现普遍性,通过具体活跃的生命去体现理想或理念。如前,一幅肖像画,只有当它不仅仅是某个人的肖像之时,才能真正成为画。如古人所说,一幅山水画如果只是某山某水的机械写生时,那还是艺术,还谈得到普遍或超越吗?

二、如真、逼真与乱真

在审美的初级阶段,艺术尤其是造型艺术往往被看作一种能够代替或代

---

① ［德］H.李凯尔特：《文化科学和自然科学》,涂纪亮译,商务印书馆1986年版,第67页。
② 参见［美］凯·埃·吉尔伯特、［德］赫·库恩：《美学史》,夏乾丰译,上海译文出版社1989年版,第63、66页。
③ 范景中编选：《艺术与人文科学：贡布里希文选》,浙江摄影出版社1989年版,第22页。

表实物的形象。最早期的造型艺术如欧洲冰河时代的岩壁画,绝大多数是具象性或写实性作品。抽象或变形者较少,如某种几何形符码记录信息那样,别有意旨,别具功能。写实作品,愈像实物愈好,许多杰作也确实惟妙惟肖。"艺术起源于写真"就是这种现象的一种概括,上升为理论就是"艺术起源于模仿"。就巫术思维而言,以模仿(猎物)达到实际目的(猎杀)之巫术艺术确实愈像愈好。

那些无法证明其实用功能的作品,无论创作者还是鉴赏者,都像孩子似的,觉得简直是一种魔法,一种游戏;它居然能够乱真,跟实物一模一样,一个模子里拓出来,使人惊叹不已。直到今天,旅游者仍然赞美那种极似实物的山石、奇树,赞美那种能够乱真的蜡像。苏州郊外石庙里,一块吊挂在高处的旧"红布",居然是古代泥塑,这是最受欢迎的展品或奇迹。这仍然是消遣,不是品鉴。

反映在美学上,"真便是美",越真实,越近真,越肖似越美。例如,巴浮耳(H.Balfour)认为:"艺术的起源是美的认识,凡能类似实物的便是一种的美,所以表现实物时必力求其近似。"[①] 他认为雕塑是最早的艺术,具有三维空间,最接近实物。而洞穴艺术,雕塑较少,写实技巧也远逊彩绘;"最早的艺术品",戈兰高地女神,虽是石雕却稚拙失真,巴浮耳的"越近真越早"的判断,已被原始艺术史否认。古典主义如布瓦洛的《诗的艺术》,反复强调"真就是美",就是理性,就是艺术,很快就没人相信了。

中国古代有一些意在称赞描画真实、摹写生动的故事,其旨不在乱真,更不想替代原物;有的还颇富童心天趣,灵动而又隽永。例如刘褒画《云汉图》,状大旱之象,见而觉热;绘《北风图》,摹冻冰之景,望而生凉。杜甫以"堂上不合生枫树"赞刘少府《山水障》;《丹青引·赠曹将军霸诗》"玉花却在御榻上,榻上庭前屹相向",言画马与真马相对生风。

中国的造型艺术多数以写真为尚,现实主义首先要求真实。

皇帝命韩幹遍观画观名作,韩幹答道:"厩马皆(我)师。"其《画马赞》云:"写渥洼之状,若在水中;移骕骦之形,出于图上。"杜甫还责备曰:"幹惟画肉不画骨,忍使骅骝气凋丧。"要求肉骨皆健,形神兼备,气质并重。所以黄峪诗云:"李侯画骨亦画肉,笔下马生如破竹。"杜意曹霸之画庶几形神

[①] 林惠祥:《文化人类学》,商务印书馆1934年版,第377页。

兼备:"将军画善盖有神,必逢佳士亦写真。"后来,明人杨慎《画品》说:"赵光辅善画马。评者云:古今为番马者,胡瓌得其肉,东丹得其骨,光辅兼有之。"其中确有一些颇具超越性的精辟见解。

　　造型艺术、叙事艺术、表演艺术,作为展演,也有一个作者以及作者与读者之间是否相互认同、是否达成"模仿的愉快"的问题。逼真乃至某种乱真效果,至今还是审美的初步性肯定评价。这并不排斥艺术家"有选择的模仿",以及"体现自己的审美经验"的激动与欢乐。① 所以,造型艺术或综合艺术,依然多以写真、形似为基础,以及在此基础上的传神写意,以达成审美性愉悦,达成熟悉的陌生感或诗歌的真实,达成杰出艺术品长期乃至永恒的审美价值。如王维诗所说:"行到水穷处,坐看云起时。"自然而然地在平常与熟悉的实地上生出无限的烟云或气韵来。这里讲的主要是写实性、肖形性艺术,所以强调以近实逼真做起点,以形神兼具为依归。

　　艺术品种不同,模仿的性质与要求也不同,全都逼真那是不可能也不必要的。有两门艺术,一是离精神最近的音乐,一是最远的建筑,都不逼真。音乐极少仿声,建筑很难仿生。最早的建筑,从巢居或树屋,到干栏式建筑(独柱楼、吊脚楼、高架楼),模仿鸟巢因素多一些,后来越来越少。哥特式之于高树尖山,罗曼式的穹顶天空,抽象性仍很强。鸟巢体育馆,垒石音乐堂,虽然在回归初始,仿真的成分实在并不大。只有悉尼歌剧院,还有人争论它像贝壳,还是更像风帆。

　　如真、逼真乃似乱真,只要不过度依赖或片面强调,至今还不失为评价肖形性或造型性或表演性艺术的一个标准或一种尺度;中国人心存忠厚,又始终以写实性艺术为主潮,不愿意像科林伍德和桑塔格那样苛责亚里士多德。希腊人也很实在,喜欢从实际里推究规律或精神,从而推崇理性。如果说浪漫,那也是现实的浪漫。"希腊人并不将神圣的、亦即可能的东西当作实在的东西的原型、目标和尺度,而将实在的东西当作可能的东西的尺度。"② 连神都以人为原型,为目标,为尺度,艺术当然也以实在的东西为尺度,为目标,为原型。所以他们不讳言具有假定性的艺术必须模仿自然,模仿首求形

---

① 参见[英]阿诺·理德:《艺术作品》,朱狄译,见中国社会科学院哲学研究所美学研究室编:《美学译文》(1),中国社会科学出版社1980年版,第111、112页。
② [德]费尔巴哈:《宗教的本质》,王太庆译,人民出版社1953年版,第71页。

似,再谈其他。温克尔曼说:"对善于思考的人来说,艺术中的最高题材是人,或者至少是人的外貌。"艺术当然追求美,"美在统一的多样变化中形成";但讲到外形,至少应该"理解整体的配置得当,掌握骨骼和肌肉的知识"。①这就需要生理科学以及在写生或模仿中应用。得天独厚的希腊人在艺术展演与体育竞赛中敢于而且善于炫耀自己健美的裸体。如丹纳所说:"文化发展到这个阶段这个形式的时候,人对肉体是感到兴趣的;精神还不曾以肉体为附属品,推到后面去。"也就是说,没有用神似来欺压形似,没有以精神来贬低肉体,"肉体有其本身的价值"。②所以,形似在模仿或描写现实的肖形创作中仍占据重要的地位。

在美学史家更加宽容的理解中,古希腊哲人所说的模仿也不是简单到照葫芦画瓢,以致照相术一出现,写实艺术就死灭。

前文已经略涉古典模仿理论与造型艺术的关系。据称,苏格拉底早就对画家帕哈秀斯说过:绘画不是对所有看到的事物的一种再现吗,帕哈秀斯?如果材料可靠的话,他这里所说的模仿已是一种表现性的再现,而且有了典型化或理想化的萌芽。他所说的艺术已不再是手工艺。这跟希腊艺术及其经验、传统是紧密相关的。

——把几个模特身上最美的部分集中起来,以设法创造一个显得十分完美的整体形象(比如中国画家所谓"搜尽奇峰打草稿");

——通过他们的脸色(引案:他强调眼睛)表现喜爱或厌恶的情感(引案:包括灵魂的品质);

——进一步说,高尚和宽宏、卑鄙和褊狭、节制和清醒、傲慢和无知,都会通过(绘画中)他们的神态举止表现出来,而不管他们是静止的,还是在活动着。③

模仿对象的内心与品格,这已经是高级形态的"模仿-再现论"。没有接触原材料,不知其可靠性如何,姑录备参。

艺术或诗歌的成功,其中的一个标准,确实是高度接近真实,或曰逼真。

---

① [德]温克尔曼:《论古代艺术》,邵大箴译,中国人民大学出版社1989年版,第95页。
② [法]丹纳:《艺术哲学》,傅雷译,人民文学出版社1981年版,第293页。
③ [波]沃拉德斯拉维·塔塔科维兹:《古代美学》,杨力、耿幼壮、龚见明等译,中国社会科学出版社1990年版,第143—144页。

逼真较如真高了一级。从形似到神似，不是表面的真相，而是形神兼似，内美外修。

逼真是对具象性、肖形性艺术的一大褒彰。但艺术或形象的假定性规约它、制限它，不可能替代、泯灭真实，所以只说逼近，不说穷尽。

这就像真理，它一直在一步步地逼近真实（实在及其规律），却不能穷尽它。穷尽了世界或宇宙的秘密，也就无所谓真理或真理之探求了。

众皆知美之为美，善之为善，真之为真，斯不美、不善、不真矣。这样，画家就可以集中许多人的美点，"创造一个显得十分完美的形象"①。亚里士多德《诗学》便说，诗人要向优秀肖像画家学习，"他们画出一个人的特殊面貌，求其相似而又比原来的人更美"②，即令是技术或技术性的艺术，也"有些是完成自然所不能做到的事情，有些则是模仿自然"③。他说，宙克西斯画的人物，"或许是不可能有的"，但这样更好：

画家所画的人物比原来的人更美。

画家笔下的作品胜过真实的对象，的确在于许多零散的优点被集中在一个范例上。④

这里就有典型论的萌芽了。艺术的美，已经初步被看作比现实更集中，更典型，因而更普遍，更真实了。

这样，艺术就必须追求最适合、最恰当的形象体现，才能既不夸大也不缩小地再现对象，酌奇而不失其真，玩华而不坠其实，这就必然导致中道的哲学或中庸的艺术、中和的美学。狭隘一些说，是开启了后来的写实一派的美学观了。

我们在谈起某些艺术的好作品时，常说它们不能增减任何东西（引案：有如中国人所说，"增之一分则太长，减之一分则太短"），意思就是说过多和不足都会破坏艺术作品的优点，而执中则保存了

---

① 参见［波］沃拉德斯拉维·塔塔科维兹：《古代美学》，杨力、耿幼壮、龚见明等译，中国社会科学出版社1990年版，第143页。
② ［古希腊］亚理斯多德、［古罗马］贺拉斯：《诗学 诗艺》，罗念生、杨周翰译，人民文学出版社1962年版，第50页。
③ 苗力田主编：《古希腊哲学》，中国人民大学出版社1989年版，第432页。
④ ［波］沃拉德斯拉维·塔塔科维兹：《古代美学》，杨力、耿幼壮、龚见明等译，中国社会科学出版社1990年版，第208页。

这优点。①

在亚氏美学里，当沉睡着的质料被整合并赋予以形制或形式，当潜能觉醒并走向完备之时，艺术的模仿作用就在集中对象的特征，构建美的整体；及至执中的理性将其完善，并突现其普遍性之时，艺术也就从模仿升华为哲学那样高级、真实、智慧或理想了。② 这也是艺术与创造艺术的人的自主能动性本质的证明与体现。这就像艺术家兼美学家的考德威尔所说：

> 艺术意识到情感世界的必然，由此实现了自由。艺术是人在情感世界中的自由的体现，恰如科学是人在感知世界中的自由的体现，因为二者均意识到各自领域中的必然性并能够改变各自的领域——艺术改变着情感的或内在的世界，科学改变着现象的或外在的世界。③

或者，应该是艺术家通过改变外在世界的形象，再造内在世界的心象，再通过心象的改变去再改变形象——达成许多艺术理论家所说的意象。对艺术家而言，内外世界是互动的。科学与艺术，这里也可以用玻尔拓展海森伯"测不准"的"互补"原理④来说明："各种可能的语言和对系统的各种可能的观点可以是互补的。它们都处理同一实在，但不能把它们约化为一种的描述。"⑤艺术家胸中之造化是人化且个性化的自然，其再现当然多样。从张璪到石涛，"外师造化，中得心源"，把外在与内在、外模仿与内模仿都照顾到了；更重要的是心物交融，内外互动，才能融汇出新境界，新意象。

海德格尔说，按照模仿理论，"对存在着的东西的复制必须与这实际的存在者一致，必须与之符合（案：亚里士多德理论）；中世纪称此为adaequatio（酷似，中国人谓之逼真或乱真）；亚理士多德则早已谈到过homoiosis（同质相似）"，

---

① 北京大学哲学系外国哲学史教研室编译：《西方哲学原著选读》（上卷），商务印书馆1981年版，第155页。
② 参见［美］凯·埃·吉尔伯特、［德］赫·库恩：《美学史》，夏乾丰译，上海译文出版社1989年版，第88—89页。
③ ［英］考德威尔：《考德威尔文学论文集》，陆建德、黄梅、薛鸿时等译，百花洲文艺出版社1995年版，第140页。
④ 参见［德］W.海森伯：《物理学和哲学》，范岱年译，商务印书馆1999年版，第12页。
⑤ 参见［比］伊·普里戈金、［法］伊·斯唐热：《从混沌到有序——人与自然的新对话》，曾庆宏、沈小峰译，上海译文出版社1987年版，第274页。

那么，模仿还必须模仿事物的本质。而"长期以来，与存在的东西的一致被认为是真理的本质"。① 并非复制似的描绘了一件"偶然出现在某一特定时刻的特殊存在者"或"实际的东西"就是艺术品。模仿事物的"形式化的质料"也不是艺术，它也不是艺术对象的"物的本性"，而更多可能只是"器具的本性"——模仿这种"器具的本性"总不会即是艺术品吧。而"复制"对象的"真理的本质"——有些像柏拉图说的模仿事物的理念——也并非艺术品。艺术品的特征或本质要丰富得多。

艺术作品以自己的方式敞开了存在者之存在。这种敞开就是去蔽，就是存在者的真理，这敞开是在作品中发生的。在艺术作品中，存在者的真理自行活动着。②

艺术不是去模仿什么，而是要展开自我的生命存在，展开对象的被艺术发现的真理存在。"那么，走向确定作品物性现实的道路，就不是从物到作品，而是从作品到物"。③

艺术品创造了它所描绘的事物。这不仅比"模仿论–再现论"进了一大步，而且比"形神兼具"的说法多了些哲学意味：艺术再造世界。

三、乱真和画谜都是美丽的陷阱

皮革马利翁爱上了自己创造的美艳如生的雕像，为伊消得人憔悴，不辞为之死亡。这是希腊的乱真故事。病态心理学借以命名恋物癖或白日梦，称其为"皮革马利翁情意征"。

中国也有类似的传说。情节公式大致为：一位少女或者少男爱上了祠庙中塑造得极为精美的异性神像，说了一句"愿成为他的眷属"，就被神摄去魂魄死去，做了他的性伴。有的还说，他情不自禁地拥抱了她，在她身上留下"污迹"，再也不能刮掉。有位"殉情"姑娘的父亲，愤怒地扇了神像一个嘴巴，以至打下一块泥来，庙祝怎样都无法修补好它——神接受了"岳父大人"的惩

---

① ［德］海德格尔：《海德格尔诗学文集》，成穷、余虹、作虹译，华中师范大学出版社1992年版，第31页。

② ［德］海德格尔：《海德格尔诗学文集》，成穷、余虹、作虹译，华中师范大学出版社1992年版，第34页。

③ ［德］海德格尔：《海德格尔诗学文集》，成穷、余虹、作虹译，华中师范大学出版社1992年版，第34页。

罚，笔者在《楚辞新探》等书中为其定名曰"戏定神媚"型。

众所周知的《画中人》，不过是"皮革马利翁情意征"的喜剧版本，热衷于大团圆的中国人让走下挂图或壁画的美女与画家或士子恋爱，打败前来抢夺的恶霸，结婚生子。形象战胜假定性成为实体，归属乱真艺术的极端态。

乱真故事本为褒扬与夸饰艺术品的巧夺天工，如梦如幻，难辨真伪，却逐渐变了味。元杨维桢论画重传神，以为传神则可乱真。"画猫者张壁而绝鼠；（画）大士（观音）者渡海而灭风"。中国古代有大量的"活画"成真或出神入化的传说。例如某名家画的马，半夜由画面上跑下来，参加抗敌；凌晨归来，汗迹满身，跟原画完全不同，所以民间对"泥马渡康王"的故事深信不疑。某宅照壁上的麒麟跑下来斗鬼，第二天便见独角裂开。欧洲的一幅母马图，竟引发公马的春情，嘶叫着向其扑去。

类似的传闻，还带着类似的神秘性，至少是传奇性。

元汤垕《画鉴》论宋画，谓常州太平寺壁画，徐友画水，"波浪起伏得其水势，相对活动，愈看愈奇"。寺屋突遭兵火尽焚，"此殿巍然独存"，难道是他画的"水"挡住了"火"？但他的头脑还算清醒，于"杂论"中说，古人"论画之神妙便云：画《十二时辰图》有十二游蜂循环飞动，画妇人则有（随时）回身动头之异"，而称之为"迂缪之说以求奇也"。非正论也。

戏剧史上还有更极端的乱真造成混乱与灾难的例子。

据说，有次波兰演出一部战争剧。舞台上，沙俄的军官无情地虐待波兰俘虏，演得太逼真了，台下有个波兰士兵端起机枪把台上饰演沙皇官兵的演员全打死了。西方戏剧史上言之凿凿地记载了类似事件。

在中国，善演反派的陈强，用全部的阶级仇恨来刻画和扮演黄世仁，弄得不敢进公园，上街购物都要戴大口罩。据说，有位演狗腿子的演员，被台下的战士打穿了大腿。以后，看这类戏不得不禁止实弹带枪。大概是1949年吧，笔者所在的部队看《赤叶河》，班排长亲自检查我们的子弹夹。演出中，恶霸吕承书拔枪强暴农民妻子，台下忽然一道白光向他飞去，观众吓得不轻。还好，是个战士甩出了手电筒！

印度人对艺术的来源有奇特的看法。

公元前成书的《基德尔拉克沙那》（《绘画的特点》）里，善良而勇武的国王为婆罗门死去的孩子画了一幅肖像画，画像活了起来——这幅乱真的杰作就成了"第一幅绘画"。绘画不但被看作实物对象绝对真实的摹本，而且能够还原为实物。类似这种乱真的画中人、活了的雕塑的故事，大量在东西方古代世界流传。艺术具有实际的功能，而且跟宗教仪典一般具有神圣性。大梵天对国王说：

    首先在世界上出现的是吠陀和祭祀。当建造了圣人的寺庙之后，
  才有了绘画的需要。因此，应该把绘画看成是和吠陀一样的东西。①

作为一切艺术之首的绘画，实际上被看作一种"梵"（Brahma或真知，或真如），一种原始"词"，相当于"道"或"logos"。

  创造一切的造物主毗什瓦卡尔曼对国王说："世间一切有信仰的人，作为幸福的标志，梵天都画下来了，并首先把它们传给了我。"②表面上看，属于天启神授系统。其实它对绘画的最高要求是再现并且再造真实，"他们（王和民众）具有什么样的外貌，我就把它们再现成什么样子"③。所以，肖像画能让死人复活，变为活人。绝对真实，绝对神圣，绝对本原。这当然是一种离开了艺术性质的艺术理论。它坚决不承认艺术的假定性与模仿性。

  对于那些模仿得极为相似——中国人称为乱真的作品，普通希腊人倒也蛮欣赏。但主要将其看作一种趣味，一种游戏，一种"奇技淫巧"。

  中外都有画家让蝴蝶或蜜蜂来"辨别"、鉴定"谁的花画得最像花"，许多画上的美人或动物"活"起来，"画龙点睛，破壁飞去"一类的故事。

  黑格尔的美学论中举出欧洲古今一些乱真的杰作说："宙克什斯画的葡萄从古到今都被公认为艺术的胜利，同时也被公认为摹仿自然原则的胜利，因为真有活的鸽子啄食这些画的葡萄。……毕特涅的猴子把洛色尔的《昆虫乐趣》一书中画的甲壳虫咬成碎片。"④

  黑格尔讽刺到，这至少是多余，原物俱在，比画的像自己得多。艺术"总是要落在自然后面"，它所制造的"片面的幻相"只是"生活的冒充"。⑤至

---

① ［苏］阿·阿·古贝尔、符·符·巴符洛夫编：《艺术大师论艺术》（第一卷），刘惠民译，文化艺术出版社1987年版，第17页。
② ［苏］阿·阿·古贝尔、符·符·巴符洛夫编：《艺术大师论艺术》（第一卷），刘惠民译，文化艺术出版社1987年版，第18页。
③ ［苏］阿·阿·古贝尔、符·符·巴符洛夫编：《艺术大师论艺术》（第一卷），刘惠民译，文化艺术出版社1987年版，第18—19页。
④ ［德］黑格尔：《美学》（第一卷），朱光潜译，商务印书馆1979年版，第53页。
⑤ ［德］黑格尔：《美学》（第一卷），朱光潜译，商务印书馆1979年版，第53页。

多可供娱乐。"（自然的）音乐，例如夜莺的歌声，只有在从莺自己的生命源泉中不在意地自然流露出来，而同时又酷似人的情感的声音时，才能使人感到兴趣。"① 模仿得再像的伪夜莺鸣声，可能引起欢笑。但作为美，既无客观性，又不会引起审美的情感共鸣，兴趣不会持久。

单纯的像，特别是形似，往往只是一种技术的炫耀或者游戏，很难达到情感或精神的层面。

20世纪50年代有一套《新农村组曲》，内容和形式都比较好，其中穿插着一些鸡鸣、狗叫、马嘶、牛吼，是有意的模拟，而且多少已经"旋律化"，并不照搬硬套，在基层演出时倒也引起阵阵笑声，颇受欢迎。但很快就沉寂，更不要说经典、传世，不是当时的亲聆者，连音乐史家也都没有多少记忆。问题即在于它过多地拟声，把音乐当成一种口技，即令可能逼真或乱真，因为很难打动情感，不能抵达精神，以致惨被现实与受众淘汰。

是的。有一种带着叙事性、咏物性的音乐被称为"标题音乐"。但既然是《田园交响乐》，是音乐，那么一切田园秋色、动物跃鸣，都必须彻底旋律化、乐曲化，可以启发却不能规定人的想象。他联想及高山或者流水，刚好契合了作曲家、演奏家的创作动机或意图，被认为知音；但更重要的是被感动，被陶醉，被它的美征服、同化，而绝不仅仅是认出了它的标题，它的能指。

所以我们说，乱真是一口颇有诱惑力的陷阱，一旦跌进去，就不仅变成技巧的玩弄者或技术主义者，而且可能把艺术变成魔术，逐渐脱离美学而遁入魔道。

斯塔斯《批评的希腊哲学史》对亚氏说的音乐是最高级的模仿，有很好的体会与诠释："其实就这个模仿的意味而论，音乐确实要算最非模仿。一个绘画家可以视为模仿山河人树，而一个音乐家之所产生的是和自然界里一切东西都不相像的。"② 现代美学家揭示，即令是标题音乐，也首先是音乐而不是标题。它所表现的自然界声响，也不是简单直接对牛吼马嘶的粗劣摹仿。"例如在对牧场的音响或海上风暴摹仿中本身就可以包含有非常隐晦含蓄、似与不

---

① ［德］黑格尔：《美学》（第一卷），朱光潜译，商务印书馆1979年版，第54页。
② ［英］斯塔斯：《批评的希腊哲学史》，庆泽彭译，华东师范大学出版社2006年版，第257页。

似的意思。"① 音响形象体现具象性与抽象性的对立统一,形象的抽象性与具象性此消彼长,冲撞起伏,而和谐地统一在艺术家的情思之中。各种各样的声响在艺术家的情思统摄之下,融汇在韵律、节奏、对位、和声之中,包含在音乐形式的创造之中。所以,黑格尔认为音乐是最接近精神(或 idea,理想)的艺术,受物质的羁绊最少。亚里士多德在音乐的模仿的普遍性上,与柏拉图较为接近。即令是绘画的模仿,也不是如柏拉图所说,像镜子那样取得近实的虚像。现代人称之为"照相式的写真",可是艺术摄影已打破了这种侮辱摄影师的说法。柏拉图也承认,音乐模仿的是善和恶的灵魂;既然不能浮于表面,那要将心比心才行。镜子却没有那颗心。音乐的模仿更不是外在性的物象,它的非理性与绘画更是不同。亚里士多德对柏拉图的言论是正负面兼顾的,他在其论述基础上提出:音乐的节奏和旋律反映了性格的真相。② 这就非得楔入深层、挖掘内心世界不可。这接近柏拉图的意思。"心灵可以使它自己所选择的媒介具有同它想要再现的事物非常相像的惟妙惟肖的形象";所以,用鲍桑葵的诠解来说,模仿就是事物的审美再现,是"美在精神中的第二次诞生"。③ 亚里士多德是体会及此的,使用"模仿"一词并没有贬低艺术的意思,只是那个时代对艺术的独创性、想象性注意不够罢了。

艺术不能成为技巧的游戏,审美因而也不是玩弄机智的猜谜。

有的资深美学家非常赞赏宋人的一幅画:《深山藏古寺》。它没有描画层峦叠嶂、苍松古柏掩映之下古刹红墙的一角,而是画一个和尚挑担到小溪畔打水。这样,人们就能猜出深山之中藏着古寺了。

这难道就是含蓄深邃吗?

谜面出得好,谜底猜得对,难道这就是艺术,就是审美吗?

还有再现"踏花归去马蹄香"的。画面上没有一朵花,只有一群蝴蝶绕着马腿翻飞。人们觉得巧妙极了,含蓄极了。可这不仍然是"画谜"吗?

宋代画院内外竞争激烈。为了出名,也许仅仅为了表示完成任务而不是尸位素餐、滥竽充数,不能不挖空心思,出奇制胜,这就弄得跟艺术或审美愈

---

① [英]阿诺·理德:《艺术作品》,朱狄译,见中国社会科学院哲学研究所美学研究室编:《美学译文》(1),中国社会科学出版社 1980 年版,第 113 页。
② [古希腊]亚里士多德:《政治学》,吴寿彭译,商务印书馆 1981 年版,第 420 页。
③ [英]鲍桑葵:《美学史》,张今译,商务印书馆 1985 年版,第 18 页。

行愈远,不知伊于胡底。一方面,如沈子丞所说,各呈精进,"真有群山夺秀、万壑争流之观"①;另一方面,也颇有一部分人剑走偏锋、兵出狭径,以致陷入技术的游戏。

据说,北宋后期的科举制度,不但以诗试才,还以画取仕。这样,就会有命题作画,应试者难免取巧投机,以奇充美。相传宋徽宗赵佶立画苑,每试画士,以诗句分其品第——这就诱致"谜画"。

"野水无人渡,孤舟尽日横。"(引案:唐韦应物《滁州西涧》云:"春潮带雨晚来急,野渡无人舟自横。")自第二人以下,(画士)多系空舟岸侧,或拳鹭于舷间,或栖鸦于篷背,独魁则不然,画一舟人卧于舟尾,横一孤笛,其意以为非无舟人,止无行人耳,且以见舟子甚闲也。

仅以"画谜"言,也未见得如何高明。

又如"乱山藏古寺",魁(首)则画荒山满幅,上出幡竿,以见藏意;余人乃露塔尖或鸱吻,往往有见殿堂者,则无复藏意矣。②

这实在还不如孤僧担水溪泉来得巧妙。他如"绿竹桥边多酒楼",乃画丛竹,出一青布帘,上写"酒"字,依然很笨。至于"蝴蝶梦中家万里",乃画苏武牧羊,"假寐还家",不过附会史事耳。

清邹一桂《小山画谱》也提到宋人以"诗句"为题考试画士之事。除前例外,还举出"嫩绿枝头红一点"(引案:下半句是"动人春色不须多"),"人皆于花木上妆点,一史独于危亭缥缈、绿杨隐映之外,画一美人凭阑而立",似乎颇见智巧——问题就在这种以诗句命题考画的办法只能鼓励艺匠魔术师。

巧妙仅仅是巧妙而已,如果技术或技巧无益于社会生活或人类生存的话,那就不值得大书特书、大肆宣扬。艺术品也是如此。有人在棘端上雕刻出一只猴子,韩非子说这类似雕虫小技,无益于国计民生。

有人在马其顿的亚历山大一世面前表演把一颗豆子掷过钱眼那么大的洞,希望得到这位年轻好奇的大帝的重奖,可是后者只赏给他一小袋豆子——这种小把戏只值这么多。

---

① 沈子丞编:《历代论画名著汇编》,(台北)世界书局1984年版,第55页。
② [唐]张彦远:《历代名画记》,京华出版社2000年版,第153页。

这些还不是毫无用处，前一种是微雕，后一种能够提倡瞄准能力，可是政治家和政治思想家还是不愿意提倡类似的无用之举。当然，不能用有用/无用来评价艺术，可是前圣们的明智还是值得艺术家深思的。

第四节　艺：人为性与自由性

最初的"艺"，汉字指种植，西文指工艺、技艺（art），并非全然受歧视。就连孔夫子都说"吾不试，故艺"（《论语·子罕》）。"编织""锻造"在希腊，甚至有"诗歌"的意思。

艺术美与技艺，既一致又有冲突。中国古人一向反对匠气侵蚀高雅艺术。而中国古代的人体艺术，又因为不懂解剖与比例，弄得连形似都谈不上。杰出的艺术品往往通过真善美与伪恶丑的内在冲突而走向巅峰。

一、艺的多义性

中国与西方标识艺术的字汇，艺与art，最初都不指今义的艺术美或美艺术（fine art）。"艺"字原作𦻁，隶定为"埶"。《说文》卷三说：种也。从坴、丮，持亟种之。《书》曰：我埶黍稷。（据宋刊本，清人校本《书》改《诗》，当是；亟，或作而）徐锴注，说是"坴土"。实是持苗而种。

甲、金文与之大同小异。

清吴大澂《愙斋集古录·毛公鼎》说，此字从土、从木，"以手持木种之土也"。"木"是广义的，指草木。日本高田忠周《古籀篇》说，其"意在耕土播种"，字象"蒔植"。于省吾述其引申衍变理由云："种植草木需要有一定的经验和技艺，故引伸（申）之则为凡技艺之艺和艺术之艺的通义"①。

中国以农立国，大凡劳作技艺之事多与农业或农用手工业相关。例如"画"字，最初也不是图像（picture）。

【画】

《说文》卷三画部："画，界也。像田四界，聿（笔）所以画之。"

简化的"画"，倒保存着划"田"之意。

---

① 于省吾：《略论西周金文中的"六𠂤"八𠂤"及其屯田制》，载《考古》1964年第3期，第154页。

"艺术"的"术",本是小道。《说文》卷二行部:"術,邑中道也。从行,术声。""行",古作𠫓,如此整齐,可能本是田中小径,后来才成为城市的通衢。"术"本是农作物,也写作"秫",这里用来表声。术有专攻,表示一种技术。

艺术的定义与界说及其争论,反映出艺术的内在矛盾:性质与功能、实用与鉴赏、内涵与形制、实体与符号都有对立或分裂的可能。它自然地转化为美乃至真善美自身的不同层面的矛盾。这里无法展开讨论,只能在分析相关事例时稍加触涉。以美著称的希腊神话与美术常常涵化着美善与丑恶的冲突,本节主要以其为例略作论述。

我们界定艺术的办法非常简单:美的能指是形象,艺术美指的就是艺术作品中的形象;艺术就是通过形象来把握、感受、体认现实,并且加以映写、显现或者表述的思维产物或成果。艺术就是人为的形象,亦即艺术形象。这是一种无可奈何的同义反复。

图 3-3 希腊工匠在创作雕像

(希腊瓶画)

如果不是奴隶的话,希腊艺术工匠并不受卑视。他们也热爱自己的技艺。如果他创造出了杰作,也可能成名。

它与一般工艺或技艺最重要的不同,是最大程度的创造性和自由性。这就包含了艺术家个性或思想、情感的融入,否则就不是创造。科学也是创造,但它是依靠抽象思维,依靠实验与纠错机制(或称试误)来创造。技术产品一般排除了制作者的感情、思想与个性。艺术则是依靠艺术家发扬自己的个性与情思,以形象来思维,来创新,来发现。如果说美是自由的形象的话,艺术就是不断创造美、创造形象的自由。艺术绝不停留在技术性或工艺性之上，所以仅仅用人为性来标志艺术是不够的。它必须走向自由，用形象来认知必然的心灵自由，个性自由。自由性意味着艺术对自身的人为性、技艺性的扬弃与超越。

西方之art，希腊文、拉丁文都指技艺，或某种专门性技巧，包括木工、铁工，乃至外科手术。[①]

中国的技艺包括也很广，例如《礼记·王制篇》说："凡执技以事上者，祝、史、射、御、医、卜及百工。"

朱光潜介绍说，art之本义是人为或人工制作。[②]artificer，就指人工的。为了跟技术性兼实用性的技艺（craft art）有别，特别用fine art（直译为"美的技艺"）来表示纯艺术。黑格尔一上来就说美学的范围就是art，或者毋宁说，就是"美的艺术"。它的主要特征是以形象打动人的情感，影响人的思想。

不过现在人们只用art表示人所共识的艺术，即艺术美或美艺术；其他场合使用art，如烹饪艺术、军事艺术、外交艺术等等，倒成了譬喻性的，指需要高度技巧，灵活性的手段、本领、方法等等。争议不大。但一盘佳肴无法激发人心，一场杂耍也很难影响人的思想。

交界性的实用艺术或工艺美术等等，它的意思，倒还明白。只是传统上认为，几乎是纯艺术的建筑，由于绝大部分普及化、实用化，而丧失了纪念碑性或标志性与审美功能，初学者或外行对将其仍列为八大艺术门类之一颇感惊奇。而所谓行为艺术、大地艺术、活体艺术或真人艺术或动态造型美术等等的崛起，一方面炫示着艺术的革命与反叛，另一方面则弄得普通人与传统人士晕头转向，无所适从。这也都只能暂予搁置，我们只讲传统意义上的正常或标准的艺术。

较早的文献或注释，大多用"种""植""树""莳"等栽种行为来解说"艺"；较早以工艺、技巧、技术等使用或解说"艺"的，如《论语·雍也》："求也艺"。何氏《集解》引汉孔安国注："艺谓多才能也。"《礼记·乐记》："德成而上，艺成而下。"郑注："艺，才技也。"孔疏："'艺成而下'者，言乐师商祝之等，艺术成就而在下也。……在身谓之艺。"

[①] 参见［英］罗宾·乔治·科林伍德：《艺术原理》，王至元、陈华中译，中国社会科学出版社1985年版，第85—86页。

[②] 朱光潜：《谈美书简》，上海文艺出版社1980年版，第107页。

图 3-4 驾车:"吾执御矣"

(左上:青铜马车,东汉,甘肃武威雷台出土;右上:鞧车,东汉,甘肃武威雷台出土;下:车驾行列,汉画像石,江苏徐州洪楼出土)

御是儒家六艺之一,据说最为困难。鞭辔在手,骏马横驰,要纹丝不乱,指挥若定,周转自如,洵为不易。孔子精通六艺,曾表示:假如有一天没饭吃,"吾执御矣",并不卑视技艺。

西方上古的艺术包括工艺、技艺与武艺,绝不仅仅指娇滴滴的缪斯,而即令是九位"缪斯(Muses)"也包含着现代美艺术或诗歌之外的技艺或记录,例如历史、预言,有时还包括法律乃至天文。艺又指才艺,或艺能。《礼记·礼运》:"故功有艺也。"郑注:"艺犹才也。"《礼记·礼运》:"义者,艺之分、仁之节也。"郑注:"艺犹才也。""协于艺,讲于仁,得之者强。"又,"协于分艺",郑注:"(艺)犹人之才也。"才艺,犹言本领。但都要符合义或宜的要求。

《礼记·文王世子》:"曲艺皆誓之。"郑注:"曲艺,为小技能也。"孔疏:"若医卜之属也。"据《大戴礼记·保傅篇》说,王子年八岁就要学小艺,"束发而学大艺"。"六艺",见于《周礼·地官·保氏》。又见《周礼·春官·大司徒》。《礼记·少仪礼》"问道艺",郑玄注:"艺,六艺。"《周礼·天官·宫正》:"会其什伍而教之道艺。"郑众注:"艺谓礼、乐、射、御、书、数。"又见《周礼·春官·序官》,"以其艺为之贵贱之等"郑玄注;《礼记·学记》"不与其艺"郑玄注,等等。

六艺还指儒家经典"六经",即《诗》《书》《易》《礼》《乐》《春秋》。兹略。

六艺即礼:涵化着道德与社会规范的教育;乐:艺术教育,包括知识与才华的锻炼;射、御(驭):军事体育;书(书写),数:智育。可谓德、智、体、美兼顾,自然、人文两大门类比翼齐飞,真正的全面发展。

图 3-5　从玉祖师到玉皇大帝

(左上:玉帝,寺庙雕塑;右上:由玉工升格的玉祖师,摄于来凤山中古刹,云南腾冲;下:玉皇大帝,居中绛服者,王母娘娘和诸仙圣,明代永乐宫壁画,山西芮城)

玉是中国最特殊的工器兼珍宝。琢玉的技工被尊为"万世宗师"——这是中国迄今所知的唯一玉师造像,手捧和氏璧。玉皇或玉帝,实在就是玉和玉师的道教升华。如果不是玉崇拜的产物,为什么不称为金皇、银帝呢?

据说,人高马大的孔子善射,有次参加比赛,"观者如堵"。他还强调,"射不主皮"。因为射箭包含着礼仪、行为规范,不仅仅为了射中皮靶(侯),友谊第一,比赛第二。但这还不等于用射仪取代射艺。他批判后羿,主要不是因为他善射,而是恃力,所以"不得其死"。当然此说有副作用。

六艺中驾车(御)的技术要求最高,排次最后。然而,孔子却说,如果有一天没饭吃,他就为人当驭手,"吾执御矣"。所以最初的士是武士,"执干卫士",后来才包括文士。所以说,文质彬彬的孔夫子,也追求真善美的和谐、智能才艺的齐全与身心的健康，特别倡导用实力，以"教战"来保卫国家，坚守理想。

  吾少也贱，故多能鄙事。（《论语·子罕》）

  吾岂匏瓜也哉，焉能系而不食？（《论语·阳货》）

由于不为世所用（所"试"），孔子情愿以文才武艺贡献于国家，包括"鄙事"（如驾车），决不愿群居终日，言不及义，干葫芦似的，系而不食。

他用艺（即"多才能"）来称赞学生冉求（名有），"求也艺"。他提倡践行，力学，深思。以后的儒者弄成四体不勤，五谷不分，身无一技之长，手无缚鸡之力，都是因为经师与八股文使儒者误读孔子，而中毒太深。宗法专制必然产生的官本位，更造成了"万般皆下品，唯有读书高"的病态心理与畸形文明。

在《论语·子路》里，孔子不喜欢樊迟"学稼"。因为他认为，樊迟有更大的责任要担当，而种庄稼不如老农，学种菜也不及老圃。"百工居肆以成其事，君子学以致其道。"（《论语·子张》）他并不贱工轻事，明白"工欲善其事，必先利其器"（《论语·卫灵公》）。学习有成，必须从政，为国家、君主、民众效力。"不仕无义。"（《论语·微子》）而"学而优则仕"，则预后不良。他重文而不轻武。他非常重视"足食，足兵，民信之矣"（《论语·颜渊》），不由得让人想起"备战备荒为人民"来。他还说："善人教民七年，亦可以即戎矣。""以不教民战，是谓弃之！"（《论语·子路》）

图 3-6 后羿与赫拉克勒斯

（左：《张弓的赫拉克勒斯》，法国，布德尔的雕塑，1909年作，现藏于巴黎奥赛博物馆；右：后羿射九乌，汉代画像石，河南南阳）

后羿与赫拉克勒斯都是煊赫的除害救世的射手英雄。孔子却说他仅"恃其力"而"不得其死然"。赫拉克勒斯虽然也有悲惨遭遇，死后却登上奥林匹斯的群神殿，成了举世崇仰的半人神。可见中国与希腊对待勇力截然不同的态度。但必须注意，孔子并非不重射或盲目反战，他本身也是个优秀射手；他不欲宣传的是怪、力、乱、神，提倡的是"射不主皮"。当然这些容易被误读，造成坏结果。

二、工艺，早期备受尊重

最初的艺术（工艺与技术）是不脱离劳作的，而且是劳动的产物。但在"学而优则仕"等观念的主宰下，纯艺术或美艺术被视为一种技术性操作，艺术家几乎等同于工匠，在官本位文化中，久久没有足道的地位。"艺术"一词出现很晚，还不一定指 fine art。直到唐代，大艺术家吴道子，已是宫廷画师，皇帝召他来为权贵雅集写生，他只能跪在地上作画。"冠盖满京华，斯人独憔悴。"他只能感叹艺匠的卑贱。

希腊早期，工艺及其运作是不被歧视的，除了奴隶劳役之外。在希腊神话里，工匠之神赫淮斯托斯（在罗马，他被称为乌尔刚，Vulcan）跻身于十二大神之列，高踞于奥林匹斯山上。雅典娜也曾经是工艺之神。

马克思在《〈政治经济学批判〉导言》中说："乌尔刚怎能与罗伯兹股份公司相比，朱彼忒怎能与避雷针相比，赫尔麦斯（Hermes）怎能与动产抵押银行相比呢？……（然而）它们还继续供给我们以艺术的享受，而且在某些方面还作为一种标准和不可企及的规范。"

锻造与编织相似，在一些民族语言里，居然与诗歌同义。有的锻工或工匠之神不但被尊为艺术家，本身还是诗人。

赫淮斯托斯-乌尔刚不仅是火之神、工匠之神、技艺之神，还跟所谓锻冶神秘相关。阿尔茨霍夫斯基说："他们被传为神话。这是势所必然的。因为这些人能够用周围居民所不知道的神秘方法制造新的更为危险的武器和新的更为方便的劳动工具。"[①] 泰勒的《原始文化》说，阿比西尼亚的布达人崇拜铁匠和陶工，"他们在边疆，同时也被称为巫师和能变者"。

许多民族都有专业的工匠神，像中国的鲁班。又例如——

克里特：苏泽尔神

伊特拉斯坎：塞夫赖神

芬兰：伊尔马宁，本身又是诗人，英雄

日耳曼：威兰德神

斯拉夫：斯瓦罗格神

---

① ［苏］A.B.阿尔茨霍夫斯基：《考古学通论》，楼宇栋、淘沙、张锡彤等译，科学出版社1956年版，第104页。

图 3-7　赫淮斯托斯 – 乌尔刚和他的工场

（左：萨提儿与女祭司引导赫淮斯托斯返回奥林匹斯山，阿提卡火山石刻，现藏于巴黎卢浮宫；中：赫淮斯托斯雕像；右：《阿波罗来到乌尔刚的锻冶场》，西班牙，委拉斯开兹，油画局部，1631 年，现藏于马德里普拉多博物馆）

赫淮斯托斯本来以火神、锻冶与工匠之神高踞奥林匹斯山之上，为十二大神之一。他的工场设在岛上的火山附近，便于利用天火。雅典有他的神祠 Hephaesteion（赫菲斯托斯尼翁），雅典人在此举行火炬赛跑。后来，他们虽然保持健壮的体魄与快乐的精神，却被"光临"的太阳神阿波罗压住了光辉，说明体力劳作的地位已经下降。但他的技术精神得到了彰显。

也许是因为重视工艺，古希腊系统的工匠神特别多。

达克梯尔神（克里特岛，金属制造神，兼为诗神）

库列特神（克里特岛）

卡比尔神（农神，土地神；金属工匠神）

捷尔兴神（罗德岛，金属发明神）

赫淮斯托斯神（火神、工匠神和工匠保护神；进入罗马为乌尔刚）

他们代表着技术与劳作的力量。赫淮斯托斯对爱神阿芙洛狄忒与智慧女神雅典娜的不倦之爱，象征着技术力量对智慧与美的无尽追求。赫淮斯托斯神除了为人、神打造了许多艺术性极强的技术精品之外，还是自动化机器人的发明家兼制作人。他设计并制造出金属机器人，"它可以说话、思考来为赫菲斯托斯服务"。他还制造了塔罗斯（Talus）巨型机器人，能够做到"巡逻守卫克里特的海岸线"[1]，这跟《列子·天瑞篇》里的歌舞机器人一样，反映了人类创造人工智能的远大理想。

---

[1]　[希腊]索菲娅·N.斯菲罗亚：《希腊诸神传》，张云江汉译，国际文化出版公司 2007 年版，第 80、81 页。

从前，在农奴制的西藏，农奴主在铁匠的小腿上穿一个洞，再用铁链把他锁在石桩上，才让他们生火打铁，吃喝拉撒睡只能在一个小圈子里进行。这就好像古文字"民"表示刺瞎奴隶的一只眼那样。这当然是奴隶制残余的残酷，不仅表示害怕他们化形遁走，还顾忌他们用锻造出来的铁器（通过黑巫术）来伤害主人家。这一方面可以看出初民对锻冶过程的恐惧，另一方面想以巫术治巫术，从而伤害了锻冶人。愚蠢与凶残融汇出的罪恶更可怕。

韦尔南说，作为"魔术之神、联系之神"和火神，赫淮斯托斯"能让无活力的物体(如矿石或金属)活动起来,把它们的生产力解放起来"；还能以他的铸塑"使活人定定地呆（待）在岩石一般的不动状态"，才能与美神爱神"结合"。①

进一步，锻冶神秘更加使赫淮斯托斯成为永生的火和火的主人。《俄耳甫斯教祷歌》唱道：

  高贵强大的赫淮斯托斯，不倦的火！
  火光中烂耀的精灵，为凡人而发亮，
  你带来光明，双手坚实的永生工匠，
  火的主人，宇宙不可指摘的根本元素。②

赫淮斯托斯最惊人的一项神迹是，他用神斧劈开了父亲宙斯的脑袋，让战争与智慧女神雅典娜跳了出来。③这节神话的象征极为丰富：智慧必须有武力的支撑和保卫，而这些都有赖于高技术的操作。不然，三者都可能毁坏。

赫淮斯托斯是希腊诸神中少见的外形丑与内心美对立的复杂形象。"在他其貌不扬的外表下，潜藏着一颗敏锐而富有创见的灵魂。"④

他天生瘸腿的原因，言人人殊。或说，他是宙斯与赫拉婚前私生，缺乏照拂而形成的。希腊神话，即令到了成熟期，也极少有鄙弃婚前性关系的贞洁观。较可信的，他是天后经期不谨所致的畸形——触犯月经禁忌的后果，这比较符合早期的观念。

---

① ［法］让－皮埃尔·韦尔南：《神话与政治之间》，余中先译，生活·读书·新知三联书店2001年版，第264页。
② 吴雅凌编译：《俄耳甫斯教祷歌》，华夏出版社2006年版，第119页。
③ ［希腊］索菲娅·N.斯菲罗亚：《希腊诸神传》，张云江汉译，国际文化出版社2007年版，第79页。
④ ［法］G.H.吕凯、J.维奥、F.吉朗等编著：《世界神话百科全书》，徐汝舟、史昆、李扬等译，上海文艺出版社1992年版，第189—191页。

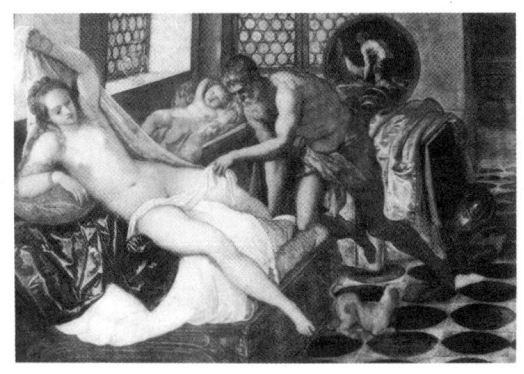

图 3-8 爱情、美神与她的工匠丈夫

（左：《维纳斯和乌尔刚》，意大利，丁托雷托，油画，约 1551 年作；右：《维纳斯和乌尔刚》，意大利，提埃波罗，油画局部，1758—1760 年作）

爱情与美之神与工匠之神的婚配，本来象征着劳动与爱、工艺与美术的珠联璧合，他们夫妻也和和美美地相处了好些年。然而，由于贵族与金钱的力量越来越大，体力劳动的地位降低，爱情渐渐昂起她高傲的头，眼神里多了些势利和轻狂——终于她倾倒在力量与权威的怀抱，与战争之神（Ares-Mars）苟合。

他创造过的作品，量与质都非常惊人，包括象征艺术之两面性的潘多拉。可以说，神和他们的宫殿、武器、宝物都是他制作的。他做出"金轮三角祭坛，它自己可以滚向神群；鼻子喷火的铜牛；阿尔喀诺俄斯宫殿的金狗和银狗，乃至巨人塔罗斯"，或说，"这是一个青铜人，它的责任是守卫克里特之树，不使外人靠近它"。① 这真是一个伟大的艺术家和发明家。

他还经常帮助人类，例如曾把工艺技术传授给人。

他与阿芙洛狄忒的爱情，充满喜剧性；但不大为人所知的是，他对由他父亲脑袋里"劈"出来的战争与智慧之神雅典娜的热烈追求。"人们必须看到这两个劳动神之间在追求和逃避方面存在一种敌对，这或许是天火（雅典娜）和地火（赫淮斯托斯）之间的对抗？他们的历史很可能混融，只因为两者都是人类工作的庇护神，所以常常联系在一起。"② 雅典娜，作为智慧女神，对于

---

① ［法］G.H. 吕凯、J. 维奥、F. 吉朗等编著：《世界神话百科全书》，徐汝舟、史昆、李扬等译，上海文艺出版社 1992 年版，第 190 页。
② ［法］G.H. 吕凯、J. 维奥、F. 吉朗等编著：《世界神话百科全书》，徐汝舟、史昆、李扬等译，上海文艺出版社 1992 年版，第 191 页。

技术主义是有所警惕的,战争需要智慧,却不能只依赖高技术。如上,三者必须有机结合才行。

三、爱情与战争的分分合合

在神话中,锻冶之神居然能够跟美神、爱神阿芙洛狄忒－维纳斯结婚,还恩恩爱爱地过了好些年。这在文艺复兴时期的杰出画家笔下表现得颇有人情味——但渐渐地,赫淮斯托斯－乌尔刚的形象就显出猥琐,有时与美神构成对比,其形象越来越在爱神带着轻视或不屑的眼光下变得阴暗与卑下。

图 3-9 《维纳斯与马尔斯》

(意大利,委罗奈塞,油画局部,1576年作,现藏于纽约大都会博物馆)

阿瑞斯－马尔斯并不是爱神"正式"的丈夫。但是,战争与恋爱是古代艺术的两大浪漫母题。骑士都是有美丽情人的,否则,既不勇敢,也不多情。战争让女人走开,却让情人走来。美女总是崇拜英雄。

贵族与新兴的资产者越来越卑视体力劳动了。美与善的冲突趋向严重。即在神话里,随着人间权贵的兴起,爱情不免向权威、财富和力量倾斜。阿芙洛狄忒不忠于手足粗糙或瘸腿的丈夫,与战争之神阿瑞斯(罗马称马尔斯,Mars)偷情,被人活捉在床(有的说被她丈夫打造出来的看不见的铁丝网像两条鱼一般光溜溜地网住了),诸神都兴高采烈地来围观,发出一阵阵哄笑。倒霉的赫淮斯托斯只能躲在一边唉声叹气。

美,应该不害怕真理,但是常常忌讳真相。从正面来看,如果把一切都赤裸裸地暴露出来而不加回避或不讲求含蓄的话,那么肯定会在某一层面伤害美,例如让爱情变作色情,使裸体走向猥亵,挑动情欲,美就会转化为自己的对立面丑了。

生活与艺术中的真善美也不是那么纯而又纯。金无足赤,人无完人。勤劳而又敦厚的锻冶者赫淮斯托斯作为人性化的神,也不是那么老实。他也曾觊觎并追求艳如桃李、冷若冰霜的雅典娜女神,女神逃避了。他却把种液洒在地上,生出一位经历被弃与坎坷的雅典王来。就是高洁的雅典娜也曾因嫉妒,把一位绣艺超过她的人间少女变成蜘蛛。

也许让美保持一些"脸面",或者保持一点"实力"的话,就是阿芙洛狄忒-维纳斯对战争之神的控制。

自古英雄难过美人关。整日处在生死关头的紧张里,需要爱的疏解与安抚。阳刚需要阴柔来调谐。娇弱的美人,也希望有一副坚强的肩膀来倚靠——这里还不说权力、财富和光荣的诱惑。

于是,百炼钢化为绕指柔。爱情解除了战争的武装,有时还得受其干预、控制和戏弄。冲冠一怒为红颜,掷刀一笑也为红颜。危国的虽然不都是祸水,然而,"承欢侍宴无闲暇,春从春游夜专夜",受损的肯定主要是英雄。所以,恺撒与安东尼都抵御不过克利奥佩特拉。

这是美对善的销蚀,还是美对恶的熔解呢?

爱情与美是不能轻易侮弄或戏耍的。

阿波罗,太阳一般强大、壮美与光明,他的权威是不可动摇的。他掌控着诗歌、音乐、预言、狩猎、战争和瘟疫,也许还有财富,几乎人类文明的伟

图 3-10 爱神解除了战神的武装

(法国,达维特,油画,1824 年作,现藏于比利时皇家美术学院)

战神阿瑞斯是爱神维纳斯的情人。正像中国人说的,英雄难过美人关,爱神三下五除二就解除了他的武装。一面,百炼钢化为绕指柔;另一面,爱是钟情于权威与强大的,却能够战胜暴力。画家企图再现战争与爱情矛盾的主题,不无讽喻之意。其根柢仍是爱与死的冲突。爱虽然倾向于激情,但可能克服战争与死亡。

图 3-11　仙女环侍阿波罗

（大理石雕，法国，吉拉登，1628—1715，路易十四时代）

　　这座群雕，虽然被称为男性中心主义的代表作，为现代人特别是女性主义批评所深恶痛绝，然而在古希腊，却是当时贵族妇女和交际花们对知识、健康、美丽向往、尊敬、钟爱乃至纵容的产物。太阳神阿波罗掌管音乐、诗歌、医药、预言和射猎，集人神智慧于一身。有了智慧，如耶和华所说，还怕没有财富、权力和荣誉吗？难道这仅仅是男性的追求吗？

大成就和危险弊病都被他统制。他的智慧、权威与光荣，除了宙斯，没有人神可与之相比。17—18 世纪的一组群雕《由仙女来侍候的阿波罗》，似乎是男性中心主义的登峰造极之作，然而，不是也在证明太阳神的崇高与伟大吗？

　　阿波罗终于从高天跌到了人间。他射杀恶蛇或毒龙比东（得到"屠龙者阿波罗"的荣称），神采飞扬、志得意满地凯旋，遇见小爱神厄罗斯手持弓箭，不禁笑道："你那小玩具能射死一只蚂蚁吗？"小爱神气红了脸，射出爱的金箭，正中他的心胸。太阳神忽然神昏目眩，春心萌发，一眼看到正在戏水、桃花一般浓艳的小河神达芙妮，立即向她靠拢。小爱神却向达芙妮射出恨之银箭，她立即冷若冰霜，飞奔逃脱这世间最美的王子的追逐。他追她直到天涯地角（按照达芙妮与曙神的对位，她是逃进了西落的月亮），看看无路可逃，她哭喊道："把我变成一棵树吧！"在阿波罗挥洒的泪水下，她成了一棵月桂，"达芙妮"之名就来自月桂。从来没有体验过悲哀与失败的智慧之神，伤心欲绝，折下她的一枝，编成桂冠，戴在头上，并且奖励给最有成就的诗人和运动冠军。这就是桂冠的由来。骄傲自大的智慧与光荣，败给了爱与美——美却因爱而丰满和高扬。

四、艺术来自技艺却要摆脱匠气

单纯的技术、技巧或技艺，当然还不是艺术。

有人说，九位缪斯里独独没有工艺之神，就是古希腊人的暗示：单纯的巧匠还不是艺术家。

法国的拉罗（C.Lalo）倡导"社会学的美学"（艺术学），认为美学应该包含"非美学"研究，诸如宗教、道德、政治、历史，以及自然科学、心理学、社会学等的跨学科研究。那么，什么是美学本身的研究呢？那就是艺术及其技巧所引起的审美感情的研究。拉罗认为："审美的快感是一种非常特殊的享受，它来自对技巧上的迫切要求所得到的满足，这种迫切要求是社会所组织和训练的。任何其他的满足，如像感官上的快乐、理智上的敏捷机灵或者道德上的完成，都与美学无关。"[①]

什么是真正的或合格的审美感情呢？那就是"技巧上的感情"（les sentiments technigues）。

游戏的感情，由于欣赏该艺术的特殊技巧而产生的技术上的优越感或

图 3-12　阿波罗追求达芙妮

（大理石雕刻，意大利，贝尼尼，1598—1680）

太阳神阿波罗射杀神蛇比东之后，扬扬得意，居然嘲笑小爱神只会玩弄甜草秆做的小弓箭。厄罗斯射了他一金箭，让他春心大动；再用"性冷淡"的银箭射中小河神达芙妮，使她无情拒绝这美男子的苦苦追求。到了天涯海角，她哀求天神把她变成一棵树——月亮谷中的月桂。阿波罗悲伤之余，折下一枝，编成桂冠，奖给胜利者与诗人。能够征服权力、武勇、知识和荣誉的，几乎只有爱情。爱情与智慧的战争，根柢里是真善美的内在冲突。

---

① ［英］李斯托威尔：《近代美学史评述》，蒋孔阳译，安徽教育出版社2007年版，第121页。

和谐感,以及其他所有可以体验到的感情,如像移情等,它们本身都完全是非美学的,它们只不过是领会美时的一种伴随物或后果,而决不是本质的现象。①

但是,如果不适当地夸大技术在艺术创作中的作用,以至技术压倒了艺术,中国人就认为它是炫卖技巧或雕琢过甚,有斧凿痕,不客气地称之为匠气或匠艺。意思就是,这种玩弄技术的作品不出自艺术家之手,而是低级的类似机械操纵之作。这也可看出中国美学确实带有很大的辩证性。

艺术与技术是有冲突的。艺术要依靠技术及其进步。一部西方艺术史,就是艺术依靠或利用技术、科学,尤其是数学与物理学的成就来变革和进步的历史。中国艺术史的一大吃亏处,就是不去鼓励、刺激并且利用新技术、高技术,以至建筑、音乐、美术这些技术性特强的门类得不到数学、物理学的支持,长期变化不大,虽然有进步。中国艺术尤其警惕、排拒技术,反对匠气,这在美学上确有高明之处。

"匠气"一语译为西文,极难传神。有人用了描述的方法,说它指的是一种缺乏创造性想象,有如商业广告似的艺术风格。确实,匠气里带有人为、造作、机械、呆板乃至腻俗的味道。

如上,技术对于艺术有一种潜在的危险:太强的技术要求,很容易限制或销蚀艺术的通过感情影响思想的本性。杂技也可以很美、很精巧,但技术性太强,只能刺激兴趣或好奇心,却不能打动人心或直逼灵魂。戏剧能让人笑,让人哭,杂技能让人哭吗?芭蕾舞技术性很强,乌兰诺娃说,这是最伤害女人的"残酷艺术",可是如果不将其与柴可夫斯基、恰恰图良的伟大音乐相结合,那很可能沦为舞蹈的杂耍或魔术。艺术是要触及灵魂深处的,魔术 杂技表演能表达多少思想呢?

许多工艺品的技术水平或难度极高,可是艺术水平或审美价值却不如那些质朴无华的雕刻。工笔画,一般说来,比大写意画要求更高的技术以及制作的时间与精力,可是艺术水平或审美价值却不一定胜过那些粗犷疏放的大写意画或文人画。理由就在于其形象所蕴含的情思或王国维所谓的境界有高低、强弱、深浅的差别。这也是文学尤其是诗歌长期"霸占"艺术高端的一个缘由,它能够最大限度地通过言志叙事抒情陶冶、提高人类的情感与思想,跟音乐一

---

① [英]李斯托威尔:《近代美学史评述》,蒋孔阳译,安徽教育出版社2007年版,第121页。

样具有最大化的精神性。

中国的批评家对技术性太强的艺术总是抱一种超然或警惧的态度。难能者不一定可贵，艰难精巧的技术很容易遮盖艺术的贫困，特别是思想情感的贫乏。文学看起来是技术性最低的艺术部门，谁都会说两句、写几行，不像建筑、音乐、舞蹈或美术，不会就是不会，然而却位列艺术门类之首，甚至被加上室内的、案头的或贵族的、高雅的、最有文化的之类说辞。当吴道子趴伏在地上为权贵的宴游写生并感到无限惭愧和愤激之时，经历过磨难尝试的杜甫和李白们却不因他们是诗人而歉疚。"天子呼来不上船，自称臣是酒中仙。"艺术在那个社会却常常是匠人或被"倡优蓄之"的职业。

当然，文学也有自己的技术。除了遣词造句或磨墨挥毫的简单本领外，韵律、骈偶这些能力并不容易掌握。所以，骈文、律诗之类素称"难学却易工"，因为有时能够用精巧来补偿贫弱，以藻丽而遮掩苍白。绝句和散文却"易学而难工"。这也是诗歌尤其自由诗高踞文学乃至艺术之巅，却不是人人都能攀登的重要原因。

五、广义之"乐"就是艺术

罗素《西方哲学史》说，柏拉图《理想国》不排拒音乐，而音乐是指属于文艺女神的领域之内的一切事物。

苏格拉底：你是否把文学包括在音乐里面？

阿德曼特：我看音乐包含文学在内。（《理想国》）

希腊人说的文学包括神话和宗教故事，其三分法样式是抒情诗、史诗和戏剧诗。这些都是要演唱或表演的，所以包括在乐舞内，有如中国之"乐"。这就涉及几乎所有门类的艺术，他们认为造型艺术也跟表演一样，是再现或模仿神或现实事物的，是广义的"仪式"。当时的文学又广涉学术，天文也联系着神话，所以，缪斯就几乎无所不掌了。就像西文的文学（literature），最初也包括学术。然而，九位缪斯里却不含"工艺"。

但这种解说是表层的。

在西方学术传统里，最为抽象的音乐最接近心灵或理想，因而也最接近神。所以，音乐包含并统摄着几乎一切的文学和艺术，又先天地排斥着被认为或虚构，或恶劣，或丑陋的模仿。它超越着技艺。所以柏拉图说，音乐模仿善和恶的灵魂。亚里士多德的《政治学》也说，音乐反映的是性格的真相或情操的形象。后来，贝多芬说音乐是比一切智慧、一切哲学更高的启示。不能让技术限制了思想。

柏拉图不是鄙弃艺术，并且要把诗人放逐在理想国之外吗？这里为什么又提倡广义之"乐"呢？

原来他很重视对城邦的保卫者即自由民和统治者之德育，而德育要有美育即音乐的参与，才能陶冶、培育市民的好品性。"国家之如何，政治之如何，惟其国人之品性之如何是赖"①。这就是对于身体用体育，对于心灵用音乐。而且，音乐，包括文学和艺术，应该严格地筛选和裁汰。例如史诗或神话里对神和英雄的"不正确"描写或虚构，最好是不讲。"假如必得要讲，就得在一个严肃的宗教仪式中讲，听众愈少愈好"，还得贡献贵重的牺牲，这样就能把多数人排除在外。

(神的故事)规范是这样：无论写的是史诗，抒情诗，还是悲剧，神本来是什么样，就应该描写成什么样。②

这里包含着古典模仿论：事物本来面目如何，就如何再现。神的本质是绝对之善；而不是一切之因，"只是善的事物之因"；神就是理想，"他既是尽善尽美的，自然就永远使自己的形状纯一不变"。不仅不能化形为动物，也不能"乔装打扮"，更"不在言语或行动上撒谎来欺哄我们"。③诗人当然不能这样歪曲神。如此一来，荷马就该大受指责。世俗诗人当然要被驱逐于国门之外。他需要的是表现神性至善亦即寓有严格道德教训的音乐，而排斥当时的流行音乐和堕落文学。他因而特别强调音乐（狭义？）教育对心灵潜移默化的作用。

节奏与乐调有最强烈的力量浸入心灵的最深处，如果教育的方式适合，它们就会拿美来浸润心灵，使它也就因而美化；如果没有这种适合的教育，心灵也就因而丑化。④

他不知不觉地揭示出诗歌、艺术或音乐的神圣性、社会性和教育作用、认识作用，也揭示出它们不但模仿形状，而且要表现灵魂即精神性的东西。

---

① ［古希腊］柏拉图：《理想国》，吴献书译，商务印书馆1929年版，第52页。
② ［古希腊］柏拉图：《文艺对话集》，朱光潜译，新文艺出版社1956版年，第56—57页。
③ ［古希腊］柏拉图：《文艺对话集》，朱光潜译，新文艺出版社1956年版，第58—66页。
④ ［古希腊］柏拉图：《柏拉图文艺对话集》，朱光潜译，人民文学出版社1963年版，第62页。

正如朱光潜《题解》所说:"后来浪漫派着重想象,现实派着重现实人生,趋向本来相反,可是都逃不了柏拉图的摹仿说。"当然,他把艺术贬成"模仿之模仿"有特殊的意思。柏拉图笔下苏格拉底的"愤激",给人的印象似乎是:他不反对诗,却反对诗人,尤其反对神话诗人;他不反对艺术,却反对当代(柏里克里斯时代)的艺术,尤其反对人性越来越压倒神性的艺术。

古典性的美学家多有"向后看"的艺术趣向,多数不喜欢"现代派"或者"当代艺术";他们往往执着于、拘泥于、眷恋于端庄而又含蓄的"经典作风"。

A.E.泰勒认为,这里的关键是,艺术是否能够体现并培养高尚的人格:

> 凡是倾向于使我们的审美情趣崇高的东西,直接有助于提高我们的品德,而凡是倾向于滋长艺术中低劣"趣味"的东西,则同样倾向于败坏一个人的整个的道德本质。①

这种道德主义的艺术观,或真善美同一的审美观,倒有些像中国的诗教或乐教。这说法当然不圆满。"乐,乐也。"艺术的特性之一是给人以快乐,说得严密些,是给人以审美的愉悦。中国古人并不否认艺术的快乐性、娱乐性或游戏性,只是希望寓教于乐、文质彬彬而已。中国的"乐"字古作樂,从木上有丝,指弦乐,是狭义性的。

广义的"乐"的移情养性的作用,中国古人似乎比柏拉图看得更重。《礼记·乐记》说:"大乐与天地同和。"最伟大的乐,即诗歌、音乐、艺术,能够跟宇宙运动合拍,跟宇宙、宇宙生命一起达成动态的平衡。然后才是"移风易俗,莫善于乐"。

《荀子·乐论》篇将其发挥得更加彻底:

> 君子以钟鼓道志,以琴瑟乐心,动以干戚,饰以羽旄,从以磬管;故其清明象天,其广大象地,其俯仰周旋有似于四时。故乐行而志清,礼修而行成,耳目聪明,血气和平,移风易俗,天下皆宁,美善相乐。
> 故曰:乐者乐也。

早期儒家以为,要成为"人",必须"兴于诗,立于礼,成于乐"。

---

① [英]A.E.泰勒:《柏拉图——生平及其著作》,谢随知、苗力田、徐鹏译,山东人民出版社1990年版,第397页。

可以说，从宇宙到人生，从物到人，从生理到心理，从行为到情思，莫不被乐所充溢，所贯串，所调节，所平衡——乐教的大用简直无以复加，艺术至上主义哪能比得过它呢？

图 3-13 雅典娜－敏纳尔娃

（左：青铜雕刻，传为希腊作品；中：希腊瓶画摹本，局部；右：敏纳尔娃，意大利，丰洛纳，油画局部）

　　智慧女神，本是狩猎与战争之神，矫健敏捷，即是到了古罗马，化为专职智慧之神，也不是那么柔弱、文雅。她是手工艺之神、艺匠保护神，甚至被说成金属冶炼者。她是文明之母。

六、智慧要由勇武来保卫

　　火已经够神秘的了，他们能利用火把坚硬的金属打造成他们所需要的模样或规格，这实在太神奇了。火神兼工艺之神因而都备受敬畏。

　　赫淮斯托斯－乌尔刚所追求的战神兼工艺、智慧女神雅典娜，也与炼金术相关。中国的女娲用火山火锻冶五色石以补天，用陶土做人，也是个冶炼之神吧。

　　在迈锡尼的一个城堡里，一个紧邻着金属冶炼车间的房间里，挖掘者发现了描绘女神的壁画，这位女神很像雅典娜。米诺斯文化也将女神与冶金术相联系。阿尔卡罗里（Arkalokhori）山洞就在克诺索斯的南方，它既是神庙也是青铜器匠人工作的车间。作为城市的保护神和工艺的发明者，雅典娜是文明之母的人格化表现。[1]

　　对于雅典娜的崇拜，是带着极大敬畏的。她不但熟知武器、装备的使用，

---

[1] ［美］马丽加·金芭塔丝：《活着的女神》，叶舒宪等译，广西师范大学出版社2008年版，第167页。

"她也显示了熟练的手工技术;她发明了陶工旋盘,做出第一个花瓶……尤其善(擅)长女红"①。她掌握着许多技术神秘,不许别人染指。

她不但为自己做衣裳,还为天后赫拉设计、制作礼服。她的象征符号是梭子。她被称为Ergani,即埃加尼,意思是勤劳、聪明。她甚至还是农艺与农业机械的专家,就像中国的"艺"指农技,她被称为Agriska、Agrypha,教男人们驾车推载和驱牛耕地。她还"发明了制陶、制鞋、制造金器、蚀刻、烙花、雕塑、建筑设计及建造以及金属加工"等等,乃至"航海术"②,就好像中国人把许多制器与发明、发现归属于黄帝、嫘祖夫妻。

图 3-14 射神、猎神、月亮女神阿尔忒弥斯 – 戴安娜

(青铜雕刻,澳大利亚悉尼海德公园景物)

鹿是她的最爱。长着进攻性美角的公鹿是干旱、陆地、热太阳,因而也是男性与饥渴的欲望的象征。跟阴寒、纯真的"处女性"处于对立的地位。纯洁与美都是要用武力来保护的。欲望,为女性所掌控,所安抚,所满足。或说,就是被狩猎女神的猛犬咬噬,或为女神亲自射杀的猎人阿克泰翁,也是她的新宠,不然,为什么要把它变成公鹿呢?

从渊源看,这位智慧女神、工艺女神是全副武装地从她父亲天之神宙斯的脑袋里跳出来的,所以继承了她父亲最高的智慧;又因为是全副武装诞生的,所以天生武艺在身,谁都不能欺负她、侮辱她、宰制她——她是雅典守护神,

---

① [法]G.H.吕凯、J.维奥、F.吉朗等编著:《世界神话百科全书》,徐汝舟、史昆、李扬等译,上海文艺出版社1992年版,第164页。

② [希腊]索菲娅·N.斯菲罗亚:《希腊诸神传》,张云江译,国际文化出版公司2007年版,第54—55页。

是战神。她的宠物，她的侍从，都勇武有力，也许还是她的化身。特别是她的猫头鹰，虽在夜晚也能驱除蛇鼠与臭秽；她身畔居然还有巨蛇，警告人神，不要欺侮她……

这似乎让人想起中国妇女与士子的软弱。但中国古代的知识与智慧也是用武力保护，特别是以本身内含的实力来自我保卫的。中国的大母神，如女娲等，同样刚烈勇武。

如上所说，中国的士首先是武士。叔梁纥、孔丘父子都颇有武士之风。

神话史表明，这位端丽而又勇武的女神，最初是"湿润"（雨）的人格化，还掌管智慧与艺术，"与印度教的文艺女神娑罗室伐底（Sarasvati）相类，但似乎她更近于暴雨闪电女神。在原始时代，她的一般特征意味着雨夜——她的称号意为'眼睛辉煌'的女神"。智慧神往往兼光明神，理性就是一种光明。"她与吠陀女神 Vach 相似"①，她真是个哲学家！

她在希腊诸神里，是少见的集秀美与壮美于一身的女神。智慧的诞生是惊天动地的。她从父亲万神之神的宙斯的脑袋挥舞着矛枪跳出来的时候，"伟大的奥林波斯山因这位双目闪光的女神猛烈撞击而震动。大地回荡着恐怖的器声，大海颤动，涌起黑色的波涛……"②

图 3-15 雅典娜和她的猫头鹰

（菲迪亚斯原作复制品，青铜，雅典卫城，古代希腊）

这位处女兼母亲之神，司理战争，赐予智慧——她全副武装地从父亲宙斯的脑门上跳出来——成为雅典的守护神。这个形象的哲理启示为：战争需要智慧来指导，智慧则必须由武力来保卫。真、善、美都要求有实力的正义作为后盾。她高举着猫头鹰——这是她的化身或标志之一，意味着即令处于黑暗，她也有一双明亮的眼睛，能够令邪恶辟易，愚昧解破。

---

① ［法］G.H. 吕凯、J. 维奥、F. 吉朗等编著：《世界神话百科全书》，徐汝舟、史昆、李扬等译，上海文艺出版社 1992 年版，第 160 页。

② ［法］G.H. 吕凯、J. 维奥、F. 吉朗等编著：《世界神话百科全书》，徐汝舟、史昆、李扬等译，上海文艺出版社 1992 年版，第 161 页。

智慧是不容轻侮的,她有保护自我的金盾。人不犯我,我不犯人;人若犯我,我必犯人。她有刺穿虚伪、欺骗、横暴与丑恶的电闪一般的矛枪。……艺术同样可能以强化的真善美来击溃伪恶丑。

奇妙的是,这位女战神同时是和平女神。战争与和平本诞生于一个母体。和平有时不能不以战争来战胜战争。和平不但是温柔的鸽子,还是拥有一双在黑暗中能发光让丑恶暴露的眼睛的猫头鹰。她的巨大的盾,装饰着蛇发女妖美杜莎的头颅,谁敢藐视或侵犯女战神,美杜莎的头就能使其失去战力,变成石头。可见真善美有时也内含着伪恶丑,但是真善美会以其固有的智慧与实力,让伪恶丑转化为能够对付更大危险的力量,就像魔高一尺,道高一丈。

图 3-16　雅典娜与阿尔忒弥斯

(上左、上中:希腊钱币上的雅典娜与猫头鹰;上右:阿尔忒弥斯-戴安娜,月亮女神,法国凡尔赛宫后花园雕塑;下:雅典娜,古希腊瓶画)

有人说,这是描写英雄忒修斯从海底捞出金环,向女神证明自己是海神之子。雅典娜是战争与智慧的象征,以"夜间的光明"之猫头鹰为随侍或象征。月神阿尔忒弥斯勇武善射,充满智慧。

在真善美之间或其内在的冲突中，在美善与贞正、智慧与武力的关系上，还有古代希腊月神与处女保护神阿尔忒弥斯的神话要略加讨论。最难诠释的是她残酷杀害青年猎手的"恶"故事，这简直是美的分裂，郑振铎在《取火者的逮捕》中演绎希腊神话时曾对其加以愤怒的谴责。

或说，这是对"处女性"的捍卫。纯洁如果没有坚强来保护，只能留下软弱。

中国的月亮同样是个娇羞的小姑娘。有文人俚词曰：

一二三，

蛾眉天上安。

待奴年十五，

正面与君看。

图 3-17　阿尔忒弥斯与戴安娜

（左上：阿尔忒弥斯-俄提亚，象牙饰片，斯巴达地区，约公元前740年作；左下：月亮女神与鹿、狮，希腊瓶画与后世雕塑线描；右：雅典娜女神）

月亮女神阿尔忒弥斯有许多名字与化身，兼职甚多；她还有许多动物侍从或部属。注意她与战争-智慧女神雅典娜的趋同点；从她们的对照中可以达成其性状的互明。她身上有翼，作为月亮女神，遨游于高天，君临下界，赐予智慧与光明。

但这只是一面。嫦娥似乎只是娇柔的少女，但人们多不晓得，她也有能够射猎的弓。嫦娥原作"姮娥"，避汉文帝讳改。王国维、刘盼遂等指出，"亘"在甲金文里都含有弓的字素。① 可见月亮女神也掌握"弓"。初民把日、月的光都隐喻为箭，它能驱除黑暗，或以天狼或野猪来象征。月光也是箭，只是没有日光那样强大罢了。她的生存、欲望、纯贞与尊严都要自己来经营、支配与保障。

我们注意到，阿尔忒弥斯－戴安娜与雅典娜－敏纳尔娃女神的趋同性，尽管她们的来源与本相不同。她们都是美丽而纯洁的处女之身，却又是母亲，是处女保护神，猎神或战神，以善射来保卫自己的美、处女性与智慧，明眸的雅典娜是智慧掌控者，月亮则是光明之圆智，都有一些可畏或可爱的鸟兽为侍卫或化身。她们都是再生女神，像信生信死的月亮经历着生死的循环而永生。跟嫦娥同样，她们都可以被看作充满生命力量、美与智慧的艺术的化身。

七、潘多拉，作为艺术的象征

跛足的锻冶之神在宙斯的唆使下做了一件让人类哭笑不得的事情。普罗米修斯把宙斯与赫淮斯托斯垄断的天火送给了人类，让人几乎与神平起平坐，使天帝精神受到刺激，内心感到愤怒。他让锻冶神用泥土塑造了一位腼腆的少女形象，当作人类取得火种的代价——我们不妨把她看作一件艺术品，她太美，也太可怕了。美往往具有双重人格，美善的外表也许包裹着某种丑恶，至少是险象丛生。赫西俄德在《神谱》中说：

> 明眸雅典娜给她穿上银白色的衣服，亲手把一条漂亮的刺绣面纱罩在她的头上（帕拉斯·雅典娜还把用刚开的鲜花编成的美丽花环套在她头颈上），还用一条金带为她束发，这是著名跛足神为讨好其父而亲手制作的礼物。这发带是一件非常稀罕的工艺品，看上去美极了。因为这位匠神把陆地上和海洋里生长的大部分动物都镂在上面，妙极了，好象都是活的，能叫出声音，还闪烁着灿烂的光彩。②

---

① 参见王国维：《观堂集林》，中华书局1959年版，第419页；刘盼遂：《文字音韵学论丛》，人文书店1935年版，第23—24页。

② ［古希腊］赫西俄德：《工作与时日　神谱》，张竹明、蒋平译，商务印书馆1991年版，第44页。

何止是发带，这位漂亮的灾星本身就是神为了报复人类打造的艺术——艺术虽然能让人快乐、高雅、宁静，却也可能使人懒散、骄奢、颓废，就好像珍贵的收藏让人上瘾一样。她还为人类带来一只珠光宝气的首饰盒，善良的工匠之神嘱咐她千万不能打开。可是这位"红颜祸水"好奇心太强，又经不起珠宝的诱惑，打开了盒盖。天啦！苍蝇、蚊子、蟑螂，所有的害虫毒物，连带着污秽、贪婪、淫欲、腐败、瘟疫、死亡，全都飞到人间，她赶紧关上盖子，却来不及了！

图 3-18　戴安娜的禁区

（左：《戴安娜与阿克泰翁》，俄国，谢列勃良柯娃，油画局部，1916—1917；右：《狩猎女神戴安娜》，法国枫丹白露画派的作品，油画局部，约 1550 年作，现藏巴黎罗浮宫）

青年猎人不小心闯进了月亮女神的禁地：夜间的沐浴场。无意间窥见她洁白的玉体，女神勃然大怒，把这无心的"猎艳者"射死，变成了一头公鹿。公鹿本来代表干涸的陆地、炽烈的阳光和男性的欲望——也是这位处女神的宠爱物，或说，猎手实际上成了她的新欢。月有晦朔死生，是再生与不死的意象；鹿也要脱角，长出新茸，并且逐渐硬化——这些都是宇宙循环、日月更迭、季节转换、人神死生的象征讲述。但其中还有疑难与神秘有待破译与澄清。

在《工作与时日》里，赫西俄德依然带着偏见与诗情，描写这位美艳绝伦的潘多拉（一切馈赠），女神们把她打扮得花枝招展、光彩夺目；可圣洁的外表下往往暗藏着丑恶的秽物，就像那罂粟花一般有害的艺术那样，内容与形式不相称。宙斯要求百眼怪物阿尔古斯（Argus）、斩杀者神使赫尔墨斯（Hermes，就是"爱马仕"）"把谎言、能说会道以及一颗狡黠的心灵放在她的胸膛里"[①]。

[①] ［古希腊］赫西俄德：《工作与时日　神谱》，张竹明、蒋平译，商务印书馆1991年版，第3页。

可见潘多拉一点儿也不愚蠢,甚至聪明过人。一个聪明而又美丽的女人,当然比丑陋而又愚蠢的女人"危险"得多。

幸好,哪怕是有毒的艺术品,形象里还可能有可以期待的审美要素,至少是文物价值。什么丑恶都飞到了人间,却还有希望逗留在牢不可破的瓶腹或盒底,给人类一点儿安慰与鼓励。

人类要从神那里得到一点儿技艺及其秘密,都要冒些风险,付出代价。少女阿拉克涅因为刺绣巧夺天工,敢于挑战智慧与工艺之神雅典娜,被她变成蜘蛛。

真、善、美都是艰难的,要想获得,往往要历尽困厄,乃至冒险。

认真地追究起来,潘多拉并没有多大责任,她至多是被神利用的工具。祸害的根源是害怕权力一再被削减及报复心理,小姑娘只是多了点好奇心而已。渴望看到影子情人真面目的普赛姬,不是也极具好奇心吗?好奇心是因为信息不对称,这是一切科学与艺术的心理原动力。

图 3-19 潘多拉打开魔盒

(左:拿着魔盒下凡的潘多拉,欧洲近世绘画;右:潘多拉打开魔盒,放出人间的一切灾难,现代西方通俗绘画)

美艳绝伦的潘多拉被天神当作礼物,连同她的魔盒,送给人类,当作他们取得天火的沉重代价。好奇的少女打开魔盒,放走所有的害虫、疾病、瘟疫和灾难。机警的她赶紧关下盒盖,留住了最可贵的东西——希望。这是否暗示,没有她,就连这足以珍视的希望都没有呢?

她留下了一件对人类最珍贵的礼物：希望。歌德独特地认为，信念、爱与希望是相反相成的，它们的本性中有一种逆来顺受的冲动，接受既成的麻烦事实，却又不甘心坐以待毙。"它们一起努力创造出了一个可爱的形象，一个更高意义上的潘朵娜（Pandora）——耐心。"希望是要依靠耐心包括坚持的努力，才能逐步实现的。

有人依据潘多拉是锻冶神用泥土和水造成的，以及泥土代表着黏滞甚至肮脏，既没有神体的空灵，又不是人体的血肉，所以象征这位"祸水"的丑质。另种记录说，用泥土与水造成这位尤物，水不是水性杨花，而是缪斯即水泉女神那样的灵物。

有人则说，泥土代表着人居的大地，表示她降临土地，回归人间。

在神话里，耶和华也是用水和泥造人的。女娲抟土做人，也许跟古埃及的赫鲁木神在陶钧上做人相似，都是女性制陶的经验；她们在工余之暇，用陶土捏成小人儿或小动物，借以自娱娱人——不经意中创造了艺术。女娲是在炼五色石补天的空隙中用黄土做人，正好在炼石或冶铸之火中制造陶人。泥土不是什么污秽。泥土不仅是混沌、蒙昧的象征物，混沌主要的物质载体是气，而且气/混沌是内在之冲突，例如阴与阳，并且内含着光明之种子。这就是太极图，黑/白或阴/阳两大板块之中各有一颗本属对立面之眼的缘由：可以向相反者转化。《楚辞·天问》开头就追究混沌未凿之时，"明明暗暗，惟时何为"的秘密。

图 3-20　神马甘泉畔的四乐神

（荷兰，西泽·凡·埃弗丁恩，油画，局部，1650 年作，现藏于荷兰海牙皇家哈伊斯·坦恩·博斯宫）

神马柏伽索斯一脚踢开石头，甘泉涌出。《老子》载："谷神不死，是谓玄牝。……绵绵呵若存，用之不堇。"这是灵感的源泉。四位音乐女神在这里弹唱歌舞，欢乐如流水般无穷，这也暗示艺术的发生发展是离不开一方水土的。

冥昭瞢暗，	混沌明暗，
谁能极之？	谁能穷究根源？
冯翼惟象，	最初的形象是元气丰满，
何以识之？	怎能识别窥探？（译文）

她由泥土与水造成，很自然地回归大地。赫丽生说："对于处于原始的母权社会的希腊人来说，潘多拉就是真正的大地女神——不管是从形象上说还是从名称上说。人们举行仪式献祭她。"① 到了阿里斯托芬时代，她的面目虽有些模糊，但喜剧《鸟》里，还是说向她献上"白毛公羊"，代表生命力与性。古代的评注说："把公羊献给潘多拉——大地的化身，因为是她赐予了生命所需的一切。"但以宙斯为代表的男权改造了她。"原来是灵感源泉的女人被改造成了充满诱惑的妖妇；是她（大地）创造了万物，包括所有的神和人，但现在她反而成了他们的玩偶、奴隶，被赋予漂亮的外表、奴隶的诡计和诱人的甜言蜜语。"② 但即令是现在最常见的矛盾的形象，依然保持着优秀艺术品所特具的鼓舞人心的乐观精神，使人永远保持希望。

正因为美远未完成，所以鼓舞人去思考她，探索她，再造她。

《活着的女神》主编米里亚姆·R.德克斯特在概述此书第一章内容时说："人们相信，古欧洲人崇拜的一位'大女神'所体现出的是出生、死亡和再生的完整循环。"女神并没有纯粹真善美与伪恶丑的绝对区别或对立。与早期历史文化

图3-21 缪斯们：美善远未完成

（《诗神：记忆，思考与歌唱》，法国，勒·絮尔，油画，现藏巴黎罗浮宫）

有价值，才值得记忆和歌唱；未完成，才需要思考和再造。美，诗歌，艺术，都是无尽的。

---

① ［英］简·艾伦·赫丽生：《希腊宗教研究导论》，谢世坚译，广西师范大学出版社2006年版，第259页。

② ［英］简·艾伦·赫丽生：《希腊宗教研究导论》，谢世坚译，广西师范大学出版社2006年版，第261页。

"只崇奉生命的赋予者（例如，希腊的爱神阿芙洛狄忒），同时侮辱那些带来死亡的神（例如，希腊的戈尔工、美杜莎）"。有时她们是对立面的奇妙统一体。

对于古欧洲人来说，女神既是一，又是多；既是统一的，又是多样的。鸟、蛇合身的女神是主管生命延续的大女神，是出生、死亡与再生女神。她是创造者也是毁灭者，是少女也是老太婆；她是生命力旺盛的女神，她同一位年青男神在"圣婚"仪式上结合，从而不断地产生新生命，不断地创造。①

诸神的创造力和潘多拉，能例外吗？

图 3-22　女战神雅典娜手扶装饰着美杜莎之首的盾牌
（欧洲近世绘画）

古人善于利用凶恶之物来抵御强霸，以毒攻毒，以夷制夷。宙斯与雅典娜都不拒绝使用装饰着蛇发女妖的盾牌来慑服强敌，从这里也可以看到美善与恶丑冲突的强烈效果。

---

① ［美］马丽加·金芭塔丝：《活着的女神》，叶舒宪等译，广西师范大学出版社 2008 年版，编者导言第 4 页。

第五节 "为"本是人的杰作

"伪"字,原来只写作"为",并没有"人"的偏旁。"为"的繁体,是用手牵着一只大象,是驯象的意象。

最早的"伪"就是捕象、驯象、役象,有人说是伪装成大象去捕象,但这也是后来的认识,虽然伪装猎物的狩猎方式极为古老。事在人为,人能创造伪装。最初的"伪"没有丝毫贬意。

一、为/伪由驯象而来

"为"字,《说文》卷三爪部说为"母(猕)猴",与甲金文所见绝异。

(《前》5·30·4)　　(《甲编》2769)

"为",罗振玉《增订殷虚书契考释》指出,甲骨文、金文、石鼓文,都从爪从象,"绝不见母猴之状"。从爪,多是牵状,"意古者役象以助劳,其事或尚在服牛乘马以前"。

《殷虚书契前编》有文曰"隻象",即获象。可见殷商人会捕象,还令其服役。

上古中原气候,据竺可桢等的研究,比后世湿热。河南、山东一带还有象群活动。后来由于天气变冷,象逐渐南迁;由此衍生出猎手舜降服弟弟象,亦即驯化大象的故事①。

捕象/驯象/服象这个壮举可以由前举"为"的象形字来标示。大象的样子,清清楚楚。象的长鼻子前的符号表示用绳子来牵拉,"为"的繁体上部写作"爪"(手),说明象已经被驯服了。这项伟业,记录成大有作为的"为",是恰如其分的。"伪"是"为"加上"人"旁,强调这是人为的事(会意)。这个字虽然有些像画蛇添足,却明白地开导我们:伪/"人为"这个词是怎么来的。

---

① 参见徐中舒:《殷人服象及象之南迁》,载《中央研究院历史语言研究所集刊》1930年第1期;袁珂:《关于舜象斗争神话的演变》,载《江海学刊》1964年第2期,第65页。

图 3-23　"为"或"伪"：驯象和役象

（左上：甲金文"为/伪"；右上：徐州洪楼汉代画像石，摹本；下：金银错铜车饰，狩猎纹，西汉，河北定州出土）

"为"与"伪"字，是人力驯象或服象，用绳索或钩棒指挥象从事劳作。这是一个重大的勋业，借"大有作为"的"为"字，加上"人"字旁成了"伪"，后人读作"事在人为"的"人为"，不但没有虚伪的意义，还暗示一项丰功伟绩。

　　（《舀鼎》）　　　（《益公钟》）　　　（《召伯簋》）
　　（《郏公华钟》）　（《雍伯鼎》）　　　（《归父盘》）
　　（《曾伯陭壶》）　（鼎铭）　　　　　（《大师子大盂姜西》）

图 3-24　金文"为/伪"

金文的"爲"不如甲骨文看得那么清楚，是以手牵象。只有最后一行，隐约可以看出带钩的长鼻子。

从甲金文还可看出，"为"同时就是"伪"，以手牵象当然有人，或说，金文"象"上隐约有人形，如第三行所见，为/伪古今字，"为"可以当"伪"用。

二、舜的驯象故事

狩猎英雄或虞官舜不但服象，还能使"象耕鸟耘"，见于徐州汉代画像石。

用象耕田，专家说行不通，但西方同样有"象耕"的故事与图像。

《墨子》："舜葬于苍梧之野，象为之耕。"这是舜驯象、役象的故事之一，可是记载太少。

图 3-25　舜：鸟耘象耕

（左：汉代画像石，江苏徐州铜山小李庄，多误读为神农故事；中：欧洲古代木刻；右：舜的"象耕鸟耘"，寺庙壁画）

上古有一个时期，中原气候较为湿热。河南—徐州一带还有象群活动。舜的驯象而耕传说在此发生。此一画像石上，舜以"鸟耘"，利用大鸟吃掉草籽、害虫，踏碎已被水泡软的泥块，替代耘田，还利用鸟粪。象在另一块近旁的画像石上"休息"，但待耕之意，还较明白。

舜的服象，不但有他跟象弟斗争的故事为证，还有他的姓"妫"为证。

"蒍/妫/为"是地名，此地有象，或其居民善于驯象，所以取名叫"为"或"伪"，转写为"妫""蒍"，跟舜的服象故事全合，是弟象或舜的根据地。

《史记·陈杞世家》："舜为庶人时，尧妻之二女，居于妫汭，其后因为氏姓"。此地的小河，也叫"妫水。"

《山海经·大荒东经》："有蒍国，黍食。"袁珂校注以为应作"妫国"，"妫国当即是舜之裔也"。简单说，就是舜驯象的故土。

"妫"又讹变为"姚"。《大荒南经》载，帝俊（舜）与娥皇生"三身之国"，其国"姚姓"，跟蒍国同样"黍食"。《说文》卷十二女部说："虞舜居姚虚，因以为姓。"即"妫/蒍"与"姚"姓之国也，字再讹为"桃"，称"桃墟"。

刘敦愿指出："有虞氏（舜）这个妫姓部落，本来就是一个驯象之族，跟象的关系非常密切"[1]。为什么呢？一是"蒍/妫/伪"字是人驯象之意象；

---

[1] 刘敦愿：《山东宁阳堡头大汶口墓地和有虞氏关系问题的探索》，见山东大学历史系考古教研室编：《大汶口文化讨论文集》，齐鲁书社 1979 年版，第 223 页。

二是这个字的读音"姚",上古音与"为/伪/妫"接近,跟一种捕象技术相关:

囮 圝 谣

就是用业已驯化的母象来诱捕公象,这只"象媒"或称"囮子"。闻一多指出,从"为"(伪)本属"服象以役作",变作舜姓的"蔫:妫/姚","犹'譌'一作'䛐','䛐'读若'譌'"①,诱象、捕象、驯象、役象一致了起来。

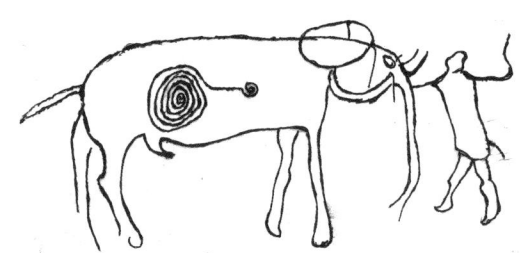

图 3-26 "为/伪"——猎人驯象之意象

(阿尔及利亚远古岩画,阿杰尔地区)

"为"的繁体,是代表人的手形在控制或驯化野象,后来才加上"人"旁,成了"伪"。"伪"就是人为,象征人的伟力连巨大的野象都能驯服。也许人驯象后来成了一种表演,一种仪式舞蹈,表示它并非实事或实象,"人为"之意由此产生。

"为"繁化成"伪","伪"还通"譌"("譌""讹"字通)。

清代惠栋学,《九经古义》说:

"平秩南讹",《史记》作"南譌",司马贞本又作"为",云:"'为'依字读,春言东'作',夏言南'为',皆是耕作、营为、劝农之事。"(案:此据《尚书》及《史记》之"改写"而言)

栋案:"譌"与"讹",古字本通。《毛诗·无羊》曰:"或寝或讹。"《韩诗》作"譌"。《说文》引《诗》云"民之譌言",今《正月》作"讹"。……《正月》笺又训"讹"为"伪"。"伪"亦与"讹"通,故《王莽传》(南讹)又作"南伪"。②

"譌/伪/为"与"讹"相通的原因,如上,系是驯象的手段之一,是以母象为媒,象媒又叫作"囮"(或圝),所以囮言,又叫作"讹言""谣言",都带有伪作、伪装、伪言的意思。

---

① 闻一多:《释圝》,见《古典新义》(下册),古籍出版社 1956 年版,第 549—550 页。
② 惠栋学:《九经古义》,商务印书馆 1937 年版,第 26 页。

高田忠周《古籀篇》曾论及"为/伪"的引申义。

《广雅》："象，效也。"效者仿也。仿而象之，即"作为（伪）"也。以何行之？手以为之也。"作为"即"作伪"也。为、伪，古今字。犹象、像古今字也。然则"为"字，于六书为"会意"。他进一步说，按《尔雅》："造，作为也。"《小尔雅》："为，治也。"《广雅》："为，施也"，又"成也"。《论语》"为之难"，皇疏，"犹行也"。"汝为《周南》、《召南》矣乎？"皇疏，"犹学也"。又《诗·鳬鹥》："福禄来为。"笺："犹助也。"——亦皆"为"字义也。① 这些都毫无贬义。

图3-27　战象

（战士与战象，持盾者手持光荣伞，岩画，毗摩贝德卡，印度）

印度人、波斯人都曾驱象作战，这是役象的一种形式。由此可以窥见"为/伪"所示的意象。

"诈伪"从"作伪"转义而来，斯恶矣。梁彦民说，商周青铜器本来极为盛行的象的造型和装饰的衰落，绝不仅仅因为气候转冷，象群南迁。龙，甚至自然界不存在，却依然到处可见其形象。

象在殷商曾用作祭牲。周人代商以后，象饰即行衰落。"巫术在周人的社会生活中，似乎并无很大影响"；张光直所说的"具备沟通天地作用的动物纹样在青铜器上也就完全消失了"，象装饰由是衰落。② 有人论饕餮纹在周代简省为所谓窃曲纹，实是简化的带状兽面纹，也说周人制作彝器，重铭而轻饰——可饕餮纹为什么延续了那么长时间呢？这种解释不免纡曲。青铜器上的纹饰本来就并不都是通天的工具，饕餮就不用作通神。青铜器的衰落是因为有了更便利、更实用也更美丽的器皿，纹饰也随之简化。象饰减少的原因可能是偶然，也许它不太重要或神奇了。

---

① 李圃主编：《古文字诂林》（第三册），上海教育出版社2001年版，第337、338页。
② 梁彦民：《商人服象与商周青铜器中的象装饰》，载《文博》2001年第4期，第54页。

三、伪：伪装动物以接近猎物

我们反复论证，"美"由"羊、人"组合，"羊人为美"，显然是人冠戴羊角、羊头乃至羊形。这种装扮可以追溯到动物装扮。这是原生态的伪。旧石器时代洞穴绘画里出现了所谓巫师的形象，有时却是半人半兽或几种动物特征在人体上的组合，其意义还不明了。

> 在(法国)莱·图瓦－弗雷尔，一些男人的形象被"打扮"成"巫师"，画着鸟的脸，驯鹿的耳朵与角，马的身体与尾巴，猫科动物的生殖器，熊或猫科动物的前爪，人的脚。据说这画的是一个跳舞的巫师，或是洞穴之"神"，不管是否如此，它是一种A组、C组与D组动物（人、鸟、驯鹿、马、猫科动物）的象征组合，它绘于深洞中，殿堂的最深处，因而也是它的正常位置。①

这里最重要的是引起激烈争论的"鹿角巫师"（插图中、左）——后来却连这"鹿角"都成了问题。

图3-28 扮演动物的"巫师"

（法国莱斯·特洛亚·费莱尔洞穴"神圣石室"岩画。左：再摹写本；中：H.布勒伊摹本，旧称神人同形鹿角巫师；右：现代摄影作品）

旧摹本被颠覆。现代红外线摄影的结果，鹿角消失，有丛毛的耳朵、肩、腿与旧摹有较大不同。人的特征突出了②，但仍有动物的痕迹存在，例如体毛和尾，胯间而非胯上的生殖器。扮演或伪装动物的可能仍有。它明显是半裸的猎人披上兽皮，并且在洞壁上"展演"。

---

① ［法］安德列·勒鲁瓦-古昂：《史前宗教》，俞灏敏译，上海文艺出版社1990年版，第128页。
② 朱狄：《原始文化研究》，生活·读书·新知三联书店1988年版，第292—293页。

艾伯特·斯基瓦（Albert Skiva）论述这位扮演者的形象时说："确实无疑的事是马格德林期（奥瑞纳期必然与此有相似之处）的人感觉到动物不再具有力量（引案：这话有些过），而人正在愈来愈具有力量并处于支配动物的地位。"然而人还得依靠半扮演、半学习动物，即半巫术、半艺术的方式来支配动物，离不开伪。斯基瓦还是承认，初民"仍然把动物看作为某种和世界的直接作用有关的力量"，有时还无可比拟，因为人的"技艺"还弱小。①

布勒伊（Henri Breuil，1877—1961）摹本，跟新近的红外线摄影照片有严重不符：最重要的是原图似乎没有鹿角和鹿耳，前肢缺损（参见图3-37右图）。然而人的脚和外生殖器还是清楚的——而他却有一根动物的尾巴。这依然是人在扮饰某种动物，身躯也明显不似普通人。

以往的解说也颇纷纭。拉斯克（G.W.Lasker）等多数学者认为是"男巫"（Sorcerer）的形象。

海通认为，这"类人"的形象是"图腾祖先"，由人来扮饰。②

岑家梧以为，这是最早的图腾舞蹈的中心人物。③

郑元者认为，这是图腾祖先由动物而人形化的结果。"它正是原初性图腾观念的特化结果，其实质就是原初性图腾专门化为人的自我形象，亦即自我的神化。"④

阿·札菲大致上采用传统的图腾主义理论，力图揭示，装扮动物使成为那个（神圣）动物，从而获得圣俗二重的权威性。他成为动物与动物精灵，而且——

> 他体现或代表部落氏族的祖先，他本人是最主要的神。他代表的乃是作为"图腾"的动物。⑤

由此，他反推出洞穴壁画里戴着动物毛衣与斗角的巫师或"动物人"（animal-man）一定是个酋长，他已经改装为一个动物精灵。⑥

---

① 朱狄：《原始文化研究》，生活·读书·新知三联书店1988年版，第293页。
② 参见［苏］海通：《图腾崇拜》，何星亮译，上海文艺出版社1993年版，第159页。
③ 岑家梧：《图腾艺术史》，学林出版社1986年版，第84页。
④ 郑元者：《艺术之根》，湖南教育出版社1998年版，第133页。
⑤ ［瑞］卡尔·荣格等：《人类及其象征》，张举文、荣文库译，辽宁教育出版社1988年版，第215页。
⑥ ［瑞］卡尔·荣格等：《人类及其象征》，张举文、荣文库译，辽宁教育出版社1988年版，第215页。

这再次说明，人是能够创造并且使用符号进行展演的动物。展演的前提是模仿对象例如被狩猎的动物。动物当然也能模仿，并且借助模仿来学习不断"示范"的母亲或者父亲。但那主要是本能，而人类的模仿或者学习则是创造性的。它能够在学习与模仿中融进自己与前人的经验，而且常有革新或改变，使人更适于实现自我的意愿，达到"控制"被模仿对象（例如猎物）的目的。

有尾的巫师高踞岩画顶部，似乎在统辖一切，位置当然很重要，却不是唯一的或决定的因素。布勒伊称之为"特洛亚·费莱尔神"（the God of the Trois Frères）。但他已是人，他支配着狩猎的丰收与成功，但还得凭借动物肢体来装饰和"强化"自己。更多的学者认为，这是最早的"动物装扮"：猎人们戴着兽头或角，披着兽皮，借以接近并且近地杀获狩猎对象，主要是实用目的。战争中的许多伪装就由此发展而来。

我们可以在印第安人装扮动物以接近兽群，以及非洲"人扮鸵鸟"的岩画的比照里把这种捕猎技术看得清清楚楚——这就是动物扮演乃至（动物）模仿巫术的前身。朱狄在《原始文化研究》中把它的演讲过程分析得颇为精致。①

图 3-29　动物扮演

（左、右下：汉画像石，山东嘉祥武梁祠；右上：坦桑尼亚岩画）

动物扮演有各种内容与形态，不能用一个模式来框套，最早的是伪装动物以接近猎物。有的是扮演神圣动物，以汲取或传布它的灵力；有的是带着游戏性质，接近原初的歌舞表演或化装杂耍。武梁祠此幅出自水神巡游行列，龟鳖鱼蛙等或持仪仗，或露手足，近于所谓鱼龙曼衍之戏。但总是一种伪饰无疑。

---

① 朱狄：《原始文化研究》，生活·读书·新知三联书店 1988 年版，第 608—609 页。

图 3-30 装扮鸵鸟的猎人

（非洲岩画）

猎人装扮成鸵鸟，手拿套索，偷偷地接近"半信半疑"的鸵鸟群，戏剧性极强。

四、伪装种种

中国古代也有装扮动物以接近狩猎对象的做法。

郭宝钧认为，商周皮冠之制，起源于装扮鸟兽以接近猎物。

> 狩猎时所用的为皮冠，《左传》昭公二十年："皮冠以招虞人"，知皮冠为虞人（掌管狩猎及动物事务的官员）特用冠。用兽皮为猎冠，不惟预防伤害，兼有乱兽耳目，或诱（囮）兽使入网罗之意。[①]

他举出辉县琉璃阁战国墓（M1）出土舞乐狩猎纹奁，奁壁上戴兽头帽，弯弓而射的猎人，以为那顶"帽"就是"诱兽使近身的皮冠"；但有人认为，那是兽首人身的怪神形象。

有人批评说："萧兵却把审美同巫术图腾联系起来，认为审美最初是不独立的，而是巫术崇拜的附丽。"[②] 笔者更强调原初扮演动物的实用功能，但即令实用，动物扮演依然与狩猎巫术相关，并没有把"美"字整个儿地与图腾崇拜相联系。然而羌人创造美意象（不是"美"字），极可能与他们作为"羊（族）人"的羊祖灵或羊图腾崇拜相关。初期的艺术常常（并非全部）以巫术形象出现，离不开巫术的操作或观念，不必隐讳。图腾艺术已涵化在其中。

另外一幅半人半兽的巫师与动物群共存的岩画却没有多大问题。

[①] 郭宝钧：《中国青铜器时代》，生活·读书·新知三联书店1963年版，第128页。
[②] 程勇真：《甲骨文"美"的解说与女性作为美之象征》，载《殷都学刊》2008年第3期。

这位猎人-巫师披着角、尾完好的兽皮,手持乐弓(?),露出来人的腿足。他在干什么呢?

——表演"祭礼中具有符咒性质的舞蹈"?

——巫师演奏"乐器"?

——主持"成丁礼"的巫师或长老在传授乐舞?

我们必须注意他的前方全是跳跃的野物,不能因为前一幅半人半兽舞蹈者头上双角被"排除",就连这幅明显与狩猎巫术有关的岩画上的猎人-巫师的身份都不敢承认了。

如果他所持的乐弓得以确认,那么这幅岩画就极像是史前驯兽的俄尔菲斯,跟乐正后夔"击石拊石,百兽率舞"颇有相通之处。

朱狄暗示,这类同时出现奇特的人/兽(共舞)场面的岩画都像是一种仪式。

图3-31 装扮成动物的猎人

(阿尔及利亚岩画,阿杰尔地区)

这位猎人头部似兽,或戴角、面具、发饰,阳具挺举,似有巫术意蕴。

主持这种祭礼仪式的是男巫或巫师,他们是神与人之间的中间人,或是某种被称之为"半神"(demi-god)的人。他们的巫术力量被认为是没有限制的。而面具的使用总是这类祭礼仪式不可缺少的工具。①

动物形头套或面具或者兽皮衣,"可能有一种实用目的",就是前面说的便于接近兽群;还可能是一种"隐藏","为了避免猎物的报复,把自己伪装成猎物,可以使死去猎物的灵魂认不出自己而无法报复"。在这样有内在联系的多重目的驱使之下,巫术心理轨迹逐渐形成并且明朗起来:包括"面具"在内的伪装"被认为带有某种巫术的力量,它可以避免任何神秘力量的打击,或竟能使自己进入一个幻觉中的世界"②;而且,补充一句,这种扮饰被认为有助于控制动物。

---

① 朱狄:《原始文化研究》,生活·读书·新知三联书店1988年版,第294—295页。

② 朱狄:《原始文化研究》,生活·读书·新知三联书店1988年版,第295页。

这是最初的伪，为了人类生存的伪。

荣格学派的阿·札菲描述阿杰尔等地的岩画说：

> 一个披着兽皮的男人，正在吹奏一个原始的横笛，看情形他好象是在向动物施咒语。在同一个洞穴，有一个马头、长鹿角、熊爪的人（引案：疑即前举"鹿角巫师"）在跳舞。这个控制着数百种动物的意象，无疑是"群兽之主"。①

他认为，装扮成动物能够加强巫王的神圣性与权威性——正如"羊人为美"即"羊人为大"。

图 3-32　围猎大象

（贵州麻塘坝狮子岩岩画）

这幅渔猎图，右下部分显然是在围捕野象，这跟"为/伪"字的意象颇有牵连，但许多细节还难于解释。大象的右上方，看起来是一只怪兽，却与整幅画的写实风格格格不入。看腿脚的形状，很像是两个猎人"舞狮"一般扮演野兽，以便接近猎物——这是一种"大伪似真"。头部也许是一种带刺的防护物，防止大象突袭；里面装着网罟之类也说不定。

> 在这些（非洲）部落的成年礼仪式，秘密社会，甚至君主政体中，
> 动物和装扮的动物常常扮演很重要的角色。国王和酋长也是动物——

---

① ［瑞］卡尔·荣格等：《人类及其象征》，张举文、荣文库译，辽宁教育出版社 1988 年版，第 215 页。

通常是狮子或豹。①

就像埃塞俄比亚前国王塞拉亚被曾称为"犹太之狮",而哈斯汀斯·柏德(Hastings Banda)也曾被唤作"尼亚萨兰之狮"一样,"原始酋长不仅装扮成动物;当他全身都装成动物形象出现在成年礼仪式上时,他就是那个动物"。②

这也是展演的重要特征:不但模仿并表演对象,而且提高着自身。

第六节 "人为"之"伪"及其转化

"伪"在上古文献里,意思不过是"人为"。甚至在《荀子》一书里,除开个别的,三十八个"伪"字都是正面用法,习学而能,事在人为,都是正面的意思。这还涉及性善/恶的争论,人性不好之处,必须以"为/伪"来矫正。最好是"性/天性"加上积极之施为,所谓性、伪合,才能"天下治"。从《周易·系辞传》开始,"伪"变成虚伪、造假、欺骗,逐渐走向"丑",《孟子》书,已启此意。

一、正面义之"伪"

由于《荀子》说的"为/伪"接近古义,不得不提前在孟子之先言说。

《荀子》里的"伪",除了——

"著诚去伪"(《乐记》)

"诈伪生塞"(《不苟》)

之外三十八个"伪"字,都是"人为"之义,都是正面的用法。例如:

心虑而能为之动,谓之"伪"。(《正名》。杨注:"伪,矫也"。即"矫正")

不能以"伪"饰性。(《正论》)

虑积焉,能习焉而后成,谓之"伪"。(《正名》)

可学而能,可事而成之在人者,谓之"伪"。(《性恶》)

可见荀卿依然用"伪"的本义。

---

① [瑞]卡尔·荣格等:《人类及其象征》,张举文、荣文库译,辽宁教育出版社1988年版,第215页。

② [瑞]卡尔·荣格等:《人类及其象征》,张举文、荣文库译,辽宁教育出版社1988年版,第215页。

《荀子·性恶篇》："人之性恶，其善者伪也。"杨注："伪，谓矫其本性也。"伪者"为"，人为也。人性"恶"，必须用"人为"的办法使之改恶从善。"伪"是后天之施为，教育改造。毫无贬义。

> 不可学，不可事，而在人者（或说应作"在天者"），谓之"性"；可学而能、可事而成之在人者，谓之"伪"；是性、伪之分也。（《性恶》）

在《礼论》篇中，他认为，"性"，人的本性或"本始"之材，是朴实的，姑且不论其善、恶；"伪/人为"，是"文理隆盛"，像礼仪文章那样使人性改良。"无'性'则伪之无所加"，性像材料或朴（未破的葫芦）那样提供物质之基础；而"无'伪'则性不能自美"，人性之美善主要是后天教育改造的结果。这有些像亚里士多德说的那样，质料必须赋以形制，才能逐渐走向真善美。提高到哲学的高度，如同"天地合而万物生，阴阳接而变化起"，"性/伪"合，先天与后天融汇加工，才能"成圣人之名"，"就"天下之功，一直达到"天下治"。

《荀子·性恶》篇说"人之性恶，其善者伪也"，"伪"只是"人为"，如上，字面上并没有多大贬义。要是按照今义，"善"就成虚伪了。

《广雅·释诂》："伪，为也。"

前举《性恶》篇，唐代杨倞注："伪，为也，矫也，矫其本性也。"本意是指矫正其本性中恶的成分。本性并不太坏，只是一种朴材，必须加工改造。

后儒惧人误解"性恶论"而苛责荀子，乃进一步为之说。

《荀子·性恶》篇旧注："凡非天性而人作为之者，皆谓之'伪'。故为字，人旁为，亦会意字也。"

清代郝懿行《荀子补注》云："性，自然（天生）也；伪，作为也。伪与为古字通。"天生者必待作为而有所成。

清代王先谦《荀子集解》云："郝说是。荀书'伪'，皆读'为'。下文'器生于工人之伪'，尤其明证。"

傅斯年《性命古训辨证》进一步说："（荀子）全篇之'伪'字，在原本必尽作'为'字，其作'伪'者，后人传写时所改也"[①]。

如果要性美质优，必须"性、伪合"，朴质的本性加上积极的人为，才能达成（案：此与"性恶论"已有不同）——"性、伪合而天下治"（《礼论》）。

---

① 傅斯年：《民族与古代中国史》，河北教育出版社2002年版，第296页。

这是说，"伪"的本字、本义都是"为"，绝不是虚伪之伪；"为"是有所作为，大有作为，不是一般的人为，更不是虚枉矫作。

二、"伪"逐渐转变为"虚假"

《周易·系辞传》中，与"情"（"情"近"性"）相对的"伪"，已经有了贬意。

> 圣人立象以尽意，设卦以尽情、伪。（《系辞传》上）
> 情、伪相感而利、害生。（《系辞传》下）
> 韩康伯注："情以感物，则得利；伪以感物，则得害。"
> 孔颖达疏："情谓实情，伪谓虚伪。"

伪即是丑，甚至于是恶。真实的丑，只是让人觉得丑，不讨人喜欢而已；而伪，伪装或虚伪，却往往让人觉得他老实，正确，恭顺，一旦有条件，他就会咬人；一旦条件成熟，他还会反咬平素栽培、关怀他的人，落井下石，使人防不胜防。所以伪不但是丑，还可能是恶。鲁迅在《二丑艺术》里说，小丑不可怕，有时还有些可爱；可怕的是二丑，他装着"忠顺"于主子，却常常旁白（术语曰"打背供"）：瞧，他多么蠢！——只要有可能，他就会出卖，造谣，揭发，倒打一耙，翻云覆雨，狠狠揍他的主人或朋友，以表示与之并无亲密关系，证明自己的清白与坚定。

类此，中国古人贬词之"伪"，主要指"虚伪""诈伪"。《荀子·不苟》亦言"诈伪生塞"。

《说文》卷八人部："伪，诈也。从人，为声。"《孟子·万章》篇："舜伪喜者与？"赵注："伪，诈也。"此均与"真/真诚"或"诚信"相对立。

《庄子·秋水》篇："谨守而勿失，是谓反其真。"注："真在性分之内。"

《庄子·渔父》篇："真者，精诚之至也。"《田子方篇》："其为人也真。"注："真，无假也。"

《荀子·劝学》篇："真积力久则入"。杨注："真，诚也。"。

《礼记·曾子问》篇："作伪主以行。"郑注："伪犹假也。"

前举汉代贾谊《新书·道术》篇："言行抱一谓之贞，反贞为伪。"这个"贞"读若"真"，与"伪"相对为文。

《荀子》偶尔用"为"负面评价之"伪"，也与"诚"对立："著诚去伪。"

《礼记·乐记》也有"著诚去伪"，疏云："伪谓虚伪。"

《礼记》又云:"唯乐不可以为伪。"疏也说:"伪谓虚伪。"艺术家必须真诚,力戒虚伪。秦汉以来,常见这种用法。例如《淮南子·本经训》:"其心愉而不伪。"高注:"伪,虚诈也。"

《淮南子·俶真训》:"德荡者其行伪。"高注:"伪,不诚也。"

"伪"又可与"诡"字通作。《庄子·齐物论》:"道恶乎隐而有真、伪。"释文:"(伪)本作'诡'。"

《广雅·释诂》:"伪,欺也。"

伪,罗丹描绘道:"在艺术中所谓丑的,就是那些虚假的、做作的东西,不重表现,但求浮华、纤柔的矫饰,无故的笑脸,装模作样,傲慢自负——一切没有灵魂、没有道理,只是为了炫耀的说谎的东西。"①

最反对虚伪的《老子》从不否定诚信。"信言不美,美言不信。"情愿舍美(善)而取信。"故信不足,焉(爰)有不信。"王念孙《读书杂志》说:"言'信'不足,于是有'不信'也。"

傅斯年认为,《孟子·告子》等篇里之"性"并没有完全脱离"生"的本义,略指"天生";与之相对的"义",则指"人为"。这是告子的意思,是荀子"性恶论"的前驱。

  性:内—天生—如"杞柳"(近于 meter:质料)

  义:外—人为(伪)—如"桮棬"(近于 form:形制)

"寻告子之意,以为杞柳之生也,支蔓丛出,不循方圆,使之成器,非加以人工不可;人之生亦支蔓丛出,不辨善恶,使之就世间约定之仁义,亦非加以人工不可。所谓'戕贼人性以为仁义'正荀子之说也。"②

孟子相信人性本善,自身就趋向于仁义,不必戕贼、强迫其为善。"如将戕贼杞柳而以为桮棬,则亦将戕贼人以为仁义与?"(《孟子·告子》)

此时的"人为或伪"已带些勉强乃至强迫、戕贼的意味了。傅氏说,告子之意跟孔子说的"性相近也,习相远也"之说暗合,"孟子则离孔子说远矣",恐怕未必。照我们看,告子这些话倒有些反道家的意味。孟子并没有否定孔子,孔子提出"仁"就暗含人皆可为善,圣贤乃至普通人都必须"与人为善"的意思,是"性善论"潜在的倡导者;孟子更没有反对"习相远",只是深信习虽

---

① [法]罗丹口述、葛赛尔记:《罗丹艺术论》,沈琪译,人民美术出版社1978年版,第26页。
② 傅斯年:《民族与古代中国史》,河北教育出版社2002年版,第292页。

相远却不会在根本上破坏善本性，而善本性更能使习趋善。

早期儒家惧怕伪，痛恨伪，为什么？恶，丑，往往是公然的，不要伪饰，比较容易发现。

但如果是鱼目混珠，似是而非，极难发现，那就非常危险。

孔子说："恶紫之夺朱也，恶郑声之乱雅乐也，恶利口之覆邦家者。"（《论语·阳货》）

孟子述孔子语："恶似是而非者：恶莠，恐其乱苗也；恶佞，恐其乱义也；恶利口，恐其乱信也；恶郑声，恐其乱乐也；恶紫，恐其乱朱也；恶乡愿，恐其乱德也。"（《孟子·尽心》）

这些可以用一个字来概括：伪。

孔子深恶乡愿。乡愿，用主流学者的话说，是老好人，至多是唯唯诺诺，随声附和，"众皆悦之，自以为是"（《孟子·尽心》）。孔子却说它是"德之贼"（《论语·阳货》）。

朱熹为之补说云，"乡者，鄙俗之意"，疑非。"愿"的本意是老实。朱云："乡愿，乡人之愿者也。"亦即万子所说："一乡皆称愿人焉，无所往而不为愿人。"但朱注知其伪恶，揭发云："盖其同流合污以媚于世。故在乡人之中，独以'愿'（老实）称。"则《孟子》所述孔子语："恶乡愿，恐其乱德也。"（《孟子·尽心》）《论语·子路》篇已有暗示，乡人皆好皆恶都未可，"不如乡人之善者好之，其不善者恶之"。

孟子的批判，则要深入而严厉些："阉然媚于世也者，是乡愿也。"此朱子所据。因为乡人也有善/恶之别，一律叫好不一定就是好。因其伪，乡人之善者，不明其真质；乡人之恶者，却要利用其伪德。"非之无举也，刺之无刺也；同乎流俗，合乎污世；居之似忠信，行之似廉洁；众皆悦之，自以为是，而不可与入尧舜之道，故曰'德之贼'也。"（《孟子·尽心》）

"疾风知劲草，板荡识贤臣。"一位真正伟大的智者，在病终前不久，到底发现他最信任的两位女随从忙着去巴结他曾斥逐过如今又被重用的政敌了，感叹道："这两个小耗子，看见我这只船要沉了，就跑到别的船上去了。"真是鸟之将死，其鸣也哀；人之将死，其言也善。

一切的虚矫都敌不过真实。伪装必须剥去，真相必定恢复。一切颠倒必须再颠倒过来。

独有豪情，天际悬明月，风雷磅礴。一声鸡唱，万怪烟消云落。

（毛泽东《念奴娇·井冈山》）

虚伪、真诚，本是伦理学概念，但也与审美相关，真善美是对立统一的。真，作为真理及真理的追求者，它本能一般追求善，眷恋美；不然它怎么能被看成智慧的映象兼动力呢？

反之亦然。尼采说，美是个女人，她只爱斗士。斗士不是为意气或私利而搏斗，而是为了真（真理）和理想（善）而不惜牺牲，所以是最大的智和最高的美。美虽不是真善，却以之为内涵，理由在此。

三、诚信才是善

主观上的诚，可以看作客观上的实的折射，二者的对立统一，才是完整的真。

"诚"，当然跟"善"一致，这主要指内心品质的公正、实在、真切、诚恳等，属于善或道德价值；但是，美学上的主观之"真"主要指对客观上的实际或真相的认知、体验、映写、把握，体现为智慧、知觉或悟性等。这当然与道德之"诚"紧相联系，却是相对独立的。它跟日常讲的敏感、才华、智能等相近，不属于善或道德范畴，而属才、德、智，德之外的知性（感性、理性的结合）范畴，是真才实学与智慧的聚合。许多人不把知识、才能、智慧等之升华看作主观方面的真，而在真/善/美之外另建智的范畴；我们则反是，所以把智慧、科学美、才华等放在真里面讲。如果真包括客观之实在、规律以及主要作为它们之反映的真理的话，那么对真理的真切感受与认知，最好也纳为真。科学与哲学便属于真。

$$
真\begin{cases}客观上的\begin{cases}实在，规律\\真理（跨界）\end{cases}\\主观上的\begin{cases}真知真才，知性\\真情实感（与"诚"叠合）\end{cases}智慧\end{cases}
$$

二者互动、交渗的结果，就是哲学（光明学）或科学。它们都属于真的范畴。哲学所追寻的真理，也在主、客之间游动，交叠。

第四章　善与美食佳味

第一节　膳/养/羞来自美味之羊

"善"本来指与美味的羊肉相关的美食,后来扩延为佳言与好事,或者"吉祥",与"美/羊人为美"的本义,"羊大则美"的衍义相互呼应,相互补充。由此衍生的"祥""养"及"羞""丑"都与羊食相关。

一、"善"原是"膳"

"善"字最初从"口"不从"言",表示进食,就是"膳"字。

杨树达还指出,"善"是初文,本不从"言",原指"膳"。《说文》卷四肉部云,"善"加偏旁"月",说为"具食也"。《周礼·天官·冢宰》有"膳夫",《诗·小雅·十月之交》云"仲允膳夫",而金文作"善夫"。可见"善/膳"为古今字。"善"用作"膳"者,见于《善夫克鼎》,《取它人鼎》,《大克鼎》/《小克鼎》,《大殷》,《大鼎》,《师晨鼎》。

所以,"善字从羊,乃膳之初文,从肉作膳者,乃后起加形旁字"[①]。从"羊",就因为羊主"给善(膳)"。

"善夫"以"天子近臣",可能不仅"掌王之食饮膳羞",故职列《天官·冢宰》。《大克鼎》云:"王呼尹氏,册命善夫'克'(人名)。王若曰:'克,

---

[①] 杨树达:《积微居金文说》(增订本),中华书局1997年版,第188页。

昔先王既命汝出纳朕命'。"斯维至指出:"善夫为出纳王命,似与宰职相同。"①他至少参与祭政,"凡祭祀之致福者,受而膳之(君)"(《周礼》膳夫职)。这就牵涉圣、俗两方面。

"善夫"就是"膳夫",主管天子饮食。由于"亲近",地位才越来越高。起初,这个字跟"善/恶"的"善"(good)没有直接关系。但他似乎掌管大灾大难时王的"减膳",这就涉及对国政之善/恶价值判断。

杨树达详论"善"应指"膳",其要点为,"善盖假为膳"。"《说文》四篇上肉部云:'膳,具食也。从肉,善声。'《诗·十月之交》云:'仲允膳夫。'《周礼·天官》有膳夫职……凡会意字加形旁,必犯重复,此加肉旁,与从羊义复'。"②后起的象形、会意字,加偏旁表示意义者,却多与本字重复,但对初学如我等者有个好处:意义显豁。"膳"就比"善"更能标志原意。讲求实际,而且以食文化闻名于世的中国,"善"首先关联饮食。

"善"之言"膳",从"口"食羊,会意。所以,《说文》卷四肉部有"膳"。

《说文》卷四羊部"美","羊在六畜,主给膳也",字或作"善"。而"羑",《说文》亦谓"进善"(疑本为"进膳")。给膳,或说应即"进善",段玉裁曲说为"导善",马叙伦《说文解字六书疏证》说应解作"进膳"。由于羊是当时的主要肉食,羊肉又香糯酥软,所以"善"就从"羊"从"口"会意。

善,后来由美食演化为"美言"。

《说文》卷三誩部:"善,吉也。从誩从羊。此与'义、美'同意。"大意指,"善"与"義""美"都从羊,由"羊/祥"得义。篆文作譱,或譱或䒑。金文如《大簋》《齐侯敦》等也基本这样写。但"羊"下有"言",与"羊"下有二"目"的字样不同,"目/言"也不能通转。马叙伦《说文解字六书疏证》说,羊下二"言",不过是"言"的重文,朴质可信。前举甲骨文有"䒑"字,徐中舒说本即"善",其下双"目"应为双"臣"(案:应即"臣形眼"),讹变为双"言",即"善";此说纡曲难通。但他指出,善即"膳"的初文,盖人以羊为美味,故善有吉美之义③,却颇正确。这里只说一点:"羊"下二"言"

---

① 斯维至:《两周金文所见职官考》,见金陵大学中国文化研究所、齐鲁大学国学研究所、华西大学中国研究所编辑:《中国文化研究汇刊》(第7卷),1947年,第3页。
② 杨树达:《积微居金文说》(增订本),中华书局1997年版,第188页。
③ 参见徐中舒:《甲骨文字典》,四川辞书出版社1989年版。

与"羊"下二"目",不是一个字。

二、善:从美食到吉言

现在我们看到金文的"善"譱(《毛公鼎》),已多从"羊"从"言"(或从二"言")。但并非初文。

金文有《善鼎》铭亦如此作,诸家承认其挚乳即为"膳"。《善鼎》即《膳鼎》。又有《善夫克鼎》,即《周礼》"膳夫"。

由于金文"善"多从"羊"下二"言",有的专家,由"言"字去阐释《说文》的"善,吉也"。

林义光《文源》说:"言美为善。(从)羊、美省,二言者'相善'。"与"竞"(言)义反。

高田忠周《古籀篇》说:"善、吉义近。君之言为吉,其嘉祥者,谓之善也。善者,言之健全者也。"

这显然是因为"善"字或从"言",就由此切入它的含义,却离开了本意。

其重要原因之一,就在"羊"本身有"祥/吉祥/吉善"的意思。《说文》卷四:"羊,祥也。从䒑,象头角足尾之形。"孔子曰:"牛羊之字,以形举也。"本身是象形,却又通过"羊/祥"的声训,突出了其本身吉祥之义。宋代徐锴引《礼说》云:"羊,祥也。(祥)从羊亦有取也。"而《说文》卷一示部:"祥,福也。"这"羊/祥""羊/甘""祥/善"已组成了以"羊"为核心的文化字群。

臧克和也很注意"善"之用为"膳",说:

> 卜辞中"善"被用作"飨",金文中"善"被用作"膳",皆可印证。卜辞里有"善日"的辞例,陈梦家谓在昃之前,疑即飨午,善用作飨。此"善"(膳)犹《史记·项羽本纪》"旦日飨士卒"之"飨"也。①

刘志基指出,"美""羞""羹""羡"等以"羊"为基干的字汇,主要与美食相联系("善"自不例外)。

民以食为天,而在远古蒙昧时代,食欲感受在人们所有官能感受中又是最具决定意义的,故由食欲之美发轫,羊又在道德规范领

---

① 臧克和:《说文解字的文化说解》,湖北人民出版社1995年版,第218页。

域中确立了美善的象征物地位。①

"善"逐渐从感官享受上的佳善进到道德乃至意识层面的良好。

《说文》卷四羊部:"美,甘也。从羊从大。羊在六畜主给膳也。美与善同意。"

叶舒宪指出,"甘"特别与肉食的肥厚相关联,最初的"甘"绝不仅仅是指一般的味或甜,而应更具体更充实。

> 美及其同义词甘往往同"肥"或"旨"构成词组。《孟子·梁惠王上》:"为肥甘不足于口与。"《尚书·大传略说》:"不如天地自然之性,逸豫肥美。"《韩诗外传》卷五:"口欲嗜甘旨。"《史记·匈奴传》:"壮者仓肥美。"《韩非子·扬权》:"夫香美脆味,厚酒肥肉,甘口而疾形。"《礼记·礼器》:"牲不及肥大,荐不美多品"。《左传·桓公六年》:"吾牲牷肥腯"。②

这是跟人们生活条件、食物构成、身体状况分不开的。甚至如今个别贫瘠地区还以膘肥肉厚为无上美味。"脂和膏这类词汇本指动物脂肪,今人视为胆固醇之源,唯恐避之不及。但在古代却为人艳羡。所谓膏粱子弟,是能吃上肥肉的上等阶层。所谓身外脂膏,是指富贵荣华。"③

凡此,都可证明美、善在早期确与甘食相关,而都植根于中国人的生存条件和生活方式;后起的"羊大则美",也并非凿空臆想。

"美"或言"味","羞"之近"诱"(羑),味觉兼嗅觉,都离不开羊肉的肥甘馨旨,包括腥膻之气。《说文》卷四羊部等都说是"羊臭"(羊的气味)。

很奇怪,"膻行"竟曾被视若美德。

《庄子·徐无鬼》篇:"舜有膻行,百姓悦之。""膻"这个字可能与"馨"通用。《礼记·祭义》"膻薌"郑注说,"膻,当为馨声之误也"。馨香(薌)、馨行、馨名,都不会引起现代人的反感。但古人以为,羶(膻)只是羊肉的一种气味,甚至是香味。白居易《祭李侍郎文》用此典:"德润行膻,温温郁郁。""行

---

① 刘志基:《汉字与古代人生风俗》,华东师范大学出版社1995年版,第168页。
② 叶舒宪:《美与文化:中、希、印美概念的发生学阐释》,见海南大学社会科学研究中心编:《中国文化:阐释与前瞻》,海南出版社1993年版,第105页。
③ 叶舒宪:《美与文化:中、希、印美概念的发生学阐释》,见海南大学社会科学研究中心编:《中国文化:阐释与前瞻》,海南出版社1993年版,第105页。

羶"就是"行馨"。新版《辞源》说，"羶行：言其所行为人慕悦，如蚁之慕羶"，恐怕不仅如此。《庄子·徐无鬼》篇确实用过这样新警的譬喻："羊肉不慕蚁，蚁慕羊肉，羊肉羶也。"但古代似乎不以"羶"为恶。

再举《礼记·祭义》篇："建设朝事，燔燎羶芗。"犹言"馨香"，近于"善美"。

《吕氏春秋》记四时祭祀。按照阴阳五行之规格，《孟春纪》祭祀，"其味酸，其臭羶"。汉代高诱注："春，东方木王……羶，木香羶也。"《淮南子·时则训》及高注略同。

燔燎借烟传味，羊肉腥膻（生羊古称"腥羊"），鬼神歆飨。如《宋史·乐志》所说："燔燎羶芗，神徕燕娭。"

"羶"，《说文》卷四作"羴"，甲金文或作二羊、三羊乃至四羊者。卜辞多用作方国之名，可见其地其时不以"羊臭"（臭即气息）为恶。

古代重羹，羹亦从"羔"若"羊"，从字面附会，即言羔、羹之美。《礼记·内则》篇："羹食，自诸侯以下至于庶人，无等。"郑注："羹食，食之主也。""羹献"，见于《礼记·曲礼》等，原来似指犬、羊之祭享。

有报道称，西北丰沛人最爱腥膻。"腥膻之气随丰沛人在黄河故道边上已飘荡了几百上千年，早已入了丰沛人的骨子里。……没有腥膻，就没有一代代豪爽大气而纯朴的丰沛人。"[①] 他们的羊肉羹汤从来不去膻；去了膻，不是跟猪肉差不多了吗？

这是一个比较极端的实例。味觉不但跟饮食、习惯、功利紧密关系，还具有文化色彩，甚至会影响审美口味、生活旨趣——它的"草根"表达依然是吃，亦即出羊肉来代表的"膳"。有吃就有生命。"膳"是"善"的首要保证。

连众人都以为"保守"的儒家，都承认：

食、色，性也。（孟子）

饮食、男女，人之大欲存焉。（《礼记·礼运》）

饮食是第一位的。没有性，还能挣扎着活下去；没有饮食，就活不了几天。饮食大致凑合，个体生存勉强保证之后，才有男女的性或爱的活动。"饱暖思淫欲"，有几分粗俗的真理。

《孟子·尽心》就说："可欲之谓善。"

---

① 参见刘志基：《零距离看远距离——字词春秋》，上海文化出版社2002年版，第3页。

可欲，为什么是善？

鲁迅说，一要生存，二要温饱，三要发展。这三者结合为人类利益，也就是善；概括说，人类生命及其进化、发展，被人类视为善。但这三者都要由恩格斯说的"两种生产"——物质资料的生产和人自身的再生产——来提供。一切有利于保证、促进、改良、提高这两种生产（力）的活动或行为，都是善，否则就是恶。一切意识形态性的精神运动，包括审美、创美（艺术），在根本上说，都由这两种生产（包括衍生或中介形态）来催生、发源、促进。它是艺术与审美的生命基础和发生发展的根本动力。

简单化一下，美学意义上的真/善/美，都根植、起源、发生于两种生产，或者说，两种生产及其衍生、中介形态，有利于它们的活动，或其所凝铸的形象，就是最大（化）的真、善、美。

吃，文雅的说法是"食"，善/膳就是为了保证或满足吃/食，如上。它跟物质资料、生活资料及其生产（"第一生产"）联系在一起，是人类生存的首要保证。所以，"膳"即是"善"。

《左传》昭十二年："供养三德为善。""三德"，出自《尚书·洪范》篇。指"治民"用"正直""刚（克）""柔（克）"。《左传》孔疏引孔安国曰："正直者，能正人之曲直；刚克者，刚能立事；柔克者，和柔能治：三者皆人之性也。"刚柔兼济，是谓中庸，亦是"正直"。《左传》孔疏："供养三德为善者，刚则抑之，柔则进之。以志意供给长养之，使合于中道，各成其德，乃为善也。"用"供养"字样，还有些进膳的余味。善用于道德，或美德的巅峰态。又如《国语·晋语》（四）宁庄子曰："善，德之建也。……德无建不可以立。"韦注："建，立也。言能善善，所以立德。"

《晋语》（四）："君子曰：善以德劝。"

《晋语》（八）韩献子曰："成人在始与善。始与善，善进善，不善蔑由至矣。始与不善；不善进不善，善亦蔑由至矣。"

《孝经》："不在于善。"注："善谓身行爱敬也。"这是较后起的观念。

《左传》成六年："善人，国之主也。"襄三十年："善，人国之主也。"

此"善"是善于治国理政的意思，不尽限于道德。

《论语·八佾》篇"尽善"与"尽美"对举。善属内在，美倾声形。《礼记·学记》篇："善歌者。"孔疏："善歌，谓音声和美。"还保存"美/善"通训的古老用法。皇侃疏："善者，理事不恶之名也。"只是措置得当，但也含道德佳善、处事正直之意。

道德，包含政治道德是儒家思想的主要内容。上引不过儒家典籍片断，但仍可看出"善"在其间的重要地位。所以《四书》之一的《礼记·大学》篇说："大学之道，在明'明德'，在亲（新）民，在止于至善。""止"，按照郑注，是"自处"，不是"停止"，孔疏："止处于至善之行。""善"指"得事之宜"，犹"义"，更指道德的完美，"至善之行"。"道盛德至善，民之不能忘也。"（《礼记·大学》）

朱熹《大学章句》载："至善，则事理当然之极也。"

中国人的道德-审美概念，大多数跟人的社会实践，首先是两种生产的实践联系在一起，紧扣生活，关系生存——从其根柢来说，总在决定于人、民众的根本利益——从人类进化到社会发展利益，较易理解或把握，极少纯粹的抽象或心灵上的争辩与陶醉。

印度人所说的"kuśala（善）"，主要指善心以及相应的行为，与佛教教理一致，而近于宗教真理。《大乘义章》卷七载："顺理为善，违理为恶。"标准是教义。"法相宗"之"心所法"，是狭义的善，包括信、惭愧、无贪、无嗔、无痴、精进、轻安、不放逸、行舍、不害。

最大的道德是生命与彰显生命的道德，就像最大智慧是保存与张扬生命的智慧。这并不脱离饮食男女。善即膳，就是生命根本与第一位保障之饮食。

笠原仲二相信了《说文》所用的"善"从羊下二"言"的"竞言"或"对讼"衍生义，列举七事证明"古代中国人相信，天或鬼神是善意的东西，他们的善意的表现，就是他们总是佑护正直者，赐福垂恩于正直的人"，连"善言"之衍义都抛弃了。鬼神具有天生的善意，这并不准确；天或鬼神的意志，是由人的德行来体现，甚至来决定的。他特别强调神羊、神羊的决断在"神判"（ordeal）中的作用，所从之"誩"被解为狱讼双方之争言，表示"鬼神好正直之德（真实），所以人就应该遵守正直之德，能遵守正直之德就是'善'"[①]。这恐怕很难在"善"字（或从"言"或从二"言"）原有的意构中找到一丝影子。

当然，也有人因其从口或从言，推断它的本义是牧羊人说出的话就是好

[①] ［日］笠原仲二：《古代中国人的美意识》，魏常海译，北京大学出版社1987年版，第167页。

话。①"善"字从"言"或双"言",并非争讼,倒可能为"吉语"。赵曦便说,"羊发的'竞言'是吉、美之意",而且应该跟羊鸣之"芈"一起,发现其神秘性。林义光《文源》也持"二言相善"说,与"竞言"相反。

高田忠周《古籀篇》说"善、吉义近",指的是"君子之言为吉,其嘉祥者谓之善也;善者,言之健全者也"。在吉言上做足了文章,却忽略了从"羊"的本意,"膳"之原义。

印顺法师认为,"善"从羊从言,是代表神羊的语言,即"神的语言",神羊即是神或代表神,"神说的话比美更为完善"——"美"则是神羊的伟大特性,人借以赞美神羊或神。②这个说法也跟"善"之从"口"被解释成善言有关(但那不是"善/膳"之初义),意思并不错;可惜这不是"善"的本义:"善"原从"口",指的是膳食之善,可口之善。

李国栋说,"善",或从二"言",二人争吵难分谁是谁非。"这时,他们便把一只羊作为牺牲献给天上的雷神。于是,天上的雷神便从天上给予他们公平的裁判。"这是由羊或为雷神推论,羊为雷神主要是印欧文化的信仰,中国的明证几乎只有《柳毅传》的一例,还是印度的影响结果,因而也许还受了羊为神判主持人的暗示,却完全不顾文字学体例而做臆测。至于说"善"字下部为"台"之讹变,"把'羊'作为牺牲放在供神'台'上,恭恭敬敬地献给天上的雷神就是'善'的原意",那就更无根据了。他认为,"养"之从"羊",训为"供养",是因为华夏汉人受了北方草原游牧民族的影响,才觉得羊肉最能保养身体;而称为"供养",则是因为以羊为牺牲供奉天上的雷神。③"養"字从食从羊,可能与羊的"主给膳"有关。羊也确曾以小牢的资格为牺牲,但不一定是专祀雷神。"养"跟"羊"相关,除了读音之外,也主要因为甘旨的羊肉主给膳。

---

① 参见[苏]阿甫基耶夫:《古代东方史》,王以铸译,生活·读书·新知三联书店1956年版;党晴梵:《先秦思想史论略》,陕西人民出版社1959年版。
② 参见印顺:《中国古代神话研究》,学生书局1996年版;《中国古代民族神话与文化之研究》,正闻出版社1975年版。郑志明:《印顺的中国古代神话研究》,载《鹅湖》2000年第297期,第3页。
③ 参见李国栋:《试论龙与鲤、马、牛、羊、鹿、犬的关系》,见[日]安田喜宪主编:《神话 祭祀与长江文明》,文物出版社2002年版,第59页。

三、由"牛/羊"衍生出珍"羞"

进一步说,"养"字本来是以羊肉进养、供养、补养、养生,所以从羊从食会意。

【養】

《说文》卷四羊部说,"养,供养也。从食,羊声"。羊或是声而兼义。

清人吴式芬(《攟古录》)、徐同柏(《从古堂款识学》)、方濬益(《缀遗斋器款识考释》)等,误读"羞"为"养"。二字形义太近。

马叙伦《读金器刻词》说,"羑、羙、羞实一字也,羑、养则非一字","养"与"羞"读音相去太远。马氏又说,羞的本字应是"养"。①"羞"字作"羙",从又持丑,"即今所谓赶羊者",是"养羊"之意。这样又跟"牧"(《说文》训"养羊人")相干。大意不错。但我们觉得,为了眉目清楚,还是分开说好一些。

【羞】

"羞"字亦见于甲金文。

　　　(《前》2·11·1)　　(《前》4·34·3)　　(《甲编》2006)

　　　(《乙编》5026)　　(《邺》3·46·1)　　(鼎文)

　　　(《丁羞爵》)　　(《武生鼎》)　　(《羞鼎》)

臧克和《说文解字的文化说解》说,"善"出于与"美"相关的"味觉语义场",与"羞"(珍馐美味)相关,是很对的。②我们也说过,"善"字、"羞"字都从羊,羊在古代西北方牧人那里是美食或主食。《说文》卷十四丑部:"羞,进献也。从羊,羊,所进也。从丑,丑亦声。""羞"似以手抓羊腿而食,见于甲文。

祀,其羞?王受又(佑)。(《甲编》2006)

贞:勿羞用?一月。(《前》4·34·3)

罗振玉《殷虚书契考释》(增订本,中)说,"羞"即"持羊进献"。

《礼记·曲礼》篇有"羞","闻子有客,使某羞"。

《尔雅·释诂》:"羞,进也。"进,指进献食物。如《说文》所说。

《周易·否卦》:"六三,包羞。"高亨《今注》:"盖献肉谓之羞,

---

① 马叙伦:《读金器刻词》,中华书局影印本1962年版,第5页。
② 臧克和:《说文解字的文化说解》,湖北人民出版社1995年版,第216页。

因而肉类皆谓之羞。"①

刘志基《汉字与古代人生风俗》中说,"羞"字可专指祭祀用的熟肉,"包羞"有如《诗》之"野有死麕,白茅包之",成为一种仪式。②"羞",羊下为"又",罗振玉说,《说文》误"又"为"丑"。李孝定《甲骨文字集释》指出,丑、又本皆"手"(持/抓)形,不误。进献,所进的就是羊。为古礼"荐羞"本字。所以,《说文》云,羞"从羊;羊,所进也"。"从丑,丑亦声。"也不误。羞、丑古同音。或说,羞主要指熟肉。《方言》:"羞,熟也。"高亨说,《易》之包羞,"以茅苇包熟肉也"。③

"羞",因为羊肉或其他肉类的美味,能够泛指美食。

《周礼·天官·膳夫》:"掌王之食饮膳羞。"郑注:"羞,有滋味者。"又,"羞,用百有二十品"。郑注:"羞出于牲及禽兽,以备滋味,谓之庶羞。"

"羞"被借用为羞耻义,因羞恶而与丑恶相干。或说,民间以下体私处为羞处,盖羞耻感之集中地。现在某些北方方言,依然将"怕羞"说成"怕丑";女子于可羞之事,每曰"丑死人了",正"羞死人了"之谓也。

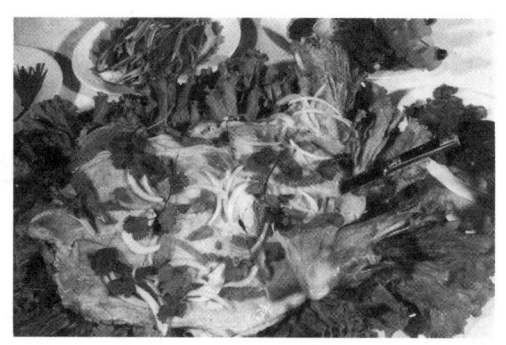

图 4-1　珍馐美味之"羊"

（手抓羊肉,西北地区名菜）

"羞"字,从字形看,就是用手抓羊肉,后来变成美味珍馐的"馐"(羞恶、羞耻、羞丑之义是后起的)。此与羊肉"主给馐"一致。

吴大澂说:"古羞字,从又(手)献羊,许氏说'进献'也。"④金文或从二手,皆持羊(肉)将食之状,所谓手抓羊也。后世加肉、加食旁为"脀""馐"。羊肉味美,所以引申为珍馐,跟羊肉充"膳"又引申为"美善"之义是一样的。后来学者意见渐趋一致。

---

① 高亨:《周易古经今注》(重订本),中华书局 1984 年版,第 197 页。
② 参见刘志基:《汉字与古代人生风俗》,华东师范大学出版社 1995 年版。
③ 高亨:《周易古经今注》(重订本),中华书局 1984 年版,第 198 页。
④ 俞绍宏校注:《〈说文古籀文〉校读》,线装书局 2012 年版,第 101 页。

《周礼·春官·宰夫》有所谓荐羞,与《说文》"进献"合,盖以羊肉等祭神、祀祖。

清代王筠《说文句读》说,许氏为什么说"羊在六畜中主给膳也",据说此与《周礼》不合。那是因为"羞"字从"羊",羞就是"膳"的主干。"凡食品,皆以羞统之,是羊为膳主,故字不从牛、犬等字而从羊也。"此有理。但不一定"羞"字在"善/馐"之前。

前举《周礼·天官·膳夫》膳羞,以养王及后、世子。《礼记·既夕礼》:"燕养馈羞。汤沐之馔如他日。"《燕礼》有"羞膳"。略指以熟肉为主的美味膳食。"珍馐"盖因此指高级膳食祭品。

"羞"在《左传》隐三年里用为动词:"可荐于鬼神,可羞于王公。"用如《周官》之养王、后及世子。而三字皆以"羊"为字根。

前举"羑"者,音近于"羞"。《说文》:"羑,进善也。"此"善"本应指"膳"。或读为"羑,进,善也"。马叙伦说,古羞、羑同字,似是。"羑"转为"诱"。美味珍馐之羊诱惑力太大了。《玉篇》:"羑,导(道)也,进也,善也。今作诱。"羑古音牖,若诱。"羨"之意构近之,"贪欲也"。字根亦"羊"。

印顺认为,"羞"不仅是以羊腿为珍馐,持而食之,而且是"手拿着食品而奉献于神羊,进献于神面前"。其转为"羞愧"之义,是因为"人有敬畏心,又有自惭的意识,遂引申为羞耻的羞"。[1]我们认为是一种假借。

四、附说"丑"

"醜"字的简体"丑",是同音借用,却又因为"羞"字与羊发生关系。"丑"见于甲金文。

   (《铁》10·2) (《铁》20·6) (《铁》31·3)

   (《铁》215·3) (《前》2·1·3) (《前》31·3)

   (《矢作丁公簋》) (《大鼎》) (《矢作丁公簋》)

《说文》卷十四丑部:"丑,纽也。十二月万物动,用事。"这是就地

---

[1] 参见印顺:《中国古代神话研究》,学生书局1996年版;《中国古代民族神话与文化研究》,正简出版社1975年版。郑志明:《印顺的中国古代神话研究》,载《鹅湖》2000年第297期,第8页。

支"丑"而言。又说"象手之形",基本不错;"时加丑,亦举手时也"。

金文略有繁变,加小钩者,或谓指甲,其实是繁饰。

叶玉森依《说文》说,"丑"是"象手形","其指或屈或伸"。

郭沫若因其指多屈,释为"爪",动词化就是"抓"。这样跟"手""支(持)""又""叉"等有了区别。

高田忠周在《古籀篇》中说,"丑"本为"举手",又即"手执事之端也,犹'纽'系'可执持'也"。

高鸿缙在《中国字例》中说,丑为"手叉之初文"。

白川静说,"丑"是"以手指坚持把物"之字。诸家之解无大差别。

有人解说"醜"的简化字"丑"

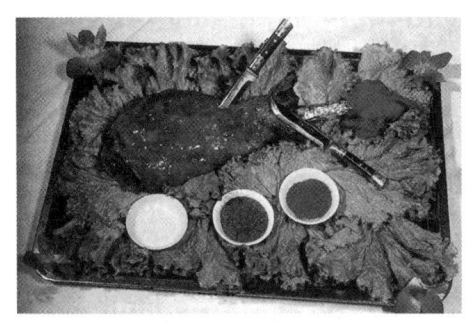

图4-2 丑,羞与馐

(烤羊腿:丑与羞)

"羞"的原义是手持羊腿。"丑"只是从"手"有所持。羊腿好吃,"羊大则美",羊"主给善(膳)",所谓珍馐美味,叠屋架床地加上了"羊"意符,意思更明白。后人假借"羞"为"羞耻"之"羞"。本字加上"食"旁,使其保持并且突出,爰有今字之"馐"。"羞"又音转为"丑",使"丑"字跟"羞/羊持羊肉"沾上了一点关系。

说:"它象人手的'骈姆''枝指'之形,表示'醜'和'善恶'的意思"①。这完全离开了"丑"以手持物的本义,完全从某种形似去猜测——跟古文字的"醜"实在连形似也说不上。

五、富足理想:食之不尽的大尾羊

这里顺便介绍一种跟羊肉作为美味或珍馐相关的大尾羊,它特具一种民俗趣味。

《太平御览》卷九〇二引《凉州异物志》有韵语曰:有羊大尾,车推乃行,用累其身,颇似《山海经图赞》佚文羼入者。《太平广记》卷四三九引(杨孚)《异物志》说:"月氏(氏)有羊,大尾,稍割以供宾。"因为它能不断自我生长,袁珂说,或是"视肉"之类。②这是对一种土特产的象征讲述,不但是

---

① 高华平:《"丑"义探源》,载《中国文化研究》2009年第1期。
② 袁珂校注:《山海经校注》,上海古籍出版社1980年版,第21页。

简化的永恒回归神话，还反映了人们不断获得像羊尾巴这样的肥嫩肉食的愿望。

古籍中的大尾羊，既是一种想象，物质匮乏的初民幻想它的肉能够食之不尽，取之不竭；但它又不是完全的幻想物，它是西域的一种特产，叫作"羬羊"，大尾巴里的肉特别肥美。假如取之有节，每次取它一部分，创口愈合后，就会慢慢长得跟原来一样。有人称它是"活肉库"。

图 4-3　西域美羊

（范明三摄影并供稿）

西域绵羊肥美健壮，最有名的是大尾羊。这是从"羊人为美"到"羊大则美"的朴素审美观的形象证明。

它的尾巴长得太大——人们却希望它长得更大——妨碍了敏捷和优美。可以说，实用压倒了审美。而且，这还是对人的实用，尾巴太大，不便登山采食，躲避敌人也困难。人类对待家畜往往很功利。例如对于猪，希望它长得大，最好全是肥肉或全是瘦肉，却不管猪是否有此需要，有此兴趣。对于猫狗，有时又喜欢它小巧玲珑，或奇形怪状，全然不顾其是否利于生存。

图 4-4　大尾羊

（左：绵羊；右上：阴山岩画里的大尾羊；右下：非洲岩画里的大尾羊）

大尾羊，可能就是《山海经》中记载的"羬羊"，《逸周书》里的"嗛羊"，或说"四角"。其尾大而多脂，可割食或做羊脯，极为肥美，脂可为腊治皴。有些地方割开其尾取脂为食，缝合待其复原。这就是"视肉"式羊尾再生传说的由来。

中国奇异的"传说地理学"《山海经》的《西山经》记载,钱来之山,"有兽焉,其状如羊而马尾,名曰羬羊,其脂可以已腊"。饶宗颐说,这就是大尾羊。晋代郭璞注,今大月氏国(古代吐火罗斯坦,即 Indoscythae,在今阿姆河流域),有大羊如驴而马尾,尾可供食,就是它。

《凉州异物志》说:"月氏国有羊,尾重十斤,割之供食。寻生如故。"唐代段成式《酉阳杂俎》:"康居出大尾羊,尾上旁广,重十斤。""罽宾国(今克什米尔一带)出野青羊,尾如翠色,土人食之。"这些都是纪实。《本草纲目》引《方国志》则说它产于大食(阿拉伯),春月割脂,要缝合;不割,倒要"胀死"。

这可能依据宋人周去非的《岭外代答》:西海(地中海)木兰皮国,"产胡羊,高数尺,尾大如扇,春剖腹(尾?)取脂数十斤〔引案:这就更像托尔割羊肉了〕,再缝而活,不取则羊以肥死"。宋代赵汝适《诸蕃志》略同,末一句作"不取则发膘胀死"。

元代汪大渊《岛夷志略》记加里那(约在伊朗一带),亦"地产绵羊,高大者二百余斤。逢春则割其尾,用番药搽之,次年其尾复生如故",比较近实。

《马可·波罗游记》中说,波斯地区"有羊,高如驴,尾大而宽,有重三十磅者"。沙海昂注说:"大尾羊,亚洲、非洲古代已有此物。Hérodote、Ctésias、Elian 诸氏之书并见著录。"[1]

艾儒略《职方外纪》介绍非洲大尾羊云:"异羊,甚巨,一尾便得数十斤,其味最美。"[2]

明代严从简《殊域周咨录》一书中"忽鲁谟斯"条,说法较夸张:"灵羊,尾大者重二十余斤,行则以车载尾。"

所谓生生不息,即为至美,还可以在大尾羊及其神话意象里得到有趣的证明。

冰岛史诗《埃达》(石琴娥、斯文译),写到雷神托尔用公羊拉曳他的战车——所以,这种牡羊像《柳毅传》里的羊群一样是雷神的化身,饥饿时便把公羊的肉全割下来吃。第二天一早,他把羊的骸骨堆排成形,再盖上羊皮,用他的魔锤"米奥尔尼克"敲一敲羊皮,那羊便重新长出肌肉,复活过来为他

---

[1] 〔意〕马可波罗:《马可波罗行纪》,冯承钧译,上海书店出版社2001年版,第53、55页。
[2] 艾儒略:《职方外纪》,中华书局1985年版,第85页。

拉车。这真是奇妙。有一回，火神洛基教唆好奇的蒂阿弗把羊骨砸烂取出骨髓吃；结果拉车的羊虽然复活，然而"拉不动战车"。"牲畜的腿脚全部已跛瘸，奄奄一息瘫倒在路旁边。"倒霉的蒂阿弗只好替托尔做侍役，以为赔偿。①

这还牵涉到所谓永恒回归的一种卑微的正面相：取之不尽，用之不竭，生生不息，不断增殖的聚宝盆效应。

有的记载把这种再生特性用到牛身上，越说越神奇。晋代张华《博物志·异兽篇》说："越嶲国有牛，稍割取肉，牛不死，经日肉生如故。"②托名东方朔著的《神异经》也说："南方有兽，名无损之兽。人割取其肉，不病，肉复自复。"鲁迅《古小说钩沉》辑《玄中记》写得更具体："大月氏及西胡，有牛名曰'日反'，今日割取其肉三四斤，明日其肉已复，创即愈也。汉人入此国，见牛不知以为珍异。"③这都有些像海外奇谈。托尔雷羊割肉死而复生，很可能是在大尾羊的特性和传言的基础上发展起来的神话。北欧神话里诸神食用的大野猪（saehrinnir），每天被神厨割肉烹煮，却能立即再生出一身的肥肉，永远不死。这当然也是这类神话的旁支。

这些都像是"羊大则美"的象征讲述，或者说，是羊膳之美的神话夸饰，证明着美感跟食欲的紧密联系。

我们绝没有否认美与味、味觉的联系，"美，甘也"之训，甚至"羊大则美"之注，在一定时空里都是合情合理、有根有据的，只不过想揭发它并非"美"的本义或原生形态罢了。

我们也有条件地赞成某些专家所说，美与味、直到与肥都是有语音干涉的。而这组脂、微韵部的字群，尤其是"美"，跟羊鸣声的"芈"（羌人自称，又是楚姓）又有源流关系。特别是前文所举李玲璞等揭示，"生生不息，即为至美"，上古音"美"在脂部，"肥"系微部；"肥"在并母，"美"为明母：均得相通。"肥"即"胖"，"两字同属帮系"。前举《易林》以羝为牡，以羚为牝，"羚"或读 pang，"羚羊坟首"，言其壮，而有胖意。他们举出白族语言，胖、美同源，美音 vār，胖音 tār，"韵调并同，而得连绵"。他们还指出，以肥为美"与上古先民崇拜种（自身）的繁衍与渴求物的丰产的基本社会结构、文化

---

① 《埃达》，石琴娥、斯文译，译林出版社 2000 年版，第 139—147 页。
② 张华：《博物志》，中华书局 1985 年版，第 20 页。
③ 鲁迅校录：《古小说钩沉》，齐鲁书社 1997 年版，第 233 页。

心态是相当吻合的"；复引于此，以再次证明食色性也，可得交通，且含美意。"举凡有利于生殖的就是美的"。①

我们不仅要从饮食之类物质文化，而且要从信仰或意识形态层面去理解羊（肉/奶）之美之善，理解其精神与身体之双重意义及其融合。

羌族羊皮鼓来源传说谓：端公得到经书，归途小睡，不料一只白羊却把经书吞下吃掉，端公醒来大哭。有金丝猴教他买下白羊，"将羊肉完全独自吃下"，就能获得与经书融汇一体的白羊的"灵性"；且"以羊皮为鼓（称为 i-bou，实似萨满鼓的某种形态），汝每打一下，便能忆起经书一句"。②从此，羌巫戴猴皮帽，披羊皮褂，击羊皮鼓。③这里，羊的全体以膳的形式赋予巫师以灵智与德能，这种德能当然是一种善，而且经书与圣羊之躯体化为一物，通过中介之巫师，传达神意与经典——这又是至善至美之言，与善/美味转化为善/善言，成为准美学语言了。

第二节　味觉美学？

美、善虽然都可能来自味或味觉，味觉却不是美感的主要心理生理依据。有些民族例如印欧语系者，早期强调味之美好，强调味觉为审美趣味（taste）之基础。中国古代也有利用味觉来诠释音乐与中和美学的另类传统，但这只是杰出的譬喻，味觉造成的也许是快感，而快感却有待升华才能成为美感。

一、美/善都可能来自味

首先，我们所说的美感乃至味觉都不是个人性而是集体性的。

"之于味口，有同嗜也。"（孟轲）这就证明，口味——不论饮食味觉或鉴赏知觉——都具有普遍性；从而，快感乃至善/给膳或善/合目的也是具有普

---

① 李玲璞、臧克和、刘志基：《殷墟卜辞与史前民族文化心态》，见陈秋祥、姚申、董淮平主编：《中国文化源》，百家出版社 1991 年版，第 274 页。
② 胡鉴民：《羌族之信仰与习为》，载《边疆研究论丛》1941 年。又参见和志武、钱安靖、蔡家麒：《中国原始宗教资料丛编·纳西族卷　羌族卷　独龙族卷　傈僳族卷　怒族卷》，上海人民出版社 1992 年版，第 488 页。
③ 李绍明：《羌族以白石为中心的多神崇拜》，见宋恩常编：《中国少数民族宗教初编》，云南人民出版社 1985 年版，第 117 页。

遍性的，绝不仅仅是个人需求或主观感受。

所以，不但要从个体心理学，还要从集体心理学或深度心理学的角度去考察这种具有普遍性的群体表象乃至集体无意识。

谁都知道，善绝不仅仅是个人的吃饱、吃好，美更绝不仅仅是好吃，味道好。

善不仅是满足，满足也不是完全地合目的。如康德所说，"幸福和着它的快适的全部丰富性还远不是绝对的善"①。人类还有更高、更普遍的理想，更符合进化与发展之利益与目的之善。然而，善，也许该加上美，都是从那区区的"膳"或"姜"（美人）的需要与追求，走向更高、更普遍、更完全之利益与理想的。康德的《判断力批判》说："鉴赏是凭借完全无利害观念的快感和不快感对某一对象或其表现方法的一种判断力。"②相当正确。然而，不幸得很，这种（审美）判断力却偷偷地建构在不那么高雅的食/色人类本能、本性、本真基础之上。

美感离不开快感，善离不开膳。这就动摇着美学的"纯洁性"。从根本上说，"美人为美""羊女为美"，离不开"羊大则美"；在特定语境中，美感离不开利害感，审美很难隔绝功利，美不能全然离开善。这些都像是同义反复，却又无可奈何。青木正儿很早就从汉字构成上探讨中国人审美与艺术观念的形成——他持"羊大说"，引证卜辞与《说文解字》，"他原来的意思，是羊为大物，为上古人民最美的食品，从这个视觉，终于转变出美的意义来"③。他强调了视觉，别的人则根据"美：甘"之训推出美发生于味觉，其实都是局于一偏。据托尔斯泰介绍，德国人克拉利克著《世界之美》和《美学通论》，法国人瞿渥写《美学问题》，大体都将美局限于美感，又把美感隘化为生理性感觉，克氏提出有五种艺术，都起于主观感觉：味觉的艺术，嗅觉的艺术，触觉的艺术，听觉的艺术，视觉的艺术④。美/善虽然都可以来自味，味觉却不是美感主要的心理生理依据。

美，作为形象，主要通过视、听二官来感受，味觉/嗅觉/触觉可能以某种形式在不同程度上参与、介入、干扰或推进审美活动，但它们本身并不是审

---

① ［德］康德：《判断力批判》（上卷），宗白华译，商务印书馆1964年版，第45页。
② ［德］康德：《判断力批判》（上卷），宗白华译，商务印书馆1964年版，第47页。
③ ［日］青木正儿：《中国古代文艺思潮论》，王俊瑜译，山西人民出版社2015年版，第20页。
④ 参见［俄］托尔斯泰：《艺术论》，耿济之译，商务印书馆1922年版，第14—15页。

美活动。静物画中的苹果不是用来啃的,《米罗的维纳斯》不是供人抚摸的,诗歌与绘画里的鲜花并没有真正的香气。现在有一种全息电影,会随着满园的姹紫嫣红飘出香味,但诸如此类只是为了帮助或强化视听,推进欣赏。屏幕上出现腐烂的血肉模糊,却没有用尸臭来伴奏。日本电影《蒲田进行曲》,那位倒霉的替身演员有意在高雅的明星妻子面前排放体内废气,已经够令人恶心的了,已达艺术感受的临界点,如果银幕上、座位旁同时排放恶臭,那让观众怎么忍受。现在有的是标榜"创新"的"艺术叛逆者"在玩弄边缘游戏,打擦边球,可是几乎没有全然突破底线的。克拉利克的"五感艺术",实验品都很难看到。

古典派艺术家和美学一概排斥鉴赏或审美中任何的生理、本能或欲望的成分,已受到大量的嘲笑和批驳。19—20世纪大量的反抗者、革命派,特别是后现代运动,努力颠覆传统,解构美学,突破艺术,取得惊人成就,但是在建构视听外三大感觉的艺术与艺术理论上,迄今没有取得多大成功。

二、印欧文化的味美学

如前文介绍,西方或印欧民族重视财货或实际利益;从语源学的角度看,善乃至美都跟功利联系在一起。我们最熟悉的,英语 good 是好,the good 指善,而 goods 却是货物、商品或粮食。它们之间不是一点关系没有。"美,甘也","善,膳也",由口味导致实际的需要与享用。拉丁民族也重视味觉。不仅审美趣味之 taste 原指口味,据专家介绍,一些表示口腹之欲的词汇也与善乃至智慧相联系。例如:

【味】

  (拉丁文) sapor 作味觉、味感和理性解;
      sapidus 作有味的解,也作有智慧的、有德行的解;
      sapiens 作有感觉的上颚解,也作有智慧的解;
      sapio 作有味道解,也作有理性、认识解。[①]

不但"美/甘""美/膳"是由味觉(或 taste)勾连起来,而且"善食"就是"好";"善",还可指称货物。重"利"爱"财"的西方人,往往用同一个词表示"美

[①] [法]拉法格:《思想起源论》,王子野译,生活·读书·新知三联书店1963年版,第40—41页。

善"与"财货",还涉及粮食(给膳),把"善"的基础扩大。

【膳/善/财富】

(希腊文)ta agatha(财货、财富); to agathon(善)

(拉丁文)bona(财货、财产); bonum(善)

(英文)goods(商品、财货); the good(善)[1]

据维柯等介绍,古意大利语"善"又作——fortus(可指"幸运")[2],这跟"善"(bonum)为"财富"(bona)之义也有内在联系。

正如古代印度、古代中国都有自己的食－色互渗互动的潜美学那样,古代希腊的美学、伦理学也曾探索过饮食、性欲在审美活动中的基础性作用,也曾研讨过如何使这些粗糙的物质－生理活动或本能保持节制、中平、和谐,并且跟纯粹心灵的审美、创美活动既相互协调又严格区别。福柯在《性史》里说:

> 在古典时期的希腊思想中,看来饮食和性活动的道德所引发出的问题的方式极为相似。食物、酒类,与女人和男童的性关系,构成了类似的伦理材料;它们使本能自然地运作,但也总是倾向于过度;所有这些引发出同一个问题,人们可以和必须怎样利用这种快感、欲望和行为的动力?这是个恰当使用的问题。如亚里士多德所说,人人都以自己的方式享受美食、美酒和性交,但并不是人人的做法都恰到好处。[3]

这是跟希腊人追求节制、协和的美学思想相冲突的,但他们也努力在调谐。

古印度美学追求"味"(rasa),"韵味"。他们的"美"含有"文雅、优美之意;其词来源于'盐'";盐,梵文为 Lavana,引申为"美",Lavanaya[4],再从而生发出"味/韵味"的高级审美范畴来。

希伯来人则用"大地上的盐"形容、譬喻人类的精英(美国有一部描写工人罢工得胜的电影就叫作《大地上的盐》,汉译为《社会》)。而"梵文 kalyăna——'美'、'有益健康'……根据阿洛依斯·瓦尔德和欧米勒·波

---

[1] [法]拉法格:《思想起源论》,王子野译,生活·读书·新知三联书店1963年版,第56—57页。

[2] 参见[英]利昂·庞帕:《维柯著作选》,陆晓禾译,商务印书馆1997年版,第83页。

[3] 叶舒宪:《高唐神女与维纳斯——中西文化中的爱与美主题》,陕西人民出版社2005年版,第302—303页。

[4] 参见《古代印度文艺理论文选》,金克木译,人民文学出版社1980年版,序第22、72页。

札克的意见,古希腊语 χᾱλός(漂亮、美)同梵文 kalya-h(健康、道德纯正)和 kalyǎn-h(美)有关"①。食盐、佳味有益健康,健康正是美、性感的前提。

中国烹调美学也有以盐为百味之宗的,说菜肴无盐则百味不出。陆文夫《美食家》也说,做菜的秘密全在放盐而不在火候。

至于以盐论诗,苏东坡《送参寥师》诗云:"盐酸杂众好,中有至味永。"严羽《沧浪诗话》说:"理之于诗,如水中盐,花中蜜,体匿性存,无痕有味。"

这些都跟印度以味或盐味喻说艺术之韵味有相似之处。印度早期美学里往往"味""情"并提,两者紧密联系。例如7世纪时檀丁(执杖者)《诗境》说:

为之装点,不简略,

处处充满情和味,

诗的篇章不冗长,

妙于连接韵律美。

此赵康据藏文译本汉译,注解道:"情和味,情即内心变化、心中所思;内心变化逐渐增长而表露于声色,给听者或读者以感受,谓之味。"②还算好懂。味,相当于审美感受;但并非纯属主观,也为作品本身所固有。有人以为,味相当于艺术美及其引起的美感。似乎简单化。

金克木以为,味指的是作品情调。每种味都含有固定的主要/次要之情。味,既含有情,又来自情,这决定着接受者的感受。他所译的《诗镜》有一节是:"甜蜜就是有味,在语言中以及在内容方面都有味存在。由于这(味),智者迷醉,好像蜜蜂由花蜜(而醉)。"③这明显是以味觉喻说美感,并非二者混同。

金克木译的婆罗多牟尼《舞论》说:"没有味缺乏情,也没有情脱离味,二者在表演中互相成就。"④

3—5世纪印度出现的《欲经》(kāmasūtra,或译《爱欲论》)涉及味。它的"胜利吉祥注"(约13世纪)提出"绘画六支",有人将其与南齐谢赫之"六法"做比较,说:

---

① 凌继尧:《"美"的词源学研究》,见《美的研究与欣赏》(第2辑),重庆出版社1983年版,第22页。
② 中国少数民族古代美学思想资料初编编写组:《中国少数民族古代美学思想资料初编》,四川民族出版社1989年版,第118、250页。
③ 《古代印度文艺理论文选》,金克木译,人民文学出版社1980年版,第30、407页。
④ 《古代印度文艺理论文选》,金克木译,人民文学出版社1980年版,第6页。

形别与诸量，情与美相应，

似与笔墨分，是谓艺六支。

这里的"美"（lavanya），有"文雅、优美"之意，不只是美丽。如前所说，"这个词来源于'盐'（lavana），可以解为'有味'"①，是"美"与"味"涉。谢赫六法在前，没有说"味"，但有人说气韵生动就指韵味。

8世纪左右的《毗湿奴最上法往世书》里含有画理论述，或称《画经》，也说：若"艳情"等"味"，一见即能得。②

这种一见即得"艳情"之类的画，称为"味画"，是高妙的画品。可见，味感确实能在特定条件下与性感、美感相通。印度的味里往往暗含情欲要素。"经过各派的争论，所谓'味'（加上了'韵'）竟从《舞论》的素朴解说愈来愈变成包括神秘的、色情的、宗教的内容的繁琐哲学。"③有一本叫《查干那他》的书就说："韵味就是当阻碍意识作自我表现的障碍（引案：此有如'理性阀'）除去时，意识的极乐所具有的光辉力量，这种极乐通过爱和其他感情表现出来。"④易言之，味包含爱之极乐。檀丁《诗镜》引用的艳诗说："进入蜜乡、酥胸偎依、令人心醉、尝到的尽是那多般的甘甜滋味，系有白鹤嗓音般小铃的女子，方知世上再无值得羡慕的美味。"可见所谓代表性美学的印度也经常使用食美学的根喻。

中国人的味觉与性感互渗或对转的例子很多。色、食互喻，文雅些的

图4-5　酒色的饕餮

巴西里约热内卢的一家餐馆里，宾客们已在欢宴中半醉。一位时髦女郎跳上桌子，纵情舞蹈。男人们忘情尖叫，他们享受到盛宴与美色的大餐。这是人生两大需要的放纵。酒不醉人人自醉，色不迷人人自迷，堕落往往从此开始。

---

① 金克木：《印度的绘画六支和中国的绘画六法》，载《读书》1979年第5期。又参见金克木：《印度文化论集》，中国社会科学出版社1983年版，第202页。
② 金克木：《比较文化论集》，生活·读书·新知三联书店1984年版，第133页。
③ 参见《古代印度文艺理论文选》，金克木译，人民文学出版社1980年版，第5、7页。
④ 参见本社编：《美学史话》，香港青年出版社1976年版，第24页。

如"秀色可餐",浅俗的如"恨不得一口吞下她"。如上所说,这是以色为喻,以味为比,并不是要把女人活活吞下去。而色欲必须提升为马尔库塞说的爱欲/Eros乃至情爱时,才可能进入精神性的审美领域,但审美不妨以其为基础,为根喻。

《傩蜡之风》举了许多实例证明"食色,性也","饮食""男女"的大欲可以相互转换;在某些狂欢节里,性的放纵跟饮食无节是同时发生的。放纵心理、生理欲望是庸俗而又危险的。

三、重审味觉、快感与美感关系

有人说:"把味觉排斥在'趣味'之外,常见的一种理由,是'口味'总是涉及欲望(准确地说,是饥饿或食欲),而'趣味'是无关乎欲望的。"生理或欲望及其产物,并非不能进入艺术,问题只在如何再现他介绍说,哈齐生(Francis Hutchson)把口味感觉归之于"外在感官";而审美,只限于"内在感官"。笔者以为,这划分本身就不当,无怪备受责难。休谟也认为,趣味的快感跟食欲所引起的快感无关。[①]

插一句,讨论味觉或饮食快感最好不要停留在趣味(taste)上,这个概念太模糊,味与taste本身就有审美趣味与饮食口味的兼义,必须直截了当面对争论的实质:饮食口味本身能不能进入或成为美感,美感能不能脱离口腹之欲?

康德是美食家,朋友们开玩笑,要他写一部《审味力之批判》。他当然一笑置之。纯粹生理或本能的饮食及口味,是否审美,他也许觉得不值得讨论。时代变了,问题、问题意识也在改变。我们不谈什么科学的尊严,只想简单发问:饮食快感到底是不是美感?

杨震认为:

> 口味和趣味之间的鸿沟是可以弥补的,味觉能够脱离利害关系发挥作用,可以荷载文化、精神内容,可以被人们交流共享,也可以拥有调动人类不同机能的复杂性,因此它有机会进入审美,成为一种审美经验。[②]

---

① 杨震:《味觉能否审美?——从"口味"到"趣味"的理论之旅》,载《文艺研究》2013年第11期,第19页。
② 杨震:《味觉能否审美?——从"口味"到"趣味"的理论之旅》,载《文艺研究》2013年第11期,第22页。

他说，至少有这种可能性。但味觉直接联系着粗俗的吃。离开了饮食与口感的味觉，不知道怎样想象，怎样审鉴。是望梅止渴，还是画饼充饥？是的，味觉固然能够荷载文化、精神内容——例如中国菜的色香味形已作为文化贡献给外国人——但是，究竟不是严格的 fine art/ 美艺术，而且味觉基础之饮食过程怎么能够超功利、超实用、超经验地成为审美感受呢？

康德给味觉的审美可能留了一个缝隙："只有在需要满足后，人才能在许多人里面分辨出谁人有趣味，谁没有趣味来。"① 这讲的是审美趣味而不是饮食口味。

这就是亚里士多德说的：人类只有在基本需要满足之后，才会有更高层次如精神性的追求。但味觉只能是生理活动，它可能构成对诸如作为准实用艺术的菜肴色香味形进行审美的基础，但其本身绝不是美感。这不是自命清高，这是个严肃的美的科学的问题，绝不能含糊或回避。

康德本来以为，只有纯粹理性才能被当作批判对象。理性对理性，正如只有人才能研究人。至于审美，仅属于感性，或者情感行为或趣味对象。说到趣味无争论，怎么去批判呢？怎么能用逻辑去分解呢？据说，这位书斋里的玄想家，总是对着窗外的天空冥想。窗外一棵丑陋的高树挡住了他的思维，弄得他非常苦恼。一天，无意中将此告诉了朋友，朋友转告了树的主人。那位夫人深觉惭愧，立即命人将树砍掉。清晨，康德坐在书桌前感觉神清气爽，思如泉涌，原来是再没有老树遮蔽蓝天。康德知道了原委，大为感动：原来情感具有如此神奇的力量！于是他开始了对审美情感的反思。这样，才有了三大批判之一的"判断力批判"，审美判断力成为纯粹理性与实践理性之间的中介，或者转换与补充。

但他究竟没有说饮食口味本身也是审美判断力。味觉与口感可以成为某种美感隐蔽的基础、粗糙的根源，但其本身却不是美感。

我们可以把某些雕刻得或摆置得极为精美的名菜当作审美对象，那跟欣赏工艺品没有什么不同，它可能成为一种实用美术品，不一定吃，但好吃肯定是它的背景。这是一种极为特殊的（准）实用艺术，它创作出来主要就是给人吃，让人品尝的，不然它就失去了质的规定性，就像用蜡制作一道名菜放在橱

---

① 杨震：《味觉能否审美？——从"品味"到"趣味"的理论之旅》，载《文艺研究》2013年第11期，第21页。

窗里让人看一样，几近"欺骗"。那是展品，不是食品，就跟一座假山那样。色香味形俱全的名菜，是要让食客、美食家或俗众用嘴来批判的。别的实用艺术或一般艺术具有美的二重性（好看好听与实用），但也绝不能以牙啮舌尝来批判，不然就不是审美。这种争论实在有些像抬杠，口感或味觉本身不是美感，这恐怕绝大多数美学家都心知肚明，但为了"创新"，偏要说它可能成为审美活动，这只能让常识或实践来应付了。我们的研究是案头的和"草根"的，试图以考据涵化义理、辞章，必定保守且又传统，更不敢招惹现代派与后现代，只能提供一些"偏见"，供批判参考。

讲求实际的中国人，极少把饮食男女或食欲性欲当作原罪（sin）或者丑恶。

前引孟子曰：食色，性也。《礼记·礼运》篇说，"饮食男女，人之大欲存焉"，大欲是无罪的，甚至属于美善；而"死亡贫苦"，则是"人之大恶存焉"。把饥饿、贫病、死亡，这些生命的对立面当作"人之大恶"，这实在是个了不起的思想，是生命的哲学，健全的美学。

中国人说，"饱暖思淫欲"，肚子饱了才有精力和余裕顾及男女之事，这本来无可厚非，却被道学夫子贬为"淫欲"。有位博士生半开玩笑地说：艺术起源于饱暖。"温饱思淫欲"，她说，艺术就是一种"淫欲"，是生命的奢侈，或者偶尔的"挥霍"。没有温饱的保障，艺术很难产生并发展。

倒是原始艺术史上，饥寒交迫的冰期侵袭，克罗马农人（晚期智人）也饿着肚子，他们会制作小艺术品，用它向谋生御寒能力较强的尼安德特人（早期智人）交换食物，尼安德特人喜欢艺术，却不大会制作（他们的艺术品发现极少），就慷慨地用业已匮乏的食物去换艺术，害得自己不久后陷入饥饿，甚至"灭绝"。这只是一则不大可靠的逸事，却说明艺术与饥饱之间存在微妙的关系，必须保持"积极的平衡"。

文学家的夸饰，尤其是比喻，喜欢把鉴赏感受说成口味、品味或韵味等等，这要跟美学的研究区别开来。美学史要阐明的是这种说法的历史成因和文化背景。暂把欣赏/审美需要搁在一边，马斯洛第一层次需要（饮食）也分化为双重：吃饱与吃好，都是口或口味的满足，却有高低。口味是趣味的一项生理依据。

【味（taste）】（饮食）口味

（鉴赏）趣味

说到趣味无争论，首先是"说到口味无争论"，口味便高于口腹（欲求），但仍然不同于（审美）趣味。

康德是美食家，对此应有切身体会。可惜他在此受阻了。"饥饿是最好的美食。"然而，只有在需要满足后，才能去辨识、批判"鉴赏力"。这里的鉴赏力就是"口味"，中国谓之品味。① 鉴赏艺术或美的能力同样可以被称为：口味／品味／趣味。不仅味觉文化的庄稼人深知其中三昧，大家不得不承认，审美判断力也是有快感或口腹之欲、口味之求，即吃饱与吃好这一层基础的，但口味仍然只是一个比喻。

人们的审美追求基于温饱、生存、繁殖……只是在这基本需求之上百尺竿头更进一步，从张贤亮的《绿化树》走向陆文夫的《美食家》，从《金瓶梅》跃升到《红楼梦》。

假如要说审美愉悦也是一种快感的话，那它也该是一种精神性快感。它也许根柢于性感乃至性快感，根柢于味觉或味快感，那它也是一种超越性的心灵的快乐，而不属于恩格斯所说的那种"粗糙的"生理活动。"我们的灵魂仿佛乐于忘记它与肉体的关系……这种超脱的幻觉是使人高兴的，而（不能）沉湎于肉体之中，局限于感官之内。"② 就像食色之欲与口腹之快那样，如果不能自拔，那我们的灵魂就无法超越，精神也容易长久沉沦在饮食男女、财货利禄之中，而极难使自己进入一种相对纯净的慰藉与快乐，从而贬低了自己，也贬低了人类。

温饱之余便要求口味或品味。《礼记·中庸》："人莫不饮食也，鲜能知味也。"

杨震指出，他认为"味"是"每日饮食的人类比较稀有的一种能力"。这就是前举马斯洛第一层次需求中吃饱与吃好的区别。《老子》甚至主张"味无味"："味"不仅可以"与饥渴无关，甚至都可以与食物或味道脱离"。但这只有在饮食口味跃升为审美趣味的时候。这是思想家或艺术家们的"偏见"，但仍然是事实。"这造成了中国古典艺术品鉴中崇尚'淡'的风气——这又是一个与味觉紧密相关的概念"。③

---

① ［德］康德：《判断力批判》（上卷），宗白华译，商务印书馆1964年版，第47页。
② ［美］桑塔耶纳：《美感》，缪灵珠译，中国社会科学出版社1982年版，第24页。
③ 杨震：《味觉能否审美？——从"口味"到"趣味"的理论之旅》，载《文艺研究》2013年第11期，第21页。

"荤"被俚语指为低俗的涉及男女的性事。"浓盐赤酱",是元明人对通俗说部与剧曲里的荤话或露骨桥段设定的代码。但浓、淡都只是借用它来譬喻趣味的日常性用语。

科斯迈耶说:"尽管,每个人都需要盐,这很容易达成共识,但在饮食中放盐的方式却如此众多……造就饮食喜好的文化因素迄今为止似乎是影响饮食习惯的更重要因素。"① 这就是中国人说的众口难调。"在绘画、雕塑和音乐上的文化差异跟在食物上的一样多。"② 它肯定了审美的个性差别。

杨震就此论述说:"人们在味觉上的体验,远远溢出了简单的生理需求。"它同样"荷载着人的文化属性"③,并且渗入精神领域。

　　(沈蔡)咸、苦、酸、辛、甘者,五行之味也,五行有声、色、臭、味而独言味者,以其切于民用也。

　　声、色、臭外见,而味在中,故以味为主。④

刘勰《文心雕龙》之"宗经""隐秀""物色"提出"余味"。

苏轼《书黄之思诗集后》言"至味"。

欧阳修《六一诗话》要求"真味"。

杨震说,诸如此类,"'味'这个词被用来展示想象力在审美经验中发挥的作用以及它的精神性。'味'是超出纯粹感觉的感受"⑤。是的。这里的"味"已作为诗歌美学的一种根喻升华到精神世界或价值中心了,再也不纯粹是口腹欲求中之味了。但也正因此,口味(taste)在这里依然是譬喻,并不能说饮食口味能替代或超越审美趣味。

这些都还是事实的陈述,或对审美感受的生理依据、文化背景的探寻,但底线依然没有也不能跨越:饮食口味本身不是审美感受。

---

① 杨震:《味觉能否审美?——从"品味"到"趣味"的理论之旅》,载《文艺研究》,2013年第11期,第21页。
② 杨震:《味觉能否审美?——从"品味"到"趣味"的理论之旅》,载《文艺研究》,2013年第11期,第21页。
③ 杨震:《味觉能否审美?——从"品味"到"趣味"的理论之旅》,载《文艺研究》2013年第11期,第21页。
④ 转引自杨震:《味觉能否审美?——从"品味"到"趣味"的理论之旅》,载《文艺研究》,2013年第11期,第21—22页。
⑤ 参见杨震:《味觉能否审美?——从"品味"到"趣味"的理论之旅》,载《文艺研究》2013年第11期,第22页。

笠原仲二也曾讲到，中国人原初的美意识"直接起源于味觉体验"。他特别分析了"甘"与"美"的关系：

> 所谓饮食的"甘"、"美"，就是说的肉体的、官能的体验，是指食物含在口中，引起口舌的快感，并从而给心以喜悦、快乐的感受。因为"甘"字的写法本来表示口中含物的形状，所以它是"含"字的初文。"甜"又从"甘"和"舌"，并且"甘"还有快、乐的意义（《玉篇》甘字），"美"字（也）往往与好、快、乐、喜、悦等相通训。这些都清楚地证明"甘"、"美"的意义。①

他对"甘"（甜）的理解并不错。中国上古"美"字的含义是多样的，味甘可以是美感的一个生理基础，但不能说美只是甘甜的意思。他仍然按照"美即羊大"的徐铉说，以为"'美'字就起源于对'羊大'的感受性吧，它表现出那些羊体肥毛密，生命的旺盛，描绘了羊的强盛姿态"②。这样就几乎把中国美学味觉化了。

但他只说，美或美感的来源之一是甘、甜的味觉快感，却并没有说味感已是一种美感。词源学关涉的主要是语言史、心理学史，跟美学概念界定是不同的。

笠原仲二还说，印欧语言中，美不但与美味沟通，还跟喜悦、爱好之类有密切联系，一如中国。我们将其所举拉丁语与英、德、法语相关词变递嬗演变的情况简单表示如下，便可明白。

    （拉丁语）dignus（有价值），dignitāten（有价值者）→
    （古代法语）daintie（喜悦）
    （中世纪英语）deintee（喜欢的东西）→（英语）dainty（美味，美）
    （拉丁语）delectāre（喜悦）
        dēlectō（喜悦，迷人）
    （英语）delicate（美味的）
        delicacy（快乐，优美，美味）
    （德语）delikat（美味的，可喜的）
        delikatcsse（美味）

其他如，"英语 nice（优美，美好）也有'美味的'、'可喜的'、'愉快的'等含义，

---

① ［日］笠原仲二：《古代中国人的美意识》，魏常海译，北京大学出版社1987年版，第6页。
② ［日］笠原仲二：《古代中国人的美意识》，魏常海译，北京大学出版社1987年版，第6页。

法语 savoureux (euse) (美味的、愉快的) 和英语 sevoriness (美味), savor (savour) (含口味、快乐), savoury (savory) (甘的、芳香的) 有同语源的关系"①。这种词源学的研究, 对美与美感的发生发展的认知是有帮助的。

四、"味"的隐喻与拓张

叶舒宪严厉批评"羊人为美"的"新说", 他主要依据《说文》"美/大"之训, 而"大"又被限制于后世"硕大"之解, 特别是宋人徐铉"羊大则美"的引申。"羊人为美"之说并没有否认后世"羊大则美"的衍义, 只是远溯甲金, 旁及田野, 以为初民装扮或装饰为羊——羌人首先创造美意象, 华夏汉人予以文字的记录——比"羊大则美"更具原生性或本源性。

叶舒宪推源世界三大代表性古文明的美学源头为:

中国: 食美学

印度、希腊: 性美学②

民以食为天的上古中国人确实重食、重味、重肥甘, 它的美与美学的发生确实与食、味关系极大, "美善"之"善"原义为"膳", "珍馐"之"馐"原指羊腿, "仁义"之"义"本是(设戈)杀羊(仪式), 以羊(小牢)为牺牲供神祇与祖先享用……我们也曾反复论述。但无论从人类学还是从文字义构来看, "美"为"大/人"的扮羊确实要古老得多。

味的美学深深渗透在中国古典艺术观之中, 却没有取代欣赏艺术的主要情感根源。《左传》昭二十年晏子用烹调譬喻"和而不同"的道理, 从食"味"推到乐声之和。他说, 和与同是迥异的。

和如羹焉。水、火、醯、醢、盐、梅, 以烹鱼肉, 燀之以薪。

宰夫和之, 齐之以味, 济其不及, 以泄其过。君子食之, 以平其心。

烹调讲的是五味调和, 无过无不及, 恰到好处便能得其中平。君臣之道也一样, 必须折中可/否, 调节正反两方面的意见, 求得对立面的和谐与统一, 由艺术进到政治。古器有"盉", 就是用来调和羹汤的五味, 使其恰到好处; 作为礼器, 可象征政治的谐调。

---

① [日]笠原仲二:《古代中国人的美意识》, 魏常海译, 北京大学出版社1987年版, 第22页。
② 参见叶舒宪:《美与文化: 中、希、印美概念的发生学阐释》, 见海南大学社会科学研究中心编:《中国文化: 阐释与前瞻》, 海南出版社1993年版, 第100页。

图 4-6 作为礼器的盉或卣

（鸮纹青铜卣，商代）

盉用来和羹，使五味调适。或说，"卣"之言"酉"（酒），主要用以调酒，使其中和。其上有鸮鸮纹，或说本来用为盛放"鸮炙"（殷人爱鸮，不闻以之为食）。鸮鸮，猫头鹰，食腐，也可借以防腐，辟除秽恶。作为礼器，它们象征政治上的中适，"政和如羹"，不偏不倚，无邪无灾。

"亦有和羹，既戒且平；鬷嘏无言，时靡有争。"（《诗经·商颂·烈祖》）如晋杜预注所说："（殷）中宗能与贤者和齐'可'、'否'，其政如羹，敬戒且平。'和羹'备五味，异于大羹。""和羹"就是五味调谐得恰到好处的肉汤。而声亦如味，政和如羹。所以，伊尹由于擅长"调和五味"，而得以辅佐商汤，铸成大业。

晏子曰：

先王之济五味、和五声也，以平其心、成其政也。声亦如味。一气，二体，三类，四物，五声，六律，七音，八风，九歌，以相成也。

相济相生，相反相成，都是中庸-中和的精髓。所以晏子要求，"清浊，大小，短长，疾徐，哀乐，刚柔，迟速，高下，出入，周疏，以相济也"。这样，"君子听之，以平其心；心平德和。故《诗》曰：德音不瑕"。烹调、艺术、政治、哲学，在这里达成了一致。这里最有理论意义的中国古人的美学理想是：和而不同。

声一无文。没有旋律与节奏的音乐，"若琴瑟之专一，谁能听之？"没有不同意见的争论、对照、参考、折中，就像一杯无色无臭无味的白开水，"谁能食之？"君曰"可"，臣皆"可"；君谓"否"，臣俱"否"，就是"以水济水"，毫无用处。这还是表层，其深刻者，如史伯所说：和实生物，同则不继。一切的物质都由对立统一产生；"同"就是熵增至最大值，归于虚无！

音声（音乐）与味臭可以相喻而互明。味一无味。无色无臭、无味无物的白水，"谁能食之"？又"若琴瑟之专一，谁能听之？"这是同而不是和。没有不同的见解，没有对立的争论，真理怎能愈辩愈明，政治怎能越争越善？"同之不可也如是！"可以说，晏婴的具有超越性的烹调美学—艺术理论—政治哲学得自伊尹的一脉真传，是古典"中"论、古典"和"学的精华。"声亦如味"也深深启迪了孔子。他用肉味跟音乐之美相喻比，绝不是无端。当他在齐听到尽善尽美的韶乐时，竟至于三月不知肉味，盖乐之味浓于肉之味，"不图为乐之至于斯也"。心理的愉悦已经压倒生理的餍足，美感基于快感而又高于快感。但这仍然是由两"味"比较得出的，可见中国人的审美趣味往往派生、借喻于饮食口味，犹如西文之 taste。

传说里的善于调和五味，并且以中和至味为良政之道影响商汤的奴隶政治家伊尹，他的事迹、言论见诸先秦典籍，甲骨卜辞也有所印证；其论述饮食-政治之和美，最详尽的要数《吕氏春秋·至味》篇。伊尹说：

> 调和之事，必以甘酸苦辛咸，先后多少，其齐甚微，皆有自起。
>
> 鼎中之变，精妙微纤，口弗能言，志不能喻；若射御之微，阴阳之化，
>
> 四时之数。

似乎玄之又玄，但其精华全在对立面的统一，中和调谐，所有"久而不弊，熟而不烂；甘而不哝（浓），酸而不酷，咸而不减（减，涩也），辛而不烈，淡而不薄，肥而不腻（犹言腻）"，无非是高诱所说"得其中而能适"，犹如文学艺术的"怨而不怒，哀而不伤，乐而不淫"，正是中庸之道在饮食文化上的体现。

伊尹论"至味"，在《吕览》里是发挥"天子不可强为，必先知'道'；道者止彼在己，己成而天子成，天子成而至味具"的道理，不怎么切题。《史记·殷本纪》："阿衡（伊尹）欲奸（干）汤而无由，乃为有莘氏媵臣，负鼎俎，以滋味说汤，致于王道。"就是从调味说到理政，就是《吕览》"审近所以知远"的办法。

《孟子·万章》篇也讲到伊尹"以割烹要汤"的事，而为驳之。《韩非子·难言》篇则以为是便于"昵近习亲"，使汤知其贤能而用之，都不怎么确切。《淮南子·氾论训》说"伊尹之负鼎"。汉高诱注："伊尹负鼎俎，调五味，以干汤，卒为贤相。"《淮南子·修务训》"伊尹负鼎而干汤"。高注也说："伊尹处于有莘之野，执鼎俎，和五味以干汤，欲调阴阳，行其道。《诗》曰'实惟阿衡，实左右商王'是也。"这才准确地揭示出和五味与调阴阳与理政治的有机联系，互拟机制。其本意仍然在于求得对立的统一，矛盾之调谐。这就像前举婆罗多

牟尼《舞论》所说："正如味产生于一些不同的佐料、蔬菜〔和其他〕物品的结合，正如由于糖、〔其他〕物品、佐料、蔬菜而出现六味（辛、酸、甜、咸、苦、涩）。"①依然能够调谐，像不同的情能够结合为一般的、稳定的常情那样。这同样是以"食"或"膳"为根喻。

金克木说，印度人看艳情跟中国不同，以艳情诗为上味。"印度诗人把对神的虔信和男女爱情合为一谈。据说这里面不能有欲望……"②但是普通人读起来，仍然觉得其根柢是情欲，而又已提升为爱欲，为情爱，而又经过形象的淘洗与转化，升华为爱情文学。大黑天与牧女的爱诗，《旧约》的《雅歌》，仓央嘉措的情歌，都是这样。列为《舞论》八味之首的"艳情味"，仍然被说成："它以男女为因，以最好的青年（时期）为本。它有两个基础：欢爱与相思。"欢爱近于爱欲（Eros）。"富有幸福，与所爱相依，享受季节与花环，与男女有关，名为艳情。"③可见印度艺术文学审美之"味"。食与色更是密切相关。金氏说：

> "味"。这是个普通词，在《吠陀》中本是指"汁"、"味"，《奥义书》中加了哲学内容，后来又作为五感觉对象（色、声、香、味、触）之一。《舞论》最初赋予它以艺术理论的重要意义……"味"和"情"的关系是互相联系，是"味"出于"情"。④

而究其实，其情又出于味、出于欲，而又高于欲、高于味。

前说英语的 taste，也含有饮食的口味与审美的趣味两层意思。这个词也有希腊、拉丁语源。这正像孟子说的，"口之于味，有同嗜焉"，各族人民的思维模式和心理发展有共通之处而又各具特色。笠原仲二曾注意及此。

> 英语的 taste（尝味）和 tasty（美味），德语的 Geschmack（趣味），geschmackssinn（味觉、审美感觉），这些和拉丁语的 Taxüre（评价）意义相联系，这都是我们应该注意的。⑤

这些无异证明着人类最初的美感是跟味觉有关的，绝不仅限于单一的民族或短

---

① 金克木：《梵语文学史》，江西教育出版社1999年版，第421页。
② 金克木：《比较文化论集》，生活·读书·新知三联书店1984年版，第141页。
③ 金克木：《比较文化论集》，生活·读书·新知三联书店1984年版，第141页。
④ 金克木：《比较文化论集》，生活·读书·新知三联书店1984年版，第140页。
⑤ [日]笠原仲二：《古代中国人的美意识》，魏常海译，北京大学出版社1987年版，第21页。

暂的时期。

按照西方文化传统，艺术和美是非常高贵的心智活动，绝不能跟吃喝拉撒之类联系在一起。如果艺术不是像亚里士多德一派说的那样，是生活的模仿和升华的话，那么也应该是柏拉图们所说的那样，是跟功利无缘的理念或理想的感性显现，或精神的外射。托尔斯泰说，艺术是表现、交流情感的，普列汉诺夫在《没有地址的信》里也不过是补充说，艺术应该是思想与感情的形象表现。这些都基本上跟烹饪美学无缘，烹饪艺术的"艺术"无非譬喻其精巧难能罢了。只是到了现代，艺术及其理论不断转向，技术美学或实用（艺术）美学才在更新的高度上、更深的层次里将服饰美学、烹饪艺术之类本来属于所谓生理学的美学之"副册"的日常性、生活性、应用性审美、创美活动加以哲学的复归，予以承认和升华而已。但这讲的是生理性活动可能提升到精神性，仍然不是说口感就是美感。

第三节 美、善互动：美的功利基础与超功利属性

一般说来，善是功利，美却超功利，但它们都不能背离人类的基本利益、基本欲望和基本需要。在中西的古典时期，美、善常常粘连、混用，暗示着它们在背景上的一致性。到艺术的成熟期或美学的独立期，美善才逐渐分立：美，就其表现而言，呈现出超功利的假象或表象，但是极难否认美的功利背景或人类基本欲求的基础。

一、美与功利：有用即是美？

康德的《判断力批判》说，"善"或者"好"，乃至"有用"，都"含有一个目的的概念，这就是理性对意欲（至少是可能的）的关系"[①]。

善的简单表达，是合目的。所谓合目的，就是保障与发展人类利益；"善"，具体显现为"膳"，就是保证生存第一位的饮食。羊，"主给膳"，羊乳可饮。羊肉好吃，可以果腹，也能够产生口腹上的快适感（好吃）。

果腹与好吃，看起来是个人的：别人吃得津津有味，我饿着肚子在一边看着，饥渴难耐，是果腹与好吃的反面。没有长期挨过饿的人是无法体味的。

---

① ［德］康德：《判断力批判》（上卷），宗白华译，商务印书馆1964年版，第43页。

味觉或饮食快感，在个人性、主观性方面跟（鉴赏）快感十分相似。

快感的前提是生存与温饱。饿得发昏是最大的反快感，饿得要命，就是剥夺温饱，近于剥夺生命。那是恶而绝不是善。斗士能在生理极限内忍耐或战胜饥饿，是善，也是对恶的克服。

所以，美/善的实际基础，离不开人的基本欲望与需要，离不开功利。

作为人类最高之合目的性，生存与温饱是大善。在此基础上，才能谈进化要求方面的发展。耕稼民族在这一方面最有体会。一朝无粮兵马散，两天无粮夫妻散，三天无粮父子散。他们曾被讥为"吃文化"群体，把"羊大则美"看得比"羊人为美"重要。这跟性感文化的"美女为姜"也有些区别。

饮食、男女，人之大欲存焉。（《礼记·礼运》）

爱欲和饥饿控制了世界。（西方谚语）

康德也指认："生活里的最大总数的（就量和持久来说）快适，可以称唤为真实的、甚至最高的善。"① 这是善的基础。简单说，善是功利，而超功利之美也不能背离这种功利。

图 4-7　欲望和理性的冲突

（欧洲绘画）

在饮宴即将开始之时，享乐女神（右）向沉默的道德女神投去挑衅的一瞥，后者只能无可奈何地暂时隐忍，以观其变。左下方裸体者，据说是牧神萨提儿所变，象征纵欲的公羊。俗众正在跃跃欲试。理性将处置食、色二欲可能带来的恶果。

---

① ［德］康德：《判断力批判》（上卷），宗白华译，商务印书馆1964年版，第45页。

希腊早期哲人倾向于美/善同一,但也常常发觉善并不一定是美。善是合目的,目的不仅是用或有用,还必须对人类有益;用是功能,益是价值,综合起来才是目的。

$$善或合目的\begin{cases}有用或合用——功能(论)\\有益或有利——价值(论)\end{cases}保障、促进人类的利益$$

在《大希庇阿斯篇》中,柏拉图假苏格拉底之口反复辩说,我们心里原来所要说的其实是:有能力的和有用的,就它们实现某一个好目的来说,就是美的。

然而,一把木汤匙比金汤匙适用却没有金汤匙美,所以适用的可以是善却不一定是美,美与善不一定一致。美的身体,美的制度、知识以及我们刚才所提到的许多其他东西,之所以成其为美,是因为它们都是有益的。有益比有用进了一层,可能是善,却依然不一定是美。

克罗齐说,苏格拉底-柏拉图的"美善同一论"的核心是,"美就是合适的、与目的相应的(案:合用加上有益),或者说美就是人们喜爱的"[1];其命题是:

  美是导向目的、即导向效用的。

  美就是有益的东西,就是导向善的东西。[2]

按照现代人的看法,这不适于美,甚至也不能定义善。它同样可能引出反命题:

  恶(丑)也可能成为美,因为效用也导向恶(丑)。但在这种

  情况下,善不一定就是美。美也不一定是善。[3]

同样,有用也不一定就是善或善的;善的是道德的,但道德是历史范畴,随时代而变动。合目的与否,善或恶,必须从人类的根本利益来确定。善还缺乏美的形制要件。

宋代王溥有《咏牡丹诗》云:

  枣花至小能成实,桑叶虽柔解吐丝。

---

[1] [意]贝尼季托·克罗齐:《作为表现的科学和一般语言学的美学的历史》,王天清译,中国社会科学出版社1984年版,第8页。

[2] [意]贝尼季托·克罗齐:《作为表现的科学和一般语言学的美学的历史》,王天清译,中国社会科学出版社1984年版,第9页。

[3] [意]贝尼季托·克罗齐:《作为表现的科学和一般语言学的美学的历史》,王天清译,中国社会科学出版社1984年版,第9页。

>　　堪笑牡丹如斗大，不成一事又空枝。

这就是功利至上，西方人谥之曰"审美取消主义"。完全按照实用来确定价值、确定美，这就必然引出庸俗化的结论来：牡丹花还不如一根桑枝。一位小资产阶级的小姐，中秋之夜要看月亮。丈夫说：月亮有什么好看的？看月亮还不如看烧饼。烧饼能吃，月亮能吃吗？这就是美与"利益"的永恒冲突：美的不见得有用，而有用的不一定美。

美本身就是目的。就好像艺术的目的就是艺术，别无其他。如果在鉴赏里夹杂着"它对我有益，有利，有用，有功"的想法，那就破坏了审美的单纯性或纯洁性，那就是功利判断、利益判断或善的价值（判断）而非审美判断。这在字面上，跟苏格拉底"有用即是美"对立。

我们总觉得，聪明绝顶的希腊哲学家，在玩弄一种看不清底细的语言游戏，或者说恶作剧，有意用推到极端的说法与例子在颠覆自己表面赞成的功利主义理论。他们一方面说，效能、适用，有益的东西就是美的；另一方面说，善不一定是有用，善不一定是美，实际上否认了"有用即是美"。这就涉及健壮的母马与柔美的少女谁更有用或者谁更美的有意粗鄙化的争论。

色诺芬的《饮食篇》（卷五）记载（也可能是虚构）：

>　　苏格拉底，拿自己和同席上一个行将接受美貌奖的青年相比较，就说他自己更美更值得桂冠之奖。因为用造成美，那么，象他的容貌，眼睛在脸上浮凸出来，是最有利于观物；鼻孔空洞对空气敞开，是最适宜于嗅觉；嘴巴宽广而容积大，是最适合于饮食和接吻。[①]

以苏格拉底的智慧，决不会讲出这样的蠢话。他从不隐讳自己外貌的丑陋，他把话说得这样极端，显然是正言若反，用这样可笑的话来揭示"有用即是美，越有用就越美"的功利美学的荒谬。在《大希庇阿斯篇》里，柏拉图所塑造的苏格拉底就暗示：有用或有益即是美，或美即是善，善即是美本身充满矛盾。他夸张他的丑脸有"用"所以"美"，是一场恶作剧。后人多被他戏弄了。

美的功利性，不但往往深藏在它的根柢，而且本身就有复杂而深刻的含义。例如，有益或有用就包含着合适。他自己说过："不仅眼睛，整个身体也是如

[①] 北京大学哲学系美学教研室编：《西方美学家论美和美感》，商务印书馆1980年版，第286—287页。

此，如果它适宜于赛跑和角斗，我们就认为它美。"①虽然只是部分的真理，却也是美乃至善的重要法则。合目的性本就涵化着合适性。这也是美的初级要求或必要条件。合适性包含合形则性，但不脱离合目的性。合目的性提供着美的可能。

研究美的形式规则的画家荷加斯说，合适产生美。"物体的大小和各部分的比例是由适宜与妥当所左右的。……人体各部分的一般尺寸，是适合于它们所具有的用途的。"②功能与结构有可能对立，比例依此原则而自动调整。

但合适性也可以是合形则性的另一种表达，而合形则性倾向于被独立起来的形式。康定斯基反复强调，情感，"内在因素决定艺术作品的形式"，但他说的"内在因素"指的是心理或思维的形式方面，跟通常所说的"内容-思想"无干，无关于善恶。"凡是由内在需要产生并来源于灵魂的东西就是美的。"③他说的内在需要或灵魂，主要指心理的形式需求和运行规则而不是整个的精神世界。他只论述形式因素与心理效应的关系，例如黑的方块造成沉重感，白的涡旋引起轻松或愉快。他至多信任美与艺术的合形则性而撇开合目的性。而我们以为，它们与合规律性应是对立统一的，真善美不应割裂。以此衡量，苏格拉底双眼浮凸，是甲状腺亢进，长久不利于视力，不像正常的眼形适合于观看。鼻孔空阔，或朝天鼻，雨水或污秽容易进入鼻腔。中国古代曾让残疾巫师祈求天晴，因为苍天会同情他，不会老让雨水灌进他的鼻孔。"嘴巴宽广而容积大"，进食虽然快速，却容易呛或者噎。它更不适合接吻，美丽的少女害怕被啃破樱桃小口。这些都公然违背美的中和法则：既不实用也不美；即令一时有用，却由于它破坏了和谐和文明期。人类早已习惯的五官比例而只能是丑陋。合适性既是生物学也是美善的重要标准，它是跨界性的；当然，合适、有用并不都是美。苏格拉底就曾坦承："我恐怕我们的美就是有用的，有益的，有能力产生善的那一套理论实在都是很错误的，而且，比起我们原来的美就是漂亮的年轻小姐或其他所提到的东西那些理论，还更荒谬可笑"④。这就暗示着，美有自

---

① 北京大学哲学系美学教研室编：《西方美学家论美和美感》，商务印书馆1980年版，第27页。
② ［英］荷迦兹：《美的分析》（节译），刘若端译，见《古典文艺理论译丛》（第五册），人民文学出版社1963年版，第26页。
③ ［俄］瓦·康定斯基：《论艺术的精神》，查立译，中国社会科学出版社1987年版，第12、70页。
④ 朱光潜：《朱光潜全集》（第十二卷），安徽教育出版社1991年版，第171页。

己的相对独立性,有自己应有的权利和地位,区别于善,而不是善的旁支或者附庸。而且,美与善对立、冲突,也并不鲜见。这里无法多说。

桑塔耶纳的美感理论,基本属于康德审美无关心或非功利的学说系统,但他承认历史所凝成的习惯或传统对于审美的决定性作用。他暗示,如果人类绝大多数都生成苏格拉底式的鼓眼、阔鼻、大嘴,那我们就会觉得它合于正常比例乃至中适、和谐。"他将代表人类的典型,那时,我们的眼睛会习惯了那个形式,我们的想象力会以它为改良的根据,而且强调它的天然有用的特点。"① 这是一层。另一层,尽管"美并不依赖有用",但不能否认审美中功利的"间接"影响(我们说是"基础"作用);至少,审美对象妨害"功用"或"利益",会消极地伤害审美或美。"功用之感动我们,一般地是消极的影响;如果我们明知这件(实在的)东西是无用的和虚构的,浪费和欺骗的不安之感萦绕于心中,就妨碍任何的欣赏,因而赶走了美。"② 何况,如果它损害人类的生命进化与发展利益,根本破坏善或合目的性,那就很难被审美。毒蛇猛兽活生生地横拒于前,一般人不会对其产生愉悦喜爱或崇高之情。人们只能在无危险(至少是无害的"危险边缘")下审美,欣赏它们表皮华丽与精巧之美。金龟子是害虫,但它危害较小。蝗虫,其体态比例匀称,优雅有力,但人们可以吃它却不愿承认其为美。当大片农田上飞蝗蔽天之时,却赞美其壮观与鼎盛,那只能是毫无心肝。但人们却不厌恶比蝗虫难看的蟋蟀。明乎此,就会明白深层功利心或集体无意识在审美中的决定性作用。"形式的固有价值决不会受它影响。"③ 这是有条件的。

在对古典"有用即是美"的学说批判的基础上,康德提出审美并非为了实用或应用的纯洁性理论,"为艺术而艺术"就是因"美本身就是目的"而提出的。

表面上,康德认为,美感都是超功利的。"一个关于美的判断,只要夹杂着极少的利害感在里面,就会有偏爱而不是纯粹的欣赏判断了。"④

---

① 北京大学哲学系美学教研室编:《西方美学家论美和美感》,商务印书馆1980年版,第287页。
② 北京大学哲学系美学教研室编:《西方美学家论美和美感》,商务印书馆1980年版,第287页。
③ 北京大学哲学系美学教研室编:《西方美学家论美和美感》,商务印书馆1980年版,第287页。
④ [德]康德:《判断力批判》(上卷),宗白华译,商务印书馆1964年版,第41页。

一头绵羊，毛白得像雪，油光水滑，体态丰满而非臃肿，加上弯弯的双角，柔和的面部曲线……我们说，真美丽！美感本身确实是不夹杂功利的，如这头羊真肥，宰了切成纸般的薄片，涮羊肉的好材料，"羊大则美"，这确实不是美感。"利害感是常常同时和欲望能力有关的"[①]，联系着的往往是粗糙的生理需要。例如，满足饮食和性的欲望，那至多是快感而不是美感。

　　但我们要讨论的是美感由之发生的美，而不仅仅是美的，不仅仅是本身无关心或超功利的审美判断。美感本身超功利，但它的基础，它的背景却是跟利害，跟物质或物质需求相关的。我们感觉、想象、判断一头健壮的白绵羊是美，当然不是想咬下它的一块肉。但这种美的判断，还是因为它意味着健康或生命力之丰满；甚至其"历史的背景"，还是因为它长久就是提供肉、奶与绒毛的重要家畜（羊大则美），也因为它曾经被我们的祖先崇敬为神秘、图腾（羊人为美）。这种连鉴赏者本身也不自觉的背景性感情或认识，用夏夫兹博里（Shaftesbury，1671—1731）譬喻性的说法，就是出自"内在的眼睛"；或者，如荣格所说，是一种"集体无意识"，它却往往基于功利或利害关系。

　　假如我们在荒野面对一只饿虎而不是驯顺的绵羊，猛虎同样毛色鲜丽、英武挺拔，此时我们想的不是审鉴而是逃跑，脑子里完全是会不会给吃掉，或者什么时候被吃掉。康德一派美学家，喜欢说"美是无危险的"。我们只能在动物园或者马戏舞台上欣赏老虎的美，虎皮之美更是形式化而又有功利基础，它难得而又昂贵。这只能证明审美或美的背景是有利害关系的。

　　康德的贡献在于揭示美感本身、审美判断力本身不夹杂功利，这一点很难也不必否认。否则，就很难解释艺术品与一锅炖羊肉的区别。但是康德没有触及审美的深层，潜结构与集体无意识。一幅"三阳（羊）开泰"的立轴使人觉得美，超功利，我们不准备吃掉画上的三只肥羊；但还因为它在传统或集体表象里象征着富足、健全、幸福或者温暖，金羊毛可以代表春天、阳光与财富；不仅仅因为它作为艺术形象的精细、柔畅、惟妙惟肖、栩栩如生。美是历史范畴，它是传统与当下交错混融的产物，它的潜结构里的时代性、社会性、阶级性、民族性以及个人性，虽然不都显露在外，有时必须发掘以后才能较为周全地感知，却是很难否认的。

[①] ［德］康德：《判断力批判》（上卷），宗白华译，商务印书馆1964年版，第40页。

二、"美""善"语义的古老干连

中国先秦子书还保存了相当数量美、善同义的用法。

《论语·里仁》：里仁为美。

特别是美、恶对举的用法值得注意。

《论语·颜渊》：君子成人之美，不成人之恶。

《论语·泰伯》：如有周公之才之美，使骄且吝，其余不足观也已。

也有用为"美刺"之意的。

《老子》："兵者不祥（之）器也，不得已而用之，恬淡为上，勿美也。若美之，是乐杀人也。"

其他如《孟子·公孙丑》："禹闻善言则拜。"（《史记·夏本纪》作"禹拜美言。"）可见美、善在许多场合可以通用。

《孟子·公孙丑》："岂以仁义为不美也？"

较晚起的《墨子》也保存着美与恶对比，犹如善与恶。

《墨子·经上》："誉，明美也。……诽，明恶也。"

《墨子·非儒》："务善则美。"

《墨子·尚贤》："美章而恶不生。"

文学作品，如《楚辞·离骚》也常常借"美"为"善"。

纷吾既有此内美兮，又重之以修能。

世溷浊而嫉贤兮，好蔽美而称恶。

既莫足与为美政兮，吾将从彭咸之所居。

《左传》桓元年："美而艳。"孔疏："美者，言其形貌美。"

《荀子·非相》篇说，"长短小大，善恶形相"，说的是美丑；下文即谓"长短小大，美恶形相"，可见"美""善"可以互文，但暗示，此时已注重外形的美。

《荀子·哀公》篇，"虽不能偏美、善，必有处也"，美、善对举而有别。

《国语·鲁语》："楚公子甚美。"韦注："美谓服饰盛也。"

《淮南子·修务训》："君子修美。"高注："美，善。"但这里的"美"也倾于美好。《楚辞》的内美外修，美虽倾于善，但美、修并举，二者有互渗之处。

《尔雅·释诂》："仪、若、祥、淑、鲜、省、臧、嘉、令、类、琳、縠、攻、谷、介、徽，善也。"古今词义变化多，有的改变不大，有的面目全非。只能挑几个说。"仪"通"义"，善也。郭注："《诗》曰：仪，刑（型）文王。"仪本指威仪,暗示其礼仪与仪容的美善,必须效法。嘉,邢疏:"嘉者美之善也。《诗经·大雅·抑》篇:'无不柔嘉。'"嘉兼有美、善义。《释诂》也说:"嘉,美也。"邢疏引《尚书·大禹谟》"嘉乃丕绩"说之。祥、淑、鲜、臧、令、介,"善"意犹存,间涉"美"意,但仍有区别。

从以上可见,先秦子书中,美/善已有区别,但还时常通用。

古籍有时"美""善"通训。如《吕氏春秋·古乐》篇"以见其善"高注:"善,美也。"

《周礼·春官·大司徒》中"美"一曰"媺"。《仪礼·士丧礼》"美者在中"。郑注都说:"美,善也。"其他如《国语·晋语》韦注等也这样说。《说文》解"美",也说"与善同意"。但美、善应该有区别,不然用不着造两个字。从字源学看,善是善食,美为荣饰。后来,也许"美"成了一种值得赞美或尊敬的身份性标志吧,逐渐进入伦理道德领域,跟演进为佳好的"善"合流。《公羊传》庄十二年"鲁侯之美也"何注,《战国策·齐策》"我孰与城北徐公美"鲍注,都说:"美,好也。""好"就是"善"。但第二例,分明说的是貌"美",汉语同样可以用"好""佳"或"丽""妍"等表示。所以不能从注疏的表面意思做结论。

《吕氏春秋·长功》篇"所以善代者乃万故"汉代高诱则明白地说:"善,好也。"《礼·曲礼》郑注:"善,犹好也。"

也许,"善"的能指、所指都比"美"要广阔一些——有人说是因为饮食比装饰更基本——被用为"佳好"之义更加频繁些。而古人也体味到,有时"美"只是一种"善"。

不过,在先秦典籍里,美善通用、美恶对举、美善互换等例子并不罕见。在许多场合,我们实在难于发现其或细微或准确的差异。

《春秋公羊传》隐七年:"《春秋》贵贱不嫌同号,美恶不嫌同辞。"这主要讲的是善、恶之事,有时用"同辞"表达,暗示并非"美""恶"之辞都区分得那样严格。

在《国语·楚语》里,我们感觉到了美、善的微妙区别。伍举论美云:"夫美也者,上下、内外、远近皆无害焉,故曰美。""无害"即美,近于不恶为善。美仍近善。但这也可以理解作,无论是倾于外在的美,还是重在内容之善,都不能损害国家和民众的利益。"若于目观则美,缩于财用则匮,是聚民利以自封而瘠民也;胡美之为?"第二个美用如"美刺"之美而近善(动词),"目观则美"则倾于形式，可见那时已有人把美看作感官对象，试图剥离其内容（义/善），却又反对其伤害内容。《晋语》"知襄子为室美"，韦注就说："美，丽，好也。"

《左传》襄二十九年吴公子季札评论中原乐舞，连用几个"美哉"来赞扬（用如美刺之"美"），但他究竟是文艺批评，跟《诗经》批评一致，而《诗经》的"美"已多用作美丽之义。粗疏地归类，《论语》"美"字十四见，百分之五十用如善，百分之五十意近丽，一半对一半。

特别应该注意一些美、善并举乃至对列的例子。

《老子》：

> 天下皆知美之为美，斯恶已；皆知善之为善，斯不善已。
>
> 信言不美，美言不信。

美、善在这里是对立的。

《论语·八佾》：

> 子谓《韶》尽美，又尽善也；谓《武》尽美矣，未尽善也。

此例美善分立，对列，区别十分明显；似乎善倾内容，美重形式。这种接近现代语词的用法，也由之伊始。

《墨子·经说下》：

> 有文实也，而后谓之；无文实也，则无谓也。不若敷与美，谓是，
>
> 则是固美也；谓也，则是非美，无谓，则报也。

他同样要求的是一种名实相符、文质彬彬的"美"。这虽然近"善"，但是看前引《论语·八佾》，它与善已有区别。

欧洲语言里，"美"较明确地是与"漂亮"之类相联系，这是专家们多次介绍并肯定的。

【美】

（拉丁语）bellus（好，美观，愉悦）

（意大利语）bello

（西班牙语）bello

（葡萄牙语）belo

（法语）beau

（英语）beauty

一般说，它们有源流关系。它本身的来源，阿洛依斯·瓦尔德《拉丁语

词源辞典》说，bellus 跟 bene（好，幸福）和 bonus（善良、幸福、舒适、好等）有关。可见美、善在早期关系密切。

三、古希腊的美、善分合

最古怪的是，希腊文的"美"或"美善"，原义竟是标枪或箭。

【美/善】

（希腊文）kalon（原义：标枪，箭）

（拉丁文）quiris（原义：投枪；衍义：公民）

有人说，这是因为希腊人重视体育、战斗，但是极为牵强。也许只是一种偶然。拉法格也只能对此表示惊异："一个同样的字往往被用来既表示抽象思想，又表示具体事物。欧洲语言中表示物质财富或值钱的词同样也表示道德意义的善，或者法和正义。"①他暗示，这也许表明他们对于力量和勇敢的爱敬。

投枪，原始武器，希腊文称为 kalon，往后也用来表示美的意思；这词在拉丁文称为 quiris，也作罗马公民解。瓦朗（Varron）告诉我们罗马人最初是用投枪的形式来描写马斯（Mars）神。②

后一点，有些像斯基泰人用铁剑来做战神（Ares，Mars）的神体。荷马描写希腊战士"全都像鸵鸟一般头插羽毛/像刚刚出浴的苍鹰"——

山羊般任性，

公牛般放肆，

五月般青春焕发，

盛夏的烈日那样灿烂……

赫士列特说，他的英雄们"精力过于充沛"，生龙活虎一般，"我们看到他们就在眼前"，瀑布一般"倾泻于平原之上"。③他们有壮健的体格与坚强的魄力。阳刚之气造就了男性，而古代的女性或女神并不全都阴柔。这体现于肉体，又绝不仅限于身躯；姱修滂浩，内美外修。在这种战士式的形象中，美与善照样没有明确区分。

塔达基维奇说，希腊人的美往往与善联系在一起。

---

① ［法］拉法格：《思想起源论》，王子野译，生活·读书·新知三联书店1963年版，第56页。
② ［法］拉法格：《思想起源论》，王子野译，生活·读书·新知三联书店1963年版，第99页。
③ ［英］赫士列特：《泛论诗歌》，袁可嘉译，见中国社会科学院文学研究所编：《古典文艺理论译丛》（卷一），知识产权出版社2010年版，第76页。

"美的"（kalon），通常是指"有认识价值的"或"可赞美的"，只是在隐含的意义上不同于"善的"（参见《斐利布斯篇》）。柏拉图将"道德美"包含在此中，而这却是我们小心翼翼地从审美属性之中排除掉的一种性质。亚里士多德曾将美规定为"善的，从而也是愉悦的"（参见《修辞学》）。这种美的概念，当然不能当成联系艺术的纽带。①

可见西方早期，美与善也是不大区别的，柏拉图尤其如此。

凌继尧介绍说："印度语 kalyāna 意指'好'和'有利'，最初表达对美的关系。sóbhā 和 súbha 象 śri 和 śreyas 一样，意指'美'和'善'以及两者兼而有之，它们都起源于同样的词根。"②

古希腊情况类似，kalon 不仅指美，而且指高尚。kalon 与 ahathod（"好""良善"）结合在一起，形成类似"美善"这样的联合式词，"表示各种类型的古希腊理想"。③

塔塔科维兹说，kalon 这个词含义丰富，美、善兼摄，不但意味着"人的意识和性格特征"，即善好；也指由视听二觉造成的"赏心悦目和悦耳的事物"④，即引起美感的美。

笠原仲二说，中国人的"善"，意思非常多样，不但"佳美""正当""幸

图 4-8　男性美

（《掷铁饼者》，古希腊大理石雕）

古希腊人酷爱体育，竞技场上，裸体往往更为利索、便捷，所以他们和他们的雕刻特别重视裸体之美——有些男性形象带着女性的柔润与细腻，然而许多作品依然英姿勃发，阳刚之气十足。

---

① ［波］塔达基维奇：《西方美学概念史》，褚朔维译，学苑出版社 1990 年版，第 121 页。
② 凌继尧：《"美"的词源学研究》，见《美的研究与欣赏》（第 2 辑），重庆出版社 1983 年版，第 29 页。
③ 凌继尧：《"美"的词源学研究》，见《美的研究与欣赏》（第 2 辑），重庆出版社 1983 年版，第 29 页。
④ ［波］沃拉德斯拉维·塔塔科维兹：《古代美学》，杨力、耿幼壮、龚见明等译，中国社会科学出版社 1990 年版，第 38 页。

福"等等是"善",而且"亲密""快乐""丰盛"等,也是"善"。西方的语言也是这样。例如:

【善】

(拉丁语)bonus,bellus(有"佳美"意)

(法语)bien,Bon

(英语)good(佳好)

(德语)gute,güt

它们的"对立词",也是"bad"(英语,"坏""恶""劣"),böse(法语),mal(德语)。可见人类思维方式、心理模式,有"超古今""超时空"因素。①

形容词"美的"与名词"美"有所区别:前者主要指美的各种属性;后者指作为特殊或个别事物的实体,以及与其他事物之美的共相,亦即美本身。

【美/美的】

(古希腊语)κάλλος/κάλον

(kallos)/(kalon)

(拉丁语)pulchritido/pulcher

(意大利语)bellezza/bello

(英语)beauty/beautiful

这和我们的一般看法不大一样。我们以为 beauty 主要指美的实在或竟实体,是美本身;beautiful 则主要是指对其属美之属性的主观评价,即价值判断。②但希腊人的意思却落在美与善的互渗。

塔塔科维兹介绍说:"希腊的美的概念与我们的概念相比,在含义上要广泛一些,这个概念不仅触及美的事物、线条、色彩和声音,而且也延伸到美的思想与习惯之中。柏拉图在《大希庇阿斯篇》中列举了美的品格和美的法律作为美的实例。在《会饮篇》中,他称作是美的理念的东西,同样也可以被称作是善的理念,因为他在那里所关心的并不是视觉的和听觉的美。"③

---

① [日]笠原仲二:《古代中国人的美意识》,魏常海译,北京大学出版社1987年版,第185页。
② 参见萧兵:《"美"和"美的"——再论美是形象,兼及"科学美""心灵美"与其它》,载《淮阴师专学报》1986年第3期。
③ [法]塔达基维奇:《西方美学概念史》,褚朔维译,学苑出版社1990年版,第164页。

柏拉图说的"美的品格",即道德,"美的法律",指"正确的治理",都不是美而是善。连"美的"这种用在鉴赏和艺术品评上的价值判断都用不上,遑论美本身。而美本身与美的属性的区别与联系,这个难题困扰了哲学家们几千年。

——美的东西和美有什么区别?
——你认为没区别?

柏拉图似在暗示:美(beauty)或美本身是一种先验的实在,即他所说的理念(idea),是从所有美的(beautiful)属性所抽象出来的共相,具有普遍性乃至绝对性,个别人例如会唱歌的美丽小姐的美(美之属性)与之有一定的相符,才能被称为"美"。从这个角度看,"美"与"美的"是一个普通与特殊、一般与个别、绝对与相对的关系问题。

你可以说,漂亮姑娘比健全母马或精制陶罐来得美,可是她比起"神/绝对美"来还是丑。

> 美本身,加到任何一件事物上面,就使那件事物成其为美,不管它是一块石头,一块木头,一个人,一个神,一个动作,还是一门学问。①

> 美本身把美的性质赋予一切事物——石头、木头、人、神、一切行为和一切行动。②

更重要、也更实际的是,这个"争论"提醒我们:审美判断(beautiful)不等于"美(beauty)"本身,前者具有主观性、偶然性、相对性,以驼背为美的因纽特人就不认为希腊漂亮姑娘是"美的",后者具有客观性、必然性、绝对性。

这又是一个审美标准的难题。

> 我问的是美本身,这美本身把它的特质传给一件东西,才使那件东西使其为美,你总以为这美本身就是一个年轻小姐,一匹母马,或一个竖琴吗?③

---

① [古希腊]柏拉图:《柏拉图文艺对话集》,朱光潜译,人民文学出版社1963年版,第188页。
② [古希腊]柏拉图:《柏拉图全集》(第4卷),王晓朝译,人民出版社2003年版,第42页。
③ [古希腊]柏拉图:《柏拉图文艺对话集》,朱光潜译,人民文学出版社1963年版,第134页。

若你仍旧还在想着绝对的美,其他一切事物都因此而井然有序,在拥有了外形的时候显得美好,那么你认为它就是一个少女、一匹牝马、一把竖琴吗?①

按照后一种译文,似乎又把绝对美与相对美、美本身与美判断转化为理念与具现或内容与形式(内在与外在)的问题了。这里无法具体讨论,只能略作交代。

四、美、善渐次区别

由于先秦文献,"美""美善""善(好)"的含义或用法相当纷纭,极难做出严整明晰的判断,只是将前文的意思简括一下:

经典与早期子书如《老子》《论语》,"美"多用如"善",或可互文,偶或连称;但也有少数用为"美(丽)"(beauty 或 beautiful)。

文学作品,如《诗经》,则多用于描摹体貌外形;《楚辞》略同,但亦颇有用为"内美""美善"者。

战国与秦汉,词汇更加丰富而意义、用法渐趋确定,"善"以及与之直接相关的义、祥、吉、良等,多用为道德价值判断,"美"以及与之直接相关的丽、妍、佳、秀、媚、艳等,已多做审美判断,包括外表、形式之佳好,但也有少数用作前述之"美善"。

前举《战国策·齐策》邹忌讽齐王纳谏,将自己与城北徐公比"美"。

《国语·晋语》:"知襄子为室美。"韦注:"美,丽好也。"

《吕氏春秋·慎行论》:"王为建取妻于秦而美。"高注:"美,好也。"

《吕氏春秋·尽数》:"甘水所多好与美人。"高注:"美,亦好也。"

《淮南子·精神训》:"献公艳骊姬之美。"高注:"好色曰美。"

这些"美"已开始用如美丽,而且倾于外形。不能不说,这是当时审美观念的一种进步。

美是趋善的。维特根斯坦说:"艺术的目的是美,这个概念肯定是有道理的。而美是使人幸福的东西。"② 所以,他反复强调:"伦理学与美学是同一的。"③

---

① [古希腊]柏拉图:《柏拉图全集》(第4卷),王晓朝译,人民出版社2003年版,第37页。
② [英]杰伊·希尔:《维特根斯坦的美学与文学理论》,李怡楷译,见中国社会科学院哲学研究所美学研究室编:《美学译文》(2),中国社会科学出版社1982年版,第167页。
③ [英]杰伊·希尔:《维特根斯坦的美学与文学理论》,李怡楷译,见中国社会科学院哲学研究所美学研究室编:《美学译文》(2),中国社会科学出版社1982年版,第168页。

也许更因为，伦理学是先验的，它跟美学同样基于个人的经验，很难抽象出一致的规律。但伦理学与美学肯定有相通之处。如上所说，它们在早期往往一致：美总是使人幸福快乐的东西，我们往往也以其为善。只是在讲到外表的时候，小心地将其予以区别。

提出"美是有意味的形式"的贝尔说：

> 艺术是高于道德的，或者恰切地说，一切艺术都是合乎道德的。[①]

这讲的是优秀的艺术。但他又强调："艺术是表达善的直接手段。"

维特根斯坦早期的美学也认为："一部文学作品毋需概括快感的伦理学，也毋需说明任何其它道德观；正相反，通过给读者以快感，它不言而喻地达到它唯一可能的伦理目的。"[②]艺术、美学比伦理学更直接。这些说法多属有所为而发，从字面看，却属美善一体论。

成中英说，儒家的"善"在多种德行中体现，满足多个条件：①"善"涵盖主体性的自我意识；②基于德行乃自我与他人相处之道（即"仁"），因此"善"涵盖群体意识；③"善"蕴涵应用的普遍性，亦蕴涵个人的特殊性；④"善"涵盖一个既为来源亦为终鹄的实在，也就是说，"善"被视为人的（具体）实在与终极无限的实在之直接显现。[③]这就暗含着对善的辩证认知，亦即内在着道德结构之历时性与共时性、特殊性与普遍性、相对性与绝对性的对立统一。

这就避免了对《礼记·大学》篇所说大学"止于至善"可能的封闭性理解："止于"暗示着至高却不是停止[④]，而如古代的训诂，"止"指的"止处"而并非"止息"，君子必须选择自处于至善而不能随俗媚众或同流合污，跟慎独、惕厉关系密切。

柏拉图时常美、善不分，说好的典章制度、法律、道德，也可能是美。他在《大希庇阿斯篇》说过："如果美是好（善）的原因，好（善）就是美产生的。"

---

① ［英］克莱夫·贝尔：《艺术》，周金环译，见中国社会科学院哲学研究所美学研究室编：《美学译文》（3），中国社会科学出版社1984年版，第268页。
② ［英］杰伊·希尔：《维特根斯坦的美学与文学理论》，李怡楷译，见中国社会科学院哲学研究所美学研究室编：《美学译文》（2），中国社会科学出版社1982年版，第167—168页。
③ ［美］成中英：《中国文化的现代化与世界化》，中国和平出版社1988年版，第184—185页。
④ 参见庞朴：《一分为三论》，上海古籍出版社2003年版。

还说："美是善的父亲。"但他自觉到此说的不严密，试图用几种说法来"逼近"美本身。还提醒说："美与善既然不同，善不能就是美，美也不能就是善。"朱光潜在《西方美学史》里说，古希腊哲人感受到"美""有用""有益"等与"美"难以分割的联系，却没有把二者精确地区别开来。

克罗齐指出，柏拉图认为，"美不仅存在于有形体的东西之中，也存在于法律、行为和科学之中（引案：这些应属于善或真）；有时，他似乎又把美同真、善、神统一起来"[1]。他深深陷于困惑和苦恼。但总的看来，他还是让"美善同一论"占了上风。跟中国先秦"美善一体观"相似。

然而有一点值得庆贺。古希腊人一向坚持，杰出的灵魂只能寓于健美的体魄之中。"希腊人把这种目标称为'美和善'。美指体格之美，善指心灵之善。"[2]这又跟《楚辞》的"内美外修"有趋同之处。特别是，他已经触及美感不仅仅是视听二觉的快感，更不是那种粗糙的，纯属生理的，满足肉欲的，例如性快感。视、听二觉引起的快感，必须是带有普遍性的，"最纯洁无疵，最好的快感"，才可能升华为美感。但美感基于功利又超乎功利的特质，他还来不及论证，只好留给后人例如康德与普列汉诺夫等来阐明。

亚里士多德《论题篇》引用《大希庇阿斯篇》的一句话并且加以批评：

美是由视觉和听觉产生的快感。

美如果只是感官产生的快感的集合的话，那么希庇阿斯受尽苏格拉底揶揄的一句话，"美就是一位漂亮小姐"，便是真理了。

如前，柏拉图知道，最强烈的（性）快感不是美感，人们却以为是"丑"的，不可告人。所以，首先，必须把美感（审美愉悦感）限制在由视、听二官所产生，"如果我们说味和香不仅愉快，而且美，人人都会拿我们做笑柄"[3]。如前，味觉、嗅觉、触觉只是美感的基础而不是审美。

其次，"美感"不等于"美"，跟"美的"不是"美"联系在一起。苏格拉底费了很大工夫论述美本身，说明其与一般的审美感受不同，就是为了澄

---

[1] ［意］贝尼季托·克罗齐：《作为表现的科学和一般语言学的美学的历史》，王华清译，中国社会科学出版社1984年版，第8页。

[2] 参见［古希腊］柏拉图：《柏拉图三书》，邝健行译，（香港）学津书店1983年版，第183页。

[3] ［古希腊］柏拉图：《柏拉图文艺对话集》，朱光潜译，人民文学出版社1980年版，第200页。

清哲学-美学概念。

再次,眼睛获得的快感,耳朵获得的快感,不能孤立;要寻找出二者共有的、带有普遍性质的审美愉悦感。为了比较准确把握柏拉图的想法,我们举出两种译文。

> 如果这两种快感都美,那美是由于这种有,另一种也有的那种性质。①

> 它们之所以是美的,既因为它们一道具有这种规定性,又因为它们分别地也具有这种规定性,所以才同意它们一道是美的,各自也是美的。②

初步的结论是:美在部分,也在整体;美感也如此。但这还不是美的特质,尤其不是"美本身——美是难的!"

第四节 与"善"相关的"牧"

牧,像牧人拿着鞭棒驱赶牛羊群,一方面是管,另一方面是养。牧民如同牧羊,"牧"也是古代官称,如"州牧"。作为古老游牧民的希腊大神,太阳神阿波罗、酒神狄俄尼索斯等,都曾牧过牛羊。宗教领袖也有他的"羊群",耶稣基督幼时放过羊,基督教的传道士至今还叫"牧师",教皇或称"牧首"。牧杖如同权杖,盲人音乐师的打狗棍曾是桂枝。牧者还可能成长为君主、王者,君和尹都持有牧杖那样的鞭棒。而牧人的相对高大强壮,被古人视如美人/善人/大人,也往往被看作"羊人为美"的样板。

一、牧羊与牧民的相似性

《周易·象上传》魏王弼注:"牧,养也。"又见《尔雅·释地》《广雅·释诂》《一切经音义》等。从统治者一方看,善,对于民众来说,有两方面:一是关注,体恤,仁慈,用一个直接与"羊"有关的字,就是"养",爱民如子,而不能听任其啼饥号寒,辗转溪谷。另一面,就是管治,引导,威服,用一个间接与"羊"

---

① [古希腊]柏拉图:《柏拉图文艺对话集》,朱光潜译,人民文学出版社1980年版,第206页。
② [古希腊]柏拉图:《柏拉图全集》(第4卷),王晓朝译,人民出版社2003年版,第57页。

有关的字，就是"牧"，使民以时，而不是残民以逞。甲骨文有"牧"字。

𤘘（《余》21）　𤘘（《前》5·10·3）　𤘘（《后》2·12·12）

𤘘𤘘（《后》2·12·14）　𤘘（《前》5·45·6）

"牧"，本义是牧牛放羊。《说文》卷三攴部："牧，养牛人也。从攴从牛。《诗》曰：牧人乃梦。"旧说即《周礼·地官》之牧人，"掌牧六牲而阜蕃其物"。《左传》哀九年有"牧正"。不但要放牧，而且要设法繁殖畜群。

《楚辞·天问》："牧夫牛羊"。

《孟子·公孙丑》："今有受人之牛羊而为之牧者"。转义为牧人。《诗经·小雅·无羊》："尔牧来思，何蓑何笠。"

《楚辞·天问》："伯昌号衰，秉鞭作牧。"由"牧夫牛羊"借喻为"牧民（者）"，即统治者。《管子》第一篇就是《牧民》。这样，牧人在特定时期里，被看作一种"大人""善人"或"美人"，跟"羊人为美"可以互相发明。

希腊神话里，许多重要的神都曾牧过牛羊，是羊群和牧羊人的保护者或守护神。太阳神阿波罗、酒神狄俄尼索斯、谷精萨提儿、全神潘都曾牧过牛羊或变成羊。

一些王者或王子都亲自"秉鞭作牧"。当宙斯使者赫米斯（Hermes）将三位美丽的女神带到特洛伊王子帕里斯跟前请他评选时，他正在放羊。这充分说明，希腊人曾是游牧民。他们的生活跟畜牧经济有很大关系。他们喜爱牧歌，就像农稼经济的田园诗。他们的牧女和牛羊都非常可爱。这在生活与文学上形成传统。牧歌式就是素朴、天然和美妙，维吉尔的《牧歌》就流传不辍。但这里主要讲牧羊（者）与牧民（者）的关系。

"牧"也有（以牧人者）"法式""样板"的意味，牵涉"善"与"以善为美"。

《老子》（帛书本）："圣人执一，以

图4-9　《牧羊女》

（阿道夫·威廉·布格罗，1873年作）

牧歌是浪漫的，牧女总是美丽的，小羊更加可爱。但真正的牧人是要用鞭子的，不然不能驱赶和聚拢羊群。在传统制度下，牧羊与牧民有许多相通之处。

为天下牧。"傅奕本、河上公本等皆作"天下式"。

古代，牧者是领头人，羊群或顺民跟着他走，唯命是从，一切应以其为范式。

《逸周书·周祝》篇："为天下者用牧。"注："牧，法也。"

《逸周书·命训》篇对王者牧民的要求比较多，也相当高："福莫大于行义，祸莫大于淫祭，丑莫大于伤人；赏莫大于信义；让莫大于贾上，罚莫大于贪诈。"避免了坏的，践行了好的，"奉此六者，以牧万民，民用而不失"，才可以成为"明王"。《周礼·天官》的大宰，"系邦国之民"，头一条是"牧，以地得民"。旧注疏只讲到"州牧"，实际上，最低要推到"诸侯/邦国之君"的"牧民"。

《周礼·春官·大宗伯》有"一州之牧"。

《礼记·曲礼》篇："九州之长，入天子之国，曰牧。"孔疏："养也。"后来的"州牧"便出于此。又有"牧守""牧伯""牧司""牧正""牧宰"等尊称。《汉书·百官公卿表》"十有二牧"颜注引应劭说："牧，州牧也。"

要之，都是牧使万民的"明王"之下，地方或职能部门的领头人。

殷商时就有管理戎地的牧师（《周礼·夏官》）。《后汉书·西羌传》注引古本《竹书纪年》："太丁四年，周人伐余无之戎，克之，周王季（受）命为殷牧师也。"《西羌传》："周人克余无之戎，于是太丁命季历为牧师。"季历曾为"牧师"，文王继承传统，"秉鞭作牧"。这样，管理、统治民众就叫"牧民"，意义与权限都不限于州牧。孙诒让疏引刘敞说："牧者，司牧也，谓邦国之君也。"孙氏用其义，说："此牧即《孟子·梁惠王》篇之'人牧'，赵岐注以为'牧民之君'是也。"

如上所说，《管子》有《牧民》篇。"牧民"就是像"好牧人"那样使用"两手"：既靠水草，也用鞭子；既司掌畜群或民众的生存、繁衍，又要他们服从指令，令行禁止。这样，"牧民者"才可能被看成好人、大人或善人。

二、宗教上的牧民者

宗教领袖也有他的羊群。

耶稣基督少年时曾经牧羊，后来带领他的信徒/羊群奋争，并且为他们牺牲，如同羔羊。"牧"因驯养、牧放而有治理义。后来的教义宣讲者与高级神职人员还叫"牧师"。"教皇"的一种译法是"大牧首"。

《周易·谦卦》："象传：谦谦君子，卑以自牧也。"魏王弼注："牧，养也。"这是软的一手。

清俞樾《群经平议》说:

《荀子·成相》篇:"请牧基,贤者思。"杨倞注曰:"牧,治也。"然则"卑以自牧"者,卑以自洽也。《方言》曰:"牧,司也。"又曰:"牧,察也。"司、察二义皆与"治"义相近。

牧人手中必备有鞭子。甲金籀篆都明显看出牧人手持鞭子赶牛,不听话,就打过去:这是权力的象征。牧杖就是权杖。这又是驱狗和打狼的武器,牧人出身的阿波罗又称"驱狼者"。

古希腊的太阳神阿波罗兼诗神、乐神、预言者,曾经当过牧人。据说,天上的白云就是他放牧的牛羊(中国古人说"白云苍狗")。他的牛群曾被还睡在摇篮里的交通与信息之神,也是外交官与小偷的保护神赫耳墨斯偷去,闹了不小纠纷。

古代圣歌的一个来源是牧歌。

如前,牧歌的演唱者,手中拿着赶羊并且打狼的牧杖。这是他的武器,也是他的力量的象征,还可能是他掌控生活与艺术节奏的指挥棒。古希腊的持杖歌手或行吟诗人,手中往往拿一根手杖——有人以为是盲诗人专用,乃至乞讨艺人打狗棍的衍变;有人却说,那是诗神阿波罗所赐桂枝的简化。到后来,还演变为芦笛。这又与艺术相干。或说,这是权杖或牧杖的雏形。古代诗人曾被当作战士、巫酋乃至牧首。

至于赫西俄德心目中,诗人是否要像祭司(巫师)那样"吸入"月桂(或译"橄榄")的"气息",以通过迷幻来刺激诗情,是艺术发生学的上古形态,后人的理解是有分歧的。《神谱》讲得很清楚:

(缪斯)从一棵粗壮的橄榄树上摘给我一根奇妙的树枝,并把一种神圣的声音吹进我的心扉……[1]

吕达认为,这"不只是权杖之意,也指牧师或先知经常佩带的手杖。月桂归属阿波罗,使诗人与占卜歌唱之神发生关联"[2];所以赫西俄德讲到缪斯

---

[1] [古希腊]赫西俄德:《工作与时日 神谱》,张竹明、蒋平译,商务印书馆1991年版,第27页。

[2] [法]居代·德拉孔波等编:《赫西俄德:神话之艺》,吴雅凌译,华夏出版社2004年版,第73页。

时也要提及阿波罗这位诗歌、乐舞与预言之神,他通过月桂的颁赐,让善于咀嚼与吸入的诗人含英咀华,吐出先知一般的美妙诗歌。德尔斐神祠的女祭司,也要咀嚼桂叶或手持桂枝,那实际上是一种权杖;掌握了阿波罗的神树,她就获得了颁布并且解释神谕的合法性与神圣性——神的诗人也具有这种话语权或支配权。

三、印欧牧人也有王者意

最令人惊讶的是印欧语或其语族里,也有从牧人到君王的演进过程,如同古代中国的"牧夫牛羊"到"牧使万民"。麦克斯·缪勒介绍说:

> 梵语中 go-pa 的本意是放奶牛的人,但它很快就失去了这种特殊的意义,而是用来指奶牛棚栏的主人、牧主,最后,像希腊语 ποιμην λαων 这个词一样,有了王的意义。

他还说:"与此相似,英印语 gaikwar,guicowar,在词源上本是指放奶牛的人,在马拉塔族语中,gāekwar—王。"①

图 4-10 "持杖"的行吟诗人

(《荷马》,近世欧洲绘画)

古希腊又称行吟诗人为持杖歌手。他的"圣杖",最初也许是盲歌手的探路棒或打狗棍。但神话却说,这是阿波罗所授桂枝的异变,暗示他是天赐神授的圣歌讲唱者,就像后来大祭司、先知必有的牧杖,乃至权杖。

可见,牧者可能演进为王者,或者王者的前身的一种可能是牧者。有时,古希腊人把统治者叫作牧人,近于大人。

在《政治家篇》里,柏拉图说,人们把古老"宇宙时代的人群的牧者"叫作"政治家"。"为天下者用牧。"他们是真善美的体现者与垄断者。

这样的牧者是神灵,而不是凡人。②

---

① [英]麦克斯·缪勒:《比较神话学》,金泽译,上海文艺出版社 1989 年版,第 31 页。
② [古希腊]柏拉图:《柏拉图全集》(第 3 卷),王晓朝译,人民出版社 2003 年版,第 114 页。

他们是神圣的,"没有任何国王能像他那样杰出"。他还说:

> 按照我们刚才的比喻,我们把政治家理解为唯一有资格被称作"民众的牧者"的人,并认为他们像牧人,喂养他们的牛羊一样喂养人类。①

现实情况是否如此,当然还得讨论。但这种称呼确实已成为传统。"每一动物种群都有一位天上的神灵作牧者。每一位神灵都有他牧养的动物——为他掌管的畜群提供各种需要。"当然,对于人,也"有一位神是他们的牧者,负责牧养他们",就像现在有人掌管牛羊。《法篇》中,他说,"我们的种族比牲畜高一等,因此成为它们的主人"②,所以克洛诺斯神派精灵来牧养我们人类。奴隶更是"会说话的牛马",要用更严厉的办法来牧使。

在《理想国》里,苏格拉底沿用这个比喻,对色拉叙马霍斯说:"你觉得只要把羊喂饱,就算是牧羊人,并不要为羊群着想"。这样的牧者光想吃羊肉,或者在羊身上打主意,样样都想拿来卖钱。"不过我认为,牧羊的技术当然在于尽善尽美地使羊群得到利益,因为技艺本身的完美,就在于名副其实地提供本身最完善的利益。"这才是美善。政治家或统治者,作为"牧人",当然也得为他的"羊群"着想,谋利益,"不论他照管的是公事还是私事,他总是要为受他照管的人着想的"。③必须为他们提供水草。当然,事实是颠倒过来的:牧人由牛羊来养活。

莫尔的《乌托邦》也曾引申过这层意思:"国王应该更多关心的是老百姓而不是他个人的幸福,犹如牧羊人作为一个牧羊人,其职责是喂饱羊,不是喂饱自己"④。

阿拉伯的阿威罗伊评述《理想国》(Republic,或译《王制》)时特别强调,"牧人"不能像牧羊犬变成狼那样转过来伤害羊。这就是儒家式的"仁政","爱民如子"而"使民以时"。

> 对于牧羊人来说,最丑陋的事情就是他们饲养来做护卫用的狗

---

① [古希腊]柏拉图:《柏拉图全集》(第3卷),王晓朝译,人民出版社2003年版,第110页。
② [古希腊]柏拉图:《柏拉图全集》(第3卷),王晓朝译,人民出版社2003年版,第472页。
③ [古希腊]柏拉图:《理想国》,郭斌和、张竹明译,商务印书馆1986年版,第28页。
④ [英]托马斯·莫尔:《乌托邦》,戴镏龄译,商务印书馆1997年版,第38页。

由于或饥饿或恐惧或其他坏习惯而偏离这一天性,伤害了羊群或者他们自己,变成了牧羊犬的反面——狼。

护卫者同理:最有害的事情莫过于他们的某种性情会伤及其他公民,尤其是因为他们比其他人更有力更强壮。①

牧者除了勇力之外,还需要相当高的智慧。牧民、保民都要像牧羊犬那样警惕、防备狼群来袭。赞美牧人,本来还有赞赏其高大健壮、勇敢机灵的积极面。即令撇开种族因素,牧人一般要比农夫高大强壮,因为他们长期在野外驱赶牛羊逐水草迁动,早期牧人也不会骑马,更耐得气候的无常与环境的多变。所以,牧人往往被看作一种"大人"或者"美人"。

如前,漂亮聪明勇武的太阳神阿波罗曾是"牧羊神(Nomius),他的天职是保卫羊群。我们看到阿波罗常和羊群在一起"②。"阿波罗·诺米乌斯(Apollo Nomius)可能与阿波罗·卡尔涅厄斯(Apollo Carneios,多利安的公羊神)有关系"。他是羊群和牧羊人的保护神。

阿波罗有个别称:吕西安(Lycian)。③它的词根是 Lux,意为"光明"。现在有一种洁肤用品,巧妙取名为 Lux,中国人将其"音义两译"为"力士",暗示它会带来太阳一般的健康与光洁。希腊人更偏爱这位高大健美、精力充沛、机智过人的青年牧者。他是超越了美人为美的美人。

Lux 这个词又跟狼有牵连。阿波罗有个称号:杀狼者(Lukoktonos),"会挽雕弓如满月,西北望,射天狼",因为他要保护羊群。再则,他是太阳神,光明要驱逐黑暗,而代表黑暗的天狼或天狗也会咬啮太阳或月亮,造成日、月之蚀。所以小太阳东君,中国的阿波罗,也要"青云衣兮白霓裳,举长矢兮射天狼"。所以,光又是一种壮美。

然而,另一种说法,"Lycian"一名证明,阿波罗曾经化身为狼。这也不无可能。牧民神也可能摇身一变为暴君,监守自盗,虐民以逞,危害自己管理之下的羊群。所以民众要警惕,当"牧羊人"将要变成狼的时候,便把他"关

---

① [阿拉伯]阿威罗伊:《阿威罗伊论〈王制〉》,刘舒译,华夏出版社2008年版,第49页。
② [法]G.H.吕凯、J.维奥、F.吉朗等编著:《世界神话百科全书》,徐汝舟、史昆、李扬等译,上海文艺出版社1992年版,第167页。
③ [法]G.H.吕凯、J.维奥、F.吉朗等编著:《世界神话百科全书》,徐汝舟、史昆、李扬等译,上海文艺出版社1992年版,第168页。

进笼子里",削弱或者制约"权力"的狼性,至少要让牧民者尽责"驱狼"而又保羊。就神话学而言,这种奇特的对立转化也常发生,例如廪君曾化白虎,其后代崇拜虎,后来却杀虎,阿波罗曾化金鼠,后来又驱鼠。

牛羊们呢?"统治者"更需要牛羊们的肥美和驯顺。

尼采《查拉斯图拉如是说》称:"他们(人民)为自己寻求沉酣的睡眠,寻觅催人睡眠的麻痹的道德。……那些朦胧着眼睛的人有福了!因为他们即将垂头熟睡。"① 这有福的是一队睡眼蒙眬的绵羊。"对统治者致敬并且服从,甚至于对无道的统治者也一样。沉酣的睡眠要求如此。"② 否则,就不是盲昧昏矇的羊群。中国人称"牧民"以"顺"。"领导着他的绵羊到碧绿的牧场去的(走向血色的屠宰场去也),是最好的牧人(引案:'牧,君也');要沉酣地安眠,也要如此。"③ 孙武用兵,不也是"若驱群羊,驱而往,驱而来,莫知所之"吗?

四、由"尹"而"君"而"群"

《说文解字》卷三又部:"尹,治也。从又丿,握事者也。""尹"字,实是从手执杖,见于甲金。略作𠘧之形。有一个可能,"尹"跟"牧"相似,最初是"牧夫牛羊"的游牧人或农牧集团的牧者或牧人长:酋长或邦酋。

【尹】

经典及注疏,多训"尹"为"正",董正官员及政府事务。但"尹"作为名词,文籍多说是高级官吏,乃至宰辅。如伊尹,是由奴隶、阉寺上升的宰臣。《诗经》有尹吉甫。《诗经·崧高》小序:"尹,官氏。"《春秋繁露·三代改制》篇:"名相官曰尹。"《左传》定四年:"周公相成王,而尹天下。"《尚书·顾命》篇:"百尹御事。"传:"百官之长。"《尚书·立政》篇"尹伯"传:"尹伯,长官大夫。"《小雅·都人士》郑笺:"尹臣、吉氏,周室昏姻之旧姓也。"总之,尹多指高官,直到相职。《广雅·释诂》:"尹,官也。"《左传》宣十二年,杜注:"楚官多名为尹。"

---

① [德]尼采:《尼采文集》,楚图南等译,改革出版社1995年版,第144页。
② [德]尼采:《尼采文集》,楚图南等译,改革出版社1995年版,第143页。
③ [德]尼采:《尼采文集》,楚图南等译,改革出版社1995年版,第143页。

【君】

《说文》卷二口部："君，尊也。从尹发号，故从口。"古文"象君坐形"。然而，更古老的，"尹""君"通作，"君"有时也称"尹"。

殷墟卜辞有"多君"（见《后》2·13·2，等），一般认为就是"多尹"（见《通·别》3，等）。李孝定《甲骨文字集释》说，多君"与称多尹、多臣、多公同"，指高级官吏、贵族。白川静《金文通释·令彝》说，文献之"尹"每有正、主、君、长之义，"在金文中，则多用为官之正、长之义"。陈世辉《墙盘铭文解说》记："尹作动词用，是君临的意思"[①]。

唐嘉弘《先秦史新探》说："《左传》'君氏卒'，《公羊传》作'尹氏卒'。《左传》昭公九十年'棠君尚'，《经典释文》：'君或作尹'。"[②]

"君"有时可称"尹"。君可以是部落之"邦酋"（state chief），不一定都是王。

此处有一点略作交代，学术界有人提出，苏美尔有些基本语词跟上古汉语近似，例如称君主之 En 或 Ensi 与"尹"音义略同。与中亚某些语词趋同，例如，巫称之"咸"或"甘"，与阿尔泰语系 shaman（萨满）的古称 kam 相似；除"汗""可汗""王罕"之称相同外，"君"与"昆"声同义近：

[尹]君，昆，kön——义为"太阳"（或说"太阳神犬"）

这个"kön（君）"，可以与古德语 kuning 及 könig 比照，古英语为 kin，演变为现代的 king。

恩格斯《家庭、国家和私有制的起源》说，哥特语 kuni（氏族）一词，"最初表示氏族长或部落长的 kuning（王）一词就是从 kuni 这个字演变来的"，产生出德语的 könig 和英语的 king，居然与古汉语"君"趋同。

[尹/君]（哥特语）kuni（氏族）→（古德语）kuning（王）→（德）könig，（英）king（王）

（上古汉语）kiwěn 见纽文部　（中古汉语）kǐuən

《广韵》举文切，见文合三平臻

周及徐举出的例子，两个对应：

"君 *kwun"和古高德语 kuning（国君）相平行的对应

[①] 陈世辉：《墙盘铭文解说》，载《考古》1980 年第 5 期，第 434 页。

[②] 唐嘉弘：《先秦史新探》，河南大学出版社 1988 年版，第 172 页。

"群 *gwun"和古高德语 kunni ＜ *g-（亲属，宗教）的对应[①]
他也注意到乌孙语称"王"为"昆莫"之"昆"，与古汉语"君"的相似。

【群】

　　"尹／君"与"牧"（羊）之间还有个中介：从"羊"的"群"。前引《楚辞·天问》周人的大酋或君／尹姬昌，就曾"秉鞭作牧"，而后引"群"进发。

　　金文有"群"字。本义是执鞭之尹或牧人，赶着一群羊（或说，"口"表示吆喝，实则最初君、尹一字）。群，《说文》卷四羊部训"辈"，更是后起。《尚书》有四岳，是四个山头的传说头人，这是羌人的邦酋或牧长。其下称"群"。如《舜典》："觐四岳群牧。"《史记·五帝本纪》《汉书·郊祀志》作"诸牧"，似存古意：君就是头人、大人或大牧羊人。

　　《国语·周语》"兽三为群"，《诗经·小雅·无羊》"三百维群"，都是其衍生义，不像高田忠周《古籀篇》说的是本义。《礼记·曲礼》篇："群谓禽兽共聚也。"起初或指羊群、兽群，后来才移用于人群。加个"君"旁或表音，或音义兼示，绝不会无缘无故。至少是有"牧者"（尹／君）看管的羊群吧？

　　《逸周书·谥法》篇："从之成群曰君。"倒多少接触了一些真义：能集合、率领某种群（从群畜到群人）者，就是君。《广雅·释言》便说："君，群也。"《韩诗外传》（卷五）、《春秋繁露·深察名号》篇等也说："君者，群也。"

　　《逸周书·太子晋》篇："侯能成群谓之君。"

　　《白虎通义》更加以美化："君，群也。群下之所归心也。"

　　《荀子·君道》篇："君者，何也？曰：能群也。"

　　《荀子·王制》篇："君者，善群也。"

　　《荀子·非十二子》篇："（君）一统类而群天下之英杰"。杨注："群，会合也。"

　　《汉书·刑法志》："从之成群，是为君矣。"

　　君／牧人是不能离开他的"羊群"的，不然就真是孤家寡人，就是前后面都没有实数的零。

　　《春秋繁露·灭国》篇："君者，不失其群者也。"

　　"群"的动词化，就是孔子诗学，《诗》可以"兴、观、群、怨"的"群"，略指诗歌能够宣传群众，组织群众，鼓舞群众，动员群众。

[①] 周及徐：《历史语言学论文集》，巴蜀书社2003年版，第169页。

图 4-11　牧者

（左：牧王，仡佬人崇拜之牧者神，依饭节的面具；中：牧羊图，新疆；右：牧人耶稣，皇后普拉西狄亚墓中的镶嵌画）

牧者如神，或者说，牧人往往被看作一种能够支配信众的神。作为牧人的耶稣基督从小就牧羊，后来信仰他的民众就是心甘情愿由他领头与摆布的群羊，虽然羊或羔羊同时是为民众赎罪与担责的牺牲者耶稣的化身。

卢梭说，按照格劳秀斯与霍布斯的"少数统治合理"的说法，"人类便像是被分成为一群群的牛羊，每群有每群的首领，首领之所以保护他们，只是为了要吞掉他们"。这样一来，只有牧人是人，人民就只能做驯顺的牛羊。有如罗马皇帝卡里古拉所说："国王都是神明，或者说，人民都是畜牲。"[①]在《社会契约论》的《纽沙代尔手稿》里还有如下的话："卡里古拉说，因为领导羊群的人并不是畜牲而是人，所以统治人民的人就必定不是简单的人而是神。所以畜牲就只能盲目地使自己的意志屈从于一个人的意志。"这个说法的"先驱"，就是前举《理想国》中引领动物群的神，或神一样的牧者。如上，牧杖就是牧者、君主或州牧的权杖或节杖。苏武就曾用他的外交官节杖牧羊：二者叠合为一物。可见，君／牧或统治者牧民的意识，在西方也是根深蒂固的。

威尔逊揭示，这种"牧／被牧"的观念出自游牧生活。"愈是倚赖牲畜，便愈可能产生牧羊神的观念——也就是'犹太·基督'教那样的型态。"[②]

游牧制度具有严密的组织性与流动性，而且时常集体投入战争。所以需要一个"牧人"（或牧人长）来驱遣"羊群／族众"，以保障"战时体制"以及集中性和纪律性。所以他们往往信仰有强烈父权倾向的一神教。"畜牧这种

[①]［法］卢梭：《民约论（社会契约论）》，何兆武译，法律出版社1958年版，第8页。
[②]［美］威尔逊：《人类的本性》，甘华鸣译，福建人民出版社1988年版，第175—176页。

基本的经济手段,根本是男性的专责。"①"善/群/義"这种与牧羊生活紧密相关的文化字群所依据的意象,产生在"牧羊人/羌"那里并不是偶然的。但是由于文化程度和组织手段的限制,他们还来不及建立他们的(发育状态)父权奴隶制和一神教。

倒是农耕民族的天子和他的顾问思想家非常聪明,不但迅速充实、改造、扩大"善/義"之类的道德内涵乃至哲学含量,而且巧妙地将它们与"牧/群"之类统治合理主义结合起来,纳入自己的思想宝库。色诺芬的《居鲁士劝学记》也用了"牧民"的譬喻。

> 与牧羊人的职责类似,有心担当统治者的人就必须决定应该去哪里放牧,不能去哪里,还要保管好下属们的劳动所得;而身为臣民就要忠于统治者或保管人并且与其他人等为敌。②

马基雅维里赞美居鲁士这位狡猾的统帅和政治家:"居鲁士懂得如何利用他人的无私来为自己的欲望效力:众人的爱戴使一个人成为放养着一群动物的牧者"③。

能够管理、统治、驱使尽可能多的"牛羊"的牧者,就是"尹"或者"君"。就像前引《荀子》说的,"君者,善群也"。善群包括善于利用或发展诗的兴、观、群、怨的政治功能。所以,又是美善的有机构成。"牧者""君",以及"尹""君""群"这些字汇可以跟"美""善""義"的文化字群相互比较与阐明;它们都与牛羊相关——汉藏语系族团的"君/尹""群/牧"在意念与字源学上居然能够在古代印欧或古代欧洲人那里找到对应者,实在是一件奇妙的事情。

第五节 "善"的又一存在:义

"义"的本意是"仪式"。繁体"義"由"羊""我"组成,"我"是一种武器,意近于"杀"。在仪式中杀死作为牺牲的羊,被看作是合宜即符合

---

① [美]威尔逊:《人类的本性》,甘华鸣译,福建人民出版社1988年版,第176页。
② 鲁宾:《〈居鲁士劝学录〉中的爱欲与政治》,高诺英译,见刘小枫、陈少明主编:《色诺芬的品味》,陈戎女等译,华夏出版社2006年版,第96—97页。
③ 鲁宾:《〈居鲁士劝学录〉中的爱欲与政治》,高诺英译,见刘小枫、陈少明主编:《色诺芬的品味》,陈戎女等译,华夏出版社2006年版,第102页。

礼仪的大礼。所以孔子对子贡说："尔爱其羊，我爱其礼。"羊在这里有交通人神的重要使命，为礼仪/礼义所不可或缺，人的礼仪/礼义当然更为根本。

一、"义"的含义

甲骨文有"义"字。

𦍌𦍌（《后》2·13·5）　羛（《新》5282）

可能是一种仪式行为，关涉羊，意义不明，肯定不是道德上的"义"。

《说文》卷十二我部，"义，己之威仪也，从我、从羊"，企图把它构成的两面都说到：义是威仪，又主要是己（我）之威仪。

宋代徐铉等注：此与"'善'同意，故从羊"。义属于善的范畴。奇妙的是，跟美、善同样，也与"羊"相关。

清代朱骏声《说文通训定声》说："按字从'祥'省，与'善'同意。我，声。"

中国伦理学、美学的基本范畴，居然有三个，美、善、义，都直接来自"羊"，实在独特。

郭沫若《金文丛考》说，金文铭有"大龚禽"，"义，其羽也"，用作仪式里的羽饰。《周易·渐卦》上九，"鸿渐于陆，其羽可用为仪"。"义"就是古文的"仪"，鸟羽可以做仪式、巫术用具。

【仪】

义、仪古通。金文"义"可指仪式。但"義"字从羊，羊用于仪式，跟鸿雁之羽没多大关系。

白川静说，初期金文，"义"或用为"宜"，后期"专用于威仪字"。但更早的，应为仪式。

陈邦怀也说："金文仪皆作义，《周礼》故书仪亦作义。"[①]

古典文献里，"义""仪"相通，不胜枚举。《说文》卷八人部："仪，度也。从人，义声。"《尚书大传》："尚考太室之义，唐为虞英。"郑注："义，当为仪；仪，礼仪也。"

清代王引之《经义述闻》论证"义""仪"相通说：

（"别之以礼义"）义，读为"礼仪三百"之仪。《说文》：义，

---

① 陈邦怀：《金文丛考三则》，载《文物》1964年第2期，第49页。

己之威仪也。《小雅·楚茨》篇："礼仪卒度"，《韩诗》仪作义。

《周官·肄师》"治其礼仪"，故书仪为义。郑司农云：义读为仪。

古者仪但为义。

礼义是建立在尊尊、亲亲的社会尊卑秩序和礼仪基础上的。礼义又是由礼仪来体现的，绝不是空言礼义。

《礼记·乐记》篇："礼义立，则贵贱等矣；乐文同，则上下和矣。"王氏指出：这里的"义"也读作"仪"，"礼仪"正与"乐文"相对。《周礼·春官·大司徒》"以仪辨等，则民不越"，故书或作"义"，杜子春才说"义"读为"仪"。《司士》《典命》等篇也有这种情况。礼仪是规定宗法的尊卑、君臣、老幼、男女等上下左右之关系和秩序的。合于礼仪或礼义规范的就是义，就是宜，就是美善；不合，就是不义、不宜，就是恶丑。

金文之"义"——

羊（《师旗鼎》）　義義義（《仲义人鼎》）　羕（《义仲鼎》）

義（《郑义羌父盨》）　義（《虢季子白盘》）　義（《吊向簋》）

羊（《蔡侯盘》）　義（《王孙钟》）

比较独特的是，《郑义羌父盨》铭，义字从羌不从羊。

唐代王筠《说文句读》引《韵会》（义）："从我、美省，我者己也，人言之，已断之为美也。"

林义光《文源》也说，"义"不从羊，而是"从美省，我声"。说"从美省"，比较独特。这都是由《说文》及段注等推论，羊（祥）有美善之意，"义"从羊表示行为之美善。这是有道理的。但仅从义理为说，不解决问题。

杨树达《积微居小学金石论丛》知旧说肤泛，别创一解云：

按"羊"盖假为"像"。《说文》八篇上人部云："像，象也。从人，从象；象亦声。读若养。"

此说牵强。"我像/我样"意义不明，更不一定是我的威仪。臧克和《说文解字的文化说解》说，"義"取象于"羊"，亦由"美盛肥大"得义，所以与美善同意，从"我"得声，而"我"声字多有"高大"之意，如"峨"。[①] 也是违背了"我或杀伐"的本意。

[①] 臧克和：《说文解字的文化说解》，湖北人民出版社1995年版，第221页。

二、"義"的从"我","我"的本义

"義",上半是"羊",下半是"我"。"我"是音而兼义,由"我"开始释"义",较合文字体例。

【我】

"我"字本是一种武器或武器组合。甲骨文:

　　（《铁》35·3）　　（《铁》61·3）　　（《拾》3·12）

　　（《前》2·16·2）　　（《前》4·31·7）　　（《前》4·12·2）

《说文》卷十二我部:"我,从戈,从乇;乇,或说古垂字,一曰古杀字。"说其意是"施身自谓",或说"倾侧"。徐锴:"从戈者,取戈自持也。"近之,说是古"杀"字,大体不错。

张政烺等说,其即"鉏铻",象其参差不齐。而"自称"之"吾",也出自"鉏铻"。

再看金文,与甲骨文一致,是刀锯之类。

　　（《我鼎》）　　（《毓祖丁卣》）　　（《散盘》）

　　（《善鼎》）　　（《兮甲盘》）　　（《卯簋》）

　　（《曾伯簠》）　　（《沈儿钟》）　　（《栾书缶》）

既然"我"是武器,用为自卫,后来用以自称,其动词化却是"杀";那么"羊我"之"义"或"仪",肯定最初是充满暴力色彩,原指杀羊仪式。

《说文》段注等说,《墨子》书中义字从羊从弗,"读若锜",锜也是"杀"。

那么,"羊我/我羊"之"义"中的"我",怎么成了"余/吾"第一人称呢?郭沫若曾提到,卜辞有"锯"形之字,"盖即'我'字之母型也"[1]。

张政烺亦曾说,甲骨文中有一种象"锯腿的工具"之形者（如《殷墟文字甲编》2274 等）,即"我"字,既是"一种割截的工具,也用它来说明割截的动作"[2]。作为工器,本极平常,然而通过仪式供奉,它也走向神圣,变成某种仪具,祭者可能用以自诩。

刘师培说:

> 古人以尚武为本也。《说文》:"我,施身自谓也。或说:我,

---

[1] 参见郭沫若:《殷契粹编》,科学出版社 1961 年版,第 735 页。
[2] 张政烺:《释甲骨文俄、隶、蕴三字》,载《中国语文》1965 年第 4 期,第 296 页。

> 顷顿也。从戈、手；手之垂也。一曰古文杀字。"案："我"字之名与"人"字（他人）对待。上古之民，弱肉强食，故兵器不可须臾离。"我"字从戈，实隐含自卫之意。盖非兵无以卫身也。观西周古代图画，凡绘人形必置兵器于其旁。"我"字所象之形，殆与相符。①

也可能是"吾"借"钼铻"之音，后来"吾"转为"我"。

古人或初民对自己创造的工具或利器充满了骄傲感和敬畏心，其中的一些被神秘化，它们或被当作某种仪式法具而神圣化，于是发生工具崇拜、武器崇拜。某些有力者，例如所谓巫酋，priest king，或圣王，sacred king，掌握了特殊工具，便意味着获得 charter（法制性"护照"），获得政治合法性和圣俗权威性，宣布自己就是那唯一的控制圣器的大人。例如"余我"之"余"，本来只是畲刀或其原始型，仪具化、圣器化之后便被最初的权贵借以自称，"余"，甚至"余一人"，意似后来的"孤家""寡人"②。前文说，"吾"字起于"钼铻"之"铻"。"我"字可能也是这样通过神圣化而被统治者垄断并专用，我是掌握圣武器的无上权威，后来泛化或卑化，一般人也用以"施身自谓"，假借为第一人称代词。

三、"义"是宰羊仪式

义，旧说形声字。"我"是声而兼义，构成一个独特的会意字。

义，最初肯定是一种仪式，而且跟羊、杀羊有关；有人说，这种意识是陈列羊和戈以祭。但真相已颇难明了。

日本白川静《说文新义》试图以"祭仪"说之："我"义为"杀"，盖杀羊以祭也。

从仪式上去考察"义/仪"的来源，是有意义的。但释"羊我"组合为"我羊/杀羊"，表面上看，似有望文生义之嫌；从事理上说，杀羊牲以祭，确实是仪式的重要内容。孔子说，"尔爱其羊"，子贡见不得活羊发着抖被宰杀；"我爱其礼"，其礼、其仪轨必含杀羊，这是无可奈何的传统设定。礼比羊的生命更重要。羊在这里担负着交通人神的牺羊的作用，进入仪式而被祭礼化乃

---

① 刘光汉：《政篇：论古代人民以尚武立国》，载《国粹学报》1905年第2期，第7页。
② 参见胡厚宣：《释"余一人"》，载《历史研究》1957年第1期，第78页。

至神圣化,并非白死;跟"美/善"之从"羊",根本上有相通之点。

诸说中,以"杀羊"为较合理,当然并不完满。

臧克和说:"'义'字取象本义为'牺牲之仪',即'祭仪'。"那么,牺牲仪式,跟"我"有什么关系?"我"仅仅是个声符吗?这里关键性的符号"我",还没有转变为尔我之意。"我"本利器,在"义"中,"我"也是一种仪仗或利器。"从字源取象来看,'我'字甲金文皆象兵器即'仪杖之器'。"①这基本正确,但很难证明。如果"羊、戈并祭"之说成立,则属仪杖无疑。但"并祭"之说难定。而应以"我羊/杀羊"之说为近真。

像白川静《说文新义》等书所说,在仪式上以刀锯杀羊出血以祭,谓之"义",实指杀牲仪式,逐渐用它代表一切仪式。我们知道,羊是猎牧、农牧群团最重要的祭品。"羊群放牧在城市的边缘,在人们追捕野兽的森林之前,羊是最常见的祭祀物,是神与人之间的交流工具。"②羊往往成为祭牲的代表,仪式之重心。

由于斩牲取血或陈牲列兵的仪式,是"见彩"的祈福乞佑巫术的仪轨化,是一种吉善,是一种秩序或仪轨,所以引申为"礼义"之行。

四、牺牲或祭物的神圣性

祭物,最重要的是大牢牛与小牢羊。牺牲首先要求完美的毛色、头角与身段,例如"骍且角"。毛色尽可能纯,纯色为"牷";肥大,叫作"腯"。进献越好,收获越大。《左传·曹刿论战》,鲁庄公夸口说:"牺牲玉帛,弗敢加也,必以信"。孔疏引《礼记·曲礼》:"天子以牺牛,诸侯以肥牛。"郑玄注:"牺,纯毛也。"孔云:"牺者,牲之纯色也。"那是绝不能以丑为美,以假当真的。如杜注所说:"祝辞不敢以小为大,以恶为美。"牺牲,难道不是美?

在美索不达米亚等地,主要用于宗教仪式的,是由乌鲁斯牛驯化而来的原牛。这种牛的角依然大而沉重,造成头部的过大负担(脑壳顶部较平),但是它很美丽。另一种经过驯化和改良的"长面牛"(Bos taurus longifrons),免除了大角负荷,十分实用,一般都和农业活动或象征画在一起。③这是一个

---

① 臧克和:《中国文字与儒学思想》,广西教育出版社1996年版,第68、69页。
② 吕达尔:《〈神谱〉开篇:诗人的使命 诗神的语言》,见[法]居代·德拉孔波等编:《赫西俄德:神话之艺》,吴雅凌译,华夏出版社2004年版,第69页。
③ [美]埃里奇·伊萨克:《驯化地理学》,葛以德译,商务印书馆1987年版,第108—111页。

典型的美压倒了实用的例子。耕牛（犁牛）与祭祀用牛（牺牛）在美上有云泥之别，后者既有弯弯的大角，又有纯粹的亮色。孔夫子说，"犁牛之子骍且角"，"骍"指纯红色（亮丽的黄红毛），"角"指其周正或小巧，但是卑贱的犁牛说不定会生出"骍且角"的美丽牺牛来。孔子在这里对两周贵族的血统论与出身决定论发起了挑战。

作为氐羌族群的后裔，普米族丧礼有"给绵羊"仪式。传说他们的祖先神之一（哥哥玛里）是由牧羊仙人给的白绵羊驮运尸骨还乡的。看来绵羊是他们的引魂者，所谓 Guide Beast，民俗学所说的引导兽。给死者做伙伴的祭羊，必须纯洁，未受任何伤害。可见对牺羊/小牢美善的要求之高，而羊与牧羊者、敬羊者，被当成美的理由至多。

   这是一只雪白的绵羊，
   有角的没有顶过它，
   有爪的没有抓过它，
   有掌的没有打过它，
   有翅膀的没有搭过它，
   千只羊中这只最大，
   千只羊中这只最干净！①

祭司在这只羊身上结"毛疙瘩"，以区别于常羊。"如果不结羊毛疙瘩，就到不了你的山神祖宗那里。"②如果亡魂遇到危难，可以"躲进"这只"引导兽"躯体的某一部分。

牺牲的命运虽惨，待遇却很高。如前所说，牺牲要精挑细选，毛色纯美，体魄健全，角形周正或腰肥肉壮，才能入选，比选美大赛还要隆重和麻烦。不然就对不起祖先或神祇，他们也不愿歆飨。牺羊不够规格，就不能担承交流天人意旨的使命。

通过一系列宰杀、剥制或分割、陈列等仪式之后，牲肉也就不同凡响，经神享用，更是身价十倍。祭仪就是神圣化的必经手段。如列维–斯特劳斯所说，它把"生的"变成"熟的"，将"自然"升为"文化"，连牲肉都由平凡走向神秘。

---

① 《普米族祭祀歌》，杨照辉译注，云南民族出版社1990年版，第30页。
② 《普米族祭祀歌》，杨照辉译注，云南民族出版社1990年版，第38页。

例如，佤族"尝新""改火"或者祭鬼、祀神之后，牲肉要平分给部众，就像古代的分胙，每户所得往往不过"手指长的一条"，然而"众人仍视若珍宝，包在芭蕉叶中带回，供奉祖先之前，或用于祭鬼，然后家人分食，认为食此肉可获鬼神保佑"。①一小条胙肉，就这样了不得，整只羊牲焉能不供在兵器或仪杖架上？

印度人的苏摩酒（soma），本来是由蘑菇或香草酿制的美酒，专用于祭神特别是祭月；经过供祭之后，苏摩也成了神，《吠陀》颂歌里常见"苏摩大神"，人类学谓之"祭物神"。祭羊莫不也成了祭物神，才如此美善？

对于"义"字，据李国栋介绍，白川静在《字通》（平凡社，1996年10月）中、镰田正、米山寅太郎在《大汉语林》（大修馆书店，1992年4月）里，都提出了"杀牲样态说"，即以利器割羊以祭；尾崎雄二郎、都田春男、西冈弘、山田胜美、山田俊夫在《角川大字源》（角川书店，1992年2月）里提出"舞踊行礼说"。②可惜不知其详。

李国栋在祭礼学说基础上提出：

> "我"为男人手持戈的形象。男人手持武器时最有自我存在感，所以"我"有"自己"的意思。"羊"在"戈"上，意示"羊"被"戈"高高戳起。由此，我们可以把"義"理解为自己用戈把作为牺牲的羊高高戳起，向天上的雷神发誓的形象（引案：李氏认为羊为雷神）。……在神前戳羊而发的誓是不能反悔的，所以"義"的原意应该是人对神的绝对守信。③

这里显然渗进了现代人的一些想法，如认为，"美"字中的肥大鲜美的"羊"，本来也是献给天上雷神的牺牲，有些说法是有道理的。据说，"羊大则美"，就要杀死，对于羊是恶（坏事），对于人、神却是善。因为人、神都可以享用美味甘旨的羊肉。那么，对于羊，恶能不能转化为善，从"福焉祸所伏"转换为"祸焉福所倚"呢？祭者可能以为是把福善给了羊，是羊的好运。这样化恶

---

① 汪宁生：《古俗新研》，敦煌文艺出版社2001年版，第173页。
② 李国栋：《试论龙与鲤、马、牛、羊、鹿、犬的关系》，见[日]安田喜宪主编：《神话　祭祀与长江文明》，文物出版社2002年版，第59页。
③ 参见李国栋：《试论龙与鲤、马、牛、羊、鹿、犬的关系》，见[日]安田喜宪主编：《神话　祭祀与长江文明》，文物出版社2002年版，第59页。

为善,对于哲学家来说,更是可以的。今道友信说,这就使羊可能成为高贵的牺牲(中国人称为"小牢"),到此为止,逻辑上还说得过去;但怎样使"我"成为仁义的象征呢?

羊是牺牲的象征。因而,每当自己双肩扛起牺牲的羊时,就成了含义为对社会负责的"义"字,这个字的构造是在我肩上背着羊是十分明了的。而且,那个我所付出的牺牲的大小,是要符合规定的。即一定的牺牲,放在一定的献台上,这时构成的不正是"善"字吗?①可以说,这有些像猜字谜或拆字,古人谓"望文生义"。"义"本"仪式",义所从之"我"是"杀",杀羊以祭,跟自我无关。"善"就是"膳",引申为善食、善言。由"义"字看出,"我"肩上扛着"羊",看起来固然像"美人为美",但这是依据"我"的转义(自我),再去迁就字形;而后再去附会"我"对社会负责的义务,太牵强附会了。

今道先生认为,美高于善。"善是与牺牲有关的。当付出的牺牲极大,当这一牺牲超过了一切规格,大到连自己都要毁灭的时候,不就是牺牲的羊大这个构造的'美'字出现的时候吗?"②作为价值判断,是否"美作为精神价值(引案:有些像我们日常说的'心灵美'),比作为道德最高概念的'善'还要高一级",可以讨论。但可以肯定的是,这并不是字源学的美学研究,离中国文字义构体例或实际也太远。"羊人为美"的"美"本义与献祭无干,"羊大则美"的推演也不一定能直接推到牺牲。至于说"美相当于宗教里所说的圣,……是作为宗教里的理想道德而存在的最高概念",恐怕也与美学相游离,而进入伦理学乃至宗教学领域了。③黄杨深受此说影响,说,"这与《孟子·尽心》(下)中所提出的'善、信、美、大、圣、神'等六大道德修养的见识有相似之处,均侧重于个体的道德崇尚与精神要求"④。可见他也知道,这无非是道德层次的理论构拟,尽管偶被美学借用。

当年王安石《字说》穿凿道,"羊大则充实而美(此又涉及《孟子》所说'充

---

① [日]今道友信:《关于美》,鲍显阳、王永丽译,黑龙江人民出版社1983年版,第175页。
② [日]今道友信:《关于美》,鲍显阳、王永丽译,黑龙江人民出版社1983年版,第176页。
③ [日]今道友信:《关于美》,鲍显阳、王永丽译,黑龙江人民出版社1983年版,第176页。
④ 黄杨:《"羊文化"与"美"字结构的本相——对美的初始观念的字训》,油印本,1989年,第14页。

实之谓美'),'美'成矣,则羊有死之道焉",他试图用这解释《老子》的"天下皆知美之为美,斯恶已"。羊,大而肥而美,本来对羊也是好事,却因肥美而得去做牺牲,这就转化为"恶事",古人以为这对羊对人都不一定是"恶"。据董晓萍说,好像现在也有人采撷以说美与恶之可能对立转化。

> 献祭为美,羊是牺牲的象征,人供奉牺牲,就等于承担了社会责任;所谓羊大,指当付出的牺牲极大,乃至连自己都要毁灭的时候,美字也就出现了。①

这说法实在玄妙,也太含混。董文把许说"大羊之美",比喻"大善之美""羊人为美"以及冠羽"舞人为美",连同上说四者,都归结为"民众意识中的'审美'二字的本义,与民间信仰或民间宗教有关"②。它们在某种层面上与通俗宗教相关是可能的;然而,美与善是有区别的,"羊人为美"与献祭没有直接联系,"美大则美"也不是因为成了牺牲才是美;牺牲是高贵的,但不一定构成"美"字,更与"羊大"无干。

五、义:由礼仪生长为"适宜"或"正义"

义、仪相通,但也有差别。仪由于宗教的提升和世俗的公认成为义,既是世俗的宗教化,又是宗教的世俗化。

用韦尔南的话来说——

> 祭祀是要把他们安置在各自合适的位置上和所需要的形式之中,使他们依照诸神主宰的世界秩序与人间的存在融合。③

也就是说,祭祀及其仪轨,要把人神以及祭物安排在"义/宜"的位置上,让它体现"别人神/辨高低/定尊卑"的礼法和信念。

《国语·楚语》观射父说,古之巫觋职、权均重,"是使制神之处位次主,而为之牲器时服,而后使先圣之后之有光烈"。他了解并且安排神的地位和在仪式里的位次,如韦注所说:"位,祭位也;次主,次其尊卑先后。"由此他就能干预社会及利益集团、种族集团、政治集团的位次或差等,从而由"仪"来确定"义"——社会权力和利益的分配、再分配,或秩序之安排。他要了解、

---

① 董晓萍:《新时期20年民间审美理论研究》,载《民族艺术》1998年第3期,第95页。
② 董晓萍:《新时期20年民间审美理论研究》,载《民族艺术》1998年第3期,第95—96页。
③ [法]让-皮埃尔·韦尔南:《古希腊的神话与宗教》,杜小真译,生活·读书·新知三联书店2001年版,第56页。

熟悉、确认"山川之号、高祖之主、宗庙之事、昭穆之世、齐敬之勤",一句话,社会的差序格局或位秩,这才是"义"的本质或基础。当然还有它的外在形态:礼节之宜、威仪之则、容貌之崇、忠信之质、禋絜之服……这样才能使诸社会集团,包括官吏和民众,"各司其序,不相乱也"。这才谈得到礼仪、威仪、节义,才能证明其阶级统治的合理。

"义"在这种语境里,才能体现"礼节之宜、威仪之则"。

西方上古有的美学家认为,适宜近于和谐,所以也是一种美。

古罗马的圣·奥古斯丁(S.A.Augustinus,354—430)便说:"我观察到一种是事物本身和谐的美,另一种是配合其他事物的适宜,犹如物体的部分适合于整体,或如鞋子适合于双足。"①

"义"本训"宜",其在伦理学上的演进,直到与"仁"并举为"仁义",其内涵已绝不限于宜/适宜/合宜/便宜。"义"是一种善或美善。文献"义"训"善",指一种德行,时代并不早,但影响深远。

《尔雅·释诂》:"仪,善也。"

《诗经·大雅·文王》"宣昭义问",毛传:"义,善也。"徐中舒说,这就是"义"的本义。②实则"义"或通"仪",《尔雅·释诂》及注疏多据《诗经·大雅·文王》等作"威仪""礼仪""仪容"解,言其美善。

《国语·晋语七》:"德义之乐则未也"。汉代韦昭注:"恶恶为义"。

《汉书·公孙弘》:"明是非、立可否,谓之义。"

"见义不为,无勇也。"一直演变到社会中、江湖上的义气,"路见不平一声吼,该出手时就出手",与"重然诺,轻生死,言必信,行必果"的侠德相合。史书、说部或演义里的关羽被看作义的典型。侠士或英雄们本没有血缘关系,却可以通过仪式建立准血缘:是谓"结义"。

"义/仪"也关系到美。

《礼记·少仪》篇评述各种制度仪典之美盛说:

> 言语之美,穆穆皇皇;
> 朝廷之美,济济翔翔;

---

① 北京大学哲学系美学教研室编:《西方美学家论美和美感》,商务印书馆1980年版,第65页。
② 参见徐中舒:《甲骨文字典》(卷十二),四川辞书出版社1989年版,第1381—1382页。

> 祭祀之美，齐齐皇皇；
> 车马之美，匪匪翼翼；
> 鸾和之美，肃肃雍雍。

郑注说："美皆当为仪字之误也。""仪式"内含着"美盛"之义。郑引《周礼》"教国子六仪"，含祭祀、宾客、朝廷、丧纪、军旅、车马六种"容"，与《少仪礼》略合，都是仪制之隆盛美好，通过"仪"达成"义"。

陆氏释文说："美音仪。"郑注说，这里的"美"都应为"仪"。

"仪"之言"宜"，所以孔疏说："此一节明诸事之宜，此美皆当为仪。"这暗示"仪/义"有"美"的意味。不过这里的"美"是"美善"之义。《少仪》篇说的便是仪式之善，仪容之美。

《说文》卷三言部："䛳，嘉美也。"（宋刊本作"嘉，善也"）义、䛳古音同义近。段注，䛳、嘉叠韵，"美也"，也许主要指上文的"言语之美"。这些都得留在讨论"礼/礼仪"的专篇里再触涉了。

第五章 "恶","丑",由正到反的对转

第一节 不恶之"恶"

"恶"本来只写作"亚","亚"主要用为官称、爵号,但从形体学审视,是"亚"字神圣建筑的平面布局。目前所知,殷墟王室大墓即如地上的(五室)亚形明堂,但也正因为是墓穴之映象,以生命的对立面逐渐成为恶丑的意思。

一、"亚"的解说

要说"恶",得从"亚"说起。"恶"从心,晚起,亚为恶之初义。

【亚】

《说文》卷十四亚部:"亚,丑也。象人局背之形。"又引贾侍中云,"以为次第也"。这样,"恶""丑"又被一体化。要讲什么是丑,得从"亚/恶"说起。宋代学者,如钱献之以为是古"黻"字,两"巳"相对,是相继之义。清代阮元《积古斋彝器款识》认为是"两弓相背"。孙诒让则说是"四弓相背"。"象人局背"之说,古今都有人相信。此说又恰好与"丑陋"之说暗合。例如,高田忠周《古籀篇》说是"佝偻病"。马叙伦《读金器刻词》说就是"伛","借亚为伛",古音同属影纽。①这个说法并非"丑"与"恶"的原意,但影响较大,误解也深。

---

① 马叙伦:《读金器刻词》,中华书局影印本1962年版,第17页。

赤冢忠引加藤常贤说："'亚'为'恶'之意，'亚丑'为恶之重言，恶者即指佝偻之人，而以为王之侧近之'小臣'之意也（案：指宫廷小丑）"。赤冢忠不同意其说。加藤说某些"亚"字用作"恶"，"亚象地下穴居之形"，却又觉得穴居与恶无干，只好仍用"局背/伛偻"之说。这个说法恰好与丑陋的观念暗合。又有宋人的提倡，十分诱人，可惜跟文字学体例不合。

刘节说，"亚"是图腾徽帜上画的"物"，即图腾方物外廓。① 金祖同曾说，"亚"字中间多为"图腾形象"，如动物形；作为边框，"亚"字像埃及古帝王与神名字的长方形格相似，都是"表示尊敬"。②

赤冢忠说："亚形者，乃表亚者之身分者也。"

《尚书·牧誓》篇有"亚旅"，在司徒、司马、司空下，师氏上，伪孔传："亚，次；旅，众也。"此《尔雅·释言》文。孔疏说是大夫，"在军有职事者也"，因此有人说"亚"是军职。

典籍及注疏都说，亚是次，是次官、次位、次时。说亦有据。但这只是其衍生义的一种。然而还有最重要的"亚帝"以及"亚若"等，如果说次，也只是次于王侯。

还有一些学者指出，"亚"曾作为官名、爵号或某种职官标志。③ "亚"字在甲金文里确实主要用来标识地位，但自形体学看来，却别有所自。

二、"亚"是庙室之形

"亚"字在古器物与文献上主要用为爵职符号，其来源却是某种神圣建筑的平面布局，这也是我们的关注所在。

宋以来颇有学者说"亚"为庙室者。例如薛尚功《历代钟鼎彝器款识》说："亚室（亚形室）者，庙室也。"《博古图录·商亚虎父丁鼎》说亚形文都指亚室，"庙室也，庙之有室，如左氏所谓'宗祐'，而杜预以谓宗庙中藏'主'

---

① 刘节：《古史考存》，人民出版社 1958 年版，第 173 页。
② 金祖同：《中国文字形体的演变》，载《说文月刊》1939 年第 10、11 期，第 207 页。
③ 参见斯维至：《两周金文所见职官考》，见金陵大学中国文化研究所、齐鲁大学国学研究所、华西大学中国文化研究所编：《中国文化研究汇刊》（第 7 卷），1947 年，第 22 页；又参见曹定云：《"亚其"考》，见文物编辑委员会编：《文物集刊》（2），文化出版社 1980 年版，第 143—144 页。

（牌位）石室也"，又具体到了藏放祖宗石主的"郊宗石室"。①

清人徐同柏《从古堂款识学》说："亚象庙宇墙垣四周形。"庙室之形，是"亚"的初义；但这是象形字，庙室的布局、构形以什么样子与"亚"字相符呢？

郑业敩《独笑斋金石文字跋尾》说："古器亚、✠两文，直当是庙宇之形。"此说举出了"✠"形，这才是焦点。

俞樾《群经平议》说"亚"像"世室"。

方浚益《缀遗斋彝器款识考释》说："亚，庙形也。"

阮元《明堂图说》中的说法与其《积古斋钟鼎彝器款识》中说法不同，而谓✠或亚，"即四堂背五室之形"。只有这个说法逐渐逼近了实际。

日本高田忠周《古籀篇》说："亚字象（明堂）大室四隅有夹室之区画也。"田、✠，就是明堂五室布置的俯视图，亦即"亚"字初文。②

马叙伦也说，"亚丑/伛"跟"亚室"不同，后者就是"家"之初文，象古之"四合院"③。

林义光《文源》说即是"庌"古文，二字同音。

这个"十"字形，在文化史上很重要。本章主题的"亚"（恶）就有写成十字形者。这是五室明堂的基本形态，不过把田打通，不画出大室加四小室的区界罢了。

✠（《甲》2464）　✠（《甲》2695）　✠（《甲》2910）　✠（《甲》2813）
✠（《铁》37·1）　✠（《拾》5·6）　✠（《前》7·3·1）　✠（《前》7·39·2）
✠（《后》2·27·1）　✠（《戬》46·14）　✠（《乙》6400）　✠（《乙》8710）
✠（《乙》8723）　✠（《河》312）　✠（《甲》3942）　✠（《明芝》445）
✠（《师》1·181）　✠（《河》312）　✠（《乙》8651；亚束，见《合》23）

安阳殷墟妇好墓（M5），卜辞和鹿角器上"亚雀"的"亚"字写作✠，与晚期青铜器上常见的"亚"字写法不同。

---

① ［宋］王黼编纂：《博古图灵考正》（第一册），电子科技大学出版社2017年版，第49页。
② 参见萧兵：《明堂的秘密：太阳崇拜与轮居制》，见［日］御手洗胜等：《神与神话》，联经出版事业公司1988年版。
③ 马叙伦：《读金器刻词》，中华书局影印本1962年版，第17页。

南方地区，江西吴城遗址出土泥质黑釉硬陶瓮（T2②：774）肩部刻一✥字，属吴城二期。"这种亚字，在甲骨卜辞文字中属殷墟早期，武丁时期常见，'妇好'墓青铜器上的'亚'字正同此种式样。"① 这是商文化向越人地区传播的结果。如果庙堂或墓室被建为✥字形的话，那就有可能是开向天空，开向光明，开向太阳。

"亚"字，何崝也认为应称为"中"字形，或"十"字形大墓，并且跟十字一样是太阳的代码。他说：

> 商代的十字形也应是上帝－日神的象征记号。商王室中字形（实际上就是十字形）大墓可能就是表示墓主具有上帝－日神的神性，或表示墓主是上帝－日神的后裔。②

目前所知，殷人最早的重要先公，确实都被认为具有一定的太阳神性，如"夒/嚳"被称太昊（大光明），契（少昊：小光明），昭明，等等。如果有呈✥字形的明堂亦是太阳崇拜，✥形大墓也就有朝向光明、朝向太阳之意。但目前所知，个别铜器有✥字形小开口，其他使用"十"字符号较少。

这是十字文化群的基本框架；最主要的象征功能，是太阳向四方放射光芒。这样，"鬼"或"丑"面上的"十"字符，就有可能表示太阳光眼，标志太阳崇拜——就像鬼方后裔们"牙帐东开"那样。

我们早已指认，下列字汇构成"十"字文化字群。

　　十　×
　　✥（亚）
　　王（巫）　※　※（癸）　※（癸）
　　⊕　甲

它们最初都是标识或指示四方的一种器具，并且被借用为礼器，即仪式用的巫术法器，其深层意蕴是阳光四射，邪恶辟易。

✥既是"十"字的放大，✥也可以简缩为王即"巫"；然则不但"巫工同意"，巫亚也同质异构，甚至"形近义通"。这样，"亚"就可以看作一种"巫"：

　　——巫（亚），可以送死、殴圹、赶鬼、驱邪，也可以守墓；

---

① 李家和：《从吴城遗址看江南的商代文化》，载《江西师院学报》（哲学社会科学版）1980年第4期，第19—20页。
② 何崝：《商文化窥管》，四川大学出版社1994年版，第88页。

——在政教合一、巫王相兼被时代解构之后，巫亚或转化为军务酋长（Baslieus），或降级为酋王之助手，即所谓副贰、辅弼、次官；

——巫亚也可以担任临时性或外派的重要职务。

然而不能说"亚"殷即明堂（俯视图）。殷商是否有明堂，若有，其制是否为四小室围绕中央大室，都还是问题。所以，比较稳妥的说法是，殷商可能有一大室旁出"四阿"之制，这有事死如事生的"亚"形大墓为佐证；"亚"字就摹写这种庙室的构造。到周代，"亚"即较明确地为明堂俯视图。但殷商典型的"亚"状明堂还有待发现。

三、"亚"：明堂五室

孙海波《甲骨文录》等以亚为宫室，"卜辞言某某亚，犹言某某宫也"。又《文字学》补说云："（亚）古者明堂庙寝之形。"其说近是。但他也没有明白说殷商已有五室明堂。

高鸿缙《中国字例》亦谓："（亚）原象四向屋相连之形，乃古者宫室之制也。前期金文著族徽者多圉以'亚'字。'亚'，盖家族之'家'之最初文也。后引借为族类之'类'，故许（慎）援其训为'丑'，丑，类也。"①

张凤更明确高田氏之明堂说，"古制明堂即宗庙，亦即庙寝，燕享于此，册命于此，祭祀于此，朝会亦于此。亚形象庙屋之平面地基形"②。但必须排除普通的庙寝，其缺欠依然是不能确定殷商宗庙之构形。

金璋（L.C.Hopkins）说，亚是"古代厅房的平面图形"③。

典型的明堂五室，中间大室，四旁为四个，确是古"亚"之形。如果能证明商周都有相似的神圣庙室布局，那就比较能够说服人。

前引高田忠周之说，亦大致如此，其说简易平实而较确。

朱芳圃《殷周文字释丛》将其缩小为家室中之火塘。

> 原始社会有祀火之俗，于室之中央砌一➕形之塘，燃火其中，昼夜不息，视为神圣之所，无敢跨越。……故亚为殷代宗彝中习见

---

① 高鸿缙：《中国字例》，三民书局1960年版，第150页。
② 张凤：《图象文字名读例》，载《说文月刊》1938年第2期，第190—192页。
③ ［英］金璋：《中国古文字里所见的人形》，王师韫译，载《中山大学语言历史学研究所周刊》1930年第125—128期。

之图铭，盖所以象征祖先之神所凭依也。①

此说巧妙。但今日考古发掘及西南兄弟民族火塘，或圆或方，少见"亚"形，为此说之缺欠。

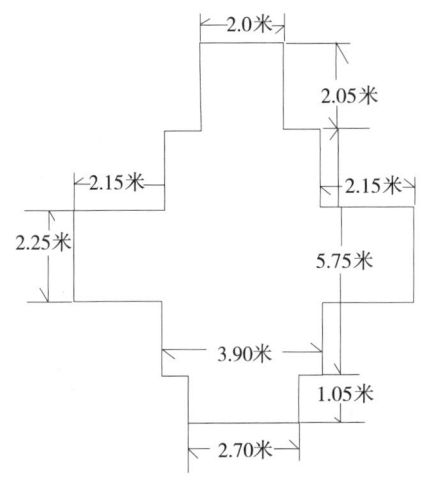

图 5-1　河南安阳殷代王室"亚"形大墓

（HPKM1004 墓椁室底部平面图，采自高去寻）

典型的"亚"形，主要见于王室大墓。HPKM1004 略有变形。南北贯者较长，在墓室外多挖出了通道，也许只是为了便于运输。

四、"亚"形墓穴

古人事死如事生，事亡如事存，墓穴即象生前所居之居室。殷墟墓室，每见有"亚"形布局者，一些学者以此为证据，说"亚"形本是模拟宫室、墓穴之状。持此论者如高去寻，其说最明确：推断殷代大墓亚形木室，可能是明堂宗庙的象征性建筑。②

加藤常贤亦将地上、地下之宫室形建筑结合起来，以其为穴居之象。

（亚）乃古代之所谓四阿明堂之原始之形也。……（又）乃古代地下穴居之室之形也。中央之四角为竖穴，在其四方作入口四室之形也。③

徐中舒也持此说。他曾说，殷代陵墓，方形而有向四方伸出的长斜墓道，"恰与亚形相似"，这从古代穴居有四道出入（案：远古地穴不一定都有四条通道），如《诗经·大雅·绵》所写，"古公亶父，陶复陶穴"，"复"或即

---

① 朱芳圃：《殷周文字释丛》，中华书局 1962 年版，第 16 页。
② 高去寻：《殷代大墓的木室及其涵义之推测》，载《"中央研究院"历史语言研究所集刊》1969 年第 2 期，第 184 页。
③ ［日］加藤常贤：《汉字之起源》，斯文会，第 1307 页。

地穴复道，故"亚有低下之义"。①

又如李孝定《甲骨文字集释》、周法高《金文诂林补》、日本白川静《说文新义》，均作是说。要注意的一点是，殷墟有作长方之⊏⊐形者，看起来也像拉长了的✚形，但其中心椁室呈方形，两旁是墓道。拉长，是为了降低其坡度，以便运送棺椁及随葬品等入圹，这是功能性而非制度性，不知道能不能看成"亚"形。只有王室大墓才有典型的"亚"形。

徐中舒曾经很巧妙地调和"亚／丑"与"亚／阿"（亚形建筑）之义。他说，墓穴建筑模仿地穴，有二出或四出阶梯孔道，"亚字，就象墓穴四面有台阶之形"。《说文》："亚，丑也。"就因为墓穴为亚形。"丑恶义近，恶从亚者，墓穴令人心恶。"②他曾说，"亚"有"地下"之义，"为埋葬死人所在，故从亚之字如恶有憎恶厌恶之义"③。其说甚辩。但有三个问题没法解决：第一，如果墓穴模仿穴居，地穴居室并不恶；第二，墓穴多数不采亚形，目前只发现殷人墓穴有采用"亚"形者，特别是王室大墓；第三，古人事死如事生，亚形墓室是隆重而神圣的葬所，还可能有死—生转变的潜义，并不令人心恶。张光直以为"亚"形是死者通天的孔道，更是吉善。"亚"训为"恶"者，只能是后人恶死重生，以亚为恶——它是转义。

五、"亚""恶"通用，恶转贬义

"恶"字后起。《尚书·洪范》篇"恶"，伪孔传："丑陋也。"其写定本不古老。但"亚""恶"二字确实可通，"恶"每假"亚"为之。

郭沫若说，卜辞已见"亚当读为恶"者，不一定可靠。

《尚书大传》："王升舟入水，钟鼓恶。"注云，"恶"当为"亚"，"亚，次也"。"鼓钟恶"之下，还有"观台恶，将舟恶，宗庙恶"，恶者是亚，次（次于或次之）的意思。清代陈寿祺《尚书大传辑校》据《周礼·地官·肆师》疏云："武王于孟津渡河，升舟入水在前；钟鼓亚（次），亚（次）王舟后"，以下是用于观天的灵台，"以社主主杀戮"的将舟继之，最后是宗庙，"宗庙则迁主也"。大概是有代表性的圣物，象征品，或者模型，可以流动。

---

① 徐中舒：《四川彭县濛阳镇出土的殷代二觯》，载《文物》1962年第6期，第17页。
② 徐中舒：《徐中舒历史论文选辑》（下），中华书局1998年版，第793页。
③ 徐中舒：《四川彭县濛阳镇出土的殷代二觯》，载《文物》1962年第6期，第17页。

可见，"亚""恶"二字，先秦仍可通用，原是古今字。

秦《诅楚文》"亚驼"，《礼记·礼器》作"恶池"，这是专名。

《周易·系辞传》荀谞本，"言天下之至赜而不可亚也"，另本作"恶"。帛书本亦作"不可恶也"，可证。

《国语·齐语》："恶金以铸钼夷斤欘。"韦注："（恶）粗也。"

《左传》定五年："吾以志前恶。"杜注："恶，过也。"

《吕氏春秋·简选》篇："与恶卒无择。"高注："怯卒也。"此"恶"多成贬抑之意。厌恶、憎恶、好恶之"恶"今音 wù。《说文》卷三言部作"誟"，"相毁也。从言，亚声，一曰畏亚"。畏亚，畏恶也。

《论语·阳货》篇："君子亦有恶乎？"皇疏："谓憎疾也。"

这种例子很多，只举其古老者。

《老子》："斯恶已"。王弼注："恶者，人心之所疾恶也。"正文读如字。注文则可读"厌恶"之 wù。

"美""恶"对举，已见于《老子》。

此处之"恶"可以是"丑陋"，也能够指"劣秽"。

《老子》"天下皆知美之为美，恶已"，许抗生译为"天下皆知美的东西为美，这就已有恶的东西了"，力度是不足的。天下都知道美，美就变成极普通、极庸陋的东西，简直就是"劣恶"。这里暗示着美、恶的相对性与可转化性。如赫拉克利特所说："善与恶是一回事。"① 所以才说："美与恶，其相去若何？"庄子才能把这种相对性推到极度。

《礼记·学记》篇："君子知至学之难易，而知其美恶。"郑注："美恶，说之是非也。"美、恶虽对举，却没有多少辩证法。

《说文》云，"亚，丑也"。段注已经注意到，"亚"通过"恶"之义与"丑"发生了关系。

清代王筠《说文释例》："'丑'，是事而不可指，借局背之形以指之。非惟驼背，抑且鸡匈（胸），可云丑矣。"② 只据《说文》"驼背"之误说立论，并不可信。清代饶炯《说文部首订》说本由二"工"构成"亚"，却变为局背、

---

① 北京大学哲学系外国哲学史教研室编译：《古希腊罗马哲学》，商务印书馆 1961 年版，第 24 页。

② ［清］王筠：《说文释例》，世界书局 1983 年版，第 42 页。

鸡胸之象形,也说不通。

文献也有"恶""丑"通训者。

《尚书·洪范》篇:"五曰恶。"伪孔传:"恶,丑陋。"孔疏:"状貌丑陋。"

《左传》昭二八年,"蔑恶"杜注:"恶,貌丑也。"哀二七年"丑而无礼"注等亦言"恶"指丑陋。

《庄子·德充府》篇:"卫有丑人焉。"注:"恶,丑也。"

《吕氏春秋·去尤》篇:"鲁有恶者。"注:"恶,丑也。"《遇合》篇中"虽恶何伤"注同。

《孟子·离娄》篇:"虽有恶人……"注:"恶人,丑类者也。"《周礼·行夫》:"媺(美)恶而无礼者。"注:"恶,丧荒也。"

《管子·水地》:"夫水淖弱以清而好洒人之恶。"注:"恶,垢秽也。"

《左传》成六年:"其恶易觏。"注:"恶,疾灾。"

以上所举"恶"都用于恶害。

《礼记·礼运》篇说:"死亡、贫苦,人之大恶存也。"

《逸周书·度训解》:"凡民之所好恶,生物是好,死物是恶。"

一个原因确是"亚"逐渐成为墓室的构形。一般说来,死,古人以为恶,是生命的对立面。"亚"因为联系于丧葬而渐有"恶"义。

"丑"也首先是生命或生命形态的损毁,与"亚/恶"趋同,这是丑恶与美善最根本的依据:生命及其状态。死与生对转的事例虽多,但生与死暌隔,健康与病弱也是相对明确的对立,除了行为如牺牲等的崇高超越着生老病死以外,以死、疾为恶、丑是很自然的事。

《逸周书·命训解》的"丑"用得就较独特:

夫民生而丑不明,无以明之,能无丑乎?若有丑而竟行不丑,则度至于极。

孔注:"不明丑者,若道上为君。"这个"丑"近于"恶";不明己丑,则又陷于愚昧,黑暗。下文又说,"以人之丑,当天之命",就是以人的"丑"(包括恶行)与天对抗,那便是危险的事。

这里要注意一个与"亚/恶"直接相关的字:垩。

【垩】

"垩"与"恶"可以通用。

《仪礼·既夕礼》:"主人乘恶车。"郑注:"古文恶作垩。"

清代胡承珙《仪礼古今文疏议》引《礼记·杂记》"端衰丧车皆无等"说，《既夕礼》的恶车，是"王丧之木车"。《礼记·杂记》郑注说："丧车，恶车也。"这就是"无饰"的白木做的车。有时用白土垩车，就像用白灰刷墓圹那样。胡氏主要介绍"垩"与"恶"的通用。"古字恶垩互借。《周礼》：'则守祧黝垩之。'《礼记》：'庐垩室之中。'释文并云：'垩本作恶。'但郑注《巾车》云：'素车以白土垩车。'"

清代吴荣光引吴子苾说，亚是"垩"的本字。"垩"的一义是丧庐。有一种丧庐是在四周或里外都涂上蜃灰，表示居丧。"垩"就是白盛，即涂灰。此介于庙室（地上）与墓室（地下）之间。但"亚"是屋室布形。

"亚""恶""垩"有时可通。如上，《仪礼·既夕礼》"主人乘恶车"，或作"亚车""垩车"。

《说文》卷十四有"白涂"。《周礼·春官·匠人》贾疏据《尔雅》"墙谓之垩"，说："垩即白垩，垩之使之白也。"《释名·释宫室》："垩，亚也，次也；先泥之，次以白灰饰之。"这大致就是《匠人》说的"白盛"。郑注："蜃灰也。盛之言成也。以蜃灰垩墙。所以饰成宫室。"泥刷的办法一样。但垩在墓室或丧庐里，就成了凶象。后来，华夏汉人以白为凶丧之色，当与墓庐白垩之制相连。

要之，"垩"本是用白灰刷物，开始时主要是涂圹、涂屋、涂车，都与丧事有关，就像"亚"像墓室那样。一般人以死亡为恶、为凶、为咎，"垩"当然也是凶象，"亚""垩"以及与之相通的"恶"字当然也成丧恶凶丑之事了。

词义的对立转化，在中国语言里是颇为多见的。

除"亚"转为"恶"之外，与本题相关的以"十"字纹为中心的"甶"（鬼头）组文化字群，就可以举出：

鬼 / 魁—鬼（人死曰鬼）

醜（丑）/ 酋—丑

卑 / 贵—贱

畏 / 敬—惧

異（异）/ 同—别

从以上可见，丑、恶二字最初并非坏字眼，很可能标志某种尊贵地位。后来，有时是中性的，只是个名称；有时带着褒义。在一定时期，丑、恶可能互训。

"亚醜钺"以"醜"命名。这位大墓主人地位甚高。

燕召公就名"丑"。即令是小臣,其称丑也无贬义。

"醜"字中的"鬼"字或指巫祝("祝"字相当于"兄"),或指鬼方酋长,但为殷人所用。

殷、鬼曾为敌国,但不乏交好、来往的时刻。鬼酋曾被封侯。"亚醜"是殷商属下重要的氏族群团。什么时候受到丑诋,不太清楚。但周人确已视鬼或鬼醜为敌恶。这里要注意的是,"醜"与"恶"曾经互训。这不仅因为金文已见"亚"中有"醜"字。《说文》卷十四亚部就说:"亚(恶),丑也。"已不含好意,后来渐带贬义。

《诗经·郑风·遵大路》:"无我魗(丑)兮。"张政烺指认,此即"丑"字,《遵大路》上章,"无我恶兮",丑与恶互文。所以郑笺说此从寿从鬼的字"亦恶也"。陆氏释文引或云说:"郑音为丑。"孔疏说,这两个为古今字,意思都是坏丑。这都是后来把"丑"弄得越来越"坏",越来越"陋"的缘由。

第二节 "美"的畸变

美一般划分为两种形态:壮美与秀美。造成的是崇高感与爱怜感。但这很难概括滑稽感所引起的讽刺喜剧。这是一种畸变的美,它也许还能包括痛楚、紧张、畏惧等畸变的审美心理。审美愉悦本是多元化,集中揭示、批判丑或恶丑的暴露性的艺术或称否定性的艺术,是其中的大宗。

传统的看法,艺术依然是有自己的界限或底线的,它不能造成嫌恶、恶心或脏秽感。

一、审美愉悦的多样性

美学著作,自康德、黑格尔以来,愈见艰深或晦涩,现代更甚,艺术对恶丑的体现,这不是一本非理论书所能说清的。这里只能交代一下:美与美感都是多元的,美或非美的审美愉悦也是复杂乃至另类的。常常涉及的,除常态的正剧之外,其美,似亦不仅壮美、秀美两种,古典说法把喜剧归入秀美,就扞格难通。所以就有了"三分法"。

   壮美:悲剧→崇高,崇高感,包括敬畏、恐怖,或涉畸美之紧张、
 痛楚等等

秀美：部分正剧，抒情作品，或轻喜剧→爱怜，爱怜感

畸美：喜剧→讽刺性，滑稽感，或某种怪诞，狞恶，亦涉痛楚、恐惧

表面上据于两端的悲剧与喜剧，所形成的并不都是二分的壮美/崇高感与秀美/滑稽感。特别是造成滑稽感与讽刺效果的喜剧是一种畸变之美。秀美引起的绝不是滑稽感而是爱怜感。而壮美也可能畸变，例如狞厉、怪诞引起的痛楚、恐惧等，它如怪诞、狞猛、变形等也可列为畸美。

像《西厢记》《罗马假日》，通常可列为抒情喜剧或轻喜剧，所造成的是标准的秀美即爱怜感，而绝不仅仅是所谓内容与形式绝对对立的滑稽感，即令它含有讽刺成分，讽刺违背人性的贵族礼教与人生陋习；或者，幽默压倒了滑稽，也可能导致秀美即爱怜感。至于悲剧与喜剧的相渗，痛楚与快乐的交集，带着眼泪的笑，或喜极而泣的眼泪，否极泰来的期待，更是审美愉悦的有机构成，此处无法一一介绍。但所谓审美愉悦，应该是广义与多样的，涵盖上述以及其他种种的审美感受。

审鉴恶或者丑的形象，包括生命之反面，不一定是牺牲，却依然惊心动魄的死亡场景。诸如，"地狱变相之图，决斗垂死之像，庐江小吏之诗，雁门尚书之曲，其人固泯庶之所共怜，其遇虽庋夫为之流涕，讵有子颓乐祸之心，宁无尼父反袂之戚？"所造成的绝不仅仅是同情，而是被近世美学书列入崇高感范畴的畏怖之心或痛楚之感——王国维则称作（由悲剧造成的）"壮美之情"。且引歌德语云："凡人生中足以使人悲者，于美术中则吾人乐而观之。"他大约受了前举亚里士多德悲剧引起求知冲动之说的影响，糅之以叔本华哲学，说，"此物人不利于吾人，而吾人生活之意志为之破裂，因之意志遁去，而知力得为独立之作用，以深观其物"，即壮美使人思考历史的秘密和自然的盲目；"而其快乐存于使人忘物我之关系，则固与优美无以异也"，仍是审美愉悦。① 较早接触西方美学的梁启超，对广泛的美感或审美愉悦也有所体味。他说："人生目的不是单调的，美也不是单调的。为爱美而爱美，也可以说为的是人生目的，因为爱美本来是人生目的的一部分。诉人生苦痛，写人生黑暗，也不能不说是美。因为美的作用，不外令自己或别人起快感，痛楚的刺激，也是快

---

① 王国维：《王国维文学论著三种》，商务印书馆 2001 年版，第 5 页。

感之一。"①

喜剧实在也包藏着痛楚。它的揭发，太深刻，太普遍，太严重，种种丑恶压得人喘不过气来。大笑之后，也许是眼泪，这绝不仅仅是创作与鉴赏都常领略的带着眼泪的欢笑，就像看卓别林喜剧那样，激起的还有深思。

看悲剧，如古典美学家所说，能够宣泄、净化、升华痛楚与悲伤。崇高或者伟大，都会给人带来压迫感乃至负罪感；但就形象的感染力而言，依然是审美的愉悦。它分流、筛汰、清洗负面的情绪或心理，就好像洗净积久的污垢那样，至少在浅层次上如此。

考验心灵的痛感和紧张，并且品尝着战胜、解除这种紧张与痛感之后的愉悦——这像是一种边缘游戏。喜剧不能有"真正的危险"，却常常嬉戏在"危险的边缘"——就好像《摩登时代》里蒙着眼睛的卓别林在"濒临深渊"的楼板上快速"滑冰"那样。高明的假定性，当然还有技巧等等使"丑"变成"丑的形象"并且呈现为艺术美，这实际上是美的极大畸变，可怕的事物也经历着这种创造与审美的转化，恐怖感跟崇高感只有一步之距，滑稽感跟憎厌感更是若即若离。

柏克《论崇高》说："丑同样可以完全和一个崇高的观念相协调。但是，我并不暗示丑本身是一个崇高的观念，除非它和激起强烈恐怖的一些品质结合在一起。"②

某些行为艺术企图引起的是丑恶／滑稽感或紧张／畏怖感，还是猥琐亵渎／憎厌感呢？

图 5-2 狂怒的美狄亚杀子

（法国，德拉克洛瓦，油画）

女巫美狄亚遭到情人的背叛，在狂怒中杀死了二人生下的孩子。画家大胆而又有节制地描绘了这个悲剧场景。悲剧不但引起崇高感，即所谓壮美，也带着畏怖、痛楚与紧张。

---

① 梁启超：《梁启超古典文学论著》，上海书店出版社2013年版，第359页。
② ［英］柏克：《关于崇高与美的观念的根源的哲学探讨》，孟纪青、汝信译，见《古典文艺理论译丛》（第五册），人民文学出版社1963年版，第60页。

"当心油漆",玩弄边缘游戏总是很危险的,行为艺术拿捏不好,很可能遭到公众的唾弃,舆论的谴责,乃至法律的惩治。优秀的艺术家总是自觉肩负着社会责任与艺术命运的。

二、再现丑有没有底线?

从前的美学家往往从快感或恶感去论定美丑。

斯宾诺莎《伦理学》说:

> 如果神经从呈现于眼前的对象所接受的运动使我们舒适,我们就说引起这种运动的对象是美的;而那些引起相反的运动的对象,我们便说是丑的。①

意大利的缪越陀里(L.A. Muratori,1672—1750)说,"美"是"一经看到,听到或懂得了就使我们愉快、高兴和狂喜,就在我们心中引起快感和喜爱的东西"②。那么,丑就是引起不快感与厌恶的东西。如"美学定名者"鲍姆嘉通(A.G.Baumgarten)的《形而上学》说:

> 完善的外形,或是广义的鉴赏力为显而易见的完善,就是美,相应不完善就是丑。因此,美本身就使观者喜爱,丑本身就使观者嫌厌。③

这种种不失"见地"的说法,已经被认为是简单化了。

作为美的畸变,不可否认,喜剧是用笑来揭露丑,发现丑。莱辛说,"喜剧的真正的普遍功用……在于训练我们的才能去发现滑稽可笑的事物"④,特别是去学会在庄严的包装里,或以高度严肃形态出现的滑稽与可笑;也就是在内容与形式的绝对矛盾之中,亦即以崇高的形式出现的虚伪与丑恶。这是一项极为重要的对社会或公众的美学训练。它能够使人类避免一次又一次地受骗,虽然这只是婴孩般的学步。

---

① 北京大学哲学系美学教研室编:《西方美学家论美和美感》,商务印书馆1980年版,第89—90页。
② 北京大学哲学系外国哲学史教研室编译:《十六—十八世纪西欧各国哲学》,生活·读书·新知三联书店1958年版,第193页。
③ 北京大学哲学系美学教研室编:《西方美学家论美和美感》,商务印书馆1980年版,第142页。
④ 吴世常主编:《美学资料集》,河南人民出版社1983年版,第384页。

和美感相对的是丑感,可以解释为对丑的憎恨或否定,与快感对立的是恶感或称不快感。正如美感联系着快感而又不等于快感一样,属于高级精神活动的丑感也联系着恶感,但又大于恶感,高于恶感。因为后者基本上是一种生理反应,往往还包含着憎厌或恶心。鲁迅先生在《半夏小集》里说:

> 譬如画家,他画蛇,画鳄鱼,画龟,画果子壳,画字纸篓,画垃圾堆,但没有谁画毛毛虫,画癞头疮,画鼻涕,画大便,这是一样的道理。

这就不但触及艺术对象或题材的广泛性与限制性对立统一的重大理论问题,而且寥寥数语便点明了美感、丑感与快感、恶感既有联系,更有区别的复杂关系。引起生理上的极度反感、憎厌或不快例如恶心感的物象不但不能成为美,甚至不能成为作为审美对象的丑。莱辛在《拉奥孔》里引用曼德尔的话说:"按照想象的规律,不管把对象看成实在的还是虚拟的,只要心里一想到嫌厌的对象,反感就立刻起来。"[①] 莱辛认为,绘画应该避免描绘嫌恶的对象,例如被钉死在十字架上的耶稣腐烂的尸体;不过也许绘画利用可嫌厌的东西,并不是因为它可嫌厌,而是像在诗里一样,因为它可以加强可笑和可恐怖的效果。艺术是不能去单纯追求生理刺激的。

这些传统论述再次启示人们,造成恶心、嫌厌、肉麻等反感、恶感和不快感的物象一般不能成为审美对象,不能成为被表现的丑,更不会成为美,它违背形象的感人性原则。

是的,有时艺术家特别是作家也描写某些污秽恶心的事象,一般说来,他们都不是孤立地将它们作为纯生理活动、纯生物本能加以津津有味、酣畅淋漓的渲染。就连所谓自然主义或超级现实主义艺术家的目的也不在此,只有那些不入流的艺贩才例外。而是作为艺术形象整体的一个部分来加以刻画,其目的、效果、意义、作用要在整个艺术结构里结合前后、上下、左右种种关系才能确定。例如左拉、巴比塞描绘战场上断肢残臂、血污疮脓的肮脏恐怖,是为了激起人们对不义之战的厌恶与反感;鲁迅描写阿Q癞而且秃,咬虱子,无非寥寥几笔点明他的落后、不洁、愚昧、可笑;赵树理描写三仙姑油头粉面像驴粪蛋撒上霜,更是为了讽刺她的老来俏,以丑为美。总之,这一类可能引起憎厌感的细节只有进入整个艺术结构,并且与其他艺术成分相联系、相比较、

[①] 马奇主编:《西方美学史资料选编》(上卷),上海人民出版社1987年版,第766页。

相伴出才有可能生长为艺术形象，而且一般是丑的形象，不是美的形象。

康德根据古典艺术的经验，把"令人作呕的现象"排除出艺术"很美地被描写"的范围。绘画尤其不能实在地再现它们。那会"毁灭一切审美的愉快，毁灭艺术的美"。理由是：

> 在这一奇异的，纯粹基于想象作用的感觉里，那对象好像是逼迫着我们来容受，而我们却强力地抗拒着，因而对象的艺术的表象和这一对象自身的性质在我们的意识里不能区别开来，从而前者不可能作为美来看待。①

18—19世纪有"教养"阶层的鉴赏者脆弱的神经和敏感的胃口，受不了由画面形象所引起的肮脏的令人恶心的对于那实在的丑陋而污秽的场景的联想。特别是雕塑，更"必须把丑恶的对象从它们的表现范围内屏除出去"，像希腊人那样用一"美的神灵"代表死亡，以马尔斯来标志战争，"通过一个寓意或属性来表达，以便使人乐于接受"。②但是它几乎全被现代艺术冲破了！

"诗歌艺术的诀窍在于一种克服我们心中的厌恶的技巧。"弗洛伊德讲到作家白日梦或他的作品里触及自我那秘密的、被压抑的下意识欲望（那往往是"卑劣"或"丑恶"的）的时候，往往要加以伪装或变形，就好像描绘丑那样，还要用技巧"软化"它们的性质；更必需的，"他向我们提供纯形式的——亦即美学的——快乐，以取悦于人"。他把这类审美似的快乐称为"直观快乐"（fore-pleasure）或"额外刺激"（incentive bonus）。他认为，"提供这种快乐是为了有可能从更深的精神源泉中释放出更大的快乐"，并且解除我们的"精神紧张"；还有可能，"作家使我们从作品中享受到我们自己的白日梦，而不必自我责备或感到羞愧"。③作者为我们宣泄或者转移，（在最好的情况下）还能升华深藏于心底的卑污欲望，使我们免受压抑和沉默的痛苦，在不同程度上解脱或超越，在丑的再现性转化中得到某种愉悦。

描写丑或者说暴露、揭发丑，往往是作家白日梦中的精神胜利，而且也是对接受者的一种抚慰：你丑吗——不要紧，他比你更丑，丢弃丑就进补了美。

---

① ［德］康德：《判断力批判》（上卷），宗白华译，商务印书馆1964年版，第158页。
② ［德］康德：《判断力批判》（上卷），宗白华译，商务印书馆1964年版，第158页。
③ ［奥］西格蒙德·弗洛伊德：《弗洛伊德论美文选》，张唤民、陈伟奇译，知识出版社1987年版，第37页。

就好像喜剧在哄骗我们一样：懂得嘲笑傻瓜的总是聪明人。所以，美丽或不太美丽的贵妇，喜欢挑选丑女做自己的随从。接受者往往觉得自己比书中的人物，尤其是丑人或恶人更高明。这也是一种修辞策略。雨果在《克伦威乐》序言里说："古代庄严地散布在一切之上的普遍的美，不无单调之感；同样的印象老是重复，时间一久也会使人厌倦。崇高与崇高很难产生对照，于是人们就需要对一切都休息一下，甚至对美也是如此。"这就需要某种参照系，某种比较，用比照来衬托，由衬托使美突显乃至提高。"滑稽丑怪却似乎是一段稍息的时间，一种比较的对象，一个出发点，从这里我们带着一种更新鲜更敏锐的感觉朝着美而上升。鲵鱼衬托出水仙；地底的小神使天仙显得更美。"①

美艳的美杜莎却长着满头的蛇发，或说由章鱼触手化出，也可以看作一种畸美。

三、美丑，对照与映衬

在真善美与伪恶丑的比较中，古代艺术家创造出了一些典范性的作品。

唐代传世作品《天王送子图》（或说吴道子作品，后人重摹），"佛子"

图 5-3　美善与恶丑的对照

（《天王送子图》，唐代，采自《中国美术全集》）

最柔弱的婴儿能使最可怕的三头六臂的鬼魔拜伏在地。固然，"含德之厚者，比于赤子"（《老子》），纯真的赤子不害怕毒蛇猛兽，显现了上古的婴儿崇拜精神；但这里更侧重于体现圣婴的诞生，使一切妖魔鬼怪震慑与辟易。以强烈的对比昭示真善美对伪恶丑的战胜。

---

① ［法］维克多·雨果：《论美丑对照与艺术真实——〈《克伦威尔》序〉片断》，柳鸣九译，载《世界文学》1961年第3期，第97页。

诞生——或说，天王送圣婴投胎人世——由天王抱持他走向尘世，面目狰狞、孔武有力的魔王见到他们一行，立即战栗拜伏在地，纵有三头六臂、多种武器与宝物，也不敢稍露行凶、反抗之意……画家并没有夸美圣婴，也没有在他头上绘出圆光，但我们却能从毕恭毕敬、小心翼翼的天王和穷凶极恶、诚惶诚恐的魔王的姿态、表情上体会出这个小小的婴儿的至纯至圣。天王对于圣婴，是衬托，魔王对于婴儿和天王却是对照，也可以说是真善美与伪恶丑的一种静态比较。这也是一种美的柔弱对于丑的暴强的胜利。这种强烈对比的作品或作品片断还有一种逸出其固有主题的客观意义：寡能敌众，弱能胜强，柔能克刚——所指潜在于能指。

图 5-4　柔弱胜刚强

（左：女巫喀耳刻驱遣怪兽，欧美现代通俗绘画；右：坐在魔王或力士背上的童子，明代壁画，河北正定隆兴寺）

柔弱的女性或者幼童居然能够跨骑在怪兽或魔王身上，这就构成超出现实的强烈对比，不但显示弱能胜强、柔能克刚，艺术还能通过这种戏剧性的冲突再现美丑、善恶的永恒斗争。

波德莱尔在《恶之花》序言里说，诗就是把善与美区别开来，意即不能单纯由善恶定美丑，"发掘恶中之美"，这是他创作《恶之花》的重要缘由。但这只是问题的一面。另一面，不但恶丑能够衬现美善的伟大品质，如同我们在《天王送子图》里看到的那样，佛子因天王的抱持而显示其神圣，更由魔王的战栗俯伏而彰显其崇高。由审美视角而言，还有一种衬托的手法，像拉斐尔的《西斯廷圣母》，尊贵的教皇跪拜于下，诚惶诚恐地迎接圣母玛利亚抱着圣婴耶稣基督的降临。这里善与美不再分离，而是两相映照，如雨果所说，"地底的小神使天使显得更美"，真善并现，相得益彰。

走向现代的艺术家颇有以丑衬丑的趣向，不回避丑恶，似乎想以此来对抗古典主义的纯净。波德莱尔的《恶之花》给罗丹以很大的启示。他提到那首描写到处是蛆、又脏又臭、溃烂的兽尸的诗，诗人竟联想他曾描写过的情人，这有些像《红楼梦》中的"风月宝鉴"。这跟欧米埃尔的美貌与衰朽一样，构成红颜与白骨的骇人对照，令人想起命运的残酷并感受幻象破灭的痛苦。画家和诗人同样强调贯注在丑恶形象里的丰富情感与哲思。

图 5-5　《西斯廷圣母》

（意大利，拉斐尔，油画，文艺复兴时期代表作，现藏梵蒂冈西斯廷小教堂）

如果说中国唐代的《天王送子图》是以美、丑的强烈对照来显现圣子的伟大的话，拉斐尔《西斯廷圣母》则是用教皇的跪迎来体现玛利亚与耶稣无可比拟的神圣。

> 我眼中的明星，我生命中的太阳，
> 我的天使呀，我的宝贝！
> ……
> 你在青青的草，繁茂的花，
> 累累的白骨中腐烂的时候……
>
> 那时呀，我的美人！
> 向着接吻似的吃你的蛆虫说，
> 我保留着你的倩影，
> 心爱的，即使你冰肌玉骨已无存！①

如此感人的美丽诗句，当然能洗涤污秽，宣泄肮脏，升华死亡。

鲁迅也说过类似的话：画家从来不画恶心的东西，因为造型艺术太直接，太直观，赤裸淋漓，一目了然。

---

① ［法］罗丹口述、葛赛尔记：《罗丹艺术论》，沈琪译，人民美术出版社1978年版，第25页。

文学，由于它的非直接性，语言形象必须通过暗示、渲染等修辞技巧，营造幻真性，才能让读者想象出有声有色有形的活生生的事物或场景来。想象是可以由接受者来控制或中断或隔离的，点到为止，而不一定让一切都历历如在眼前，或如闻其声，如见其状。所以鲁迅也不回避阿Q头上的癞疤，也写到阿Q用牙齿咬虱子，虽然并没有"淋漓尽致"。造型艺术则不然，呈现活人形体的舞台形象，须眉毕现、可以乱真的彩色电影更加可怕。可是现代艺术没有描绘令人恶心的丑秽吗？难道没有过像《贫民窟里的百万富翁》那样把贫民窟的污秽、穷困、卑琐拍摄得那样真实的影片吗？

左拉描写过娜娜临死前梅毒溃烂的污秽，他为的是警世。《西线无战事》里腐尸和伤口的描写不但触目惊心，而且催人欲呕。巴比塞为的是反战。罗丹塑造老娼妇的形体，激起轩然大波。好莱坞许多票房暴涨的大片，多数不乏鲜血淋漓的场景或细节，却不能说它们全都没有艺术水准。恐怖片也早已登堂入室，傲然列为一大片种，批评家和艺术史家、美学家已不能熟视无睹。荣膺奥斯卡最佳影片奖的《沉默的羔羊》，摘得柏林电影节桂冠金熊奖的《红高粱》，都惨不忍睹地几乎直接显示剥人皮。这些都已打破从康德到鲁迅这些重要思想家设置的界限，而且不仅仅是玩弄边缘游戏，打打擦边球。这些仅仅用"整体效果""总的倾向""趋善"等遁词来掩饰已经作用不大，解释、回护或批评，都非常困难。

至于罗丹说的"对于当得起艺术家这个称号的人，自然中的一切都是美的"[①]，本质上仍然是"艺术面前无所谓丑"的意思。易言之，即"艺术里只有'丑的'而没有'丑'"。那么，是否能引申为"生活里的一切或一切的丑都可以由艺术来再现"呢？这还有争议。

时代不同了，艺术的界限或对

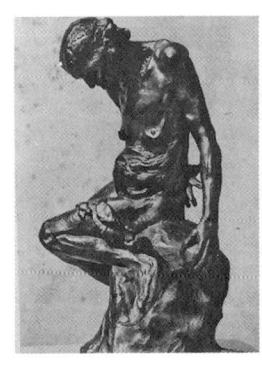 

图 5-6 老娼妇

（左：多那泰罗的《圣玛德兰》；右：原名《欧米埃尔》，法国，罗丹，雕塑）

艺术家刻画可怜的妓女的老迈、衰弱与丑陋，目的是激起同情与反思。多那泰罗的作品虽然也刻画圣女的衰弱，强调的却是她的圣洁。

---

① ［法］罗丹口述、葛赛尔记：《罗丹艺术论》，沈琪译，人民美术出版社1978年版，第27页。

象范围也在不断地扩大，经过更多更普遍的教育和审美训练，生活和文化不断提高的受众，不但四肢发达，神经坚强，在生理心理上都经得起更大的考验和刺激，而且眼界和经验都大为扩张，要求鉴赏内容更为广泛、风格更为多样、情思更加强烈的艺术。可是，有没有临界点呢？

第三节　醜与酒、酉①

甲骨文的"丑"主要用为方国或氏族的名称，并没有多大贬义。一边是个大酒瓮，下或有座，或舟盘，上插吸管；另一边是鬼方人，坐而待饮。后来，鬼方与殷商战争频繁，出于敌忾，"鬼"渐带贬义。再加上北国的鬼方好饮，"醜"字便把"鬼"与"酒"结合在一起。鬼方好酒，殷商甚至因沉湎酒色而亡国，周人便把"醜"与"恶"相连，使它彻底成了一个贬义词。

一、"醜"与酒器

殷墟卜辞已有"醜"字。

　　　　▯（《佚》973）　　▯（《续》4·9·3）

这个字，左"酉"右"鬼"，甲骨文发现以后，金文"亚醜"就没有悬念了。可以确定"亚"形中是"醜"字。商承祚《殷契佚存》定为"醜"。以下或简为"丑"。其辞难解。

若兹不雨，隹（唯）（兹）侑丑于▯。

　　▯（邑）龙（宠？）侑醜▯

壬寅卜，宁贞：若兹不雨，帝（禘）唯邑，龙不若？

郭沫若说，"龙"字假为"宠"，"乃求晴之卜也"。其辞跟卜求雨晴，殆无疑义。"龙"或读"如"字，为祈雨对象。

"丑"在这里可能用如祝祭之辞。如指人，近于"醜方"来的巫祝。其跪姿，颇似▯（兄）字所见，"兄"即"祝"（篆文加"示"，表其属于神事）。

李孝定《甲骨文字集释》说，《续》4·9·2可以补定为：若兹不雨唯兹邑宠（原作龙）又醜于▯。"'醜'与'宠'为对文。《淮南·说林》'莫不醜于色'。注：'（丑）犹，怒也。'辞云'又丑于▯'，盖言帝又特加怒于

---

① 本节内容因涉及古文字，"丑"作"醜"。

某方，谓将降祸于某方也。"改字释读太多。"丑于□"，甚似祝祭之辞也。

醜其至于攸若。柯昌济说，似言此国之人，"其至于攸地，乃卜边鄙之事"。他读"醜"字为"㐫"，旁加"吏"，此字《说文》训为"列"，读若"迅"。其从酉从鬼，已很明白。

专家们多认为，卜辞多数"醜"指的是某一方国或某一氏族，可能也指其巫酋。

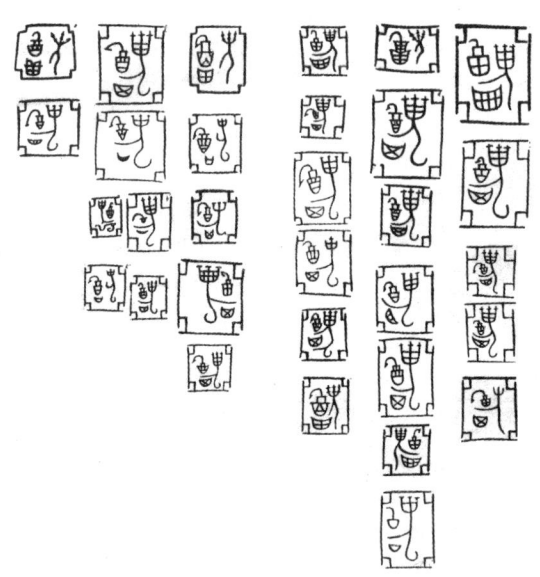

图 5-7 金文"醜"

（采自《金文编》和《金文诂林》）

这是个象形字。像一个头戴三支簪饰的文面人用吸管从酒瓮中呕酒。

容庚简明地说："疑右象人形（引案：鬼也）。左象酒尊；酒倾泻而出，下承以盘。"

余永梁识其为"醜"字，人名。

郭沫若释金文"醜"云：

此分明为一人形奉酒尊欲饮而呈喜悦之状……容庚云："象人奠酒于盘之形"（《宝蕴楼》八四），此已近是矣。然余谓酒瓮下一器，乃酒瓮之座而非盘形。

他举出金文此字有瓮陷座中之形以证。酒瓮之下有座或盘，目的之一是防止舀酒或吮饮时酒水泼洒于地。另有一种滤酒或祼祭用的酒舟，与之亦颇相似。他认为，这是氏族名称。殷墟卜辞：

丑其☒至于攸，若。王乩曰：大吉。（《前》5·50·7）

辛卯，王……小臣丑……（《甲编》2·25·10）

后来称"丑"者的地位逐渐提高。山东益都苏埠屯殷代后期大墓出土的《亚丑钺》的主人职掌军事，死葬大墓，殉有奴隶。

图 5-8 "亚㚇铎"及铭文拓本

（《亚形㚇铎》铭，采自《周金文存》；郭沫若《殷周青铜器铭文研究》；左下为铭文"亚丑"，右下为"丑"字放大）

这个"丑"字，突出三支箭状头饰，省去头面。吸管简化。

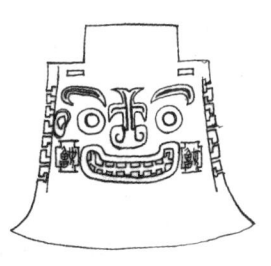

图 5-9 "亚丑"大钺及铭文

（左下：钺铭"丑"字放大；右下：常见铜器铭"亚丑"，采自《金文编》，供做对照。山东益都苏埠屯商代晚期大墓出土，采自《文物》1972年第8期）

这个"丑"字的特点是，有冠饰者站立，吸管简化。

【酉】

酉，多见甲金文，本作尖底瓶之状。

酉（《铁》8·1）	酉（《铁》29·1）	酉（《铁》164·2）
酉（《拾》6·5）	酉（《拾》5·7）	酉（《拾》6·6）
酉（《前》1·37·1）	酉（《前》3·2·5）	酉（《后》1·11·8）
酉（《拾》6·6）	酉（《后》1·20·10）	酉（《甲编》1152）
酉（《酉卣》）	酉（《酉乙鼎》）	酉（《师酉簋》）

考古学家或谓，尖底瓶便于插立于松散的（北方）沙土地上。

新石器时代，已知用有耳尖底瓶。西安半坡仰韶文化遗址所见，制作极为精巧。双耳或提梁在中间肩腹部两侧，穿绳可提；一旦入水，瓶自动倾斜汲水，水满后自行正立。其运用力学原理之巧妙，令人叹为观止。叶玉森《殷墟书契前编集释》说："象容酒之器，上有提梁。"

"酉"字除做地支符号外，已有做"酒"字用者，金文尤多，或加三点表示酒滴，或不加。

《说文》卷十四酉部："酉，就也。八月黍成，可为酎酒，象古文酉之形。"所象即酒器也。

"亚醜"，鬼所饮尊壶，下有舟盘或器座，上方口沿中央插一弯形管状物，或释"勺"之象形，或说"饮"之指事，均误。应如汪宁生所揭示，实为吸管。盖尊壶或即大瓮，捧持倾倒不易，插以吸管便于吮饮也。日久，文字讹变，吸管脱离饮者之口或酒尊，其意遂泯；其尚存奉尊待饮之状，依然可辨也。

（《父辛鼎》）　（《父丁簋》）

（《䇂钲》）　（《亚卤》）

饮管不指向吮饮者，而指向他方，汪宁生说，这是会意，暗示邀请对方吮饮——盖吮饮者不止一个；吸管可以自由轮转，便于集体共饮。至今西南方少数民族，饮酒时尚有群坐各以吸管吮吸之情状；而中原史书误记为鼻饮者也。

或说，这是咂酒文化的一种。所谓咂酒，就是吮吸。有一种传言：由于多人轮流吮饮，涎沫不免带入管下酒瓮，其中的酵母菌有助于余酒的进一步发酵。这样只要继续加入米和水，不必多加酒曲，就能不断获得佳酿。有的酒里已含酒药与发酵谷物，吮尽了酒，还可以加水再饮，直到无味为止。

图5-10　吸管吮酒

（左：佤族，吸管吮酒；右：景颇族，竹管吸酒。采自汪宁生《古俗新研》）

甲骨、金文"醜"字所见，跪坐的鬼酋或鬼祝，旁有一酒瓮，酒瓮上插一管状物。原来那是用来吮酒的——旧民族志误解为鼻饮。

明代马欢《瀛涯胜览》记占城国（Campa）之"咂酒"云：

> 其酒，则以饭拌药，封于瓮中，候熟；欲饮，则以长节小竹筒长三四尺者插入酒瓮中，环坐，照人数入水，轮次咂饮，吸干再添入水而饮，至无味则止。①

费信《星槎胜览·占城国》与此略同，唯因上文有"鱼不腐烂不食，酿不生蛆不为美"云云，羼入"食醯"之误传，说酒以米和药久封于瓮；"日久其糟生蛆为佳酿"，等等，咂酒方式仍是"用长节竹竿三四尺者，插入糟瓮中……轮次吸竹饮酒入口"。②《真腊风土记》不载此。

白居易《春至》诗就是描写咂（吸）酒的：

> 白片落梅浮涧水，黄梢新柳出城墙。
> 闲拈蕉叶题诗咏，闷取藤枝引酒尝。

这种藤枝肯定是空心的，可做吸管。

假托的太平天国翼王石达开诗，描写得更有气魄。

> 万颗明珠共一瓯，王侯到此也低头。
> 五龙捧起擎天柱，吸尽长江水倒流。

图 5-11　吮酒或咂酒

（左：西双版纳克木人用吸管合饮一坛酒；右：白马藏人各咂各的酒，常清民摄）

有的南方民族咂酒，是用吸管插入酒瓮，轮流吮饮。也有一人一管，互不干扰。

所谓亚丑，王迅综合其分解云：

> 为一巫祝奉酒，似在奠酒祭祀。巫祝头部放射神光，在商代地

---

① 冯承钧校注：《瀛涯胜览校注》，中华书局1955年版，第4页。
② ［明］费信著、冯承钧校注：《星槎胜览校注》，中华书局1954年版，第2—3页。

区先民们看来，当是火神的象征了。这个"光融四方"的巫祝，或许就是祝融。①

这个字与火、光都没有什么关系，巫祝头上所见是簪笄之类首饰。

二、"醜""鬼"与鬼方、鬼酋

【鬼】

甲骨文有"鬼"，跟"醜"字所从之"鬼"大同小异。

  𢉖（《拾》4·10） 𢉖（《前》4·18·3） 𢉖（《后》2·3·17）

  𢉖（《甲编》3343） 𢉖（《乙编》424） 𢉖（《乙编》865）

  𢉖（《甲编》2914） 𢉖（《乙编》3407） 𢉖（《前》4186）

"鬼"，一般作大头，面上有十字刻痕；人形而跪坐。或从示，与《说文》卷九鬼部"鬼"字古文作𢉖相同。"祝"字也是"兄"跪坐于"示"前，只是面上无割痕。或从大，正面而立。个别从"女"。叶玉森说是"女鬼"，这倒不一定。"羌"字或从"女"作"姜"，似与此同例。"畏"亦指鬼族、鬼方。或说，曾假作"祝"。或曾假为"畏"，但多由"鬼"之凶猛、可怖出发。

"醜"字的主体"鬼"，跟殷周曾经的敌人鬼方有关系。殷墟卜辞的"鬼方"可单称"鬼"。

  鬼方易，亾祸。（《甲编》3343）

  乙酉卜，鬼方祸。（《乙编》6684）

  㞢鬼方受……（《殷历谱·旬谱》六附图）

  唯鬼敊。（《乙编》3407）

  鬼不祸。（《无想》221）

  畏，其㞢祸。（《乙编》667）

陈梦家说，"鬼为翟（狄）之一种"，《山海经·海内北经》"鬼国在贰负之尸北"，而"贰负之尸在太行伯东"。陈据以谓："此（鬼）国或即《左传》隐十一苏忿生之田之隤，今修武县北（详《水经·清水注》）。凡此则以鬼在太行山东。"② 案："鬼"有"一目"的传闻。《山海经·大荒北经》："有人一目，当面中生。"可能是象征太阳神目的，"当面中生"，被传闻为

---

① 王迅：《东夷文化与淮夷文化研究》，北京大学出版社1994年版，第137页。

② 陈梦家：《殷墟卜辞综述》，中华书局1988年版，第274—275页。

"一目"（彝文十是猴子的眼睛）。"一曰是威（畏）姓，少昊之子，食黍。"

鬼方在文献上屡有记载。殷、周两代均有战事发生。但在商代，关系波动起伏变化很大；到周代，彻底恶化。例如《周易·既济卦》九三说，殷高宗（武丁）伐鬼方，"三年克之"。《周易·未济卦》九四说，"震用伐鬼方，三年，有赏于大国"。《诗经·大雅·荡》说"覃及鬼方"，可能指殷武乙三十五年，"周王季伐西落鬼戎，俘二十翟王"。可见其原起西北。殷商时可能有一支进至太行山东，山西南北。与殷人时起冲突，到西周几成心腹大患，开始了牧人与农人的超长期斗争。

于省吾说，"鬼"或用"恶劣"之义。库一三五四"叀鬼"与"叀吉"对文，"则鬼为'不吉'明矣"。《殷契骈技》惜为孤证。叕存二八"途若兹鬼"，于氏云"此言道途若此之恶劣也"。但更可能指"途（逢）若兹鬼"，如《周易》之"遇鬼一车"，谓遭遇鬼族人也。这就是王国维《鬼方昆夷猃狁考》所说的北国游牧人之鬼方、鬼国，地在西北，与羌人关系密切，所以有鬼羌、鬼戎之称。

白川静在《金文通释》中说，金文之"鬼"或从戈，或表示"鬼方之虏馘"，并佩以表示虏馘之旗，缺乏理据。

必须注意的是，早期卜辞中，"鬼"并没有多少贬义，只是表示西北方的一个族群而已。

殷纣王曾经迎娶鬼侯淑女，有婚媾之好。

殷商与鬼方有所往来或交好，但越到后来越成仇雠。即令如此，《史记·殷本纪》殷纣王以九侯（案：鬼侯）为"三公"，可见殷末仍有地位极高之鬼侯，可能与"亚醜"之封有相关。《集解》引徐广曰："九侯，一作鬼侯"；正义引《括地志》："相州滏阳县（今磁县）西南五十里有鬼侯城，亦名鬼侯城。"

三、"鬼"的原来面目

汉代王充《论衡·订鬼》篇早就看出："一曰：鬼者物（兽）也，与人无异。"

【由】

《说文》卷九"由：鬼头"，音弗，似指猿狒之属。

章炳麟《文始》指出，鬼头之"由"是"狒"的古文，"被发，故独言其头；似人，故谓之鬼；鬼，疑亦怪兽"。

古人分类未精，猴、狒不大区别。

沈兼士说:"鬼为禺(猕猴)属之类,其状丑恶,故'丑'从鬼。"①

马叙伦说:"《山海经》所叙异物,字亦从'鬼'者多,盖始所谓鬼者,物;状介乎人畜之间者。"②

所以,"母(猕)猴"之"禺",也有鬼头。我们只能说,"鬼"兽用来指猿猴类,但并非其最古义。有一个时期,汉人曾把西北方以猿猴为图腾的族团称为"鬼戎",但并非纯属恶称。此事至繁,只能简述。

至于面上的"十"字,我们从"甶""鬼""甲"等推出,这是猿猴图腾团特有的标识。党晴梵就说,"甲"原是"雕面"③,属于广义文身。有猴祖图腾神话的藏族、纳西族等,面具或文物上有此符号。彝文的"猴"字居然写作十,马学良面告,此字读"猱(nou)",与汉族的"夒/猱"(猕猴)一样。彝巫说,这"表示猴子那双园(圆)溜溜的眼睛"④。我们曾借以判定鬼羌、羌戎乃至西王母的图腾族属等,受到了多方批评。但这鬼面上的"十"字符号,是无法抹杀的。

眼睛与太阳异质同构,而"十"字,在东西方许多民族里都是太阳或太阳圣火的符号。在额上刻画太阳十字,就是传闻广久的"第三只眼"。这里我们姑且再把表示头面有"十"字纹的文化字群梳理排比一遍,借以窥知"鬼/醜"所蕴藏的文化信息:

田 甶 甲(胄)戎 由 卑 畀 異 冀 戴

鬼 禺 畏 隗 媿 魁 魅

魋 颡 倛 醜

四、巫酋头饰

"醜",酒器之旁,似是一位巫师或酋长。杜在忠认为,金文"丑",其"人形的首部三矢形,似为发饰,拟作三神光的象征,应属巫师之象"⑤。装饰说合理,神光则无据。

---

① 沈兼士:《沈兼士学术论文集》,中华书局1986年版,第193页。
② 马叙伦:《说文解字研究法》,商务印书馆1933年版,第57页。
③ 参见党晴梵:《先秦思想史论略》,陕西人民出版社1959年版,第99页。
④ 刘尧汉:《彝族社会历史调查研究文集》,民族出版社1980年版,第92页。
⑤ 杜在忠:《关于夏代早期活动的初步探析》,见中国先秦史学会编:《夏史论丛》,齐鲁书社1985年版,第255页。

王迅又略采朱芳圃"亚"为火塘之说①,"亚为象形,雅为假借,瘂为形声"②,推论其从火塘转为火官;以为"亚丑"为祝融后裔族徽③。"亚"不一定是火塘,而更可能是某种庙堂或墓室;即令是火塘、是灶,也不一定会转变为火官、火正,火官、火正也不仅是祝融及其后裔,这不等于否认祝融曾兼为日神、火神、灶神。何况"丑"字最重要的部件——鬼和酉(酒)——此说都没有给予有内在联系的解释。但他们猜测,"醜"中之鬼可能是某方巫祝。有些道理,因为"鬼"与"兄(祝)"意构相似。

还要注意,"鬼"字面孔上有"十"字纹,就好像后来匈奴的劈面或劙面那样。更重要的,这个"鬼"字头上还插着三根簪笄一类饰物,有的明显是三支箭,这分明是为了炫示威武,炫示游牧民众的善射。

图 5-12 头插武器的男女勇士

(上一、二:制作兵器,头戴箭弩的蚩尤,山东武梁祠汉刻、沂南汉墓画像石,摹本;上三、四:甲金文的"圣兽"龙,金文"夔";左下:兄弟民族俗称"三条簪"的妇女,福建闽侯,速写;右下:头插毒箭的布须曼妇女,速写)

---

① 王迅:《东夷文化与淮夷文化研究》,北京大学出版社1994年版,第87页。
② 参见朱芳圃:《殷周文字释丛》,中华书局1962年版,第16页。
③ 王迅:《东夷文化与淮夷文化研究》,北京大学出版社1994年版,第87页。

这种以武器为头饰的记载或传说,并不少见。例如,传说先祖帝喾、颛顼,都有"戴干(盾)"或"戴辛"的传闻,制作五兵的南方英雄蚩尤,在汉画里,手中、足下或胯下都有武器,有的头上还戴着弓或箭弩。神圣而威猛的龙、凤,也"戴干"或"戴辛"。

中国古代文献说,南方有"箭杆瑶",就是妇女在头上插箭杆,这极像布须曼妇女在头上插着毒箭,表示其不可侵犯。福建闽侯山区,可能属畲族的妇女,高髻上插着三支锋尖向外的短剑,俗称"三条簪"或"三把叉"。甚至古代的"妻／齐"等字样,头部似乎也插着三根笄,据说平时为了约发,必要时立即拔下刺向侵犯者。"醜／鬼",头上所见,应该也是这种利器兼饰物。

五、"醜"之褒义与泛义

经籍及其注疏,或说"丑"为"类",为"众",为"比",是中性名词。

《尔雅·释诂》:"丑,众也。"这是多数典籍及注疏的说法。与"丑""类"之训相关。明显的如《孟子·公孙丑》篇:"今天下地丑德齐……"赵岐注:"丑,类也。"

《左传》定四年,分鲁公以"殷民六族",是"将其类丑",已带贬义,但"类""丑"并举,是"丑"仍有"类"义。

《国语·楚语》:"百姓、千品、万官、亿丑、兆民。"韦注:"五物之官,陪属万为万官。官有十丑,为亿丑。""丑"指属官,并非贬名。史伯还说,先王"出千品,具万方,计亿事,材兆物"。是"亿丑"略当"亿事"。下文,观射父又说:"官有十丑,为亿丑。"韦注:"丑,类也。"

《礼记·学记》篇载:"古之学者比物丑类。""丑类"犹言"归类"。郑注:"以事相况而为之。丑犹'比'也。丑或为之计。"孔疏:"言古之学者比方其事以'丑类',谓以同类之争相比方,则学易成。"类比,或援例以说事情的性质或走向,这是中国古代思维的重要方式。《周易》就多用列举相似的案例来说明所卜的走向。

余永梁《殷虚文字考》说:"卜辞'丑'用为人名。"也可能是方国名或族称。1968年山东益都苏埠屯出土"亚醜钺"[①]。此"醜"可能是殷人的一个氏族,

---

[①] 参见山东省博物馆:《山东益都苏埠屯第一号奴隶殉葬墓》,载《文物》1972年第8期,第29页。

或者是引进的鬼方"醜"所属的大族。

《说文》虽说,"丑,可恶"也,或"恶"也;但引《史篇》却说,燕召公名"醜",所以很难说是故用贱名。《说文》段注:"凡云醜、类也者,皆谓'醜'即'畴'之假借字,畴者今俗之'俦类'字也。"张政烺指出:"按古籍畴醜并与等匹比类同训,其例不可胜举。"①

但这不一定仅仅因为"醜"与"畴/俦"同音而被假借为"类",而更可能它本身就含有"类"义,是中性词,并无贬义。如上,燕召公取之为名——前说殷墟卜辞已有小臣名"醜"者。《亚醜钺》之称,意似"醜"氏充当"亚"职者之钺。钺是礼仪性兵器,很早就成为权力象征。出土此钺的苏埠屯大墓主人地位甚高,还有奴隶殉葬。② 其他彝器也有以"亚醜"为族称或徽号者,至少不能证明其悉为丑恶险陋。孙敬明说,"醜"虽只为王室效劳,但"其子孙地位上升,并有军旅之职掌"③。

最震撼的是,河南上蔡出土的青铜器,其中Ⅱ式青铜爵的铭文,居然是"亚帝"。《乙编》8651有个"亚束"可与之比照。

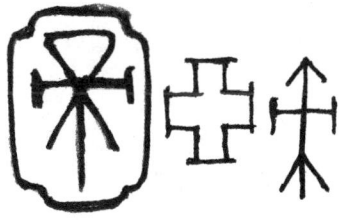

图 5-13　商代铜爵纹饰及"亚帝"铭文

（上：Ⅱ式铜爵纹式及铭文,河南上蔡出土；左下：放大的"亚帝"写本；右下："亚束",见《乙编》8651）

---

① 张政烺:《张政烺文史论集》,中华书局2004年版,第198页。
② 参见殷之彝:《山东益都苏埠屯墓地和"亚醜"武器》,载《文物》1977年第2期。
③ 孙敬明:《甲骨金文所见山东古国与商王朝关系》,载《潍坊高等专科学校学报》1999年第4期,第62页。

帝是殷商的最高天神，只有后期个别先王称下帝，怎么会出现在"亚"形之中呢？所附者一般读为"亚束"，但也有说"束"是"帝"的简体或变形。一个可能是，这是掌管禘祭的巫祝或巫祝家族的徽号。但禘是最高祭典，"不王不禘"，只有王或王室才能举行，否则就是僭越。至少可见"亚"形在一定时期中，只有大人物之名号才能处在其中，王室"亚"形大墓亦可作证。"亚醜"之"醜"，地位不会太低。不然"亚醜钺"的主人不可能享有那样的准"亚"形大墓。

如上所说，"酉"加上头饰就是"酋"，酋长就是酒长；"鬼"形如"兄"若"祝"：两字结合起来可以会意成巫酋。"酉"加上"鬼"，不过是个象形字，表示一位鬼方酋长坐在酒瓮前准备吸酒，绝没有后来所说酒鬼的意思。

前举乙辛时期甲骨卜辞里有"小臣醜"。有人由此推出，几乎所有的"醜"都只是"小臣"，这是不妥的。

林沄说，"商末有大批铜器以醜（案：或亚醜）为族徽"。但很多"作器者均非小臣醜本人，故可推测是人名演成的氏名"。①这个推论是正确的。当然并非都是由"小臣醜"演进成的"醜氏族"。

这个"亚醜"或"醜氏"，可能是跟鬼方或醜方关系比较密切的群体，例如征伐或绥靖鬼方有功绩者，就像参与"震用伐鬼方，三年，有赏于大国"等等，以其所征伐为荣称，西方也颇多见；或因而掌理祭酒，但这可能不是很大；较可能是鬼方某支与殷人曾经交好，他的巫酋参与殷人庙室或陵寝之祭祀，包括掌理祭酒，而被命名为"亚醜"（氏）而世代相传者。要知道，直到殷末，还有被封为"三公"的鬼侯；使用象征兵权的大钺的"亚醜"，还可能担负高级军职。

【酋】

或说，"醜"之言"酋"，"醜"字所示，乃邦酋或巫酋之掌酒。

前举《说文》卷十四酉部："酋，绎酒也。……《礼》有大酋，掌酒官也。"案，《礼记·月令》篇说："乃命大酋，秫稻必齐，麹糵必时，湛炽必絜，水泉必香，陶器必良，火齐必得。兼用六物，大酋监之。"《吕氏春秋·仲冬纪》

---

① 林沄：《对早期铜器铭文的几点看法》，见中山大学古文字研究室编：《古文字研究》（第5辑），中华书局1981年版，第44页。

汉代高诱注:"大酋,主酒官也。酋酝米麴使之化熟,故谓之'酋',于《周礼》为酒正。"

《周礼·春官》有"酒正","掌酒之政令"。

《礼记·月令》篇:"乃命大酋。"郑注:"酒孰曰酋,大酋者,酒官之长也。"

徐中舒引据之,云:"酒正即掌酒官之大酋。"①

刘师培曾说,一方面,酋出于巫;"洪荒以降,易巫为酋"。一方面,"酋之本训为绎酒(据《说文》)。酋长之酋即由酒官假借。酋也者,即能以酒食饷民者也"。②

章太炎论述酒官成为酋长的缘由说:"古者谓人君,酋。(《汉书·宣帝纪》:'杨玉,酋非首。'注:'羌胡名大帅为酋。'引案,《张敞传》言偷盗酋长数人,则中国自名部长为酋也。)酋者绎酒。酒官见曰'大酋'。《月令》:人君以名,何也?"除《周礼》等所记外,"印度之言阿修罗者,译言'无酒',一曰'非天',谓其酿酒不成而不为天帝也。苏摩者,亦祀以为天王"。其在语言和器制上的表现,"高位曰'尊',醮尽其材曰'爵',法典曰'彝':皆酒器也。长子嗣位,以为不丧匕鬯;士大夫推其长者,而曰祭酒"。③ 爵位云云,确自酒器排列及饮酒先后来决定。鬼方被俘之"醜",或指其酋,由此可证。那么,跪坐在酒瓮之旁,以吸管召请相关者吮酒的,较大可能的是鬼方的酋长、巫祝或者兼任二者的巫酋。

高田忠周《古籀篇》说,此人头"戴冠弁",或饰尾,或垂裳裾,手持物,"行祭事"。

赤冢忠在《殷金文考释》中说:"(醜)明显象倾酒尊者,必为表示倾酒之象,故不得不认为此字含有做酒及倾注之会意,表示掌管含有供酒于神之宗教职业者也。"这就把酒酋与巫祝结合在了一起。"酉",尖底酒瓶,增"水"为"酒",加饰成"酋",古之邦酋,往往兼为巫祝。

卫聚贤已认出,"亚醜"之"醜"原指鬼方,鬼方的巫酋曾在殷商掌管祭祀用酒;说明其已转化为丑恶的原因道:"'鬼',就是甲骨文和《易经》上的'鬼方'国,与匈奴同族……'酉'字即'酒'字,这是殷周人把他俘来,

---

① 徐中舒:《四川彭县濛阳镇出土的殷代二觯》,载《文物》1962年第6期,第17页。
② 参见刘师培:《刘师培清儒得失论》,吉林人民出版社2013年版,第141页。
③ 参见章炳麟、徐復注:《訄书详注》,上海古籍出版社2000年版,第765—766页。

在宗庙中祭神时，着他在神前奠酒，后人以工作这件事是不光明，乃作为'丑恶'的'丑'字"①。这理由却是太轻松了。"醜"，作为象形，是"鬼"（鬼方巫酋）跪坐在插有吸管的酒瓮或瓶尊之旁准备哂酒。如上，"酉"本来是尖底酒瓶，后来加"水"旁即酒，司酒为"酋"，增"鬼"为"醜"，都跟酒及其酿造掌司有关系。

要之，某些鬼方酋长即酒长曾进入殷商，成为重要官员，有人说掌酒，有人说参与殷人的庙室乃至陵寝的祭祀，例如奠酒等，这由"醜"与"亚醜"字样可以看出来。后来才因为交恶，才被妖魔化，绝不是因参与奠酒而丑。

六、"醜/酋"：鬼方掌酒

鬼方与殷商有战有和。鬼酋或鬼侯入觐或到殷廷任职，作为方国或酋邦之长，地位不低。虽然已有牴牾冲突之事发生，但是，"鬼醜"或"亚醜"在商代并非都是恶称。到了周代，鬼方与其冲突加剧，鬼醜或鬼酋的地位与名字，都发生了变化。

《周易·离卦》上九，"王用出征，有嘉其首，获匪其丑"，或说这里"首""丑"互文，所获丑虏乃敌方酋首。窃尝疑，所谓献俘场面，丑虏不过数人，恐怕多属酋长或将帅。"醜"及"鬼"字所见，跪坐之鬼，形构如兄，即巫祝，或以之代表巫王或巫酋。特别是为周人丑诋的敌方，及其酋长或巫师，简直成了酒鬼直到恶丑。

酗酒造成精神变异，导致迷狂直到淫乱，是生命的反面，身心健康之大敌，丑态百出，这在古希腊酒神狂欢祭典，祭司或女巫、女信徒的行为里可以窥豹一斑。前举《说文》卷十四酉部"酒"，极言酒"就人性之善恶"，乃至"吉凶之所造也"。《释名》曰："酒，酉也。酿之米麴酉泽，久而味美也。"古之果酒或谷物酒，味道甜美，诱人畅饮，直到成瘾。前引《说文》云："古者仪狄作酒醪，禹尝之而美，遂疏仪狄。杜康作秫酒。"甚至有善于酿酒或拼酒者，被部众推为酋长或巫师。杰克·伦敦短篇小说《强者的力量》描写巫师与酋长争夺权力，迭出奇招。最终，善于酿酒的巫师用美酒迷惑了部众，醉倒了酋长，夺得了宝座。但从此也可看出酒具有两面性，一般说来，危害大于好处。

---

① 卫聚贤：《中国人发现美洲初考——文字及花纹》，石室出版社1975年版，第81页。

图 5-14　酒神节狂欢

（上：狂欢行列，希腊瓶画摹本；下：酒神节的滥饮，意大利，提香）

酒神狄俄尼索斯祭典，中心内容是毫无节制的狂欢。祭司与善男信女们扮演着带有羊形或羊肢的酒神、谷精、牧神和他们的侍从，以及山林水泉小女神，腻舞酣歌，一直到放纵、淫乱，以此祈求蕃庶和丰收。

柏拉图《法篇》里的雅典人论酒的两面性说：（人们）似乎认为它被赐给人类是为了起到一种复仇的作用，是为了使我们疯狂，而我们当前的看法是……它是一种药物，可以产生灵魂的节制和身体的健康和力量。[①] 它使人精神振奋，少量低度酒能使血液流得更快，冲刷血管使其畅通；但是，一旦过量，就损害理智，使人晕头转向，胡言乱语。结果成瘾，天长日久，便令血管硬化、血压上升，轻则心脏受损，重则中风。

希腊人也喜欢喝酒，但喝的主要是葡萄酒，度数不高，但后劲大，喝多了照样烂醉如泥，就像酒神祭典男女祭司的疯狂那样。罗马酒神巴库斯及其节日，狂欢程度有过之而无不及。这主要是因酗酒而丑恶，而带来祸患。由之可以想象当年好酒的鬼方与殷人受酒之害是多么深。

[①] ［古希腊］柏拉图：《柏拉图全集》（第 3 卷），王晓朝译，人民出版社 2003 年版，第 424 页。

图 5-15　希腊大酒瓶与罗马酒神

（左：彩陶大酒瓶，上绘信徒们以酒等向神致祭；右：《酒神巴库斯》，意大利，卡拉瓦乔，油画，1573—1610，现藏于意大利佛罗伦萨乌菲齐美术馆）

古希腊人好酒，祭神多用酒，祭后畅饮，多数人并不酗酒，因而像殷商那样有大量酒器保藏下来。

七、"醜"用于丑虏

周人以"丑""讯"称呼战俘。《诗经·小雅·出车》"执讯获丑"，"讯"有时可指俘虏、审讯对象，强迫其发声提供信息，"执讯"犹今语之"抓舌头"也。

【讯】

▨（《铁》72·4）　▨（《续》3·31·5，《簠·地》25）　▨（《续》6·16·6）

清代吴大澂《说文古籀补》说金文此字为古"讯"字，"从系从口，执敌而讯之也"。

叶玉森《研契枝谭》说此当释"讯"，"象罪人临讯，去其索，置于侧面而鞫之也"。

丁山《殷商氏族方国志》即引《诗经》以证。

执讯获丑。（《诗经·小雅·出车》；郑笺："讯，言。"）

执讯连连。（《诗经·大雅·皇矣》）

引金文——

🅰(《师寰簋》)　🅱(《兮甲盘》)　🅲(《虢季子白盘》)

又，罗振玉《殷墟书契续编》，"乙丑，王讯……"，"殆谓王亲问俘系，系此讯之本字也"。李孝定《读契识小录之二》还补充了一些文献例子：

用情讯之。（《周礼·秋官·小司寇》）

讯鞫论报。（《汉书·张汤传》）

唐兰说，《虢季子白盘》有"执讯五十"。《诗经·出车》《诗经·采芑》"执讯获丑"，都涉及猃狁，"此铭亦述伐猃狁事"——上古多将"猃狁"与"鬼方"混为一谈，"执讯"且"获丑"，正捉得"鬼／丑"战俘，而丑诋之也。此"讯"，"自含讯囚之义，盖讯鞫之本字也"（《殷虚文字记》）。

《诗经》用"丑"字颇多。现在择其诋称战俘为"丑虏"的例子，这些几乎都是周人的观念或记录。

乃立冢土，戎丑悠行。（《诗经·大雅·绵》；此亦提及"混夷駾矣"，混夷，即昆夷、畎夷、犬夷，即犬戎，故称戎丑；或说亦鬼戎的一支或同盟）

无纵诡随，以谨丑厉。（《诗经·大雅·民劳》）

铺敦淮濆，仍执丑虏。（《诗经·大雅·常武》；此记征淮浦、徐方事）

执讯获丑，薄言还归。赫赫南仲，猃狁于夷。（《诗经·小雅·出车》；此征猃狁事，旧说即鬼方）

方叔率止，执讯获丑。（《诗经·小雅·采芑》；下云"征伐猃狁，蛮荆来威"，亦征猃狁事）

升彼大阜，从其群丑。（《诗经·小雅·吉日》）

顺彼长道，屈此群丑。（《诗经·鲁颂·泮水》；此征淮夷事，郑笺："丑，恶也。"）

其他典籍也有类似的用法。例如《周易·离卦》上九，"有嘉折首，获匪其丑"。逐渐凝固为恶称。

《左传》定四年："将其类丑。"

《左传》文十八年："丑类恶物。"杜注："丑，恶也。"

《诗经·小雅·十月之交》："亦孔之丑。"毛传："丑，恶也。"

图 5-16 驱役或杀戮俘虏

（亚述人对待俘虏的方式，古代作品摹本，集合图。上：公元前 9 世纪，早期方式，男子系械而行，前往刑场，女性亦不得携带儿女；中：杀戮某些战俘或妇女；下：公元前 7 世纪，后期方式，俘虏可携带儿女和行李）

"乃立冢土，戎丑悠行。"（《诗经·大雅·绵》）"冢土"是军社，有时在车上载社主而行，常常杀人以祭。亚述人押送俘虏到台坛前杀以祭神，这使人想起商周时代驱役与屠杀俘虏的情景。

于省吾说："'戎丑'系指'戎狄丑虏'言之。……古者'内诸夏而外夷狄'，故斥夷狄为'戎丑'。"解释道："《逸周法·谥法解》谓'怙恶肆行曰丑'，《泮水》篇称'屈此群丑'，郑笺谓，'丑，恶也'，《常武》篇称'仍执丑虏'，'丑虏'谓丑恶之虏。"① 此时"丑""虏"相连，基本成为恶称了。

陈梦家说："《诗·出车》'执讯获丑'，《吉日》'从其群丑'，《泮水》'屈此群丑'，凡此'丑'都是奴隶、虏。"大体是对的。但他结合《楚语》等说，"百姓、品、官的最下层是'丑'，这丑和殷民六族的氏、宗氏、分族以下的类'丑'是一样的"，官有十丑，丑只是属官或小吏，其下还有兆民，那才是农奴或农民（或说奴隶）。② "官有十丑"就是十类，看来有一段时期，"丑"还只是"类"的意思。但一旦"丑""虏"连称，"丑"就是坏东西了。

---

① 于省吾：《泽螺居读诗札记》，见新建设编辑部编：《文史》（第一辑），中华书局 1962 年版，第 121 页。
② 陈梦家：《殷墟卜辞综述》，中华书局 1988 年版，第 616 页。

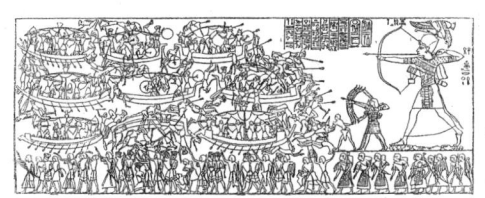

图 5-17 "戎丑悠行"：杀人祭社

（左上：古埃及人的壁画《水陆攻战》，最下一行是押送俘虏；左下：杀人石——军社，江苏铜山殷商军社社石，下有枯骨、髑髅出土；右上：亚述杀俘祭庙，悬挂首级，剁下手足；右下：征战与献俘，山东济南出土汉墓画像，中行当中二人系绑缚的俘首）

《尚书·甘誓》说，赏人于"祖"（宗庙），杀人于"社"（军社）。《左传》昭十年、僖十九年载有"献俘"或杀人于"社"。《诗经·大雅·常武》："仍执丑虏。"已将"丑"字加在俘虏头上。《诗经·绵》篇说的"乃立冢土，戎丑悠行"，描写的就是献俘场面。戎丑，表示其属于戎狄或鬼戎。

殷人好酒。对于鬼方好酒的讥刺、责骂、丑诋，主要是周人。殷人对于鬼的好酒，似乎全都抛在脑后不顾了。周人对殷人沉湎淫奢、纵酒危国的印象深刻，所谓前车之覆，后车之鉴；镂于金石，子孙为戒。《大盂鼎》铭说：

> 王若曰：……在于御事，酒无敢酖，有柴烝祀无敢，故天翼临子，法保先王，匐有四方。
>
> 我闻殷坠命，唯殷边侯甸殷正百辟，率肆于酒，故丧师祀。

《诗经·大雅·荡篇》："文王曰咨！咨女殷商，天不湎尔以酒，不义从式！"郑注："饮酒齐色曰湎。《韩诗》曰：饮酒闭门不出客曰湎。"殷人沉湎于酒，是不义，更不能让它范式天下。如郑笺所说："式，法也。天不同女颜色以酒，有沉湎于酒者，是乃过也。不宜从而法行之。"

周人对于自己，沉迷于酒，可能要杀掉的；对于殷人，却颇宽容，不诛而教。一方面是区别对待，讲究策略，迁就其多年养成的恶习；另一方面似有姑妄置之不理的用意，甚至纵容，至少喝醉了就不会反叛。《尚书·酒诰》篇说，周人"群饮"者，告诫道："汝勿佚，尽执拘以归于周，予其杀！"然而，对待殷之"诸臣惟工，乃湎于酒，勿庸杀之，姑惟教之"。

斯巴达人对于俘虏来的赫罗士人（Helts）的待遇近于奴隶，还诱导、强迫他们喝得酩酊大醉，待其丑态百出之时，对自己的青年说：勇士们，你们看，赫罗士人是多么丑恶，酗酒是多么可怕！

柏拉图《克拉底鲁篇》说，智慧是一种舒畅的活动或流变，而 αισχρον（丑），本来的意思是"阻碍流动"。"提供了这个名称的人（哲人或智慧者）是各种阻塞的大敌，因此把 άεισχονν 这个名词给了阻碍流动的东西，后来就浓缩成了 αισχρον（丑）。"① 这是西文"Ugly"一词来源的一种说法。Ugly 或 Ugliness，也用来指邪恶或凶邪，就像中文"丑恶"相连一样。

酒、色相连，食、性互渗。前文已经论证，这二者互动的极端化，就是酒的滥饮，食的饕餮与性的泛滥。酒池与肉林传说是必定勾连的，相互补足的。再加上好色，如纣王的宠信妲己，"妇言是听"。上行下效，狼狈为奸。生活上的放纵导致政治上的腐化，殷王朝危机四伏，崩溃或败亡就是指日可待的事。古罗马的情况与之类似。

爱神与酒神为大多数人所喜爱，但是他们都有一把双刃的剑。一旦他们结合起来，酒池肉林就可能变成火海刀山。希腊作家路基阿诺斯描写爱神秘密仪式说："在长藤的纠结缠绕之中，葡萄累累下垂。阿芙洛狄忒的灵魂体验，因为她与狄俄尼索斯同在而倍增。因为两位神祇同时降临，给人们带来最美妙的欢乐。"人们都沉醉在爱之放纵之中，往往失去理智，做出或愚蠢或疯狂的举动，与平时判若两人。

在食、色的原型性冲动中，酒是最有效的点火剂。希腊人好饮，却并不酗酒，平时小酌，是不会大醉的。但在酒神－牧神－谷神节狂欢节中，容易喝得太多，男女都放松了节制，于是丑态毕露，醒后也就扔在脑后。

---

① ［古希腊］柏拉图：《柏拉图全集》（第2卷），王晓朝译，人民出版社2003年版，第102页。

图 5-18 食色泛滥，自取灭亡

（西方号称批判食色欲望的照片与电影）

食欲、酒色，不加节制，就会泛滥成灾。

"饮酒亡国论"当然很幼稚，但批判此说的汪宁生也承认，周人在公元前1000年左右就有酒戒，"世界少有，值得大书特书"；祭祀必用酒，"为酒为醴，以洽百礼"（《诗经·周颂·丰年》），但不能烂醉，"此先王所以备酒祸也"（《礼记·乐记》）。《旧约·箴言》亦云："酒能使人亵慢，浓酒使人喧嚷。"但汪宁生说："酒戒才是中国传统文化中真正的优秀遗产。"①周人对酗酒的箴戒或丑诋是有道理的，以史为镜，值得肯定。

就技术层面言，周人似乎是有意把"醜"这个象形字当作会意字，本来是嗄酒的鬼方人或巫酋，被他们反面使用为"酗酒的鬼方人"，一直到后人心目中的酒鬼。酒色亡国的殷商，好酒狂乱的鬼方，一方面由于是周人敌国，一方面他们确曾纵酒无度，"一旦归为臣虏，沈腰潘鬓消磨"，酗酒加上失德与亡身，酒鬼的恶名就很难洗刷了。这也是"醜"字由族称到中性名词（丑/类）变成恶名的历史原因。

评价或界定美好，当然有其时代或历史的标准，但从根本言，仍然是生命之准绳，人类的利益。生物进化与社会发展的根本利益，简言之，不能脱离真善。

鬼方是周人宿敌，也许殷人曾利用鬼方来压制周人。这就造成敌忾，更被斥为"丑恶"。所以《说文》训"醜"为"可恶"。北方高寒地带的游牧人或骑射者鬼方猃狁/荤粥等好饮，殷人则以酗酒误事乃至亡国——鬼丑与殷人都是好酒亡国，成为丑恶不堪的酒鬼，粗疏地说，被当成会意字的"醜"由"酒鬼"构成。有人说，游牧人不种粮食，哪来余粮酿酒。汪宁生说："浅化民族

---

① 汪宁生：《古俗新研》，敦煌文艺出版社2001年版，第263—266页。

大量使用谷物酿酒并不一定表明农业生产已有剩余。"① 酿酒的材料与办法很多，马奶就能造酒。他们风餐露宿，酒能暖身；战前饮酒，还能鼓舞士气，进入半疯狂状态，冲锋陷阵，更加勇猛。但危险也大。这种事，在世界史上也发生过。恩格斯《自然辩证法》说："当阿拉伯人学会蒸馏酒精的时候，他们做梦也不会想到，他们却因此制造出使当时还没有被发现的美洲的土人逐渐灭种的主要工具。"

最聪明的所罗门王，晚年耽于酒色，因美食、美酒、美女而丧失了智慧。《说文》卷十四酉部，暗示酒本身含有善、恶之二重性，追附人性之善恶而强化之，造成或吉或凶之结果：适量饮酒可增强体魄，振奋精神；过量则丑态百出，败坏心智，危害身体。如《古兰经》：（酒）对于世人有很多利益，而其罪过比利益还大。这也决定了"醜"字具有二重性，鬼族乃至殷人都好酒，这不过是其习性，还谈不上善恶；一旦沉湎酗狂，就像毒瘾欲罢不能，直到亡国灭族。于是，周人将"醜"彻底对立转化为丑恶，丑诋鬼方乃至殷人为"醜"。

图 5-19　酒色误人

（左：葡萄酒杯，上面有国王被葡萄藤缠住的图像；右：酒神与爱神相互敬酒，柏汀的油画，1710—1715）

酒神与爱神有说不清道不明的关系。人人都知道，酒不醉人人自醉，色不迷人人自迷，且很难抵挡人生这两大快乐。假如不知节制和清醒，很可能就会误己误人，乃至误民误国。"葡萄美酒夜光杯，欲饮琵琶马上催。"夜光杯上就镌刻着警告。色雷斯国王得罪了酒神，酒神派他的侍女变成葡萄藤把他紧紧缠住，这象征酒、色双重羁绊，使人无法自拔。

---

① 汪宁生：《古俗新研》，敦煌文艺出版社 2001 年版，第 245 页。

八、殷人好酒亡国的证明

殷人好酒，酒能乱性，多致豪奢放荡，淫逸无度，构成其亡国的原因之一。这是有证明的。河北藁城台西遗址曾发现 8.5 公斤的酵母。① 许进雄介绍说，商代"专门为酒而造的器具种类之多和墓葬重酒器的习惯，与西周以来重食器的作风大异其趣"②。他们普遍酗酒，喜欢群饮，夸张的酒池肉林故事至少部分有据。

图 5-20　沉溺于酒色阻断了智慧

（诸神的盛宴，近世欧洲油画）

睿智而英武的奥林波斯山上的诸神，一旦陷入酒色陷阱不能自拔，就会丧失智慧，露出丑态，暗示着他们的堕落与衰亡，就像罗马的贵族与武士。

第四节　美与丑的对立、互渗与转化

真、善、美与伪、恶、丑总是相依存、相比较、相斗争而存在，有时还能相互渗透、相互转化，在艺术作品中尤其体现为盘根错节、纠缠难辨的复杂情形——在蛙蟾、蛇鳝或章鱼这样本身就内含着二重性的形象素中特别纠结，于是就有月宫蟾与美杜莎这样充满矛盾的审美现象出现。美，由于跟丑的比照显得更美；丑，也因为进入艺术、成为形象，特别是经由作品材质的

---

① 参见河北省博物馆、文管处台西考古队、河北藁城县台西大队理论小组：《藁城台西商代遗址》，文物出版社 1977 年版。

② 许进雄：《中国古代社会——文字与人类学的透视》，台湾商务印书馆 1988 年版，第 192 页。

改造与艺术技巧的提升而不再是现实中所见的那样可畏或讨厌。而且,万变不离其宗,总是以各种形态,包括变形来赞颂生命,以及生命对死亡或其变态的克服。

一、美与丑相比较而存在

早期的思想家对美与丑的界定非常简单。像希腊的《西奥格尼斯》说:美的是使人愉快的,丑的是使人不愉快的。德国人沃尔夫(1679—1754)也说过类似的话:使我们喜欢的叫作美,使我们讨厌的叫作丑。

审美愉悦是很复杂的心理和生理事件。痛苦、下泪,是极不愉快的事情,然而悲剧如果不催人泪下并且发人深思,那就会流于贫乏或平庸。惊险、悬疑或者杀人放火、恐怖惊悚,使人畏惧,夜不成眠,可是鉴赏者却心甘情愿上当受骗,或者盼望惊心动魄,还声称是"审美快乐"。丑陋或者恶劣,平时避之犹恐不及。可是观赏喜剧,身处丑恶,却不免开怀大笑。闹剧难逃低级庸俗,却也能出现像周星驰《功夫》那样的佳作。

鲁迅说的,喜剧把丑的揭开给人看,悲剧把美的毁掉给人看;至今为止,还是不失为最简洁的经典定义。黑格尔说:"喜剧只限于使本来不值什么的,虚伪的,自相矛盾的现象归于自毁灭"。鲁迅的话使其更明朗、更简洁。这些大体上都属于我们说的畸美。

刘熙载《艺概》说:"一丑字中,丘壑未易尽言。""昌黎(韩愈)诗往往以丑为美。"他更有名的话是:"怪石以丑为美;丑到极处,便是美到极处。"贾平凹说的"丑到极点便成了美",源出于此。

清代郑燮《板桥题画兰竹》说:

> 东坡又曰:石文而丑。一丑字则石之千态万状,皆从此出。彼元章但知好之为好,而不知陋劣之中有至好也。东坡胸次,其造化之炉冶乎?燮画此石,丑石也,丑而雄,丑而秀。[①]

其实,这些话是有限制或条件的,必须在特定语境中参透它。

第一,这丑应该是美学意义上的丑,不是日常生活语言里包括令人恶心、激起生理反感或病态的丑。

---

① [清]郑板桥:《郑板桥集》,上海古籍出版社1962年版,第163页。

图 5-21 命运是"盲目"的?

(左:《命运女神》,意大利,塔德乌什·孔策-柯尼兹,油画,1754 年;右:《命运》,意大利,圭多·雷尼,油画,约 1623 年)

西方人认为命运之神是盲目的,她赐给少数人幸福,让多数人痛苦或悲惨。命运并不以人的真伪、善恶、美丑为标准。然而时代进步,科学昌明,人心透彻。人终将为她解下障眼的黑布,让她窥见人世的光明,前程的希望,恢复并且强化自然的真、善、美,突显其善良与温柔面。

第二,一般说,这种丑,主要显现在广义的或作为审美对象的形象,或者可能生长为审鉴和创作对象的形象里,很难说生活中的极丑会转变为同样处于现实的极美。

第三,它在美学上的重要意义是美丑具有相对性,美丑可能内含各自的对立面,可能对立转化,"丑而雄,丑而秀"者,就很可能转化为壮美与秀美。

第四,如果此丑还没有变成美,那是因为还没有"丑到极处",还没到美丑转化的临界点,或缺乏规定情境。

第五,如果进入艺术,还要有艺术家主观之能动,所谓胸中之造化炉冶,将其铸成形象。

毛泽东指出:真善美是与伪恶丑相比较而存在,相斗争而发展的。正如葛洪《抱朴子·广譬》载:"不睹琼琨之熠烁,则不觉瓦砾之可贱;不觌虎豹之或蔚,则不知犬羊之质漫;聆《白雪》之九成,然后悟《巴人》之极鄙。"对比或对照总是最有力量的,黑白相映,泾渭分明。最简单的手法是:绘鲜花于丛莽之中,万绿丛中一点红,就能分外鲜明;置怪石于雪地之中,白茫茫之间的黢黑,益见其嶙峋。

"既含睇兮又宜笑"的花季少女,偏偏"被薜荔兮带女罗",而且乘骑着凶猛的"赤豹",跟随着怪诞的"文狸";在"雷填填兮雨冥冥"之中怅望着她那疑作、忘归的翩翩佳公子。(《楚辞·九歌·山鬼》)

"广开兮天门,纷吾乘兮玄云。"满面肃杀的寿星兼死神大司命,出场就是"令飘风兮先驱,使涷雨兮洒尘"。如果说这是烘云托月般的衬现,那么,他与年轻柔丽的生命兼爱情女神少司命的会见,"绿叶兮素华/芳菲菲兮袭予",就暗示出一种冬天与春日、死亡与生命、怨怼与爱情的对比。大司命是那样庄严静穆:"入不言兮出不辞,乘回风兮载云旗。"少司命却是那般飘逸多情:"秋兰兮青青,绿叶兮紫茎,满堂兮美人,忽独与余兮目成!"这就是由两个极端相对照而产生的特性,两种美相映衬而发生的新质。这样,他们的离合才会如此绚丽迷人:"悲莫悲兮生别离,乐莫乐兮新相知!"

有浮士德,便有魔鬼靡非斯特与之相映衬,"我是经常否定的精神","'恶'字便是我的本质"(《浮士德》)。但这不是对恶的纯粹的歌颂,也不是对善全盘的肯定;而是肯定里有否定,批判中有求索。如歌德自己所说:

> 我们称为罪恶的东西,只是善良的另一面,这一面对于后者(善良)的存在是必要的,而且必然是整体的一部分,正如要有一片温和的地带,就必须有炎热的赤道和冰冻的拉普兰一样。①

正像古文字所见,贬斥性的恶/丑是从褒赏性的亚/醜对转而来,正面形象可能转化为反面形象,好人会变成坏人,恶丑形象也会化作美善形象。对转在神话中就已多见。例如与阿波罗、赫拉克勒斯对位的人间太阳神后羿,在正统的文献中多属反面形象。《左传》襄四年说,夏羿"不修民事,而淫于原兽",以后又信赖寒浞,被"家众"杀害。孔子说,"羿善射",却"不得其死"。可在民间口碑里,他却是为民除害的救世英雄。至多是难过美人关,让嫦娥偷去他好不容易得来的仙药,升到月亮里去,"碧海青天夜夜心",被鲁迅在《奔月》里善意地揶揄了一番。他的死当然是一出悲剧,可在鲁迅据文献新编的"再生(态)神话"中,羿的叛徒逢蒙仍被后羿喜剧地耍弄了一番——而这位反派逢蒙在东夷神话里本是化形巨蜂或风神鸟的射手英雄。

同样,太阳神阿波罗,作为弃子英雄,曾被母羊奶大,其称号之一

---

① 郑士生主编:《莎士比亚全集》(下),中国戏剧出版社1997年版,第553—554页。

Carneio（卡尼伊厄）意思就是公羊，他是牧羊人和所牧羊群的保护神。然而，在另一种神话中，他的母亲却变为狼，他本人在"与昔兰尼交配时显现的是一只狼的形象"。如前，他的种种称号，词根都是 Lycos——狼。"但是也正因为如此，他便被转变成了牧羊人的保护神，也就成了狼的敌人"①，如同他的中国对位神后羿与东君：

    会挽雕弓如满月，西北望，射天狼！（宋代苏轼《江城子》）

最为奇特的是，他曾是瘟疫之神。在荷马《伊利亚特》第一章，他向亚加亚人军营散播疫疾，致人死亡；"但是他既然能使人得病，那么反过来也就有能力防止疾病的发生"②。阳光、酒与乐舞都为阿波罗、东君所掌管，也都有健身治病的功能，于是他又成了治病救人的医神，包括用巫术救死扶伤。这很像他能够驱除老鼠和鼠疫，却化身金毛鼠。印度、中国的北方毗沙门天王麾下有金毛鼠，至今仍为"西域"某些地方民众所崇拜（他能保护人类的蓄育与健康）。

这正是一组美善⟵⟶恶丑反复对立转化的审美对象。

思想家指出，美与丑、善与恶是相对的，在一定条件下能够相互转化。

    美与恶，其相去何若？（《老子》）
    举莛与楹，厉与西施，恢诡谲怪，道通为一。（《庄子·齐物论》）

美与丑、善与恶，通常处在变动之中，其量变达到一定临界点，质就向其对立面转化。

保罗·里克尔《恶的象征》说：

图 5-22　神羊抚养阿波罗兄妹

（意大利，贝尼尼，雕塑，现藏于罗马博格塞美术馆）

在一个传说里，阿波罗与阿尔忒弥斯，未来的太阳神与月亮神，是一对龙凤胎兄妹，生下就被弃，被一只绵羊哺乳抚养到大，就像他们的父亲宙斯。他们后来兼为牧神或牧人的保护神。

---

① ［希腊］索菲娅·N.斯菲罗亚：《希腊诸神传》，张云江译，国际文化出版公司2007年版，第103页。
② ［希腊］索菲娅·N.斯菲罗亚：《希腊诸神传》，张云江译，国际文化出版公司2007年版，第103—104页。

图 5-23 潜意识的嘶喊

(《呐喊》，挪威，蒙克，1963—1944，油画，现藏于奥斯陆艺术馆)

蒙克的《呐喊》，近年因失而复得而更加有名。他自述："我身上藏匿着人类最可怕的两个敌人：肺结核与精神病。疾病、疯癫和死亡，这些黑色天使常常窥视着我的摇篮。"他的作品被弗洛伊德精神分析学派看作潜意识勃发的典型病例。

恶并不与善对称，邪恶并非取代人的德性；它是对原有清白的玷污，对原有光明的遮暗，对原有美的破损。不管恶多么根本，都不会像德性那样原始。①

这是乐观的理想，一种有条件的性本善论。恶和善都产生于人的本性，而且始终对抗着，冲突着，有时还相渗着，互动着，乃至递代着，转化着。有时，恶战胜了善，伪战胜了真，丑战胜了美。这往往成为暴露性作品，悲剧或喜剧的主题。表面看，这就像命运那样盲目，善恶无常，充满冲突。

但从整个历史看，善确实不断战胜着恶，超越着恶，不然人类就不会进化，不会发展。如上所说，进化与发展是最大的善。鲁迅说：一要生存，二要温饱，三要发展。其根本符合人类利益，就会被评价为善的。艺术形象也大多因为审美地揭露并批判了丑，而成为美，而且流溢着真与善。

二、形象：生活丑转化为艺术美

亚里士多德已接触到艺术再现或形象使丑转化为美的问题。兹比照两种译文。

人对于摹仿的作品总是感到快感。经验证明了这样一点：事物本身看上去尽管引起痛感，但惟妙惟肖的图像看上去却能引起我们的快感，例如尸首或最可鄙的动物形象。其原因也是由于求知不仅对哲学家是最快乐的事，对一般人亦然……②（罗念生汉译）

这一点可以从经验的事实得到证明。事物本身原来使我们看到

---

① ［法］保罗·里克尔：《恶的象征》，公车译，上海人民出版社2005年版，第138页。
② ［古希腊］亚理斯多德、［古罗马］贺拉斯：《诗学 诗艺》，罗念生、杨周翰译，人民文学出版社1962年版，第11页。

起痛感的,在经过忠实描绘之后,在艺术作品中却可以使我们看到就起快感;例如最讨人嫌的动物和死尸的形象。原因就在于学习能使人得到最大的快感。……①(李金环汉译)

亚里士多德早就接触到生活丑转化为艺术美,亦即把再现丑转化为审鉴美的难题。他认为,认知真实就能使痛感变成审美快感,或者说,学习(认知本身)本身能够使丑变成美。这说法似乎简单化,却包含着一些重要的美学原理。

很奇怪,亚里士多德把这种转化归因于接受者的求知欲:其原因也是由于"求知的能力"。接受者一边在欣赏,一边在求知。他由于在图像认出某一已知事物而获得快感:哦,原来这就是那个东西!……然而,从这里可以判断:接受者初看到的形象肯定是被艺术家改变过、再创造过的东西,那里面肯定包含着他原来不知道、不熟悉或未认识的成分。不然有什么可求知、可学习呢?

伽达默尔由此悟出,古人所说的"模仿"肯定与今义不同:"模仿的认识意义就是再认识。"所以亚里士多德才说审鉴模仿是求知。模仿和再认识其实是揭出了更深层、更隐蔽、更微妙的东西,审美让接受者"顿悟"出"比只是熟悉的东西更多的东西"②。艺术的要义就在于创造"熟悉的东西陌生感",在于让接受者也去再发现,再求知,再怡情,包括对丑的再认识。

图 5-24 美征服丑

(《萨提儿和巴坎特》,18世纪,欧洲大理石雕刻)

这座令人心荡神驰的杰作,几乎颠覆了传统的美学观。

羊角、羊耳、羊腿的萨提儿,本是丑的典型形象,由于艺术家的再造,加上彻底"人化"的大理石的精到、细腻、光洁,使他获得新的生命。丑彻底转化为美。不,更重要的是,少女巴坎特之美,融化并且重塑了他。表面上,是他在侵犯美,实质上是她,是美驯化、转变或者征服了丑。

---

① [英]杰伊·希尔:《维特根斯坦的美学与文学理论》,李怡楷译,见中国社会科学院哲学研究所美学研究室编:《美学译文》(2),中国社会科学出版社1982年版,第171页。
② [德]伽达墨尔:《真理与方法》,王才勇译,辽宁人民出版社1987年版,第166页。

图 5-25　肥胖，近于丑陋，却不恶心

（《酒神巴库斯》，油画局部，尼德兰，鲁本斯，1638—1640，现藏于俄罗斯圣彼德堡艾尔米塔什博物馆）

那时代，还没有以肥胖为丑陋的偏见，但是潮湿的低地国家的画家却喜欢描绘肥胖，也许是表示富足和"成熟"吧，却不免有些滑稽可笑。这也许是一种"矛盾的"审美。

在一部艺术作品上人们真正地所经验到以及所想到的东西其实是，这部作品如何是真实的，也就是说，人们于作品中是怎样相当地看到和再发现了某些东西以及自己本身的（新发现，新认知）。[1]

所以，鉴赏也是一种创作，或再创作。也许经过这种再创造，会从丑中发现特殊的美。

卡西尔也说："所有的摹仿说都不得不在某种程度上为艺术家的创造性留出余地。"[2] 对所谓丑的事物的再现更体现出这种创造性和主观性。雨果称："真正的诗人像上帝一样同时出现在他作品中的每一个地方。"无论模仿美还是模仿丑，都是对原物的再创造，都在炫示作者的存在或个性。

诗人雪莱对审美把现实中的丑转化为艺术里的美的复杂现象，用浅显的语言表达得很深刻。

诗使万象化成美丽；它使最美丽的东西愈见其美，它给最丑陋的东西添上了美（引案：这句话不准确）；它撮合狂喜与恐怖、愉快与忧伤、永恒与变幻；它驯服了一切不可融和的东西，使它们在它轻柔的羁轭之下结成一体。[3]

诗/形象让一切生命"变形"之丑再"变形"为美。"每一形象走入它的光辉下，都由于一种神奇的同感，变成了它所呼出的灵气之化身；它那秘密的

---

[1] ［德］伽达墨尔：《真理与方法》，王才勇译，辽宁人民出版社 1987 年版，第 166 页。
[2] ［德］恩斯特·卡西尔：《人论》，甘阳译，西苑出版社 2003 年版，第 172 页。
[3] ［英］雪莱：《为诗辩护》，缪灵珠译，见中国社会科学院文学研究所编：《古典文艺理论译丛》（卷一），知识产权出版社 2010 年版，第 109 页。

炼金术能将从死流过生的毒液化为可饮的金汁;它撕去这世界的陈腐的面幕,而露出赤裸的、酣睡的美——这种美是世间种种形象的精神。"①

通过诗或诗人的爱抚,包括艺术技巧的升华作用,形样或形相变成了形象,丑也可能转化为美——只要它确实是形象,观丑同样也是审美。当然,更重要的是,由于其形象或形象元素本身就内在着美/丑与善/恶的二重性:正是其内含着的生殖力与再生力使得某些死亡性或负面性意象,例如蛙蟾、蛇鱼等可能向生命转化,让人在黑暗中窥见光明。

传统的理论大致认为,一切事物,只要进入艺术,体现、凝聚为艺术形象,它就是美——形象。当然作为审美价值判断,我们常常粗略地说,正面形象是美的形象,反面形象是丑的形象。这并无大错,像某些美学家所嘲笑的,"常识以下"。但作为"(艺术)形象",不管美的还是丑的,都是一种美,艺术美。

$$\text{艺术美:艺术形象} \begin{cases} \text{美的形象} \\ \text{丑的形象} \end{cases} \text{形象:美}$$

这就是说,对于艺术里丑的形象的欣赏,也是一种审美行为而不是什么审丑,更没有必要在美学之外建立什么"丑学"。但作为形象的艺术美,却可以分出美的形象或丑的形象。这就涉及生活丑为什么会转化为艺术美。

即令是丑的形象也不是绝对丑。有时丑的形象也内含着美善,或可能转化为美善。古希腊最丑陋的女神戈尔贡姐妹,其中美杜莎的头发全是活的毒蛇。谁看她一眼就会变成石头。英雄珀尔修斯却想法子砍下她的头颅,来装饰盾牌,制服来犯之敌,以毒攻毒,以夷制夷,就像黄帝使用蚩尤头颅的图像来压胜四方毒恶那样。金芭塔丝指出,美杜莎是死亡女神,但同时也是再生女神,促使敌人死去,而后变出新的生命新的人。

康德描述过艺术如何审美地再现"丑"的事物。

  美的艺术正在那里面标示它的优越性,即它美丽地描写着自然的事物,不论它们是美还是丑。狂暴,疾病,战祸等等作为灾害都能很美地被描写出来,甚至于在绘画里被表现出来。②

---

① [英]雪莱:《为诗辩护》,缪灵珠译,见中国社会科学院文学研究所编:《古典文艺理论译丛》(卷一),知识产权出版社2010年版,第109页。
② [德]康德:《判断力批判》(上卷),宗白华译,商务印书馆1964年版,第158页。

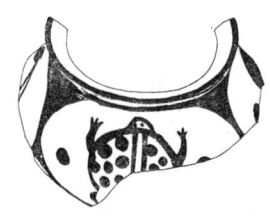

图 5-26 由丑变美的蟾蜍

（上：彩陶里的蟾蜍，暗示其多子，仰韶文化庙底沟类型；下：汉代张衡的候风地动仪，复制品）

蟾蜍皮肤粗糙，背上多疣状突起，会分泌毒液，但一旦进入艺术，例如在候风地动仪里与龙伴出，立刻具有特定形象性与美质。

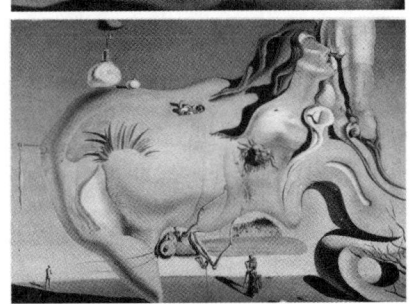

图 5-27 以怪诞与异变为美

（达利的独特画作）

人们已经适应了现代派、抽象派或超现实主义艺术，知道它们有所用意，不再责骂他们颠倒黑白、以丑为美了。

这些也许可列入畸美，但在 19 世纪及以前的绘画艺术作品中连丑恶的痕迹都很难找到，他们被现代主义与后现代主义指责为回避丑、美化丑、歪曲丑；19 世纪末 20 世纪初情况逐渐改变，丑被半遮半掩地抬到拉开幕布的舞台之上，让古典理论家、美学家瞠目结舌，患了失语症，一般无言以对。到了 20 世纪末，现代主义也遭到否定之否定，后现代主义及其艺术与美学方兴未艾，几乎一切的传统的真善美、伪恶丑及其观念与标准都遭到质疑、挑战或颠覆。

蛙蟾女神是再生信仰的承载者，嫦娥与女娲（女蛙）都是再生的月亮女神，与月亮的生死朔晦一致；希腊月神阿尔忒弥斯，波罗的海之女神芭芭雅嘎等也曾化形为蟾蜍。蟾蜍的冬眠或蜕皮习性，以及体态等都使它与月亮-女性发生互拟。

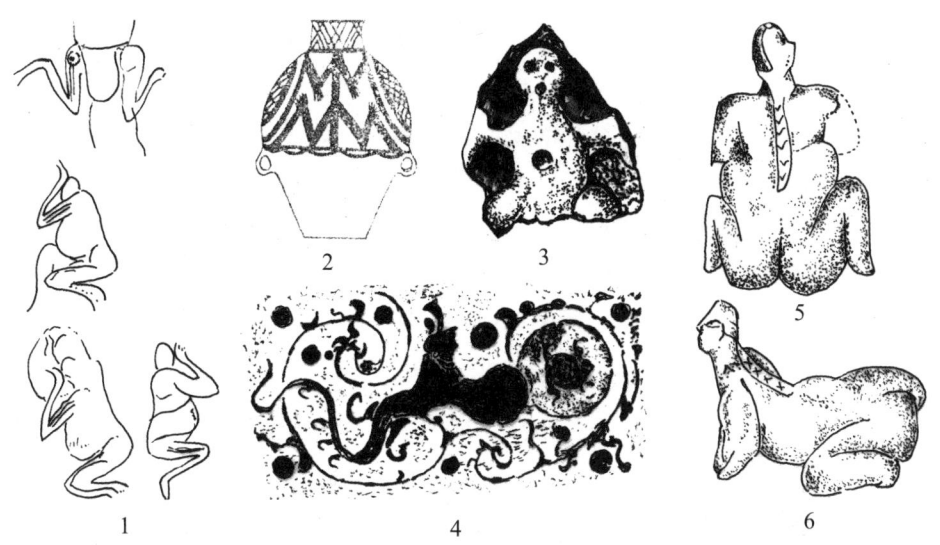

图 5-28 蛙蟾女神

（1.骨雕图纹，旧石器之马格德林时代晚期，距今约 1.5 万年，法国南部洞穴艺术，不一定是女神，但孕妇以蛙蹲姿势出现，很可能有蕃育意义；2.彩陶蛙人，马家窑文化马厂类型期；3.蛙状女人，陶制神偶，公元前 6000 年末，土耳其哈西拉新石器遗址出土，安纳托利亚中部；4.嫦娥奔月，或说女娲与蟾月，河南南阳汉墓壁画；5、6.蛙神浮雕，库库泰尼 A2 期文化，前 4500—前 4400，摩尔多瓦）

俄罗斯人也许特别不喜欢青蛙。车尔尼雪夫斯基说："蛙的不愉快的形状由于覆盖它的那冰冷的黏泥而扩大了，使人想起尸体来；那就使蛙变得更加讨厌了。"[①] 他指出，生命是美，生命的反面如疾病、伤残即是丑；却不大明白生命之美是多元的，战胜残疾是更高的美。生命联想是审美的重要基础。中国人觉得，一只年轻力壮的青蛙充满了生命力，何况它还吃害虫。"稻花香里说丰年，听取蛙声一片。"它的生命形态多变，从卵到蝌蚪，慢慢长出四肢，甩掉大尾巴，变成活泼敏捷的成虫。它还会冬眠、惊蛰，是生命不断演进与更新的意象。"清明时节家家雨，青草池塘处处蛙。"那是一幅多么赏心悦目的晚春画面。这里还不说齐白石等手下那些细皮嫩肉、生趣盎然的蝌蚪和青蛙们。蟾蜍确实不大好看，然而有的是办法和艺术天性的中国人，也能让它美丽起来，可爱起来。

---

① [俄] 车尔尼舍夫斯基：《生活与美学》，周扬译，读书出版社 1949 年版，第 11 页。

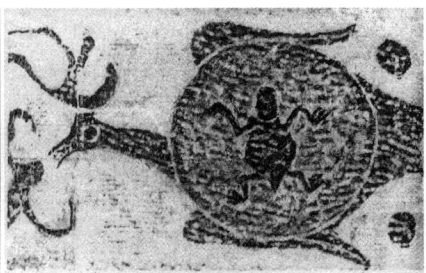

图 5-29　嫦娥与蟾蜍

（左：湖北咸宁嫦娥文化讨论会会标；中：画像石"日月合璧中的蟾蜍"，东汉，河南；右：民间绘画中的"月光女神"）

从表面看，最美的嫦娥与最丑的蟾蜍构成了鲜明的对照；有人说，"嫦娥应悔偷灵药"，背叛后羿，变成了癞蛤蟆，是对她的惩罚。古代文献并无此意。蟾蜍与嫦娥，都是再生的意象，都能更新自己的生命。蟾蜍在古人心目中还是蕃育与财富的象征，成为艺术形象后更由丑变成一种美。

蟾蜍确实臃肿笨拙，背部的疣状突起，特别使人厌恶，有时还会由此释放出奶白色毒液——蟾酥，来抵御敌害，令人畏惧。但是，蟾酥是重要药物，能够治疗好几种炎症或者恶疮。蛤士膜还是珍贵中药，现在越来越稀少。我们聪智的祖先善于"变废为宝"，使许多毒物或者有害的东西"改恶从善"。

善/恶与利/害并不绝对分离，就看你怎么对待和使用。但这跟美与丑的对照却不大一样。那么，能不能化丑为美呢？

有人说，"刘海戏金蟾"，金蟾是财富的象征，不是一种转变吗？这里包含制造材质的反作用力，用精细光亮的玉石、水晶、金银、珍木等雕刻的蟾蜍是非常美丽的，雕塑《嫦娥》身畔的蟾蜍，跟"玉兔"同样，令人爱不释手，目不转睛。或说，这是形象的魔力。一旦用形象来再现某种丑恶，它就变成艺术（品），进入美的殿堂。哪怕依旧评价为丑的形象，它还是形象，还是艺术美或准艺术美。

除了前引古典诗学家所说的形象或模仿的创造性转化功能以外，法国的波瓦洛《诗的艺术》也触涉到艺术化丑为美的功能。

绝对没有一条蛇或狰狞怪物经艺术摹拟出来而不能供人悦目：一支精细的画笔引人入胜的妙技能将最惨的对象变成有趣的东西。[①]

---

① ［波］波瓦洛：《诗的艺术》，任典译，人民文学出版社 1959 年版，第 30 页。

图 5-30 化丑为美：龟蛇 – 玄武

（左：真武帝君与龟蛇 – 玄武，采自《三才图会》；中：玉鳖，玉雕，周代；右：玄武 – 龟蛇，画像石）

车尔尼雪夫斯基说："壁虎和乌龟是令人讨厌的。"然而，善于化丑为美的中国古人，却把龟蛇处理为富有生命力与战斗性的动物，分配到北方，称为玄武，让它们抵御来自水陆的恶害。龟蛇在道教中成为真武大帝的神圣符号和动物化身，其外形也因艺术刻画的巧妙与灵动，体现出一种特殊美。

这当然是最简单的说法：对象一旦进入艺术就成为形象、形象元素，而具有不同程度的审美属性。然而并非所有的艺术都能化丑为美。

一般认为，生活丑进入艺术，要经过艺术创造必具的剖析、提炼、综合的程序；升华，如"造化之炉冶"，使其成为灌注着艺术家情思的形象或审美意象，不断激起接受者的感受、省察、体认、究索与反思。一句话，创造加上再创造……它再也不是生活丑而是"美"，已成为赏鉴的客体或审美的对象而不复为生活的原材料。

有的美学家特别注重制作艺术品的材质（媒介）与艺术家技巧的过滤和提升的作用。例如华美的文字，笔墨纸砚和颜料，瓷土、木料或青铜、玉石，化装、色彩或光影，富于想象力的形构、特别精致的刻画等，都会"清洗"或"淘汰"掉那些过分污秽乃至令人作呕的丑恶，或者挑动情欲的暴露，使人丧胆的恐怖，导致疾病的苦痛，等等，从而在鉴赏中"排泄"掉某些郁积或焦虑，将生活丑升华为艺术美，将丑的事物转化为丑的形象。当然这只是比较传统的说法，现代艺术家和美学家认为，创造或创造的转化过程不会如此简单。

罗丹提出，艺术品的"性格"能够照亮"丑"。

图 5-31　拆分—重组

（西班牙毕加索的人物像，油画，现藏于墨尔本维多利亚美术馆）

毕加索"立体"构成时期的人物画，主要手段是把器官拆散，而后变形重组，有人称之为"构成主义"而不是"立体主义"。它有意求丑，希望由丑的新构成之中发现某种畸美。我们愿意欣赏与否，他是不管的。

在艺术中，有"性格"的作品，才算是美的。

所谓"性格"，就是，不管是美的或丑的，某种自然景象的高度真实，甚至也可以叫作"双重性的真实"；因为性格就是外部真实所表现于内在的真实，就是人的面目、姿势和动作，天空的色调和地平线，所表现的灵魂、感情和理想。①

伟大的艺术家能够穿透丑，能够看透一切事物，包括丑的事物所蕴藏的意义；有时，丑的比美的更能透露出意义或性格，它们造成艺术的美。在自然中越是丑的，在艺术中越是美。②

三、美杜莎女妖的启示

如上所说，丑的形象依然是形象，依然属于艺术美的范畴。何况，有些丑的形象本身就具有美、丑二重性。前举希腊神话里女妖美杜莎，她本来是女性水神，是个矛盾的集合体。正如叶燮《原诗》所说："大约对待之两端，各有美有恶，非美、恶有所偏于一者也。"我们从蛇蚝、章鱼这样本身就内含着美、丑二重性的形象或形象素中就发现其可能转化的根据与可能。她的头发由缠绕在一起的毒蛇组成，谁看它一眼，就会变成石头，可谓丑怪恶凶之极。"它是纯粹状态的恐惧。这是死亡"③。

---

① ［法］罗丹口述、葛赛尔记：《罗丹艺术论》，沈琪译，人民美术出版社 1978 年版，第 25—26 页。
② ［法］罗丹口述、葛赛尔记：《罗丹艺术论》，沈琪译，人民美术出版社 1978 年版，第 26 页。
③ ［法］让-皮埃尔·韦尔南：《神话与政治之间》，余中先译，生活·读书·新知三联书店 2001 年版，第 44 页。

图 5-32　蛇发女妖美杜莎

（左：美杜莎，现代欧美绘画；右上：陶制妖物头颅，典型的古典时期塞斯克洛文化造型，前 6000—前 5800，金芭塔丝因其"吐舌"定为最古老的戈尔贡，希腊北部塞萨利发现；右下：雅典双耳酒罐上的图饰，现藏于巴黎卢浮宫博物馆）

美杜莎是希腊神话中最丑恶、最可怕的女妖，她的头发既像章鱼的触手，又像挤在一起的毒蛇，谁看她一眼，就会变成石头，后来英雄珀尔修斯砍下她的头装饰盾牌，以制服敌人。然而古典一派的画家似乎"不忍心"把一个女人画得太丑，便突出其妖艳或者阴郁，用"形象"令其化丑为美（艺术美）；但在审美判断中，这依然是"丑的形象"。丑的形象并非绝对的丑。金芭塔丝指出，尽管戈尔贡－美杜莎是死亡女神，她同样能够促使再生和蕃育，就像章鱼触手重新生出。

然而，最新的研究证明，她同时是死亡与再生的意象。正如太极图白中含黑、黑中含白，使得黑白可能转化那样，死亡意象中的生殖力元素、再生的强大能力，使她们可能向生命、向美善转变。她的蛇发母型不仅是抱团取暖的毒蛇、鳝鱼，而且含有多触手的章鱼。赫拉克勒斯所杀的水怪许德拉（Hydra）有九个头，很像中国的"九首雄虺"；章鱼曲绕飞动的触手，看起来极像怪物头上丛生的毒蛇。同理，美杜莎的蛇发，在希腊瓶画"宙斯盾"上便隐约可见为章鱼触手，还有触手上吸盘气孔的暗示。在一本《女性世界》（Woman Kind）杂志上，正有她头上长着章鱼及其触手的美化形象。

正因为她的触手——头发能够断而复生，有些理论家认为她属于再生的意象。金芭塔丝说："早期的戈尔工是握有生命与死亡的权力的女神。"她的《活着的女神》还说，"戈尔工是一种名副其实的欧洲象征"，她发现希腊北部塞萨利地区塞斯克洛文化的"吐舌"陶制面具，正是戈尔贡式的远古造型，是公元前6000—前5800年的作品。她的可怕面容却总是与生命能量或再生意象联系在一起，诸如葡萄藤、蛇、螺旋线和蜥蜴，还有章鱼的触手。有希腊文献记载："第一滴从美杜莎的蛇状头发里流出的有毒的血可以导致立即死亡；第二滴血从美杜莎的静脉中流出，可以带来重生和生命。"（《阿波罗多洛圣书》Ⅲ.X:3）至于"美杜莎的死亡血滴可能是对女性强有力的月经之血的一种变形和歪曲的记忆"；月经是一种传统的禁忌，据称，"甚至在许多当代的文化里，迷信也警告人们，如果一个处在经期的女人被看到，就会使一个男人变成一块石头，还会污染食物或危及打猎"。① 而月经恰恰是女性生命循环与生育能力的准确证明。

图 5-33　美化的"蛇发女妖"美杜莎

（采自 Woman kind）

戈尔贡－美杜莎本是水仙，后来演化为蛇发女妖，能毒杀生灵。看她一眼就会变成石头。但她的"蛇发"原为章鱼触手，断了还会复生。所以她又被看作"再生"的意象。由她身上可以窥知美与丑的冲突以及可能的转化。

如前所述，英雄珀尔修斯曾用美杜莎的首级来镶饰盾牌，使见到的人无法抵抗。同理，美杜莎的恐怖形象，常被用来装饰最可能被侵犯的处所、物品或器具，例如门户、食器、钱币、徽章。这极像中国古代的饕餮，能用来辟除邪魅与恶秽，那狰狞或怪诞的畸美，在令人恐惧或痛楚之余，可能升华为某种变异的壮美（参见《中国上古图饰的文化判读——建构饕餮的多面相》）。

人面饕餮或以最凶险的蚩尤为母型，黄帝就像珀尔修斯，曾利用其形象

---

① ［美］马丽加·金芭塔丝：《活着的女神》，叶舒宪等译，广西师范大学出版社2008年版，第25—27页。

御敌。除了部落集团斗争的偏见之外,反抗正统者,如戈尔贡-美杜莎,撒旦或蚩尤,都是被歪曲的丑怪。经过时空的淘洗,其美善面可能复现出来。

正如我们所反复论述的,中国古代朴素辩证法从来都坚信,祸兮福所倚,福兮祸所伏,恶丑的力量或形象素可能蕴含着美善的原质,使其可能向美善转化。像被南方某些群团崇祀的英雄祖先的蚩尤(剖尤公公),不但敢于挑战与反抗正统,而且发明金属的冶炼——吞下去矿砂,吐出来却是铜铁——创制了许多先进的武器。他还具有特定的蕃育力与再生力,他的尸骨被分埋各处,使得大地改变素质,能够生出盐卤、石油或煤铁。这些都是可能生长为美质的元素,使得汉代依然崇祀蚩尤为战神。他的凶猛与狞厉更能让妖鬼辟易,从而让饕餮具有畸美乃至一定的崇高性。这再次说明,中国人心目中的真善美、伪恶丑及其二元对立都不是绝对或永恒的。

图 5-34 珀尔修斯与美杜莎之首

(左:蛇发女妖美杜莎,传为达·芬奇的作品,蛇发旁是蜥蜴、蟾蜍等毒物;右:意大利,切利尼,雕塑,英雄珀尔修斯砍下美杜莎之首,现藏于意大利佛罗伦萨雕塑广场)

水妖美杜莎的头发由缠绕的毒蛇构成,谁看了她,就会变成石头。英雄珀尔修斯用盾牌"照"住她,从虚影里看清位置,一刀砍下她的脑袋,用来装饰盾牌,借以威敌。后来把它送给战神雅典娜。雅典娜转献给她的父王,成为"宙斯盾"。从这里可以看到强烈对比造成的畸美以及审美冲击力。

在丑或丑恶形象的深层,总是不同程度地暗藏着对美善、生命、光明的憧憬或希望。"亚"即令是墓室的平面格局,也是在纪念阳光,纪念天空,也许是死后登天的幻想。"醜"字在现代人心目中已演为"酒/鬼"会意,但即令是酒鬼,往往也暗暗希冀回归健全的生存。

图 5-35 狞厉之美

（左上：印度教中辟邪食恶的克尔提姆哈；左下：羊面饕餮，青铜薄雕，商代，江西新干大洋州商墓出土，现藏江西省博物馆；右：周代玉石小神画，饕餮的一种，中国）

中国贪吃的饕餮，胃口极大，能吃恶物；有时把驯良的牛羊形象也猛兽化。印度的"饕餮"克尔提姆哈，更是吃光了一切生物之后，只能吃自身的肉，把自己啃得只剩下一张"光荣之脸"。只有穷凶极恶才能驱食邪魅，所以被古人用来镶在器皿、门楣、窗口之上辟邪。狞厉凶猛也转化为一种克丑的畸变之美。

中国古人以为"光"是一种大美。孟子曰：充实之谓美，充实而有光辉之谓大。"光辉美大"往往互训。哲学就是光明学。

四、原初之恶丑来自混沌

光是真善美，那么，黑暗、混沌就是伪恶丑。

舍斯塔科夫说，和谐女神哈尔摩尼亚是爱神与战神的女儿，绝不是偶然的事情：战争如果跟爱情结合，就可能产生和谐。和谐是秩序，是美；那么，反和谐，无序与黑暗的混沌就是丑。神话走向逻各斯/logos，为现实寻找理性的解释。然而，"混沌是产生万物的一个本原。这本原被描绘成一种没有任何质、没有任何规定性的东西，是一种空空荡荡、无形无影、飘忽不定的东西"，"而和谐则始终表示被分解的整体之质的规定性、统一和整形化"。① 这样，

---

① ［苏］舍斯塔科夫：《美学范畴论》，理然译，湖南文艺出版社1990年版，第153、155页。

混沌就从反面证实了和谐的古老存在,证实了自我的冥昧与浑茫。

恶起源于混沌。撒旦,甚至蚩尤,都曾被说成混沌、暗昧或秩序的破坏者。从表层说,混沌是黑暗,是不可知,是障蔽,所以是恶;正如光明是善。

罪恶与"混沌"同一,以及拯救与"创世"同一。①

"创世"就是开辟,开启黑暗取得光明。所以,恶或混沌是神的创世活动所与之斗争的对象。上帝说:要有光,于是有了光。所以,"创立世界的活动同时又是解救(光明)的活动"。这就建构出了宇宙及其秩序("秩序"与"宇宙"有时用同一个词:cosmo 或 cosmic)。这特别鲜明地体现在苏美尔-巴比伦的创世神话中:太阳与光明之神马尔杜克解破了黑暗或深渊之中的蒂亚瓦兹(Tiawath),重建了宇宙的秩序。"恶的本原就是始初的,与神性的形成同样久远。秩序出自神性本身,并且因最后来的神灵战胜最初的神灵,秩序才得以产生。"②这完全是一种正统与主流的观念。

里尔克说,恶起自混沌,混沌是最大的黑暗,是原初之蒙昧,所以是基元性的恶。然而,必须通过暴力才能解破混沌。"只有通过混乱,才能克服混乱;最年幼的众神正是凭借暴力才建立起秩序。"③宇宙作为秩序,是在混沌中寻找光明。可见混沌本身内在着光明,或者说,光明也来源于混沌。

对应着"规律",有了人类以后加上"目的"。真是合规律,善是合目的;美在此基础上要求合形则;形则不过是简化的秩序。美是要求秩序,或者说,美之形象就是在无序中建构有序,在混沌里发现光明,是有序与无序冲突后的和谐,对立里的统一。

这是最简单也最根本的说法:美是一种融合形象的秩序,是解破混沌、无序、黑暗以后的产物。光明、秩序、规律是真善美,黑暗、混沌、无序是伪恶丑;然而,没有伪恶丑就没有真善美,没有黑暗也就无所谓光明。如果世界全是光明,那还有什么黑暗需要解破或认知的呢?

美只能是在光明与黑暗、真善对恶伪的斗争与克服中被认知,被把握,被创造。从这个角度看,美内在着真善与恶伪、光明与黑暗,而且是二者相比

---

① [法]保罗·里尔克:《恶的象征》,公车译,上海人民出版社2005年版,第150页。
② [法]保罗·里尔克:《恶的象征》,公车译,上海人民出版社2005年版,第149—150、154页。
③ [法]保罗·里尔克:《恶的象征》,公车译,上海人民出版社2005年版,第156页。

较、相冲突的形象综合体。

海德格尔介绍说,"真理"这个词源于"敞亮"。敞亮是真理,哲学就是光明学,那么与"敞亮"相对的"障蔽"或"蒙蔽"就是黑暗或蒙昧无知。所以海德格尔时刻都在追寻"存在"的清澈澄明。美不回避黑暗,但要解破障蔽,寻找光明。王庆节介绍海德格尔这一重要思想说:

> 所谓自由地去存在就是让"存在本身"敞开、澄明,而这恰恰就是"真理"这个词在历史上曾经有过的最源初的意义——敞亮。①

其对立面是"晦蔽"(Verborgenheit)。这是光明与黑暗之二元对立在认识中的体现;它的对立体现于形象,就是美。

> 敞亮和晦蔽是一对孪生子,并存相依,不可或缺。敞亮是真理,晦蔽就是非真理。②

解破黑暗,就是智慧,就是真理,就是光明,就是美。

尼采认为,人是矛盾集合体,这个不谐和音,"为了能够生存,就需要一个壮丽的幻觉,以美丽的面纱遮住它自己的本来面目",传统的艺术在这里被当作一重掩盖丑恶的面纱,自欺欺人的幻觉,是实质之伪。而尼采一生痛恨虚伪和庸俗。伪的艺术只是一种虚幻的欺骗,"使眼睛不去注视黑夜的恐怖,用外观的灵药拯救主体于意志冲动的痉挛"。③

真正的艺术是不畏惧黑暗的。我们生了一对黑色的眼睛,却要用它寻找光明。就其外显而言,艺术确实必得有动人的外观,必须合形则,必须有"光辉",或者说"充实而有光辉"。笠原仲二说:"中国人美的观念的来源之一,是由事物的非同一般的、光彩夺目的姿态性而引起美的感受。"④然而,艺术更重要的职能是,发现光明,再造光明,张扬光明;不但照亮黑暗,必要时还能容纳黑暗,涵化黑暗,再现光明与黑暗的冲突,让黑暗转化为光明。

《老子》第四十一章:"明道如费,进道如退,夷道如类。"儒者倡导"明德"。《大学》之道,首倡"明'明德'"。朱熹说:"明德者,人之所得乎天,

---

① 王庆节:《走向澄明之境——海德格尔之路》,见甘阳主编:《八十年代文化意识》,上海人民出版社 2006 年版,第 492 页。
② 王庆节:《走向澄明之境——海德格尔之路》,见甘阳主编:《八十年代文化意识》,上海人民出版社 2006 年版,第 492 页。
③ 参见周国平主编:《诗人哲学家》,上海人民出版社 1987 年版,第 216 页。
④ [日]笠原仲二:《古代中国人的美意识》,魏常海译,北京大学出版社 1987 年版,第 79 页。

而虚灵不昧,以具众理而应万事者也。"道家并不否认"明道",只是它看起来昧暗罢了,就像大音希声、大象无形,"明道"可能以看起来晦暗的形态出现。"瞚",据《帛书》甲本;乙本作"费",通行本作"昧":意思相同。《楚辞·招魂》:"晋制犀比,费白日些。"费就是"瞚","昳","昧",已改从"日"。

朱季海《楚辞解故》说"瞚"是楚语。"费"与"瞚"指带钩的金光几乎遮暗了日光,"照暗白日耀烛光"。明道看起来似乎晦隐,似乎有所障蔽,但这不妨碍其本质的光明——道以"目"显,本身就是一种光明。"瞚"与"昧"古通。二字或从目,作"瞚""昧",则如《说文》卷三目部,同训为"目不明也",由感官而言昧暗。"俗人昭昭,我独若昏。"表明,即令是内里光明的道理,也可能隐晦曲折。

《礼记·中庸》篇有"瞚而隐"。瞚,通作"费",昧也。老子比儒家的思想多些辩证法,他暗示,光明可能在某种事象里隐藏,并非全然虚灵不昧,它可能晦隐,但只要是真理,它就潜藏着光辉,并在适合的时空显示出来。这可能影响了子思学派。"君子之道",费而且隐,却"闇然而日章(彰)",逐渐显示出了光明。

《老子》第三十六章,提倡"微明"或"昧明",因为"柔弱胜强"。

哲学虽是光明学,但它的玄言秘义,往往藏而不露,隐于幽昧,往往像《老子》那样体现为隐晦与畅明的对立统一。

并非不存在"明道"。"明德"可能以隐态出现,君子之道看起来"费且隐","光明"或美是要人去发现的。

《老子》第五十二章说:"用其光,复归其明。"第十六章说,"复命"是常,"知常,明也"。光明依然是恒态之美。只是圣人须学会"光而不耀"。塞兑闭门,挫锐解纷,和光同尘。所以"圣"也关联光。正如,道是一种光,尽管它可能以晦昧的外表出现。所以,在特定语境中,隐晦或昧暗并非全然是伪恶丑,它更可能突现出光辉之真善美。

陶渊明《读山海经》:"刑天舞干戚,猛志固常在。"刑天被天帝砍去了头,变成人格化的混敦或帝江。混敦是黑暗,"状如黄囊",充实着元气,不断地旋舞,终会自我解破为光明。蚩尤也是这样的英雄。他被黄帝(太阳)砍杀之后,尸骨分埋天下各处,变成"蚩尤旗"(彗星),划破天空的黑暗;变成"蚩尤血",就是"原(石)油",再制作后,便是人类至今离不开的燃烧剂和动力,黑暗变成了光明。刑天/蚩尤/撒旦们都是不死的。

图 5-36 蚩尤

（左：执"五兵"的蚩尤，汉墓画像石，山东沂南；右："吞口"，或称"蚩尤面"，贵州）

蚩尤是南国的英雄祖先，苗族称"剖尤公公"，发明五种兵器或刑具，乃至发明冶金技术。中原正统文献一直把他当作反叛者，黄帝却把他凶猛的面孔镶在盾牌上，以威慑或驱除恶敌邪魅。

基督教的原罪神话与观念，被一些思想家当作人性恶的源头。但基督教也是一种二元对立构造：有代表善、天堂和光明的上帝耶和华，就有标志恶、地狱和黑暗的魔鬼撒旦。

弥尔顿撰作《失乐园》，中心是耶和华与撒旦，光明与黑暗的冲突。照我们看，他并没有为撒旦翻案，仍然称他为"僭夺者"。鲁迅《摩罗诗力说》亦云，诗中"撒但为状，复至狞厉。是诗而后，人之恶撒但遂益深"。然而撒旦究竟是勇敢的反叛者，他的形象在恶逆里寓着抗争，丑潜藏着美或崇高。他"妄想超出他的弟兄们，高高在上／僭夺上帝所给予我们的绝对主权……他还想／筑起高塔，准备向上帝围攻"。所以，带有浪漫趣向的诗人，往往赞赏这位上帝的逆子贰臣。像雪莱在《为诗辩护》里说，《失乐园》中的撒旦，"在性格上有万不可及的魄力与庄严"。这绝不能说是罪恶的人格化，而是在罪恶的表层下发现英雄性。"就道德方面来说，密尔顿的魔鬼就远胜于他的上帝"；"百折不回地坚持他所认为最好的一个目的,而不顾逆境与折磨"①。这种典型形象所内在的矛盾,作品的客观意义与作者的字面描述的距离,或者创作与接受的分歧,能指与所指的矛盾,都是文学史上常见的耐人寻味的现象。波德莱尔甚至说:"最完美的雄伟美是撒旦——弥尔顿的撒旦。"②

这不能简单地说是丑诞生美,也还不是有意地化丑为美。雪莱的论析是,弥尔顿作为"极其卓越的天才"——

图5-37 "恶"侵犯"善"

(《折磨约伯的撒旦》,英国,布莱克,1757—1827,水彩画)

约伯代表人及其怀疑精神。魔鬼撒旦踩踏他,用开水浇他,他仍不屈。他的妻子在哀哭。虽然乌云满天,旭日却正在升起,恶/黑暗终将消逝。

> 他仿佛是把人性的若干因素,当作一块调色板上的颜色,混合在一起,然后,根据史诗的真实所含的规律,搭配这些颜色,构成一幅伟大的图画。③

在这种宏伟的色彩丰富的作品中,尤其是在其创造的充满内在矛盾的人物形象里,真善美与伪恶丑往往相互渗透,相互冲突,相互转化,即令是对丑或反面人物的描写,也可能涵化着无比崇高的壮美或理想。例如,弥尔顿创造撒旦这反抗者的形象,客观上乃是"指望以一连串外界宇宙的活动和有才有德的人物的行为,来唤起千秋百世人类的同情"④。拜伦与莱蒙托夫等的正面描写恶魔,更加是与旧世界、旧传统、旧观念的决裂,是相当彻底的丑中见美和化丑为美。鲁迅在《在摩罗诗力说》中,称扬积极浪漫主义的摩罗诗派,"摩罗"虽采

---

① [英]雪莱:《为诗辩护》,缪灵珠译,见中国社会科学院文学研究所编:《古典文艺理论译丛》(卷一),知识产权出版社2010年版,第101页。
② 《波德莱尔美学论文选》,郭宏安译,人民文学出版社1987年版,译本序第14页。
③ [英]雪莱:《为诗辩护》,缪灵珠译,见中国社会科学院文学研究所编:《古典文艺理论译丛》(卷一),知识产权出版社2010年版,第101页。
④ [英]雪莱:《为诗辩护》,缪灵珠译,见中国社会科学院文学研究所编:《古典文艺理论译丛》(卷一),知识产权出版社2010年版,第101页。

自梵语（此云"天魔"），实指"Satan（撒旦）"，"凡立意在反抗，指归在动作，而为世所不甚愉悦者悉入之"。这是伟大的启蒙者："使无天魔之诱，人类将无由生。故世间人，当弗蔑秉有魔血，惠之及人世者，撒但其首矣。"敢于接受乃至歌颂离经叛道的恶魔，如拜伦者流，可谓惊世骇俗，振聋发聩，"非强怒善战豁达能思之士，不任受也"。

唯反抗者才能作叛逆之文学——它在"破坏"中"建设"。就像印度教三大神，有"破坏者"湿婆，才有"创造者"毗湿奴，破中有立，立复有破，破字当头，立在其中，才能达成大智慧如婆罗门大神；亦如没有魔鬼，就没有思索者、智慧者、觉悟者。歌德和他的"心灵史诗"就体现此二面；浮士德的探索面，跟《失乐园》等撒旦相交渗的靡菲斯特的"破坏面"。后者作为"反抗的魔鬼"，宣称：

> 我是经常否定的精神，
> 原本合理；一切事物有成，
> 就终归有毁；
> 所以倒不如一事无成。
> 因此你们叫作罪孽、毁灭，
> 简单说来，这个"恶"字，
> 便是我的本质。①

图 5-38　魔鬼也会爆发反叛的火焰

（弥尔顿《失乐园》插图，英国，布莱克，碳画）

从弥尔顿到拜伦到莱蒙托夫，都在发现被成见所扭曲的"叛逆"或"居下者"的叛逆精神。这里包含着真与伪、善与恶、美与丑可能转换的辩证法。

"恶"在这里是怀疑、批判、揭露。然而，否定之否定，破坏之后便是建设，就好像印度湿婆神之所为。真正的艺术就暗寓、潜藏着看起来是"恶"的一面，亦即怀疑、暴露与否定面。

恩格斯《论歌德》说，歌德对待德国社会的态度是双重的，"他是对它

---

① ［德］歌德：《浮士德》，董河樵译，复旦大学出版社 1982 年版，第 69 页。

敌视的；……他像葛兹，普罗米塞斯，浮士德一样地反对它，投之以靡斐斯多费里斯底辛辣的嘲笑"。他虽然有时拘谨、保守、满足，"有时候他是反抗的、嘲笑的、蔑视世界的天才"。①

斯太尔夫人说，靡菲斯特弗兰斯的言论里有一种"地狱般的嘲讽"，"它把整个宇宙看作一部坏作品，而魔鬼便是这部作品的书刊检查官"；所谓的天堂，简直就是地狱。在《浮士德》中——

> 不仅是现存的精神已经毁灭，而且取代它的是地狱。书中有一种强大的魔力，一种对于恶本源的歌颂，一种恶的陶醉，一种思想的迷途失径。②

即令是所谓至善至美的作品，也有对恶或恶本源的展示与畏敬；与其说是对恶的赞颂，毋宁说是对恶的揭露，一方面把美毁掉给人看，一面将丑揭开给人看，一直深入恶的成因或来源，有时候也不免以毒攻毒，以恶战恶。"《浮士德》这部作品是心灵的恶梦，但这恶梦却使浮士德的力量倍增。"③

后来，波德莱尔在《恶之花》的序言里更进一步说：

> 什么叫诗？什么是诗的目的？就是把善同美区别开来，发掘恶中之美。
> …………
> 你给我污泥，我把它变成黄金。④

这些当然不是说艺术产生于恶，却证明伟大的艺术却往往包含对恶带着敬畏的描写和揭示，更有对恶本源的探索，把作为形象的某些恶所潜藏的美，或由恶转换生成的美发掘并显现出来。他跟荀子相似，好像还要极端。"从基督教的原始罪孽的观点出发，波德莱尔认为人是邪恶的，腐化的"；正如丑中间蕴含着美，可能转化为美，人"具有追求光明、幸福、和谐的理想"。⑤是艺术家

---

① 周扬编：《马克思主义与文艺》，解放社1950年版，第141—142页。
② [德]德·斯太尔夫人：《德国的文学与艺术》，丁世中译，人民文学出版社1981年版，第191页。
③ [德]德·斯太尔夫人：《德国的文学与艺术》，丁世中译，人民文学出版社1981年版，第192页。
④ 《波德莱尔美学论文选》，郭宏安译，人民文学出版社1987年版，译本序第3、7页。
⑤ 北京大学西语系资料组：《从文艺复兴到十九世纪资产阶级文学家艺术家有关人道主义人性论言论选辑》，商务印书馆1971年版，第395页。

或诗人"点石成金",而不是污泥与顽石自发创造了美。美是要求发现的,它埋藏在丑陋的矿石里,零星,稀少乃至同样模糊、暗淡、丑陋,是暴风雨或采矿者把它冲刷出来,再提炼出来。

五、伪恶丑与真善美的互渗与对转

伪恶丑不但与真善美相比较而存在,而且在特定条件下相互渗透,相互消长,相互影响,相互转化。歌德自己就说:

> 我们称为罪恶的东西,只是善良的另一面,这一面对于后者的存在是必要的,而且必然是整体的一部分,正如要有一片温和的地带,就必须有炎热的赤道和冰冻的拉普兰一样。①

歌德以后,罗丹认识并且实践得十分圆满,生活中的丑恶可能变成艺术中的美善。②他的《老娼妇》就是明证。而且,"恶"本身确实也具有创造力,正如与"破坏"相连的是"建设"。青年歌德说:

> 如果上帝活着,他一定是多种多样的,一定不仅创造他的神子和圣灵,还得创造魔鬼,并赋予它创造力。③

然而,无论是创造丑,或者是转丑为美,在丑中发现并且创造美,决定者都是杰出的艺术家。罗丹在"遗嘱"里说:

> "自然"是永远不会丑恶的。
>
> 在艺术家看来,一切都是美的。④

被后人当作"象征派的宪章"的波德莱尔《应和》一诗说,自然像一座庙宇似的,以它活的森林般的巨柱展开着万有的丰富,象征着万物对立面的斗争、转化和连续。

> 如同悠长的回声遥遥地汇合
> 在一个混沌深邃的统一体中,

---

① 参见《欧美古典作家论现实主义和浪漫主义》(二),中国社会科学出版社1981年版,第282页。
② [法]罗丹口述、葛赛尔记:《罗丹艺术论》,沈琪译,人民美术出版社1978年版,第23页。
③ [德]汉斯-尤尔根·格尔茨:《歌德传》,伊德、赵其昌、任立译,商务印书馆1982年版,第22页。
④ [法]罗丹口述、葛赛尔记:《罗丹艺术论》,沈琪译,人民美术出版社1978年版,第1—2页。

广大浩瀚好象黑夜连着光明——
芳香、颜色和声音在互相应和。

有的芳香新鲜若儿童的肌肤，
柔和如双簧管，青翠如绿草场，
——别的则腐败、浓郁，涵盖了万物……①

海涅曾经以属于浪漫派的诗人作家诺瓦里斯跟恩斯特·霍夫曼做对比：前者心目中到处都是"娇媚可爱的奇迹"，树影婆娑，蓓蕾欲放，他"和整个大自然合而为一"，隆冬降临，他跟落叶枯草一起死去；"相反，霍夫曼只看见满地鬼影憧憧……"他像魔法师，变美为丑，又化丑为美，"把人变成野兽甚至变成普鲁士王家宫廷顾问；他能把死人召出坟墓，可是生命本身却把他当作阴郁的鬼魂，把他赶走"。②但他影响了从缪塞、巴尔扎克到波德莱尔、狄更斯、爱伦·坡，直至陀思妥耶夫斯基、王尔德、华格纳等一大批艺术家。他让美丑交融，文坛成了病院，诗艺俨若肿瘤；然而，有时又像珍珠，"原来只不过是可怜的牡蛎身患的一种病瘤"③。这不由得让人想起麦克斯·缪勒的话："神话是语言生病的结果，正如珍珠是蚌生病的结果。"

六、再论酒与酒神的二重性

丑与美的相互渗透与可能的对转，最明显的就是与"酒/醜"直接联系的希腊酒神祭。

酒神，从狄俄尼索斯到巴库斯，

图 5-39 酒神的女侍

（古代希腊瓶画，展开图）

成熟的妇人，也许还有刚刚通过成年礼仪的少女，她们美艳如花，或者扮演春之女神，或者充当酒神的专祭女巫，盛饰或者裸裎，歌舞并且狂饮，举着狄俄尼索斯的山羊神体，或者无花果杖头的神杖，进入半迷幻或狂乱状态。仪式的目的却是促进蕃育和丰收。

---

① 《波德莱尔美学论文选》，郭宏安译，人民文学出版社1987年版，第4—5页。
② ［德］亨利希·海涅：《论浪漫派》，张玉书译，人民文学出版社1979年版，第110页。
③ ［德］亨利希·海涅：《论浪漫派》，张玉书译，人民文学出版社1979年版，第110页。

本身都是酗酒者。微醺也许透着快乐与温暖，但大醉便容易丑态毕露——中国用"烂醉如泥"来形容。酒神，化形为牛，或以牛角为饰，牛人为美，本来是禾稼与葡萄丰收的象征。他的死亡，骨肉埋进地里，而后复生，带来大地与人丁的蕃庶，来源于一种繁殖巫术，演变为丰收的节庆与狂欢。其间不乏狂暴与恐怖的场面，例如吞吃活动物的血肉。《俄耳甫斯教祷歌》唱道：

> 神秘而野性，一对角，两种形态，
> 浑身常青藤，纯洁威武的牛脸神，呼喝着"鸣诶"！
> 你食生肉，葡萄为饰，树叶作衣，双年来庆。①

金芭塔丝说：

> 根据奥菲斯教，狄奥尼索斯神被杀掉并被肢解，和珀尔塞福涅一样来到地下深处，成了一粒种子等待生根发芽。妇女们保存了种子或者他的生殖器，将种子放在扬风的扇子上，进行着再次唤醒他的仪式。②

图 5-40　是丑还是美？

（左：女祭司与羊尾巴的谷精兼酒神侍从萨提儿嬉闹，古希腊瓶画，展开图；右：《海边小睡的酒神女祭司》，法国，柯罗，油画，1865年，现藏于纽约大都会美术馆）

狂放的狄俄尼索斯酒神祭，祭祀谷神的"沙特恩节"，女祭司与女信徒们行为不雅，追逐丑陋不堪、带着羊形的酒神或谷精。艺术家描然其酗醉之后在海边小睡，魅力十足，一方面是希腊少女固有的健美，另一方面却是再现时情不自禁的美化，终于化丑为美。

---

① 吴雅凌：《俄耳甫斯教祷歌》，华夏出版社2006年版，第63页。
② ［美］马丽加·金芭塔丝：《活着的女神》，叶舒宪等译，广西师范大学出版社2008年版，第172页。

其间的残酷与丑恶，可想而知。然而，再现狄俄尼索斯及其女侍的艺术却不乏美艳，引人入胜。"宙斯和珀耳塞福涅在难言的爱里孕育了你，永生的精灵哦，听我说吧，善心的神，温柔完美的神！带着你欢悦的随从，降临于我身吧！"①这就有点儿像巴西里约热内卢的嘉年华，明知其不免于"过分"，却情不自禁地想投身其中那样。

金芭塔丝介绍科奥斯岛上建造的狄俄尼索斯神殿，这里有女人的陶制群雕，她们"身着节日盛装，乳房露在外面，脖子上和腰上缠着蛇，呈现舞蹈的姿势"②。她们为酒神迷乱并且献身。

图 5-41　放肆的萨提儿偷窥熟睡的爱神
（欧洲绘画）

丑陋无比、羊性十足的萨提儿妄想侵犯爱神，而爱神却在熟睡。她不害怕横暴，相反，却能征服或者驯化。画家似乎要再现丑与美的对立与冲突。

然而，后世的画家，除极少数外，只描绘他们解脱日常生活的羁绊与礼仪的约束，而尽情欢乐。即令描写祭司与女信徒的迷狂与放肆，也只是点到为止，让形象本身消解污秽与丑恶。至今，我们还主要是从文字记录中窥见其间的狂乱。即令是直接描绘、讳饰较少的希腊瓶画，留下的也多是经过"清洗"的痕迹，就好像我们看到的威尼斯或者里约热内卢的一场不大节制的狂欢那样。这也许应该归咎于希腊艺术品所特具的精确、优雅、妍丽，使得人们很难仅仅感知她们的"丑陋"，而觉得她们依然是那样放松、洒脱、自如；个别本来旨

---

① 吴雅凌编译：《俄耳甫斯教祷歌》，华夏出版社 2006 年版，第 63 页。
② ［美］马丽加·金芭塔丝：《活着的女神》，叶舒宪等译，广西师范大学出版社 2008 年版，第 172 页。

图 5-42　可怕的蛇变成可爱的女子

（左上:《白蛇传》芭蕾舞剧照；左下：腾空飞跃的眼镜蛇；右上：白娘子与小青，彩墨画，戴敦邦绘；右下：吞象的巴蛇，古人构拟的《山海经》插图）

蛇有着腻滑、冰凉而带黏液的躯体，令人毛骨悚然。但在中国人创造的艺术里，真善美与伪恶丑不但能够互渗相容，而且可以对立统一在一起。

在揭露其放纵或狂乱的作品，也会使人觉得其欢乐与自由值得羡慕。也许像汉赋或宫体那样劝百而惩一，是这类作品很难避免的副作用吧。

丑不但具有一定感染力，条件成熟或具备，蛹会化蝶，石头能变成金子。巴赫金（M.Bakhtin）曾提出，"丑怪身体"具有特殊的冲击力。他"结合了通俗文化的仪典节庆中的大吃大喝意象及其无忧无虑的生命力，来象征丑怪身体所处的社会反支配力量，宣扬低下、民俗、市场、欢会，不正统文化或潜存文化，针对政治压抑、意识形态束缚及种种'官方'所建构出的'忧患意识'，予以讽刺、瓦解、嘲笑，达成粉碎中去除等第（decentralization），将上面的身体部位、社会结构因素往下拉，而把下面的身体向上缔建，创造出新生命与秩序，让身体在肆无忌惮的放纵大笑、大闹之后，由'丑怪'的蛹化为灿烂的蝴蝶"①。这又像特富辩证法精神的中国民间艺术家把可怕的白蛇塑造成贤惠文雅端丽的白娘子；《聊斋志异》中本来险恶的鬼狐，大都成了美艳的少妇。而《楚辞·九歌》里最为俊俏窈窕的山鬼，居然是由最丑陋的山魈（夔枭阳）变化而来。这样，最美丽的"人间的仙女"，也可能暗藏在酒神祭典的祭司与信徒的狂放的队列之中。

七、在丑中发现美

罗丹的《老娟妇》是根据维龙的诗《美丽的欧米哀尔》创作的。诗并不怎么"丑陋"。妓女由于过度使用自己的躯体而提早葬送青春，迎来老迈。美过早转变为丑。

> 这是人间美貌的下场！
> 短小的臂，收缩的手，
> 耸起的肩，
> 什么！完全干枯的乳房，
> 臀部也和乳房一样！
> ……腿呢，
> 不再是肥壮，而是瘦小了，
> 灰白得好象香肠！②

罗丹艺术对话的记录者葛塞尔看到的罗丹这座"丑得如此精美"的雕像，"在两乳干瘪的胸膛上，在满是可怕的皱纹的肚子上，在那满布筋节犹如枯干的葡萄藤的臂上和腿上"，全是"不堪入目"的衰朽。③她激起人的悲哀，同情，战栗，思索和批判。

多那泰罗曾塑造过苦修的老年圣女玛德兰，她的躯体衰瘪，头发脏乱；但是她似乎在"洗涤""升华"自己的肉体，希望精神高扬而不朽，这跟现代艺术家的真实再现丑仍有不同。罗丹就贡献出他的忠实于丑的艺术，对于世人

---

① 参见廖炳惠：《两种"体"现》，见杨儒宾主编：《中国古代思想中的气论与身体观》，巨流图书公司1993年版，第217页。
② ［法］罗丹口述、葛赛尔记：《罗丹艺术论》，沈琪译，人民美术出版社1978年版，第21页。
③ ［法］罗丹口述、葛赛尔记：《罗丹艺术论》，沈琪译，人民美术出版社1978年版，第20页。

的指责和不解,他勇敢地回答:一般人害怕哲学上看起来很凶暴的真理,"他们想禁止我们表现自然中使他们感到不愉快的和触犯他们的东西"。然而,罗丹在美学上的理由却只是康德式的:丑在艺术里可能变成美。

在自然中一般人所谓"丑",在艺术中能变成非常的美。①

他还说,艺术家能把生活或现实之丑,点铁成金般转化为艺术美,暗示其秘密在于形象之塑造。

把一个可厌恶的形容词,加在只能使人感到坏的方面的人和事物上,是应该的。

但是一位伟大的艺术家,或作家,取得了这个"丑"或那个"丑",能当时使它变形,……只要用魔杖触一下,"丑"便化成美了——这是点金术,这是仙法!②

图 5-43 罪恶

(左:德国,斯托克的油画,1893年,现藏于柏林国立美术馆;中:挪威,蒙克的石版画,1901年;右:挪威,蒙克的油画,局部,1894—1895,又称《魔女》)

犯罪或做了恶事的女人,眼神透露出后悔、恐惧、怀疑或固执。杰出的艺术家能够从伪恶丑中努力挖掘人或人性的真善美。丑也因而通过这种形象之转化工程被克服,塑造为形象或美。

罗丹的话,有些像斯太尔夫人说到歌德的《浮士德》时所说,这里有一种强大的魔力,一种对于恶本源的歌颂,一种恶的陶醉,强迫我们去省思这种

---

① [法]罗丹口述、葛赛尔记:《罗丹艺术论》,沈琪译,人民美术出版社1978年版,第23页。
② [法]罗丹口述、葛赛尔记:《罗丹艺术论》,沈琪译,人民美术出版社1978年版,第24页。

图 5-44　厄运

（《命运女神》，荷兰，图洛普，1858—1928）

西方人心目中的命运之神总是峻刻、严厉而可怖的，让人想起不幸、疾病、衰老与死亡——极少像少司命那样，秋兰青青，绿叶紫茎，温婉而又多情。然而，即令是固执于神谕的古代西方，命运女神也终将醒悟，面目一新。

丑恶存在的原因，时代的背景，"似乎尘世的统治一度掌握在魔鬼手里"，人类一定要把世界从魔鬼手中夺回来，一定要克服那种可怕的丑陋，回归人生的灿烂。①

八、美与丑：外内的冲突

《水浒传》里的潘金莲，虽然性感，形貌也不乏魅力，还有许多作家和道德家为她翻案，然而，只有《我不是潘金莲》，却极少有女性自称"我是潘金莲"；只有西门庆愿意养她为妾、为情妇，有几个当代英雄会与她结婚呢？

《巴黎圣母院》中，吉卜赛女郎深爱的宫廷卫队长是大帅哥，可他虚伪、懦怯、居心不良，也是一位内外"对立"，内丑压倒外美的可鄙形象。那位偷偷爱着既美又善的吉卜赛女郎的修道士，达不到目的，就设法侮辱她，陷害她，毁灭她，更是文学史上"伪"的典型。《巴黎圣母院》以不无夸饰的精彩描写塑造了四位内外"分裂"、美丑对立的人物，可以说是浓缩了一整部古典"美学史"。

---

① ［德］德·斯太尔夫人：《德国的文学与艺术》，丁世中译，人民文学出版社 1981 年版，第 191—192 页。

说到外修内美一致，内美重塑或强化了外修，美的元素克服了丑的元素，现实中就有一些为重症所困扰、生命受到威胁的病人，她们乐观坚强，勇对恶疾，配合治疗，最大限度地战胜病害，延长并且美化了生命，例如张海迪，她们是最美丽的妇女。甚至，因为她们内心的强大、精神的高贵而使外表生光，成为内外一致、身心协调的丽人。

疾病固为生命之对立，战胜疾病更是精神之高扬，形貌的光辉。他们或她们进入艺术作品，成为诗意的形象，艺术家的刻画、渲染、描绘"使最美丽的东西愈见其美"。李雪健身患癌症，却自强不息，连续拍摄了好几部优秀电影，成为"活着的焦裕禄"。而保尔·柯察金的形象整整影响了三代以上的勇士与新人。

车尔尼雪夫斯基在《艺术与现实的审美关系》里说："假如说生活和它的显现是美，那么，很自然的，疾病和它的结果就是丑。"良是。然而战胜或抗争疾病也是美，因为这同样是生命与生命的高扬。

更进一步说，谁都明白：生命是美，死亡是丑。有时，个体的死亡能换来群体的生存，短暂的死灭可以保护永久的存在，自我的牺牲就显得更其壮丽。清代叶燮对于类此的丑恶与美善向自己的对立面转化有难得的见解。

> 人皆美生而恶死，美香而恶臭，美富贵而恶贫贱。然逢、比之尽忠，死何尝不美？江总之白首，生何尝不恶？幽兰得粪而肥，臭以成美；海木生香则萎，香反为恶。富贵有时而可恶，贫贱有时而见美，尤

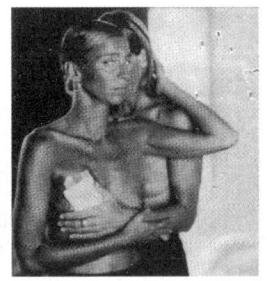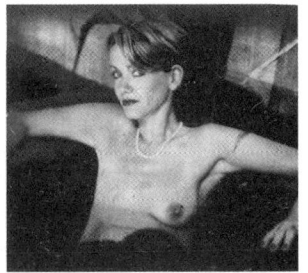

图 5-45　她们最美丽

（左一：罗莎玛丽·蒂柏，60岁，退休者；左二：巴巴拉·谢尔，46岁，戏剧工作者；左三：弗莱肯，38岁，电脑专业人员；左四：海克·维尔纳，38岁，信息工作者）

她们身患重症，却乐观坚强，照常生活、工作，存活时间远超现代医学的预测或估算。她们的勇气、信念和美善，克服了顽疾带来的痛苦和病态，连外貌都焕发出生命的光芒。

图 5-46 在混乱与丑陋中寻求美善

（上：《格尔尼卡》，西班牙，毕加索，油画，1937 年；下：《我和我的故乡》，法国，夏加尔，油画，1911 年）

易以明。即庄生所云"其成也毁，其毁也成"之义。对待之美恶，果有常主乎？[①]

"丑"有时是一种疾病，甚至能致病，许多疾病使人变丑。马斯洛说，许多人有审美的需要。"丑会使他们致病（以特殊的方式），身临美的事物会使他们痊愈。他们积极地热望着，只有美才能满足他们的热望。"[②] 最简单的例子就是在洁净的病房里摆鲜花。这可以追溯到约 10 万年前的尼安德特人。他们用鲜花或芳香的药草随葬，向墓穴投放鲜花，此习至今未改，尤其是在欧美。葬礼上的鲜花，可以减少尸首的丑陋，还可以升华失去亲朋的痛苦与悲哀。

这可以被当作用生命之美来消解死亡之丑的最早个案来考察，而且应该把埋尸的撒花跟埋骨前的撒红联系起来。包括北京周口店山顶洞人遗址在内的

[①] ［清］叶燮著、蒋寅笺注：《原诗笺注》，上海古籍出版社 2014 年版，第 245—246 页。
[②] ［美］A.H. 马斯洛：《动机与人格》，许金声、程朝翔译，华夏出版社 1987 年版，第 59 页。

旧石器后期葬地，相当普遍地发现在死者遗体，也有个别是遗骨上撒布赤铁矿粉。①这样，血肉腐败后，会在骨架上保存渗透入内的赭红色。从前以为是用鲜血"保持"死者的生命状态，或者促进其复生，现在的研究深入了一步。斐文中认为，它可能有驱逐野兽的作用。②现代新的学说蜂起，繁复异常，但都很难离开一个基本点：强化生命，驱除腐恶，寻求某种形态的再生。例如让新的血肉在白骨上重聚。

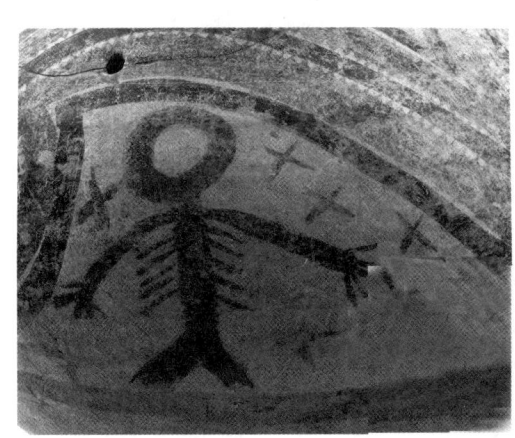 

图 5-47　骷髅形人像

（左：彩陶图饰，马家窑文化半山期；右："露骨人像"，李家崖古城遗址出土，约晚商）

这位活跃的人物为什么是露出骨架的？有人说，他正在撒播种子，可播种为什么要露骨？有人说，这是一位萨满巫，他用咒术把自己"说"成或扮成骷髅，以便让血肉重生，改变一下生存状态，以便再生，以便见鬼，或以便通神。异说不少。但总是为了生命而不是爱恋死亡。

马耳他岛哈伽·齐姆出土的小型女神雕像，整体像卵，正面是下垂的一对大乳房，圆鼓鼓的肚子，两腿高抬并且屈张，产门高度夸大——金芭塔丝说是临产的肿胀；加上左手弯曲于颈后（好像以臂为枕），右手按腹，是分娩的姿态。③正面看，可以说是生机盎然，生命气象洋溢，然而背部却露出巨大的

---

① 参见安特生：《甘肃史前人种略说》，载《地质专报》1925 年甲种第 5 种；贾兰坡：《山顶洞人》，龙门联合书局 1951 年版，第 25 页。
② 《裴文中史前考古学论文集》，文物出版社 1987 年版，第 171 页。
③ ［美］马丽加·金芭塔丝：《活着的女神》，叶舒宪等译，广西师范大学出版社 2008 年版，第 11 页。

脊椎骨和九根横线。金芭塔丝说，这表示她怀孕已九个月——这恐怕是"心理投影"般的现代思维移入。这很可能是裸露或刻画出被夸大的九根肋骨，骷髅是死亡的意象。那么这该是生命/死亡女神的形象。如果她确实在孕育或待产的话，那么她掌司的就是诞育—死亡—再生；完全是生命永恒回归的意象：背面，象征着也负担着死亡；正面，却向人们展示新的生命即将诞生——切不可哀伤过度，或者悲观绝望。希望正在死亡或黑暗隐退之时，光明或生命诞生之中。

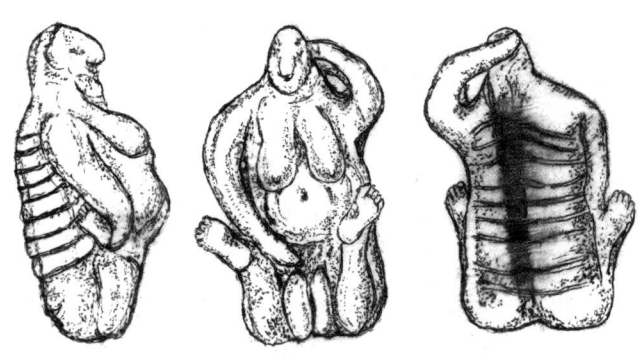

图 5-48　类卵形女神

（马耳他女神的诞生，地中海马耳他岛哈伽·齐姆的小雕像，高 7 厘米，采自保罗·巴恩等）

身体似卵，面部奇特，腿如触手，或说这位女神像一位巫师或祖先精灵。

九、试图再现丑的美

美学上，"丑"也是一种"恶"。今犹"丑恶"连言。它往往与生命相对立。危害与毁坏生命的疾病、伤残等等，在表层上是一种恶丑，因为它威胁人类进化利益（善）。然而丑人仅指面丑，不是坏蛋。但要注意古代的特异情况。

《庄子·德充符》篇："卫有恶人焉，曰哀骀它。"《孟子·离娄》篇下："虽有恶人，斋戒沐浴，则可以祀上帝。"《周易·睽卦》："初九，见恶人，无咎。"这些"恶人"，都指外形丑陋，不一定是坏人，却也并不能强说为美。闻一多《周易义证类纂》说："兀劓形残之人，即此所谓恶人。"[①] 因为残疾不利于生存、进化与发展。但无论在生活中或艺术里，他们往往不是反面形象。盖如雨果《巴黎圣母院》里的钟楼怪人奥西摩多，丑到极点，也善到极点——他内心的善压

---

① 闻一多：《古典新义》，上海古籍出版社 2014 年版，第 24 页。

倒了外形的丑,再加上艺术家的形象转化,便成了充满内在矛盾的审美对象,"丑到极处便是美到极处"。从奥西摩多到保尔·柯察金,都具有这种审美特征。

这种集美与丑于一身,内在的美超越外在的丑,在古代中国的"丑女"故事里,表现得十分突出。例如《列女传》说,齐国无盐邑女钟离春外貌丑陋,她被齐王纳进宫中之后,促使改革朝政,令"齐国久安"。她的"臼头深目,长指大节,卬(仰)鼻结喉,肥项少发,折腰出胸,皮肤若漆",这些都与生命常态格格不入,但关节肥大,头部畸变,毛发脱落,等等,都退居次要地位,为人格与道德力量所压倒。据说,诸葛亮也娶了能帮他治家理事的丑妻。这种真善美与伪恶丑相冲突,内在战胜外在的艺术,在古典艺术中就颇常见。

美与丑是在一定界面上呈现的,观察者的不同立场、观念、利益、价值观或视域、兴趣、观点,都可能影响对美或丑的判断或评价。

《庄子·齐物论》说:"毛嫱、丽姬,人之所美也,鱼见之深入,鸟见之高飞,麋鹿见之决骤;四者孰知天下之正色哉?""沉鱼落雁"之典出此。如果不拘泥于物种之间的利害对立的话,观察者、审鉴者不同,往往会发出对被观鉴者不同的审美评价。情人眼里出西施。鲁迅说,焦大不爱林妹妹,也是这个道理。

然而不能把这种审美的相对性演绎为绝对性。美/丑、善/恶、伪/真,还是有一定客观标准或曰普遍性、超越性的。焦大不爱林妹妹,可是兴儿描摹起大观园里的小姐姑娘们来,还是口水直流的。美/丑作为客体,虽然不免随鉴赏主体的客观条件、主观好恶的影响,但后者终不能决定前者的固有品质。西谚云:仆从眼里无英雄。歌德说:这不是因为世无英雄,只是仆从不过是仆从而已。

晋代葛洪《抱朴子·塞难》篇说:"以丑为美者有矣,以浊为清者有矣,以失为得者有矣。此三者,乖殊炳然,可知如此其易也,而彼此终不可得而一焉。"真美者,

图 5-49 无盐丑女钟离春

(汉武梁祠画像石,山东嘉祥,采自《金石萃编》)

钟离春,齐国无盐邑女。《列女传》说她貌甚陋。画像石倒也没有夸张其丑(齐王左侧兽及跪者,可能属于前幅),她的智慧与贤德压倒了她的外貌丑。榜题"媿",繁体"丑"(醜)的异文。

不因鉴赏者的非美术的眼睛或非音乐的耳朵而变成丑；海滨逐臭之夫，病态的嗜痴之癖，也很难把丑全化为美。美与丑，本质上是有区别乃至对立的，"终不可得而一焉"。仆从无法将英雄降为奴才，而情人终不得把非西施变作众人皆承认的西施。

图 5-50　山鬼：乘赤豹兮从文狸

（左：18世纪欧洲镶嵌画里的酒神狄俄尼索斯；右：山鬼，现代人的构拟）

在森林深处，跟山林水泉小女神或女巫们嬉游歌舞的酒神，击鼓自娱，跟乘豹从狸出游的山鬼有些相似。姣美的人神跟狰狞的豹子构成强烈的对比。而这两个形象本身确又内在了人与兽的二重性，狄俄尼索斯没有脱掉羊性，山鬼却可能由夔枭阳即魍魉等化为美少女之身。这就构成了神秘的魅力。

现代派艺术或抽象艺术，极力表现丑，或本身就使人觉得丑，那为什么还有许多人趋之如鹜，不大否认其为艺术？其原因较为复杂，这里只能简单交代几句。

有些作品光怪陆离，或体现怪诞奇特之美，"丑到极点就成了美"，或只当它是图案艺术、形式美看，这依然属于正常鉴赏范围，不成为大问题。

如果只是表现丑——丑是对美（尤其是伪美）的否定，发现丑中之美，或者对丑的审美，是否定之否定——其本身仍然是审美形象，是艺术，就好像鲁迅说的，喜剧将丑揭开给人看，那是漫画，是变形艺术，是讽刺艺术，这也不属于这里要讨论的范围。

如果其本身就丑，甚至让人恶心，是对传统艺术及其规定或底线的挑战、反叛、颠覆、否定，但那已不是丑的形象，甚至不被作者以外的鉴赏者认为是艺术。

这里情况仍然复杂,不能简单地一棍子打死,或"背过脸去"。

一位巴黎的现代派艺术家,看到展厅里好几件以坐便器为主题的艺术品,不禁勃然大怒:我当初把瓷小便池搬到展览会上来,是抗议学院派对艺术的偏见、压制或束缚。如今这些笨蛋却把它当作"美"了!

或说,为了鼓励艺术"创新",一切不违反法律的"艺术品"都有权存在,你还得承认其为美,其为艺术;不然你就是经院哲学、保守派、偏执狂,艺术的刽子手!

另一点,美与丑并无绝对界限。如上所说,有时美与丑简直如近邻,很容易洇渗或竟混淆。这里还不说相互依存与转化。雨果在《〈克伦威尔〉序言》里说,近代诗艺必须高瞻远瞩:"它会感觉到万物中的一切并非都是合乎人情的美,感觉到丑就在美的旁边,畸形靠近着优美,粗俗藏在崇高的背后,恶与善并存,黑暗与光明相共。"①有此认识者,才能写出《巴黎圣母院》和《悲惨世界》。

美与丑也可能同处一室,或者邻接。《古诗》曰:"甘瓜抱苦蒂,美枣生荆棘。"

美可能包藏在丑里,酝酿着蛹的化蝶,催动着丑小鸭变成天鹅,灰姑娘成为美公主。这还主要就外在而言,与内在美或外形丑的冲突有所不同。《抱朴子·博喻》:"锐锋产乎钝石,明火炽乎暗木,贵珠出乎贱蚌,美玉出乎丑璞。"美或丑的种子往往孕育在与之相反对的坚壳之中,条件成熟,便会膨胀,破裂,从中萌长出来。

然而,葛洪承认,美与丑是有一定界限,有其规定性或所谓客观标准的。"一条之枯,不损繁林之蓊蔼;荞麦冬生,无解毕发之肃杀。西施有所恶而不能减其美者,美多也;嫫母有所善而不能救其丑者,丑笃也。"这不单单是数量增减的结果,虽然数量增减到了临界点就会引起质变。恩格斯在《反杜林论》中说:"量转化为质,质转化为量。……许多力量溶合为一个总的力量,用马克思的话来说,就造成'新的力量',这种力量和它的一个个力量的总和有本质的差别。"决定的是客观的质。内因是依据,外因是条件。荀子《劝学》曰:"故声无小而不闻,行无隐而不形。玉在山而草木润,渊生珠而崖不枯。"晋

---

① [法]维克多·雨果:《论美丑对照与艺术真实——〈《克伦威尔》序〉片断》,柳鸣九译,载《世界文学》1961年第3期,第95页。

代陆机《文赋》承其意曰：石韫玉而山辉，水怀珠而川媚。内在的品质是根本。有了良种，就可能萌蘖苗长为参天大树。

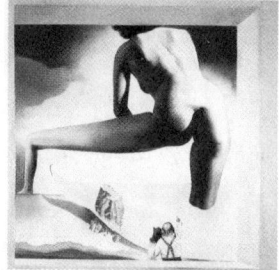

图 5-51　达利的"变形记"

（达利的油画作品）

达利艺术的最大特征是，任意的变形或偶尔似不经意的非现实组合。据称它们有一种怪诞或变异的美。

丑怪本身不仅能够经过再造为形象而审美化，还可能引起革新，转型为新的真善美。巴赫金还认为，"不仅在革命之中，丑怪的意象得以展现，在文学及文化里也常可见到，事实上，文化之所以有新方向，往往是经由丑怪而来"[①]。中国古代确实也有以叛逆与创新为旗帜的画家，像八大山人、石涛等喜欢以丑怪来挑战院画和凝滞的花鸟人物画，取得了较大成就。以线见长的白描或绣像，也有不大为人注意的《历代古人像赞》，以奇崛、怪奇、丑诞刻画人物，直到仙圣，连黄帝形象都颇险怪，确实取得了一种不寻常之美。

---

① 引自廖炳惠：《两种"体"现》，见杨儒宾主编：《中国古代思想中的气论及身体观》，巨流图书公司 1993 年版，第 217 页。

 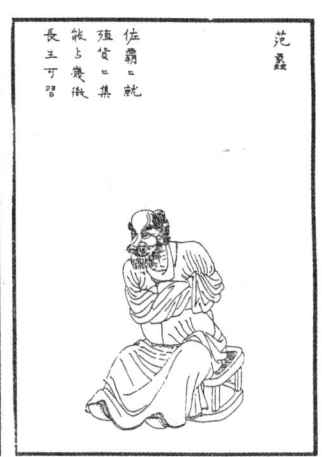

图 5-52　以奇崛为美的人物画

（木公、范蠡，采自《历代古人像赞》）

印象主义，曾经被视为丑怪，却引起艺术的大革命。自然主义曾经被斥为"下流的文学"，却不但预示出照相现实主义或超级现实主义的诞生，还造成写实主义或批判的现实主义的深化。波普艺术，似乎也是在取悦而又在调侃大众的"低级"趣味，其实大众早已不满足于庸俗化的通俗了。以王朔与冯小刚为代表的市民化的后现代艺术，以池莉与刘震云为代表的新现实主义，都有批判的现实主义、自然主义乃至超级现实主义的影子。然而它们都是中国人能够接受的，内含着意义或意味的美。他们在一定程度上反抗着现代派、后现代主义或方兴未艾的新现代，有人认为中国的一派作家参与乃至引领了新现代主义。

现代艺术的一大特征是"看不懂"。批评家说：我看懂了（而且做出许多解释与褒扬）。现代艺术家嗤之以鼻：我的艺术目的与手段都是为了"看不懂"，你看懂了什么？他们痛骂某些不同派别的现代派为伪现代派。好，我要转换并且再造传统与文化模式，让你绝对看懂，并且高踞看懂之上，哪怕是一地鸡毛。某些后现代的超级自然主义，如此制造他们的艺术与美学。据说，超越看得懂和看不懂的才是真艺术，真现代，真创新。

人类学家马文·哈里斯说："现代的美学标准认为，创新性比可理解性更重要。"为什么呢？他为艺术家列举了一些理由：一是"人们对大规模成批生产的反抗"；二是"现代艺术家加入了长期以来供过于求的商业市场"；三是"对艺术创新性的强调，正反映了这种变革的速度"；四是"大量现代艺术反映出在失去了个性的和敌对的都市环境以及工业社会环境下有创造性的个人的孤独、迷惘和焦虑"。① 这是善良的辟解。信息的大爆炸容易使人损失理解力、独立与个性,茫无头绪,反抗无用,顺适不甘,无所适从。于是有人选择艺术上的"胡作非为",以张扬自我,寻觅前程——也许更加迷茫与绝望。这个时候最需要的是艺术、美与学术的坚守。

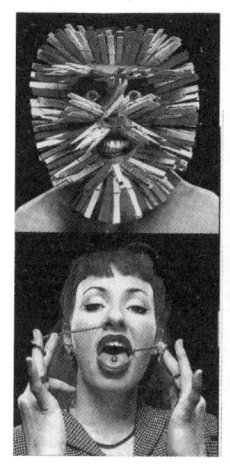
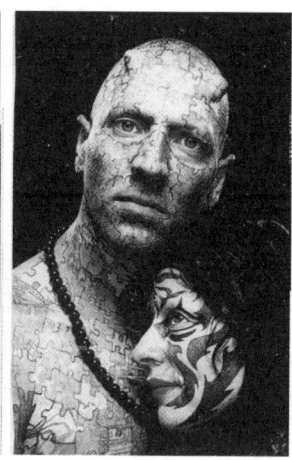

图5-53 扮丑的艺术游戏

（左上：用夹子把自己装饰成雄狮；左下："火红的露西",她用一根金链贯穿鼻孔与口腔,而这"首饰"还不一定是临时性的；左三："艾尼格玛"式的全身拼图,模拟《X档案》,旁边是"女狮人"；左四是毕加索的作品,可供对照）

现代艺术不断在突破传统的规定、戒律与底线,不知伊于胡底,更不知是否艺术。或说,这也是创新。我们只面对常规,姑存以广见闻。

纯粹地模仿前人或物相,邯郸学步,东施效颦,就会沦落成因循之伪或人为,一直到丑。古人是把伪饰与仿效当作一种丑的。李白《古风》曰：

丑女来效颦,还家惊四邻；寿陵失本步,笑杀邯郸人。

一曲斐然子,雕虫丧天真。棘刺造沐猴,三年费精神,

功成无所用,楚楚且华身。

然而,这不是以暴易暴、以丑压丑能解决的。艺术要求独创性,但必须根植在

---

① ［美］马文·哈里斯：《文化人类学》,李培茱、高地译,东方出版社1988年版,第359—360页。

责任感、艺术美及文化命运担承之上,才是真正的创造性。

现代派、后现代主义的艺术,是极为复杂的人文现象,有其出现与存在的理由,尤其它对丑恶、怪诞、分裂、混乱的热衷与再现,并非只言片语所能说清,参考诸说,略作提示。

第一,它致力于对"混乱"现实的揭露,对传统尤其是古典派、学院派的反抗,对成见的批判,但有时不免过了头,"过犹不及",把孩子和洗澡水一起倒了出去;第二,对商业的屈服与市场的适应,但有时却是对它们的抗议、反叛和批判,当然有时不免过激;第三,"创新"的追求与迷茫。有人说,这是对科学技术突飞猛进的因应,"复仇"或者互动。

马文·哈里斯等从人类学角度揭示,这是对传统或文化模式不同程度的创造性转换。"当代欧美艺术家有意识地争取成为全新形式规则的创立者。他们竞相发明新的转换手法以代替传统的。"① 市场也要求刺激直到"盲动"。如上所说,艺术家不能不挣扎,适应,试图再造并引领时尚;何况,"现代社会中文化变革的速度极高"②,他们不能不跌跌绊绊地跟进,哪怕身后留下一串的尸体。

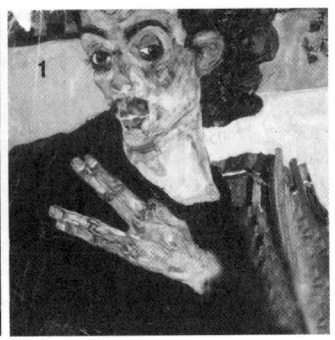

图 5-54　疯人的作品

(左:精神疾病及毒瘾患者,VM 的代表作;中、右:画家席勒的作品,《不安全感》和《毒瘾的痛苦》,表示毒瘾带来的痛苦的心灵分裂)

VM 热爱绘画,不幸染上毒瘾,住进医院,他此时的作品(如左上图)主题是痛苦与不安全感。后来他又患上忧郁症,被诊断为"全裂型精神变态与药瘾"。住院时读书与作画。

---

① [美]马文·哈里斯:《文化人类学》,李培茱、高地译,东方出版社 1988 年版,第 359 页。
② [美]马文·哈里斯:《文化人类学》,李培茱、高地译,东方出版社 1988 年版,第 359 页。

某种精神病人可能创作艺术。有些没有训练或经验，有些因有艺术技巧底蕴而能创作出真正的现代抽象艺术，跟画家作品很难区别。这个现象至今仍在艰苦的研究中。弗洛伊德学派的某种极端理论，竟然认为所有的艺术都是不同程度的精神疾病特别是性压抑与苦闷者所造成的。他们的艺术大多表现"丑"。据称，丑的现象也可以是美的艺术。我们的研究一般面对常规，但希望扩大一些视野或心界。

超级现实主义，除了不体现典型环境里的典型性格之外，竭力再现细节的真实或细节的不真实。然而俱往矣，除了老牌美术馆外，已很难看到它的杰作。《贫民窟里的百万富翁》描写小孩躲在粪坑里，屎尿满面，却无法在影厅里再现臭味；真正让人恶心，还十分困难。艺术外行为，是连行为艺术也说不上的。伪艺术家与假现代派，欲模仿西方而不得，有效应而不轰动，真令人同情。早就有过没有声音的演奏，据说，现在连没有作品的艺术或艺术家都要下凡了。这是真善美，还是伪恶丑，一时也说不清，只好藏之名山，传诸后人，任凭言说吧。